한자능력 검정시험

[2급(2II)]

먼저 굳은 결심으로 「한자능력검정시험」을 준비하기 위해 이 책을 선택해 첫 장을 펼친 수험생 여러분께 격려와 감사의 말을 전하고 싶다. 어떤 시험이건 간에 처음에는 막막하고 자신 없기는 누구나 마찬가지일 것이다. 특히 한자시험이라면 그 부담감은 더하리라 생각된다. 그동안 한자교육의 필요성은 여러 강한 비판과 목소리에도 불구하고 강조되어 온 것이 사실이다. 그것은 다름 아닌 한자는 국어와 더불어 우리 문학과 역사의 이해는 물론이고 나아가 21세기를 사는 지금도 실생활에 꼭 필요한 언어수단이 되고 있기 때문이다. 가까이 우리 주위를 둘러봐도 매일 아침 접하는 신문이나 간판, 자기를 소개하기 위해 주고 받는 명함 한 장에 이르기까지 우리 생활에 가까이 자리잡고 있음을 알 수 있다. 또한 세계화·국제화시대를 맞아 이제는 우리 이웃으로 자리잡은 중국과의 교역 확대 등으로 인해 한자교육의 중요성은 더 이상 강조하지 않아도 피부로 느끼고 있을 것이다. 이러한 이유로 인해 해를 거듭할수록 「한자능력검정시험」이 남녀노소 누구나 응시할 수 있는 자격시험으로 자리잡아 가고 있다고 볼 수 있다. 본서는 누구나 쉽게 한자를 익히고 쓸 수 있도록 하자는데 가장 큰 역점을 두었으며, 또한 지금까지 시행되었던 실제문제를 철저히 분석하여 이 책 한 권만으로도 충분한 시험 준비가 될 수 있도록 구성하였다. 아무쪼록 여러분이 끝까지 최선을 다해 노력한다면 좋은 결과를 얻으리라 믿어 의심치 않으며, 여러분의 건투를 빈다.

차례

특징 및 구성

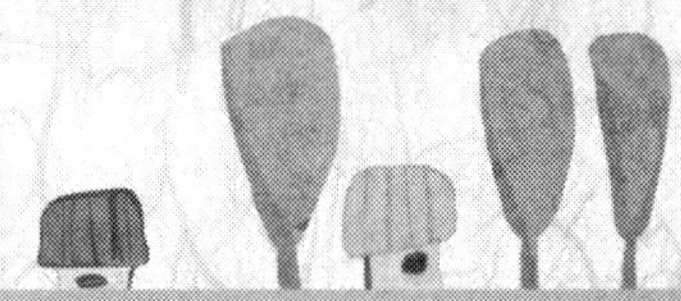

한자이해의 기초

본격적인 학습에 앞서 한자에 대한 기본적인 내용을
체계적으로 정리하여 수록했습니다.

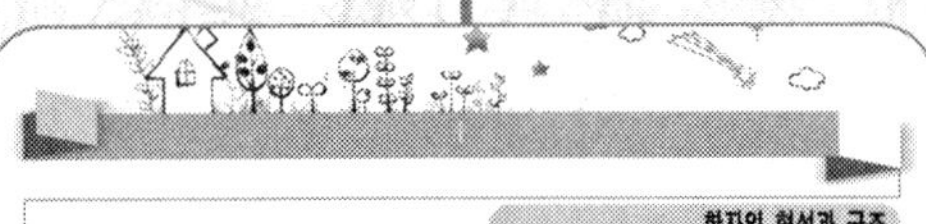

필수한자 해설

각 급수에 따른 필수한자의 음과 뜻, 활용 예를 수록하여
학습 효율을 높였습니다.

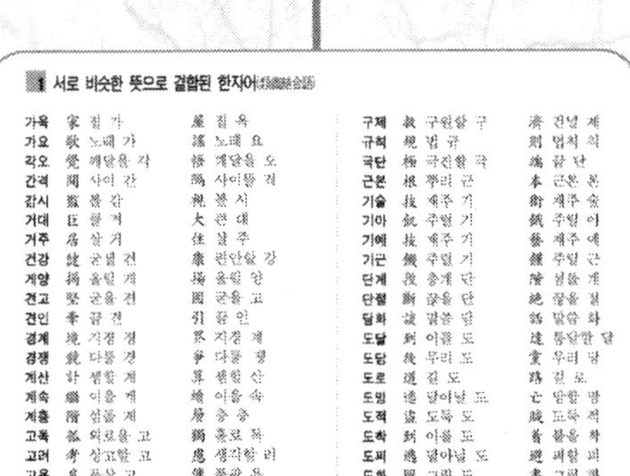

한자어의 활용

빈출 결합어, 동의어·반의어, 동음이의어, 한자숙어 및
한자성어 풀이를 정리하여 수록했습니다.

시험 안내

최근 한자교육의 열풍이 뜨겁게 불고 있다. 한자는 우리 생활에 가까이 자리잡고 있으며 세계화·국제화 시대를 맞아 한자학습의 절실한 필요성과 함께 한자교육의 중요성은 더욱더 강조된다. 특히 최근에는 점점 잊혀져 가는 한자를 되살리려는 노력이 전 사회적으로 확산되면서 각 기업체의 입사시험 및 공무원이나 정부투자기관 등의 필기시험과 면접시험에서도 한자능력테스트를 중요 선발기준으로 삼고 있어 한자능력의 필요성이 더욱 강조된다. 이로 인해 해를 거듭할수록 한자능력시험의 응시열과 합격률이 높아져가고 있어 한자의 학습이 매우 중요하다 하겠다.

❶ **시행기관** … 사단법인

❷ **시험시기** … 년 4회 시행

❸ **응시자격** … 학력·경력 제한없이 누구나 응시 가능

❹ **출제내용** … 독음, 훈음, 한자쓰기, 장단음, 반의어(상대어), 완성형 부수, 동의어(유의어), 동음이의어, 뜻풀이, 약자, 필순, 한문

❺ **급수별 합격기준**

구분	특급·특급II	1급	2급·3급·3II	4급·4급II·5급	6급	6급II	7급	7급II	8급
출제문항수	200	200	150	100	90	80	70	50	60
합격문항수	160	160	100	70	63	56	49	35	42
시험시간	100	90	60	50	50	50	50	50	50

❻ **급수배정**

급수	읽기	쓰기	수준 및 특성
특급	5,978	3,500	國漢混用 古典을 불편 없이 읽고, 연구할 수 있는 수준 고급 (韓中 古典 추출한자 도합 5978자, 쓰기 3500자)
특급II	4,918	2,355	國漢混用 古典을 불편 없이 읽고, 연구할 수 있는 수준 중급 (KSX1001 한자 4888자 포함, 전체 4918자, 쓰기 2355자)
1급	3,500	2,005	國漢混用 古典을 불편 없이 읽고, 연구할 수 있는 수준 초급 (상용한자+준상용한자 도합 3500자, 쓰기 2005자)
2급	2,355	1,817	國漢混用 古典을 불편 없이 읽고, 연구할 수 있는 수준 초급 (상용한자+준상용한자 도합 3500자, 쓰기 2005자)
3급	1,817	1,000	고급 常用漢字 활용의 중급 단계 (상용한자 1817자─교육부 1800자 모두 포함, 쓰기 1000자)
3급II	1,500	750	고급 常用漢字 활용의 초급 단계(상용한자 1500자, 쓰기 750자)
4급	1,000	500	중급 常用漢字 활용의 고급 단계(상용한자 1000자, 쓰기 500자)
4급II	750	400	중급 常用漢字 활용의 중급 단계(상용한자 750자, 쓰기 400자)
5급	500	300	중급 常用漢字 활용의 중급 단계(상용한자 500자, 쓰기 300자)
5급II	400	225	중급 常用漢字 활용의 초급 단계(상용한자 400자, 쓰기 225자)
6급	300	150	기초 常用漢字 활용의 고급 단계(상용한자 300자, 쓰기 150자)
6급II	225	50	기초 常用漢字 활용의 중급 단계(상용한자 225자, 쓰기 50자)
7급	150	─	기초 常用漢字 활용의 초급 단계(상용한자 150자)
7급II	100	─	기초 常用漢字 활용의 초급 단계(상용한자 100자)
8급	50	─	漢字 學習 동기 부여를 위한 급수(상용한자 50자)

❼ 급수별 출제기준

구분	특급 특급II	1급	2급 3급 · 3급II	4급	4급II	5급 · 5급II	6급	6급II	7급	7급II	8급
음독	45	50	45	32	35	35	33	32	32	22	24
훈독	27	32	27	22	22	23	22	29	30	30	24
장단음	10	10	5	3	0	0	0	0	0	0	0
반의어(상대어)	10	10	10	3	3	3	3	2	2	2	0
완성형(성어)	10	15	10	5	5	4	3	2	2	2	0
부수	10	10	5	3	3	0	0	0	0	0	0
동의어(유의어)	10	10	5	3	3	3	2	0	0	0	0
동음이의어	10	10	5	3	3	3	2	0	0	0	0
뜻풀이	5	10	5	3	3	3	2	2	2	2	0
약자	3	3	3	3	3	3	0	0	0	0	0
한자쓰기	40	40	30	20	20	20	20	10	0	0	0
필순	0	0	0	0	0	3	3	3	2	2	2
한문	20	0	0	0	0	0	0	0	0	0	0
출제문제(계)	200	200	150	100	100	100	90	80	70	60	50

2급 배정한자 2350字

ㄱ									
可 옳을 가	加 더할 가	佳 아름다울 가	架 시렁 가	家 집 가	假 거짓 가	街 거리 가	暇 겨를 가	歌 노래 가	價 값 가
伽 절 가	柯 자루 가	軻 굴대 가	賈 값 가, 장사 고	迦 막을 가	各 각각 각	角 뿔 각	却 물러날 각	刻 새길 각	脚 다리 각
閣 문설주 각	覺 깨달을 각	珏 쌍옥 각	干 방패 간, 구할 간	刊 책펴낼 간	肝 간 간	看 볼 간	姦 간사할 간	間 사이 간(間의 俗字)	幹 줄기 간
懇 정성 간	簡 대쪽 간, 편지 간	杆 나무이름 간	艮 어긋날 간	渴 목마를 갈	葛 칡 갈	鞨 말갈 갈	甘 달 감	減 덜 감	敢 감히 감
感 느낄 감	監 볼 감	憾 한할 감	鑑 거울 감	邯 땅이름 감, 고을이름 한	甲 첫째천간 갑	岬 산허리 갑	鉀 갑옷 갑	江 강 강	降 내릴 강, 항복할 항
剛 굳셀 강	康 편안할 강	强 굳셀 강(強의 俗字)	綱 벼리 강	鋼 강철 강	講 익힐 강	姜 성 강	彊 굳셀 강	疆 지경 강	岡 산등성이 강
崗 岡의 俗字	介 끼일 개	改 고칠 개	皆 모두 개	個 낱 개	開 열 개	蓋 덮을 개	慨 분개할 개	概 대개 개	价 착할 개
塏 높고 건조할 개	客 손님 객	更 다시 갱, 고칠 경	坑 구덩이 갱	去 갈 거, 버릴 거	巨 클 거	車 수레 거(채)	居 있을 거, 살 거	拒 막을 거	距 떨어질 거
據 의거할 거	擧 들 거, 모두 거	件 사건 건	建 세울 건	健 튼튼할 건	乾 하늘 건	鍵 열쇠 건	乞 빌 걸	傑 뛰어날 걸	杰 傑의 俗字
桀 홰 걸	儉 검소할 검	劍 칼 검	檢 조사할 검	揭 들 게	憩 쉴 게	格 바로잡을 격	隔 사이뜰 격	激 과격할 격	擊 칠 격
犬 개 견	見 볼 견	肩 어깨 견	牽 끌 견	堅 굳을 견	遣 보낼 견	絹 명주 견, 비단 견	甄 질그릇 견	決 정할 결	缺 이지러질 결
結 맺을 결	潔 깨끗할 결	兼 겸할 겸	謙 겸손할 겸	京 서울 경	庚 일곱째천간 경	徑 지름길 경	耕 밭갈 경	竟 다할 경	頃 잠깐 경
景 볕 경, 경치 경	卿 벼슬 경	硬 굳을 경	敬 공경할 경	傾 기울 경	經 경서 경	境 지경 경	輕 가벼울 경	慶 경사 경	警 경계할 경
鏡 거울 경	競 겨룰 경	驚 놀랄 경	炅 빛날 경, 성 계	儆 경계할 경	環 境과 同字	瓊 옥 경	系 계통 계	戒 경계할 계	季 끝 계, 계절 계
界 세계 계	癸 열째천간 계	契 맺을 계	係 맬 계	計 꾀 계, 셈할 계	桂 계수나무 계	啓 열 계	械 형틀 계, 기계 계	階 섬돌 계	溪 시내 계
繫 맬 계	繼 이을 계	鷄 닭 계	古 옛 고	考 상고할 고	告 알릴 고	固 굳을 고	苦 쓸 고	姑 시어미 고	孤 외로울 고
枯 마를 고	故 옛 고, 까닭 고	高 높을 고	庫 곳집 고	雇 품팔 고, 새이름 호	鼓 북 고	稿 볏짚 고	顧 돌아볼 고	皐 부르는소리 고	曲 굽을 곡
谷 골짜기 곡	哭 울 곡	穀 곡식 곡	困 괴로울 곤	坤 땅 곤	骨 뼈 골	工 장인 공	公 공변될 공	孔 구멍 공	功 공 공, 일할 공
共 함께 공	攻 칠 공, 익힐 공	空 빌 공	供 이바지할 공	恭 공손할 공	貢 바칠 공	恐 두려울 공	串 익힐 관	戈 창 과	瓜 오이 과
果 실과 과	科 과정 과	過 지날 과, 허물 과	誇 자랑할 과	寡 적을 과	課 매길 과, 과목 과	菓 과일 과	郭 성곽 곽	官 벼슬 관	冠 갓 관
貫 꿸 관	款 정성 관	寬 너그러울 관	管 피리 관, 관리 관	慣 버릇 관	館 객사 관	關 빗장 관	觀 볼 관	琯 옥피리 관	光 빛 광
狂 미칠 광	廣 넓을 광	鑛 쇳돌 광	掛 걸 괘	怪 괴이할 괴	傀 클 괴	塊 덩어리 괴	愧 부끄러울 괴	壞 무너질 괴	槐 홰나무 괴
巧 교묘할 교	交 사귈 교	郊 들 교, 교외 교	校 학교 교	敎 가르칠 교	絞 목맬 교	較 비교할 교	僑 높을 교	膠 아교 교	橋 다리 교
矯 바로잡을 교	九 아홉 구	口 입 구	久 오랠 구	丘 언덕 구	句 글귀 구	求 구할 구, 탐낼 구	究 연구할 구	具 갖출 구, 그릇 구	苟 진실로 구
拘 잡을 구	狗 개 구	俱 함께 구, 갖출 구	區 지경 구	球 공 구	救 구원할 구	邱 땅이름 구	玖 옥돌 구	構 얽을 구	歐 토할 구
舊 옛 구, 오랠 구	購 살 구	懼 두려워할 구	驅 몰 구	鷗 갈매기 구	龜 나라이름 구	局 방 국	菊 국화 국	國 나라 국	鞠 공 국
君 임금 군	軍 군사 군	郡 고을 군	群 무리 군(羣의 俗字)	屈 굽을 굴	掘 팔 굴	窟 굴 굴	弓 활 궁	宮 집 궁	窮 다할 궁, 궁할 궁

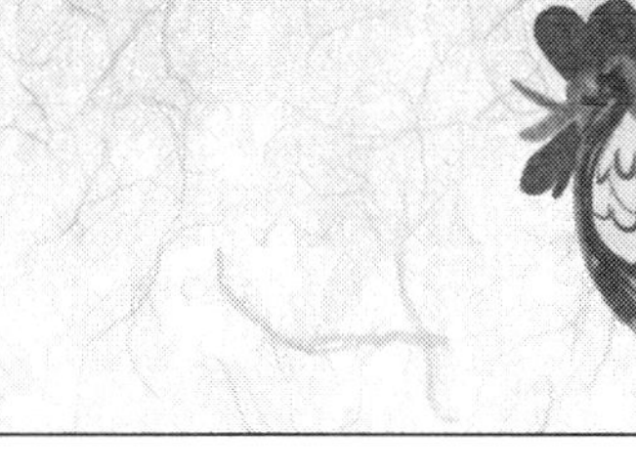

券 문서 권, 책 권	卷 책 권	拳 주먹 권	圈 우리 권	勸 권할 권	權 권세 권	厥 그 궐	闕 대궐 궐	軌 길 궤	鬼 귀신 귀
貴 귀할 귀	歸 돌아갈 귀	叫 부르짖을 규	糾 꼴 규	規 법 규	閨 안방 규	圭 홀 규	奎 별이름 규	揆 헤아릴 규	珪 홀 규
均 고를 균	菌 버섯 균	克 이길 극	極 다할 극	劇 심할 극	斤 도끼 근, 근 근	近 가까울 근	根 뿌리 근	筋 힘줄 근	僅 겨우 근
勤 부지런할 근	謹 삼갈 근	槿 무궁화나무 근	瑾 아름다운옥 근	今 이제 금	金 쇠 금	禽 날짐승 금	琴 거문고 금	禁 금할 금	錦 비단 금
及 미칠 급	急 급할 급	級 등급 급	給 줄 급	肯 인정할 긍	兢 삼갈 긍	己 몸 기, 여섯째천간 기	企 꾀할 기	忌 꺼릴 기	技 재주 기
汔 김 개(거의 흘)	奇 기이할 기	其 그 기	祈 빌 기	紀 실마리 기젤 기	氣 기운 기	豈 어찌 기	起 일어날 기	記 기록할 기	飢 주릴 기
基 터 기, 바탕 기	寄 부칠 기, 붙일 기	旣 이미 기	棄 버릴 기	幾 몇 기	棋 바둑 기	欺 속일 기	期 기약할 기	旗 기 기	畿 경기 기, 지경 기
器 그릇 기	機 틀 기	騎 말탈 기	冀 바랄 기	岐 갈림길 기	淇 강이름 기	琦 옥이름 기	琪 옥 기	璣 구슬 기	箕 키 기
耆 늙은이 기	騏 털총이 기	麒 기린 기	沂 물이름 기	驥 천리마 기	緊 굳을 긴	吉 길할 길			

ㄴ									
那 어찌 나	諾 대답할 낙	暖 따뜻할 난	難 어려울 난	男 사내 남	南 남녘 남	納 바칠 납	娘 아가씨 낭(랑)	乃 이에 내	內 안 내
奈 어찌 내	耐 견딜 내	女 계집 녀(여)	年 해 년(연)	念 생각할 념(염)	寧 편안할 녕(영)	奴 종 노	努 힘쓸 노(로)	怒 성낼 노	農 농사 농
濃 짙을 농	惱 괴로워할 뇌	腦 뇌 뇌	尿 오줌 뇨	能 능할 능, 능 능	尼 중 니(이)	泥 진흙 니(이)	溺 빠질 닉		

ㄷ									
多 많을 다	茶 차 다(차)	丹 붉을 단	旦 아침 단	但 다만 단	段 구분 단	單 홑 단	短 짧을 단	團 둥글 단	端 바를 단
壇 단 단	檀 박달나무 단	斷 끊을 단	鍛 쇠불릴 단	湍 여울 단	達 통달할 달	淡 맑을 담	潭 깊을 담, 못 담	談 말씀 담	擔 멜 담, 맡을 담
膽 쓸개 담	畓 논 답	答 대답할 답	踏 밟을 답	唐 당나라 당	堂 집 당	當 마땅할 당	糖 사탕 당	黨 무리 당	塘 못 당
大 큰 대	代 대신할 대	垈 터 대	待 기다릴 대	帶 띠 대	貸 빌릴 대	隊 대 대/떨어질 추	臺 누각 대	對 대답할 대	戴 일 대
德 덕 덕	悳 덕 덕	刀 칼 도	到 이를 도	度 법도 도	挑 돋울 도	逃 달아날 도	島 섬 도	倒 넘어질 도	徒 걸어다닐 도
途 길 도	桃 복숭아나무 도	悼 슬퍼할 도	陶 질그릇 도	盜 훔칠 도	渡 건널 도	道 길 도, 말할 도	都 도읍 도	塗 진흙 도	跳 뛸 도
圖 그림 도	稻 벼 도	導 이끌 도	燾 비출 도	毒 독 독	督 살펴볼 독	篤 도타울 독	獨 홀로 독	讀 읽을 독	豚 돼지 돈
敦 도타울 돈	惇 도타울 돈	燉 이글거릴 돈	頓 조아릴 돈	突 갑자기 돌	乭 이름 돌	冬 겨울 동	同 한가지 동	東 동녘 동	洞 고을 동/통할 통
凍 얼 동	桐 오동나무 동	動 움직일 동	童 아이 동	棟 용마루 동	銅 구리 동	董 동독할 동	斗 말 두	豆 콩 두, 팥 두	頭 머리 두
杜 배나무 두	屯 진칠 둔	鈍 무딜 둔	得 얻을 득	登 오를 등	等 가지런할 등	燈 등잔 등	謄 베낄 등	騰 오를 등	藤 등나무 등
鄧 나라이름 등									

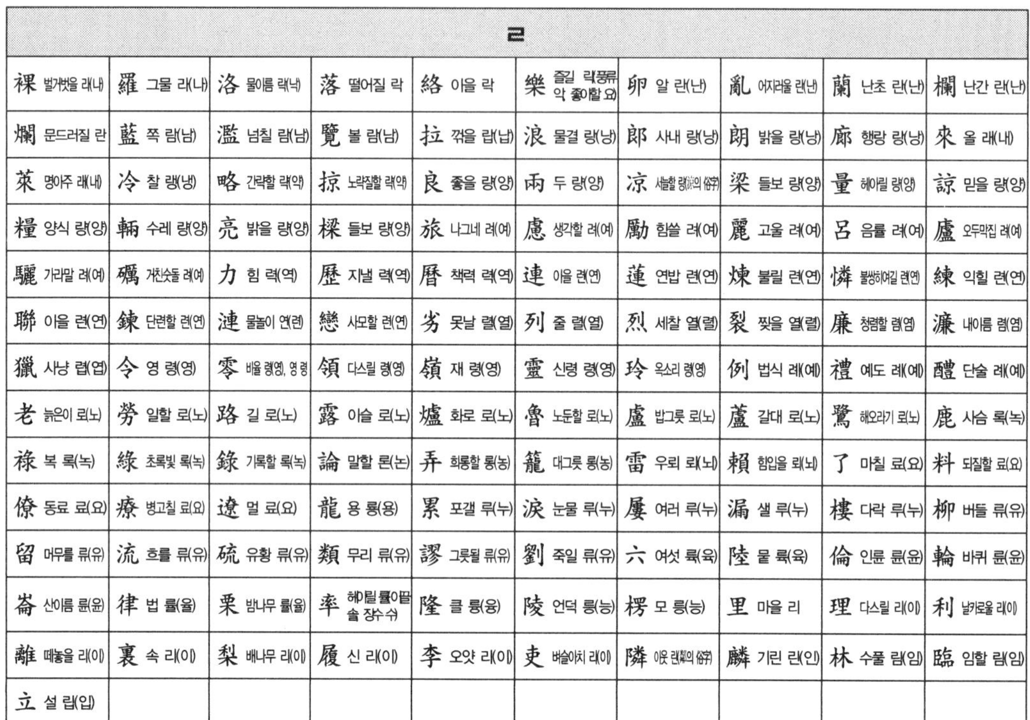

ㄹ									
裸 벌거벗을 래(나)	羅 그물 래(나)	洛 물이름 락(낙)	落 떨어질 락	絡 이을 락	樂 즐길 락/풍류 악/좋아할 요	卵 알 란(난)	亂 어지러울 란(난)	蘭 난초 란(난)	欄 난간 란(난)
爛 문드러질 란	藍 쪽 람(남)	濫 넘칠 람(남)	覽 볼 람(남)	拉 꺾을 랍(납)	浪 물결 랑(낭)	郞 사내 랑(낭)	朗 밝을 랑(낭)	廊 행랑 랑(낭)	來 올 래(내)
萊 명아주 래(내)	冷 찰 랭(냉)	略 간략할 략(약)	掠 노략질할 략(약)	良 좋을 량(양)	兩 두 량(양)	凉 서늘할 량(凉의 俗字)	梁 들보 량(양)	量 헤아릴 량(양)	諒 믿을 량(양)
糧 양식 량(양)	輛 수레 량(양)	亮 밝을 량(양)	樑 들보 량(양)	旅 나그네 려(여)	慮 생각할 려(여)	勵 힘쓸 려(여)	麗 고울 려(여)	呂 음률 려(여)	盧 오두막집 려(여)
驪 가라말 려(여)	礪 거친숫돌 려(여)	力 힘 력(역)	歷 지날 력(역)	曆 책력 력(역)	連 이을 련(연)	蓮 연밥 련(연)	煉 불릴 련(연)	憐 불쌍히여길 련(연)	練 익힐 련(연)
聯 이을 련(연)	鍊 단련할 련(연)	漣 물놀이 연(련)	戀 사모할 련(연)	劣 못날 렬(열)	列 줄 렬(열)	烈 세찰 열(렬)	裂 찢을 열(렬)	廉 청렴할 렴(염)	濂 내이름 렴(염)
獵 사냥 렵(엽)	令 영 령(영)	零 비율 령(영),영령	領 다스릴 령(영)	嶺 재 령(영)	靈 신령 령(영)	玲 옥소리 령(영)	例 법식 례(예)	禮 예도 례(예)	醴 단술 례(예)
老 늙은이 로(노)	勞 일할 로(노)	路 길 로(노)	露 이슬 로(노)	爐 화로 로(노)	魯 노둔할 로(노)	盧 밥그릇 로(노)	蘆 갈대 로(노)	鷺 해오라기 로(노)	鹿 사슴 록(녹)
祿 복 록(녹)	綠 초록빛 록(녹)	錄 기록할 록(녹)	論 말할 론(논)	弄 희롱할 롱(농)	籠 대그릇 롱(농)	雷 우뢰 뢰(뇌)	賴 힘입을 뢰(뇌)	了 마칠 료(요)	料 되질할 료(요)
僚 동료 료(요)	療 병고칠 료(요)	遼 멀 료(요)	龍 용 룡(용)	累 포갤 루(누)	淚 눈물 루(누)	屢 여러 루(누)	漏 샐 루(누)	樓 다락 루(누)	柳 버들 류(유)
留 머무를 류(유)	流 흐를 류(유)	硫 유황 류(유)	類 무리 류(유)	謬 그릇될 류(유)	劉 죽일 류(유)	六 여섯 륙(육)	陸 뭍 륙(육)	倫 인륜 륜(윤)	輪 바퀴 륜(윤)
崙 산이름 륜(윤)	律 법 률(율)	栗 밤나무 률(율)	率 헤아릴 률/이끌 솔,장수 수	隆 클 륭(융)	陵 언덕 릉(능)	楞 모 릉(능)	里 마을 리	理 다스릴 리(이)	利 날카로울 리(이)
離 떠놓을 리(이)	裏 속 리(이)	梨 배나무 리(이)	履 신 리(이)	李 오얏 리(이)	吏 벼슬아치 리(이)	隣 이웃 린(隣의 俗字)	麟 기린 린(인)	林 수풀 람(임)	臨 임할 람(임)
立 설 립(입)									

ㅁ									
馬 말 마	麻 삼 마	摩 갈 마	磨 갈 마	魔 마귀 마	痲 저릴 마	莫 없을 막	幕 휘장 막	漠 아득할 막,사막 막	膜 막 막
萬 일만 만	晩 저물 만	滿 가득찰 만	慢 거만할 만	漫 부질없을 만	灣 물굽이 만	蠻 오랑캐 만	娩 해산할 만	末 끝 말	襪 버선 말
亡 망할 망	妄 허망할 망	忙 바쁠 망	忘 잊을 망	罔 그물 망	茫 아득할 망	望 바랄 망	網 그물 망	每 매양 매	妹 손아랫누이 매
埋 묻을 매	買 살 매	梅 매화나무 매	媒 중매 매	賣 팔 매	魅 도깨비 매	枚 줄기 매	脈 맥 맥	麥 보리 맥	貊 북방종족 맥
盲 소경 맹	孟 맏 맹	猛 사나울 맹	盟 맹세할 맹	覓 찾을 멱	免 면할 면	面 낯 면	眠 잠잘 면	勉 힘쓸 면	綿 이어질 면
冕 면류관 면	沔 물흐를 면,물이름 멱	俛 힘쓸 면	滅 멸망할 멸	蔑 업신여길 멸	名 이름 명	命 목숨 명	明 밝을 명	冥 어두울 명	鳴 울 명
銘 새길 명	毛 털 모	母 어미 모	矛 창 모	某 아무 모	侮 업신여길 모	募 모을 모	帽 모자 모	慕 그리워할 모	暮 저물 모
模 법 모	貌 얼굴 모	謀 꾀할 모	牟 소우는소리 모	茅 띠 모	謨 꾀 모	木 나무 목	目 눈 목	沐 머리감을 목	牧 칠 목
睦 화목할 목	穆 화목할 목	沒 가라앉을 몰	夢 꿈 몽	蒙 입을 몽	卯 넷째지지(토끼) 묘	妙 묘할 묘	苗 모 묘	墓 무덤 묘	廟 사당 묘
昴 별자리이름 묘	戊 다섯째천간 무	茂 우거질 무	武 굳셀 무	務 일 무,힘쓸 무	無 없을 무	貿 바꿀 무	舞 춤출 무	霧 안개 무	墨 먹 묵
默 묵묵할 묵	文 무늬 문,글월 문	門 문 문	問 물을 문	聞 들을 문	紊 어지러울 문	汶 내이름 문	勿 말 물	物 만물 물	未 아닐 미,여덟째지지(양) 미
米 쌀 미	尾 꼬리 미,끝 미	味 맛 미	美 아름다울 미	眉 눈썹 미	迷 미혹할 미	微 작을 미	彌 두루 미	民 백성 민	敏 재빠를 민
憫 근심할 민	旻 하늘 민	旼 화락할 민	玟 옥돌 민	珉 옥돌 민	閔 위문할 민	密 빽빽할 밀	蜜 꿀 밀		

朴 후박나무 박	泊 배댈 박	拍 칠 박	迫 닥칠 박	博 넓을 박	薄 엷을 박	舶 큰배 박	反 되돌릴 반	半 반 반	伴 짝 반
返 돌아올 반	叛 배반할 반	班 나눌 반	般 돌 반	飯 밥 반	搬 옮길 반	盤 소반 반	磻 강이름 반	潘 뜨물 반	拔 뺄 발
發 필발 쏠발	髮 터럭 발	鉢 바리때 발	渤 바다이름 발	方 모 방, 방위 방	芳 꽃다울 방	妨 방해할 방	防 둑방, 막을방	邦 나라 방	房 방 방
放 내놓을 방	倣 본뜰 방	紡 자을 방	訪 찾을 방	傍 곁 방	旁 두루 방	龐 클 방	杯 잔 배	拜 절 배	背 등 배
倍 곱 배	俳 광대 배	配 아내 배	培 북돋울 배	排 밀칠 배	輩 무리 배	賠 물어줄 배	裵 裴의 本字	白 흰 백	百 일백 백
伯 맏 백	栢 나무이름 백 (柏의 俗字)	番 갈마들 번	煩 번거로울 번	繁 많을 번	飜 뒤칠 번	伐 칠 벌	罰 죄 벌	閥 공훈 벌	筏 떼 벌
凡 무릇 범	犯 범할 범	汎 뜰 범	範 법범, 한계 범	范 풀이름 범	法 법 법	碧 푸를 벽	僻 후미질 벽	壁 벽 벽	辨 분별할 변
邊 가 변	辯 말잘할 변	變 변할 변	卞 조급할 변	弁 고깔 변	別 나눌 별	丙 남녁 병, 셋째천간 병	兵 군사 병	屏 병풍 병	竝 아우를 병
病 병 병	倂 아우를 병	昞 밝을 병	昺 昞과 同字	柄 자루 병	炳 밝을 병	秉 잡을 병	步 걸음 보	保 지킬 보	普 널리 보
補 기울 보	報 갚을 보, 알릴 보	譜 계보 보	寶 보배 보	甫 클 보	潽 끓을 보	輔 덧방나무 보	卜 점 복	伏 엎드릴 복	服 옷 복
復 돌아올 복,다시 부	腹 배 복	福 복 복	複 겹칠 복	覆 뒤집힐 복	馥 향기 복	本 근본 본	奉 받들 봉	封 봉할 봉	峯 봉우리 봉
俸 녹 봉	逢 만날 봉	蜂 벌 봉	鳳 봉새 봉	縫 꿰맬 봉	蓬 쑥 봉	夫 지아비 부	父 아비 부	付 줄 부	否 아닐 부
扶 도울 부	府 꿴부, 마을 부	附 붙을 부	負 질 부	赴 나아갈 부	浮 뜰 부	符 부신 부	婦 며느리 부	部 거느릴 부	副 버금 부
富 부유할 부	腐 썩을 부	膚 살갗 부	賦 구실 부	簿 장부 부	敷 펼 부	阜 언덕 부	釜 가마 부	傅 스승 부	北 북녁 북
分 나눌 분	奔 달릴 분	粉 가루 분	紛 어지러워질 분	憤 결낼 분	墳 무덤 분	奮 떨칠 분	芬 향기로울 분	不 아닐 불	弗 아닐 불
佛 부처 불	拂 떨 불	朋 벗 붕	崩 무너질 붕	鵬 대붕새 붕	比 견줄 비	妃 왕비 비	批 칠 비	非 아닐 비	肥 살찔 비
卑 낮을 비	飛 날 비	匪 대상자 비	祕 숨길 비	悲 슬플 비	費 쓸 비	備 갖출 비	婢 여자종 비	鼻 코 비	碑 돌기둥 비
丕 클 비	毘 도울 비(毗와 同字)	毖 삼갈 비	貧 가난할 빈	賓 손 빈	頻 자주 빈	彬 빛날 빈	氷 얼음 빙	聘 찾아갈 빙	

士 선비 사	巳 여섯째지지(뱀) 사	四 넉 사	史 역사 사	司 맡을 사	仕 벼슬할 사	寺 절 사	死 죽을 사	似 같을 사	沙 모래 사
邪 간사할 사	私 사사로울 사	舍 집 사	事 일 사	使 하여금 사	社 제사지낼 사	祀 제사 사	查 사실할 사	思 생각할 사	唆 부추길 사
師 스승 사	射 궁술 사	捨 버릴 사	蛇 뱀 사	斜 기울 사	赦 용서할 사	絲 실 사	詐 속일 사	詞 말씀 사	斯 이것 사
飼 먹일 사	寫 베낄 사	賜 줄 사	謝 사례할 사	辭 말 사	泗 물이름 사	削 깎을 삭	朔 초하루 삭	山 뫼 산	産 낳을 산
傘 우산 산	散 흩어질 산	算 셀 산	酸 초 산	殺 죽일 살	三 석 삼	森 빽빽할 삼	蔘 인삼 삼	插 꽂을 삽	上 위 상
床 평상 상(牀의 俗字)	尚 오히려 상	狀 형상 상	相 서로 상	桑 뽕나무 상	商 헤아릴 상	常 항상 상	祥 상서로울 상	喪 죽을 상	象 코끼리 상
想 생각할 상	傷 상처 상, 다칠 상	詳 자세할 상	裳 치마 상	嘗 맛볼 상, 일찍 상	像 형상 상	賞 상줄 상	霜 서리 상	償 갚을 상	箱 상자 상
庠 학교 상	塞 막힐 색, 변방 새	色 빛 색	索 찾을 색, 동아줄 삭	生 날 생	西 서녘 서	序 차례 서	書 쓸 서, 책 서	恕 용서할 서	徐 천천히 서
庶 여러 서, 거의 서	敍 차례 서	暑 더울 서	署 관청 서	瑞 상서 서	誓 맹세할 서	緖 실마리 서	舒 펼 서	夕 저녁 석	石 돌 석
昔 예 석	析 가를 석	席 자리 석	惜 아낄 석	碩 클 석	釋 풀 석	爽 클 석	晳 밝을 석	錫 주석 석	仙 신선 선
先 먼저 선	宣 베풀 선	旋 돌 선	船 배 선	善 착할 선	選 가릴 선	線 줄 선	禪 봉선 선	鮮 고울 선, 생선 선	繕 기울 선
瑄 도리옥 선	璇 아름다운옥 선	璿 아름다운옥 선	舌 혀 설	雪 눈 설	設 베풀 설	說 말씀 설(달랠 세, 기쁠 열)	卨 사람이름 설	薛 맑은대쑥 설	纖 가늘 섬
陝 고을이름 섬	蟾 두꺼비 섬	暹 해돋을 섬	涉 건널 섭	攝 당길 섭	燮 불꽃 섭	成 이룰 성	性 성품 성	姓 성 성, 계레 성	省 살필 성, 덜 생
星 별 성	城 성 성	盛 담을 성	聖 성스러울 성	誠 정성 성	聲 소리 성	晟 밝을 성	世 세상 세, 세대 세	洗 씻을 세	細 가늘 세
稅 세금 세	歲 해 세	勢 기세 세	貰 세낼 세	小 작을 소	少 적을 소, 젊을 소	召 부를 소	所 바 소, 곳 소	昭 밝을 소	素 흴 소, 바탕 소
笑 웃을 소	消 사라질 소	掃 쓸 소	紹 이을 소	疎 성길 소(疏와 同字)	訴 하소연할 소	蔬 푸성귀 소	燒 사를 소	蘇 차조기 소	騷 떠들 소
巢 집 소	沼 늪 소	邵 고을이름 소	束 묶을 속	俗 풍속 속	速 빠를 속	粟 조 속	屬 엮을 속(이을 촉)	續 이을 속	孫 손자 손
損 덜 손	松 소나무 송	送 보낼 송	訟 송사할 송	頌 기릴 송	誦 욀 송	宋 송나라 송	刷 쓸 쇄	鎖 쇠사슬 쇄	衰 쇠할 쇠, 상복 최
水 물 수	手 손 수	囚 가둘 수	守 지킬 수	收 거둘 수	秀 빼어날 수	受 받을 수	垂 드리울 수	首 머리 수	帥 장수 수
修 닦을 수	殊 죽일 수	授 줄 수	搜 찾을 수	須 모름지기 수	遂 이룰 수	愁 시름 수	睡 잘 수	需 구할 수	壽 목숨 수
隨 따를 수	誰 누구 수	數 셀 수	樹 나무 수	輸 나를 수	雖 비록 수	獸 짐승 수	洙 강이름 수	銖 무게단위 수	隋 수나라 수
叔 아재비 숙	宿 묵을 숙	淑 맑을 숙	孰 누구 숙	肅 엄숙할 숙	熟 익을 숙	旬 열흘 순	巡 돌 순	盾 방패 순	殉 따라죽을 순
純 순수할 순	脣 입술 순	順 순할 순	循 좇을 순	瞬 눈깜짝할 순	洵 참으로 순	淳 순박할 순	珣 옥이름 순	舜 순임금 순	荀 풀이름 순
戌 열한째지지 개 술	述 지을 술	術 꾀 술, 재주 술	崇 높을 숭	瑟 큰 거문고 슬	拾 주울 습	習 익힐 습	濕 축축할 습	襲 엄습할 습	升 되 승
承 받들 승	昇 오를 승	乘 탈 승	勝 이길 승	僧 중 승	繩 줄 승	市 저자 시	示 보일 시	矢 화살 시	侍 모실 시
始 처음 시	是 옳을 시, 이 시	屍 주검 시	施 베풀 시	時 때 시	視 볼 시	詩 시 시	試 시험할 시	柴 섶 시	湜 물 맑을 식
式 법 식	食 밥 식(사)	息 숨쉴 식	植 심을 식	殖 번성할 식	飾 꾸밀 식	識 알 식, 적을 지	軾 수레앞턱가로나무 식	申 아홉째지지(원숭이) 신	臣 신하 신
辛 매울 신, 여덟째천간 신	身 몸 신	伸 펼 신	信 믿을 신	神 귀신 신	晨 새벽 신	腎 콩팥 신	愼 삼갈 신	新 새 신	紳 큰띠 신
失 잃을 실, 허물 실	室 집 실	實 열매 실	心 마음 심	甚 심할 심	深 깊을 심	尋 찾을 심	審 살필 심	瀋 즙 심	十 열 십
雙 쌍 쌍	氏 성 씨								

牙 어금니 아	芽 싹 아	我 나 아	亞 버금 아	兒 아이 아	阿 언덕 아	雅 메까마귀 아	餓 주릴 아	岳 큰산 악
惡 악할 악/미워할 오	握 쥘 악	安 편안할 안	岸 언덕 안	案 책상 안	眼 눈 안	雁 기러기 안	顏 얼굴 안	謁 아뢸 알
閼 가로막을 알	岩 바위 암(巖과 嵓의 俗字)	暗 어두울 암	癌 암 암	押 누를 압	壓 누를 압	鴨 오리 압	央 가운데 앙	仰 우러를 앙
殃 재앙 앙	哀 슬플 애	涯 물가 애	愛 사랑 애	碍 거리낄 애	埃 티끌 애	艾 쑥 애	厄 액 액	液 진 액
額 이마 액/수량 액	也 어조사 야	夜 밤 야	耶 어조사 야	野 들 야	惹 이끌 야	倻 땅이름 야	若 같을 약	約 묶을 약
弱 약할 약	藥 약 약	躍 뛸 약	羊 양 양	洋 바다 양	揚 오를 양	陽 볕 양	楊 버들 양	養 기를 양
樣 모양 양	壤 흙 양	孃 계집애 양	讓 사양할 양	襄 도울 양	於 어조사 어	魚 고기 어	御 어거할 어	漁 고기잡을 어
語 말씀 어	抑 누를 억	億 억 억	憶 생각할 억	言 말씀 언	焉 어찌 언	彦 선비 언	嚴 엄할 엄	業 업 업
予 나 여	汝 너 여	如 같을 여	余 나 여	與 줄 여	餘 남을 여	輿 수레 여	亦 또 역	役 부릴 역
易 바꿀 역/쉬울 이	逆 거스를 역	疫 염병 역	域 지경 역	譯 통변할 역	驛 역참 역	延 끌 연	沿 따를 연	宴 잔치 연
軟 부드러울 연(輭의 俗字)	硏 갈 연	然 그러할 연	硯 벼루 연	煙 연기 연	鉛 납 연	演 멀리흐를 연	燃 사를 연	緣 가선 연
燕 제비 연	妍 고울 연	淵 못 연	衍 넘칠 연	悅 기쁠 열	閱 검열할 열	熱 더울 열	炎 불탈 염	染 물들일 염
厭 싫을 염	鹽 소금 염	閻 이문 염	葉 잎 엽	燁 빛날 엽	永 길 영	迎 맞이할 영	英 꽃부리 영	泳 헤엄칠 영
營 경영할 영	詠 읊을 영	榮 영	影 그림자 영	映 비출 영	暎 映의 俗字	瑛 옥빛 영	盈 찰 영	塋 무덤 영
預 미리 예	銳 날카로울 예	豫 미리 예	藝 심을 예/재주 예	譽 기릴 예	芮 풀뾰족뾰족날 예	睿 깊고밝을 예	濊 깊을 예	午 일곱째지지말 오
五 다섯 오	汚 더러울 오	吾 나 오	烏 까마귀 오	悟 깨달을 오	娛 즐거워할 오	梧 벽오동나무 오	嗚 탄식소리 오	傲 거만할 오
誤 그릇할 오	吳 나라이름 오	墺 물가 오	玉 옥 옥	屋 집 옥	獄 옥 옥	沃 물댈 옥	鈺 보배 옥	溫 따뜻할 온
穩 평온할 온	翁 늙은이 옹	擁 안을 옹	邕 화할 옹	雍 누그러질 옹	甕 독 옹	瓦 기와 와	臥 엎드릴 와	完 완전할 완
緩 느릴 완	莞 왕골 완	曰 가로 왈	王 임금 왕	往 갈 왕	旺 성할 왕	汪 넓을 왕	歪 비뚤 왜(외)	倭 왜국 왜
外 밖 외	畏 두려워할 외	妖 아리따울 요	要 구할 요	搖 흔들릴 요	遙 멀 요	腰 허리 요	謠 노래 요	曜 빛날 요/요일 요
堯 요임금 요	姚 예쁠 요	耀 빛날 요	辱 욕되게할 욕	浴 목욕할 욕	欲 하고자할 욕	慾 욕심 욕	用 쓸 용	勇 날쌜 용
容 얼굴 용	鎔 녹일 용	熔 鎔의 俗字	傭 품팔이 용	溶 질펀히흐를 용	瑢 패옥소리 용	庸 쓸 용	鏞 종 용	又 또 우
于 어조사 우	友 벗 우	尤 더욱 우	牛 소 우	右 오른쪽 우	宇 집 우	羽 깃 우	雨 비 우	偶 짝 우
遇 만날 우	愚 어리석을 우	郵 역참 우	憂 근심할 우	優 넉넉할 우	佑 도울 우	祐 도울 우	禹 하우씨 우	旭 아침해 욱
頊 삼갈 욱	昱 빛날 욱	煜 빛날 욱	郁 성할 욱	云 이를 운	雲 구름 운	運 돌 운	韻 운 운	芸 향초이름 운
鬱 막힐 울	雄 수컷 웅	熊 곰 웅	元 으뜸 원	苑 나라동산 원	怨 원망할 원	願 근원 원	員 수효 원	院 담 원
援 당길 원	圓 둥글 원	園 동산 원	源 근원 원	遠 멀 원	願 원할 원	媛 미인 원	瑗 도리옥 원	袁 옷길 원
月 달 월	越 넘을 월	危 위태할 위	位 자리 위	委 맡길 위	胃 밥통 위	威 위엄 위	偉 훌륭할 위	尉 벼슬 위
爲 할 위	圍 둘레 위	違 어길 위	僞 거짓 위	慰 위로할 위	緯 씨 위	謂 이를 위	衛 지킬 위	蔚 풀이울울할/성할 위
渭 강이름 위	韋 다룬가죽 위	魏 나라이름 위	由 말미암을 유	幼 어릴 유	有 있을 유	酉 열째지지(닭) 유	乳 젖 유	油 기름 유
柔 부드러울 유	幽 그윽할 유	悠 멀 유	唯 오직 유	惟 생각할 유	猶 오히려 유	裕 넉넉할 유	遊 놀 유	愈 나을 유
維 바 유/이을 유	誘 꾈 유	遺 끼칠 유	儒 선비 유/유교 유	庾 곳집 유	兪 점점 유	楡 느릅나무 유	踰 넘을 유	肉 고기 육
育 기를 육	閏 윤달 윤	潤 젖을 윤	允 진실로 윤	尹 다스릴 윤	胤 이을 윤	鈗 병기 윤	融 화할 융	恩 은혜 은
銀 은은, 돈은	隱 숨길 은	殷 성할 은	垠 끝 은	誾 온화할 은	乙 새을 둘째천간을	吟 읊을 음	音 소리 음	淫 음란할 음
陰 응달 음	飮 마실 음	邑 고을 읍	泣 울 읍	凝 엉길 응	應 응할 응	鷹 매 응	衣 옷 의	矣 어조사 의
宜 마땅할 의	依 의지할 의	意 뜻 의	義 옳을 의	疑 의심할 의	儀 거동 의	醫 의원 의	議 의논할 의	二 두 이
已 이미 이	以 써 이	而 말이을 이	耳 귀 이	夷 오랑캐 이	異 다를 이	移 옮길 이	貳 두 이	伊 저 이
珥 귀엣고리 이	怡 기쁠 이	益 더할 익	翼 날개 익	翊 도울 익	人 사람 인	刃 칼날 인	仁 어질 인	引 끌 인
因 인할 인	印 도장 인	忍 참을 인	姻 혼인 인	寅 셋째지지(범) 인	認 알 인	一 한 일	日 해 일	逸 달아날 일
壹 한 일	鎰 중량 일	佾 춤 일	壬 아홉째천간 임	任 맡길 임	賃 품팔이 임	妊 아이밸 임	入 들 입	

子 이들 자 첫째지지(쥐) 자	字 글자 자	自 스스로 자	姉 누이 재(姊의 俗字)	刺 찌를 자	者 놈 자	玆 이 자	姿 맵시 자	恣 방자할 자	紫 자주빛 자
慈 사랑할 자	資 재물 자	子 아들 자, 첫째 지지(쥐) 자	字 글자 자	自 스스로 자	姉 누이 재(姊의 俗字)	雌 암컷 자	諮 물을 자	滋 불을 자	姿 맵시 자
恣 방자할 자	紫 자주빛 자	慈 사랑할 자	資 재물 자	磁 자석 자	刺 찌를 자	者 놈 자	玆 이것 자	作 지을 작	昨 어제 작
酌 따를 작	爵 잔 작 벼슬 작	殘 해칠 잔	暫 잠시 잠	潛 자맥질할 잠	蠶 누에 잠	雜 섞일 잡	丈 어른 장	壯 씩씩할 장	長 길 장
莊 풀성할 장	章 글 장	帳 휘장 장	張 베풀 장	將 장차 장	掌 손바닥 장	葬 장사지낼 장	場 마당 장	粧 단장할 장	裝 꾸밀 장
腸 창자 장	奬 권면할 장	障 가로막을 장	藏 감출 장	臟 오장 장	墻 牆과 同字	庄 농막 장	樟 녹나무 장	璋 반쪽홀 장	蔣 줄 장
才 재주 재	在 있을 재	再 두 재	災 재앙 재	材 재목 재	哉 어조사 재	宰 재상 재	栽 심을 재	財 재물 재	裁 마를 재
載 실을 재	爭 다툴 쟁	低 밑 저	底 밑 저	抵 거스를 저	沮 막을 저	著 분명할 저	貯 쌓을 저	赤 붉을 적	的 과녁 적
寂 고요할 적	笛 피리 적	跡 자취 적	賊 도둑 적	滴 물방울 적	摘 딸 적	適 갈 적	敵 원수 적	積 쌓을 적	績 실낳을 적
蹟 자취 적	籍 서적 적	田 밭 전	全 온전할 전	典 법 전	前 앞 전	展 펼 전	專 오로지 전	電 번개 전	傳 전할 전
殿 큰집 전	錢 돈 전	戰 싸울 전	轉 구를 전	甸 경기 전	切 끊을 절, 온통 체	折 꺾을 절	竊 훔칠 절	絕 끊을 절	節 마디 절
占 차지할 점	店 가게 점	漸 점점 점	點 점 점	接 사귈 접	蝶 나비 접	丁 넷째천간 정	井 우물 정	正 바를 정	呈 드릴 정
廷 조정 정	定 정할 정	征 칠 정	亭 정자 정	貞 곧을 정	政 정사 정	訂 바로잡을 정	庭 뜰 정	頂 정수리 정	停 머무를 정
偵 정탐할 정	情 뜻 정	淨 깨끗할 정	程 단위 정	精 쓿은쌀 정	整 가지런할 정	靜 고요할 정	艇 거룻배 정	鄭 나라이름 정	晶 밝을 정
珽 옥홀 정	旌 기 정	楨 광나무 정	汀 물가 정	禎 상서 정	鼎 솥 정	弟 아우 제	制 마를 제	帝 임금 제	除 섬돌 제
第 차례 제	祭 제사 제	堤 방죽 제	提 끌 제	齊 가지런할 제	製 지을 제	際 사이 제	諸 모든 제	劑 약지을 제	濟 건널 제
題 표제 제	弔 조상할 조	早 새벽 조	兆 조짐 조	助 도울 조	造 지을 조	祖 조상 조	租 구실 조	鳥 새 조	措 둘 조
條 가지 조	組 끈 조	釣 낚시 조	彫 새길 조	朝 아침 조	照 비출 조	潮 조수 조	調 고를 조	操 잡을 조	燥 마를 조
趙 나라 조	曹 성 조	祚 복 조	足 발 족	族 겨레 족	存 있을 존	尊 높을 존	卒 군사 졸	拙 졸할 졸	宗 마루 종
從 좇을 종	終 끝날 종	種 씨 종, 심을 종	綜 잉아 종	縱 늘어질 종	鐘 종 종	琮 옥홀 종	左 왼 좌	坐 앉을 좌	佐 도울 좌
座 자리 좌	罪 허물 죄	主 주인 주	朱 붉을 주	舟 배 주	州 고을 주	走 달릴 주	住 살 주	周 두루 주	宙 집 주
注 물댈 주	洲 섬 주	柱 기둥 주	奏 아뢸 주	酒 술 주	株 그루 주	珠 구슬 주	晝 낮 주	週 돌 주	駐 머무를 주
鑄 쇠부어만들 주	疇 밭두둑 주	竹 대 죽	俊 준걸 준	准 승인할 준	準 수준기 준	遵 좇을 준	埈 陵과 同字	峻 높을 준	晙 밝을 준
浚 깊을 준	濬 칠 준	駿 준마 준	中 가운데 중	仲 버금 중	重 무거울 중	衆 무리 중	卽 곧 즉	症 증세 증	曾 일찍 증
蒸 찔 증	增 불을 증	憎 미워할 증	證 증거 증	贈 보낼 증	之 갈 지	止 그칠 지	支 가를 지	只 다만 지	至 이를 지
旨 맛있을 지	枝 가지 지	池 못 지	地 땅 지	志 뜻 지	知 알 지	持 가질 지	指 손가락 지	脂 기름 지	紙 종이 지
智 슬기 지	誌 기록할 지	遲 늦을 지	址 터 지	芝 지초 지	直 곧을 직	職 벼슬 직	織 짤 직	稙 일찍심은벼 직	稷 기장 직
辰 별 진 다섯째지지(용) 진	珍 보배 진	津 나루 진	眞 참 진	振 떨칠 진	陣 줄 진	陳 늘어놓을 진	進 나아갈 진	診 볼 진	塵 티끌 진
盡 다될 진	震 벼락 진	鎭 진압할 진	秦 벼이름 진	晋 나아갈 진(晉의 俗字)	姪 조카 질	疾 병 질	秩 차례 질	窒 막을 질	質 바탕 질
執 잡을 집	集 모일 집	輯 모을 집	徵 부를 징	懲 혼날 징					

ㅊ									
且 또 차	次 버금 차	此 이 차	差 어긋날 차	借 빌 차	遮 막을 차	捉 잡을 착	着 붙을책내달날제	錯 섞일 착	餐 먹을 찬
贊 도울 찬	讚 기릴 찬	燦 빛날 찬	鑽 끌 찬	璨 빛날 찬	瓚 제기 찬	札 패 찰	刹 절 찰	察 살필 찰	參 간여할 참(석 삼)
慘 참혹할 참	慙 부끄러울 참	斬 벨 참	昌 창성할 창	倉 곳집 창	窓 창 창	唱 노래 창	創 비롯할 창	蒼 푸를 창	滄 찰 창
暢 펼 창	彰 밝을 창	敞 높을 창	昶 밝을 창	菜 나물 채	採 캘 채	彩 무늬 채	采 캘 채	埰 영지 채	蔡 거북 채
債 빚 채	冊 책 책	責 꾸짖을 책	策 채찍 책	妻 아내 처	處 살 처	悽 슬퍼할 처	尺 자 척	斥 물리칠 척	拓 주울 척빼을 탁
戚 겨레 척	隻 새한마리 척	陟 오를 척	千 일천 천	川 내 천	天 하늘 천	泉 샘 천	淺 얕을 천	踐 밟을 천	賤 천할 천
遷 옮길 천	薦 천거할 천	釧 팔찌 천	哲 밝을 철	撤 거둘 철	徹 통할 철	鐵 쇠 철	喆 哲과 同字	澈 물맑을 철	尖 뾰족할 첨
添 더할 첨	瞻 볼 첨	妾 첩 첩	諜 염탐할 첩	靑 푸를 청	淸 맑을 청	晴 갤 청	請 청할 청	聽 들을 청	廳 관청 청
逮 미칠 체	替 쇠퇴할 체	遞 갈마들 체	滯 막힐 체	體 몸 체	締 맺을 체	肖 닮을 초	抄 노략질할 초	初 처음 초	招 부를 초
草 풀 초	秒 초 최끝까기 묘	哨 망볼 초	焦 그을릴 초	超 넘을 초	礎 주춧돌 초	楚 초나라 초	促 재촉할 촉	燭 촛불 촉	觸 닿을 촉
蜀 나라이름 촉	寸 마디 촌	村 마을 촌	銃 총 총	聰 귀밝을 총	總 거느릴 총	最 가장 최	催 재촉할 최	崔 높을 최	抽 뺄 추
秋 가을 추	追 쫓을 추	推 옮을 추	趨 달릴 추	醜 추할 추	楸 개오동나무 추	鄒 나라이름 추	丑 둘째지(소) 축	畜 쌓을축 기를축	祝 빌 축
逐 쫓을 축	軸 굴대 축	蓄 쌓을 축	築 쌓을 축	縮 다스릴 축	蹴 찰 축	春 봄 춘	椿 참죽나무 춘	出 날 출	充 찰 충
忠 충성 충	衷 속마음 충	衝 찌를 충	蟲 벌레 충	冲 빌 충(沖의 俗字)	吹 불 취	取 취할 취	臭 냄새 취	就 이룰 취	醉 취할 취
趣 달릴 취	炊 불땔 취	聚 모일 취	側 곁 측	測 잴 측	層 층 층	治 다스릴 치	値 값 치	恥 부끄러워할 치	致 보낼 치
置 둘 치	稚 어릴 치	齒 이 치	峙 우뚝솟을 치	雉 꿩 치	則 법 칙 곧 즉 본받을 측	親 친할 친	七 일곱 칠	漆 옻 칠	沈 가라앉을 침
枕 베개 침	侵 침노할 침	浸 담글 침	針 바늘 침	寢 잠잘 침	稱 일컬을 칭				

ㅋ · ㅌ									
快 쾌할 쾌	他 다를 타	打 칠 타	妥 온당할 타	墮 떨어질 타	托 밀 탁, 맡길 탁	卓 높을 탁	託 부탁할 탁	琢 쫄 탁	濁 흐릴 탁
濯 씻을 탁	炭 숯 탄	誕 태어날 탄	彈 탄알 탄	歎 읊을 탄	灘 여울 탄	脫 벗을 탈	奪 빼앗을 탈	貪 탐할 탐	探 찾을 탐
耽 즐길 탐	塔 탑 탑	湯 넘어질 탕	太 클 태	怠 게으름 태	殆 위태할 태	胎 아이밸 태	泰 클 태	態 모양 태	颱 태풍 태
兌 바꿀 태	台 별 태(나 이)	宅 집 택(댁)	澤 못 택, 윤 택	擇 가릴 택	土 흙 토	吐 토할 토	兎 토끼 토(兎의 俗字)	討 칠 토	通 통할 통
痛 아플 통	統 큰줄기 통	退 물러날 퇴	投 던질 투	透 통할 투	鬪 싸움 투	特 수컷 특			

ㅍ									
波 물결 파	派 물갈래 파	破 깨뜨릴 파	頗 자못 파	罷 방면할 파	播 뿌릴 파	把 잡을 파	坡 고개 파	判 판가름할 판	板 널빤지 판
版 널 판	販 팔 판	阪 비탈 판	八 여덟 팔	貝 조개 패	敗 깨뜨릴 패	霸 으뜸 패(霸의 俗字)	彭 성 팽	片 조각 편	便 편할 편
偏 치우칠 편	遍 두루 편	篇 책 편	編 엮을 편	扁 넓적할 편	平 평평할 평	坪 평평할 평	評 평할 평	肺 허파 폐	閉 닫을 폐
廢 폐할 폐	蔽 덮을 폐	弊 해질 폐	幣 비단 폐	布 베 포	包 쌀 포	抛 던질 포	抱 안을 포	怖 두려워할 포	胞 태보 포
浦 물가 포	捕 사로잡을 포	砲 대포 포	飽 물릴 포	鋪 펼 포	葡 포도 포	鮑 절인어물 포	暴 사나울 포(드러낼 폭)	幅 폭 폭	爆 터질 폭
表 겉 표	票 쪽지 표	漂 떠돌 표	標 표할 표	杓 자루 표	品 물건 품	風 바람 풍	楓 단풍나무 풍	豊 풍성할 풍	馮 성 풍(탈 빙)
皮 가죽 피	彼 저 피	疲 지칠 피	被 이불 피, 입을 피	避 피할 피	匹 짝 필	必 반드시 필	畢 마칠 필	筆 붓 필	弼 도울 필
泌 샘물흐르는모양 필(비)									

下 아래 하	何 어찌 하	河 강이름 하	夏 여름 하	荷 연허 짐허 멜허	賀 하례 하	虐 사나울 학	學 배울 학	鶴 학 학	汗 땀 한
旱 가물 한	恨 한탄할 한	限 한계 한	寒 찰 한	閑 한가할 한	漢 나라 한	翰 날개 한	韓 나라이름 한	割 나눌 할	含 머금을 함
咸 다 함	陷 빠질 함	艦 싸움배 함	合 합할 합	陜 땅이름 합줄을 협	抗 막을 항	巷 거리 항	恒 항상 항	航 배 항	港 항구 항
項 조목 항	亢 목 항	沆 넓을 항	亥 열두째지지(돼지) 해	害 해칠 해	奚 어찌 해	海 바다 해	該 그해 갖출 해	解 풀 해	核 씨 핵
行 갈행/행렬 행	幸 다행 행	杏 살구나무 행	向 향할 향	享 누릴 향	香 향기 향	鄕 시골 향	響 울릴 향	許 허락할 허	虛 빌 허
軒 추녀 헌	憲 법 헌	獻 바칠 헌	險 험할 험	驗 시험할 험	革 가죽혁 고칠혁	赫 붉을 혁	爀 붉을 혁	玄 검을 현	弦 시위 현
現 나타날 현	絃 악기줄 현	賢 어질 현	縣 매달 현	懸 매달 현	顯 나타날 현	峴 재 현	炫 빛날 현	鉉 솥귀 현	穴 구멍 혈
血 피 혈	嫌 싫어할 혐	協 맞을 협	脅 옆구리 협	峽 골짜기 협	兄 맏 형	刑 형벌 형	亨 형통할 형	形 모양 형	型 거푸집 형
螢 개똥벌레 형	衡 저울대 형	瀅 맑을 형	炯 빛날 형	邢 나라이름 형	馨 향기 형	兮 어조사 혜	惠 은혜 혜	慧 슬기로울 혜	戶 지게 호
互 서로 호	乎 어조사 호	好 좋을 호	虎 범 호	呼 부를 호	胡 오랑캐 호	浩 클 호	毫 가는털 호	湖 호수 호	號 부르짖을 호
豪 호걸 호	濠 해자 호	護 보호할 호	昊 하늘 호	晧 밝을 호	皓 흴 호	澔 浩와 同字	壕 해자 호	扈 뒤따를 호	鎬 호경 호
祜 복 호	或 혹 혹	惑 미혹할 혹	酷 독할 혹	昏 어두울 혼	混 섞을 혼	婚 혼인할 혼	魂 넋 혼	忽 소홀히할 홀	弘 넓을 홍
洪 큰물 홍	紅 붉을 홍	鴻 큰기러기 홍	泓 깊을 홍	火 불 화	化 될 화	禾 벼 화	花 꽃 화	和 화할 화	華 빛날 화
貨 재물 화	畫 그림 화	話 말씀 화	靴 신 화	禍 재화 화	嬅 여자이름 화	樺 자작나무 화	確 굳을 확	擴 넓힐 확	穫 벼벨 확
丸 알 환	幻 변할 환	患 근심 환	換 바꿀 환	還 돌아올 환	環 고리 환	歡 기뻐할 환	桓 푯말 환	煥 불꽃 환	活 살 활
滑 미끄러울 활	況 하물며 황	皇 임금 황	荒 거칠 황	黃 누를 황	晃 밝을 황	滉 물깊고넓을 황	灰 재 회	回 돌 회	廻 돌 회
悔 뉘우칠 회	會 모일 회	懷 품을 회	檜 노송나무 회	淮 강이름 회	劃 그을 획	獲 얻을 획	橫 가로 횡	孝 효도 효	效 본받을 효
曉 새벽 효	厚 두터울 후	侯 과녁 후	後 뒤 후	喉 목구멍 후	候 물을 후	后 임금 후	訓 가르칠 훈	勳 공 훈	熏 연기낄 훈
壎 질나팔 훈	薰 향풀 훈	毁 헐 훼	揮 휘두를 휘	輝 빛날 휘	徽 아름다울 휘	休 쉴 휴	携 가질 휴	烋 경사로울 휴/거들거릴 효	凶 흉할 흉
胸 가슴 흉	匈 오랑캐 흉	黑 검을 흑	欽 공경할 흠	吸 숨들이쉴 흡	興 흥할 흥	希 바랄 희	喜 기쁠 희	稀 드물 희	熙 빛날 희
噫 탄식할 희	戲 놀 희/戱의 俗字	姬 성 희	嬉 즐길 희	熹 성할 희	憙 기뻐할 희	禧 복 희	羲 숨 희		

한자능력검정시험

한자이해의 기초

한자의 형성과 구조

본격적인 한자 익히기에 앞서 한자의 형성과정과 그 구조에 대한 이해는 필수적이라 할 수 있다. 이것은 보다 쉬운 한자학습은 물론이고 나아가 한문학을 이해하는데 중요한 밑거름이 된다. 특히 한자간의 독특한 구성원리인 六書(육서)에 대하여 자세히 알아보도록 한다.

1 한자의 발생(發生)

중국 상고시대인 황제(黃帝) 때(黃帝元年 : B.C. 2674년)에 사관(史官)이던 창힐(創頡)이 새의 발자국을 보고 만들었다고 전한다. 이외에도 복희(伏羲)·주양(朱襄) 등이 만들었다는 설(說)도 있다. 그러나 한자는 어느 한 사람의 손에 의하여 만들어졌다고 생각하기 어렵고, 오랜 시일이 지나는 동안에 여러 사람의 손을 거쳐 형성되었다고 본다. 한자가 생기기 이전에 문자대용으로 사용한 방법으로는 결승(結繩)·팔괘(八卦)·서계(書契) 등이 있었다고 한다.

2 한자 자체(字體)의 변천(變遷)

한자는 오랜 역사를 거치는 동안에 그 모양도 많이 변천되었다. 옛날의 갑골문자(甲骨文字)에서부터 시작하여 전서(篆書)·예서(隷書)·해서(楷書)·행서(行書)·초서(草書) 등 다양한 서체의 변화를 보이고 있으나, 오늘날은 해서와 행서가 많이 쓰이고 있다.

3 한자의 전래(傳來)

한자가 언제부터 우리나라에 들어왔는지 그 확실한 연대를 추정하기는 곤란하나, 상고시대부터 중국 민족의 빈번한 이동에 따라 그들과 접촉이 잦았던 우리 북방에서는 이미 한자(漢字)·한문(漢文)을 받아들였을 것으로 추측되며, 위만조선이나 한사군 시대에는 이미 우리 민족에 널리 보급되었을 것이다.

> 갑골문자 … 거북이의 껍질 [龜甲] 이나 짐승의 뼈에 새긴 문자를 말하는 것으로서, 중국에서 가장 오래된 것이다. 이것은 은(殷)나라 때(B.C. 1751 ~ 1111년)에 사용되었다. 은은 본래 탕왕(湯王)이 상 [河南省 商邱縣] 에 도읍을 정하여 상(商)이라고 불렀는데, 19대 왕 반경(盤庚)이 은 [河南省 安陽縣] 으로 도읍을 옮겨 은(殷)이라고 불리게 되었다. 은나라의 도읍지가 있던 곳을 은허(殷墟)라 하는데, 이곳에서 오래 전부터 갑골문자가 새겨진 갑골이 출토되었다. 은나라 왕실에서는 거북이의 껍질을 이용하여 점을 쳤고, 그 점친 내용을 거북이의 껍질에 새겨 기록하였던 것이다.

삼국시대에 들어와서 중국과 가장 가까웠던 고구려에서는 건국초기부터 한자를 사용하였을 것이고, 백제와 신라도 고구려를 거쳐 한자·한문을 받아들였을 것이다. 「삼국사기(三國史記)」에 의하면 고구려는 소수림왕 2년(372)에 태학(太學)을 세워 한자·한문교육에 힘썼으며, 백제에서도 고이왕 52년(285)에 「천자문(千字文)」과 「논어(論語)」를 일본에 전해주었다는 것으로 보아, 삼국시대에는 한자·한문이 어느 곳에서나 상당히 널리 보급되었을 것이다. 그 뒤, 고려·조선시대에 이르러서는 한문학의 황금시대를 이루어 많은 학자를 배출하였고, 세종대왕에 의하여 한

글이 창제되기까지의 모든 기록이 한자에 의하여 행하여졌다. 한글제정 이후에도 한자·한문은 끊임없이 사용되어 왔다.

4 한자의 3요소

한자는 표의문자(表意文字 ; 그림에 의해서나 사물의 형상을 그대로 베껴서 시각에 의해 사상을 전달하는 문자)이기 때문에, 각 한자마다 고유한 모양(形)·소리(音)·뜻(義)의 3요소를 갖추고 있다.

> 예 馬〔形〕→ 마〔音〕– 말〔義〕 手〔形〕→ 수〔音〕– 손〔義〕

5 육서(六書)

한자는 표의문자(表意文字)로 그 글자의 체(字體)가 매우 복잡하게 보이나, 자세히 관찰하면 각 글자들은 어떠한 원칙에 의하여 만들어졌거나 조합되어 있음을 발견할 수 있다. 예로부터 상형(象形), 지사(指事), 회의(會意), 형성(形聲) 및 전주(轉注), 가차(假借)의 여섯가지 구성원리와 사용방법으로 한자의 구조를 설명하여 왔는데, 이를 육서(六書)라고 한다.

(1) 상형문자(象形文字) : 구체적인 사물의 모양을 본떠서 만든 글자

> 예 日(◎→日) 山(॒॒→山)

(2) 지사문자(指事文字) : 그림으로 본뜨기 어려운 추상적인 생각이나 뜻을 점·선 등의 기호나 부호로써 나타낸 글자

> 예 上(•→上) 本(木→本)

(3) 회의문자(會意文字) : 이미 만들어진 글자의 뜻을 둘 이상 결합해 새로운 뜻을 나타내는 글자 (뜻 + 뜻)

> 예 明(日 + 月→明) 好(女 + 子→好) 信(人 + 言→信)

(4) 형성문자(形聲文字) : 음을 나타내는 부분과 뜻을 나타내는 부분이 결합해서 이루어진 글자 (뜻 + 음)

> 예 空〔穴(뜻부분) + 工(음부분) → 空〕 忘〔亡(음부분) + 心(뜻부분) → 忘〕

(5) 전주문자(轉注文字) : 이미 있는 글자의 본래의 뜻을 확대하여 다른 뜻으로 전용해서 쓰는 글자

> 예 樂
> • 본래의 뜻 : 풍류 → 音樂(음악)
> • 전용된 뜻 : 즐겁다 → 樂園(낙원)
>
> 善
> • 본래의 뜻 : 착하다 → 善行(선행)
> • 전용된 뜻 : 잘하다 → 善用(선용)

(6) 가차문자(假借文字) : 글자의 본래의 뜻과는 상관없이 나타내려는 사물의 모양이나 음이 비슷한 글자를 빌려서 표현하는 응용방법

> 예 佛蘭西(불란서) 亞細亞(아세아) 弗($, 달러)

한자어(漢字語)는 한자(漢字)를 구성요소로 하여 모두 일정한 구성원리를 갖고 있다. 이 구성원리는 한자(漢字)와 한자(漢字)가 서로 결합하여 한 단위의 의미체(意味體)를 이루도록 하는 것이다. 이때 한자와 한자 사이에는 반드시 기능상의 관계를 맺게 되는데, 이 관계를 유형별로 살펴보면 다음과 같다.

1 병렬관계(竝列關係)

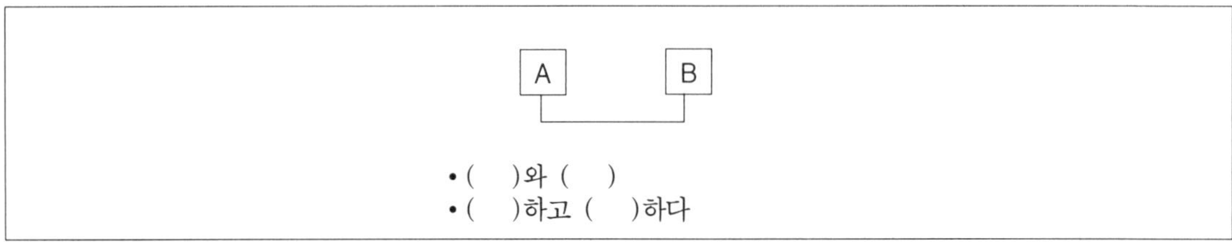

(1) 상대관계(相對關係) : 뜻이 서로 상대되는 글자

> 예 雌 ↔ 雄(자웅 : 짐승의 암컷과 수컷)　喜 ↔ 怒(희노 : 기쁨과 노여움)

(2) 대등관계(對等關係) : 뜻이 서로 대등한 글자끼리 어울려진 짜임

> 예 魚 - 貝(어패 : 물고기와 조개)　貴 - 重(귀중 : 귀하고 중함)

(3) 유사관계(類似關係) : 뜻이 같거나 비슷한 글자끼리 어울려진 짜임

> 예 樹 = 木(수목 : 나무)　海 = 洋(해양 : 바다)

2 어순(語順)이 우리말과 같은 구조

(1) 수식관계(修飾關係) : 수식어 + 피수식어의 짜임(└─↑)

수식어　피수식어

(　　)한(의)　(　　　)

예 思師(은사 : 은혜로운 스승)　清風(청풍 : 맑은 바람)

(2) 주술관계(主述關係) : 주어 + 서술어의 짜임(ǁ)

주 어　ǁ　서술어
(　　)이(가) ǁ (　　)하다

예 夜 ǁ 深(야심 : 밤이 깊다)　日 ǁ 出(일출 : 해가 뜨다)

3 어순(語順)이 우리말과 반대인 구조

(1) 술목관계(術目關係) : 서술어 + 목적어의 짜임(ㅣ)

서술어　ㅣ　목적어
(　　)하다 ㅣ (　　)을 → (　　)을 (　　)하다

예 受 ㅣ 業(수업 : 학업을 받다)　讀 ㅣ 書(독서 : 책을 읽다)

(2) 술보관계(術補關係) : 서술어 + 보어의 짜임(/)

서술어　/　보 어
(　　)하다 / (　　)에(으로) → (　　)에(으로) (　　)하다

예 登 / 山(등산 : 산에 오르다)　有 / 力(유력 : 힘이 있다)

(3) 보조관계(補助關係) : 본용언 + 보조용언의 짜임(+)

본용언　+　보조용언
(　　)하지 않다 or (　　)하지 못한다

예 不 + 當(부당 : 당치 않다)　未 + 知(미지 : 알지 못하다)

부수란 자전(字典)이나 사전(辭典)에서 글자를 찾는데 필요한 기본글자를 말한다. 본래 부수는 한자의 글자모양을 바탕으로 같은 부분, 비슷한 부분을 가진 한자를 한 곳에 모아놓고 공통된 부분을 질서있게 배열하기 위하여 채택한 기본자이므로 한자의 짜임과 뗄 수 없는 관계를 가지고 있다. 부수는 또한 '변(邊)', '방(傍)', '머리', '받침', '몸'의 다섯가지 원리에 의해 나누어진다. (글자가 어느 부분에 위치하느냐에 따라 분류)

1 제부수글자

一	한 일	乙	새 을	二	두 이	人	사람 인	入	들 입	八	여덟 팔	刀	칼 도
又	또 우	口	입 구	力	힘 력	土	흙 토	士	선비 사	夕	저녁 석	大	큰 대
女	계집 녀	子	아들 자	寸	마디 촌	小	작을 소	山	뫼 산	工	장인 공	己	몸 기
巾	수건 건	干	방패 간	弓	활 궁	心	마음 심	文	글월 문	斗	말 두	日	날 일
曰	가로 왈	月	달 월	木	나무 목	止	그칠 지	水	물 수	火	불 화	香	향기 향
首	머리 수	見	볼 견	谷	계곡 곡	赤	붉을 적	走	달아날 주	足	발 족	身	몸 신
車	수레 거	里	마을 리	至	이를 지	臣	신하 신	瓦	기와 와	甘	달 감	用	쓸 용
色	빛 색	龜	거북 귀	龍	용 룡	齒	이 치	齊	가지런할 제	鼠	쥐 서	黃	누를 황
黑	검을 흑	魚	물고기 어	鳥	새 조	鹿	사슴 록	麥	보리 맥	麻	삼 마	骨	뼈 골
高	높을 고	鬼	귀신 귀	面	낯 면	音	소리 음	風	바람 풍	飛	날 비	豆	콩 두

2 변형된 부수

부수의 원형		변형	부수의 원형		변형	부수의 원형		변형	부수의 원형		변형
乙	새 을		人	사람 인	亻	刀	칼 도	刂	川	내 천	巛
心	마음 심	忄	手	손 수	扌	水	물 수	氵	犬	개 견	犭
玉	구슬 옥	王	示	보일 시	礻	衣	옷 의	衤	火	불 화	灬
肉	고기 육	月	艸	풀 초	⺿	竹	대나무 죽	竹	邑	고을 읍	阝
阜	언덕 부	阝	辵	쉬엄쉬엄갈 착	辶·辶	卩	병부 절	㔾	攴	칠 복	攵
无	없을 무	旡	歺	뼈앙상할 알	歹	爪	손톱 조	爫	牛	소 우	牛
网	그물 망	罒	羊	양 양	羊	襾	덮을 아	襾	老	늙을 로	耂

잠깐만

절후(絕後)		시기	
봄	입춘(立春)	2월 4일경	봄이 시작되는 시기
	우수(雨水)	2월 19일경	강물이 풀리기 시작하는 시기
	경칩(驚蟄)	3월 5일경	동물이 동면(冬眠)을 마치고 깨어나는 시기
	춘분(春分)	3월 21일경	밤과 낮의 길이가 거의 같게 되는 시기
	청명(淸明)	4월 5일경	날씨가 맑고 밝은 시기
	곡우(穀雨)	4월 20일경	봄비가 내려 백곡이 윤택해지는 시기
여 름	입하(立夏)	5월 6일경	여름이 시작되는 시기
	소만(小滿)	5월 21일경	만물이 점차 성장하여 가득 차는 시기
	망종(芒種)	6월 6일경	보리는 익어 먹게 되고, 벼의 모는 자라서 심게 되는 시기
	하지(夏至)	6월 21일경	낮이 제일 길고, 밤이 제일 짧은 시기
	소서(小暑)	7월 7일경	본격적인 더위가 시작되는 시기
	대서(大暑)	7월 23일경	더위가 가장 심한 시기
가 을	입추(立秋)	8월 8일경	가을이 시작되는 시기
	처서(處暑)	8월 23일경	더위가 풀려가는 시기
	백로(白露)	9월 8일경	이슬이 내리고, 가을기운이 완연히 나타나는 시기
	추분(秋分)	9월 23일경	낮과 밤의 길이가 거의 같게 되는 시기
	한로(寒露)	10월 8일경	찬 서리의 기운이 싹트는 시기
	상강(霜降)	10월 23일경	서리가 내리는 시기
겨 울	입동(立冬)	11월 7일경	겨울이 시작되는 시기
	소설(小雪)	11월 23일경	눈이 오기 시작하는 시기
	대설(大雪)	12월 7일경	눈이 많이 오는 시기
	동지(冬至)	12월 23일경	낮이 제일 짧고, 밤이 제일 긴 시기
	소한(小寒)	1월 6일경	겨울 중 가장 추운 시기
	대한(大寒)	1월 12일경	지독히 추운 시기

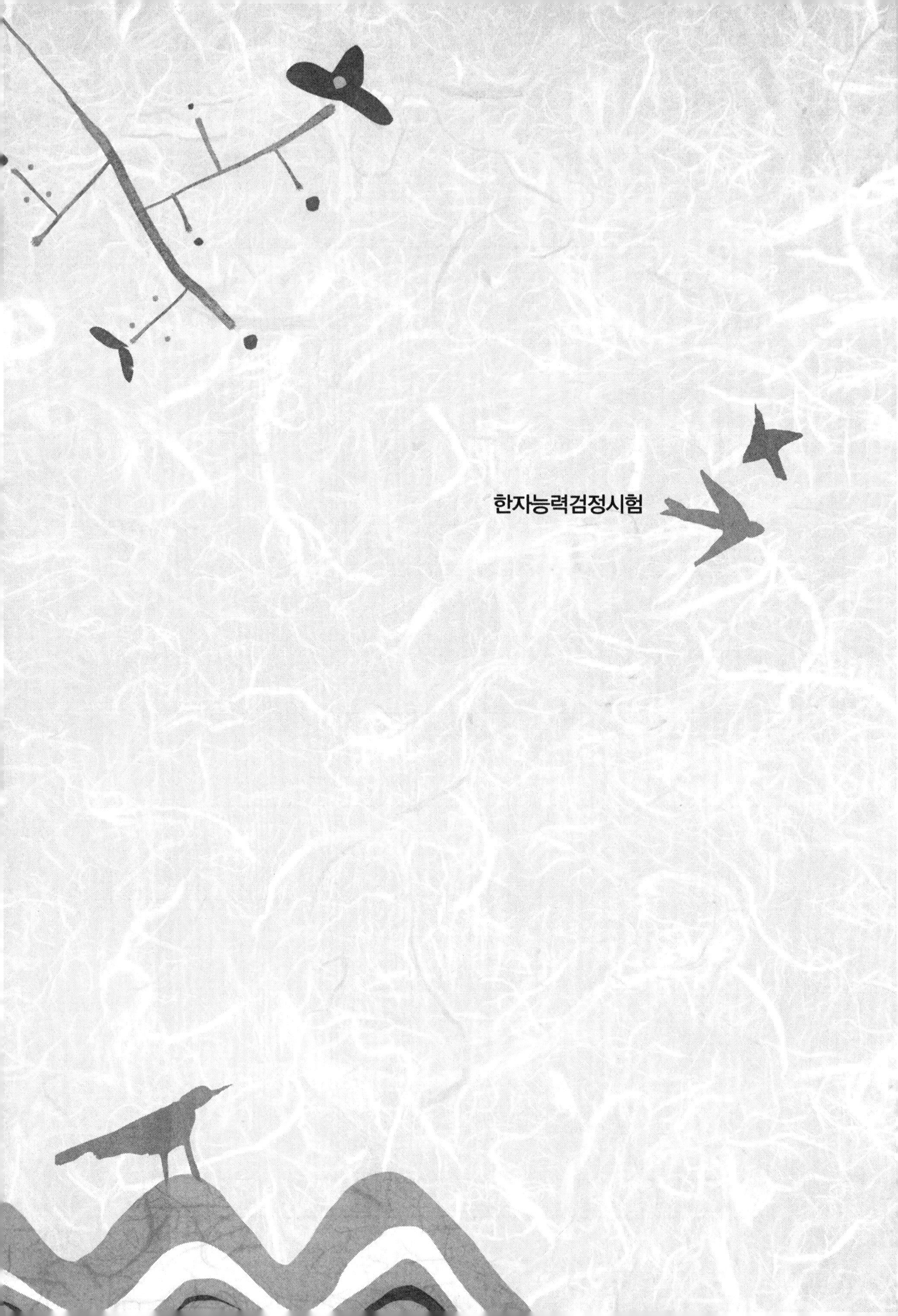
한자능력검정시험

02

한자능력검정시험 필수한자 해설

2급 읽기 필수배정 한자는 총 2350字입니다. 이전의 급수들에 비해 2급은 고급수준으로 분류할 수 있습니다. 따라서 그 난이도가 꽤 어렵고, 지명이나 인명 한자도 간과할 수 없습니다. 2350字를 하나하나 모두 숙지하기 위해서는 시간과 많은 노력을 해야 하지만, 고급과정으로 한발 다가서려면 인내심을 갖고 열심히 해 보세요. 학습할 때 좀더 쉽게 익힐 수 있도록 예문도 실었습니다. 그리고 한자는 눈으로 읽히는 것보다 한 번이라도 소리를 내어 입으로 익히는 것도 하나의 학습방법이 될 수 있으니, 소리내어 읽으며 一字一字 체크해 보시기 바랍니다. 이 단원과 관련된 문제유형은 讀音(45문)과 訓音(27문), 그리고 漢字語의 뜻풀이(5문)입니다.

佳	부수 : 人(亻)부 획수 : 6획	佳			假	부수 : 人(亻)부 획수 : 9획	假		
아름다울 가		佳景(가경)	佳作(가작)		거짓 가		假面(가면)	假名(가명)	

價	부수 : 人(亻)부 획수 : 13획	價			加	부수 : 力부 획수 : 3획	加		
값 가, 가치 가		價格(가격)	價値(가치)		더할 가		加減(가감)	加升(가승)	

可	부수 : 口부 획수 : 2획	可			家	부수 : 宀부 획수 : 7획	家		
옳을 가		可決(가결)	可能(가능)		집 가		家系(가계)	家法(가법)	

暇	부수 : 日부 획수 : 9획	暇			架	부수 : 木부 획수 : 5획	架		
겨를 가		餘暇(여가)	閑暇(한가)		시렁 가		架空(가공)	架設(가설)	

歌	부수 : 欠부 획수 : 10획	歌			街	부수 : 行부 획수 : 6획	街		
노래 가		歌謠(가요)	歌曲(가곡)		거리 가		街路(가로)	街頭(가두)	

伽	부수 : 人(亻)부 획수 : 5획	伽			柯	부수 : 木부 획수 : 5획	柯		
절 가		伽藍(가람)	夜伽(야가)		자루 가		南柯一夢(남가일몽)		

軻	부수 : 車부 / 획수 : 5획	굴대 가	軻	
迦	부수 : 辵(辶)부 / 획수 : 5획	막을 가	迦	
却	부수 : 卩(㔾)부 / 획수 : 5획	물러날 각	却走(각주)	棄却(기각)
脚	부수 : 肉(月)부 / 획수 : 7획	다리 각	脚本(각본)	脚色(각색)
角	제부수글자	뿔 각	角度(각도)	角逐(각축)
珏	부수 : 玉부 / 획수 : 4획	쌍옥 각	珏	
姦	부수 : 女부 / 획수 : 6획	간사할 간	姦計(간계)	姦通(간통)
幹	부수 : 干부 / 획수 : 10획	줄기 간	幹部(간부)	基幹(기간)
看	부수 : 目부 / 획수 : 4획	볼 간	看過(간과)	看守(간수)
賈	부수 : 貝부 / 획수 : 6획	값 가, 장사 고	賈船(고선)	賈市(고시)
刻	부수 : 刀(刂)부 / 획수 : 6획	새길 각	刻本(각본)	刻印(각인)
各	부수 : 口부 / 획수 : 3획	각각 각	各論(각론)	各部(각부)
覺	부수 : 見부 / 획수 : 13획	깨달을 각	覺醒(각성)	覺悟(각오)
閣	부수 : 門부 / 획수 : 6획	누각 각	閣僚(각료)	閣筆(각필)
刊	부수 : 刀(刂)부 / 획수 : 3획	새길 간	刊行(간행)	改刊(개간)
干	제부수글자	방패 간, 구할 간	干滿(간만)	干涉(간섭)
懇	부수 : 心(忄)부 / 획수 : 13획	간절할 간	懇談(간담)	懇請(간청)
簡	부수 : 竹부 / 획수 : 12획	편지 간	簡潔(간결)	簡略(간략)

肝	부수 : 肉(月)부 획수 : 3획	肝		間	부수 : 門부 획수 : 4획	間	
간 간		肝要(간요)	肝臟(간장)	사이 간		間의 俗字	間奏(간주)
杆	부수 : 木부 획수 : 3획	杆		艮	제부수글자	艮	
나무이름 간		欄杆(난간)	杆率(간솔)	어긋날 간		艮	
渴	부수 : 水(氵)부 획수 : 9획	渴		葛	부수 : 艸(艹)부 획수 : 9획	葛	
목마를 갈		渴望(갈망)	枯渴(고갈)	칡 갈		葛根(갈근)	葛藤(갈등)
鞨	부수 : 革부 획수 : 9획	鞨		感	부수 : 心(忄)부 획수 : 9획	感	
말갈 갈		靺鞨(말갈)	鞨巾(갈건)	느낄 감		感歎(감탄)	感情(감정)
敢	부수 : 攴(攵)부 획수 : 8획	敢		減	부수 : 水(氵)부 획수 : 9획	減	
감히 감		敢行(감행)	敢鬪(감투)	덜 감, 감할 감		減少(감소)	減員(감원)
甘	제부수글자	甘		監	부수 : 皿부 획수 : 9획	監	
달 감		甘味(감미)	甘受(감수)	볼 감		監禁(감금)	監視(감시)
鑑	부수 : 金부 획수 : 14획	鑑		憾	부수 : 心(忄)부 획수 : 13획	憾	
거울 감, 살펴볼 감		鑑別(감별)	鑑賞(감상)	한할 감		憾怨(감원)	憾悔(감회)
邯	부수 : 邑(阝)부 획수 : 5획	邯		甲	부수 : 田부 획수 : 0획	甲	
땅이름 감, 고을이름 한		邯鄲之夢(한단지몽)		첫째천간 갑, 갑옷 갑		甲骨文(갑골문)	甲乙(갑을)
岬	부수 : 山부 획수 : 5획	岬		鉀	부수 : 金부 획수 : 5획	鉀	
산허리 갑		岬		갑옷 갑		鉀	

剛	부수 : 刀(刂)부 획수 : 8획	剛		康	부수 : 广부 획수 : 8획	康	
굳셀 강		剛健(강건)	剛直(강직)	편안할 강		康熙(강희)	康寧(강령)
江	부수 : 水(氵)부 획수 : 3획	江		綱	부수 : 糸부 획수 : 8획	綱	
강 강		江山(강산)	江湖(강호)	벼리 강		綱領(강령)	要綱(요강)
講	부수 : 言부 획수 : 10획	講		鋼	부수 : 金부 획수 : 8획	鋼	
익힐 강, 강론할 강		講義(강의)	講究(강구)	강철 강		鋼鐵(강철)	鋼板(강판)
降	부수 : 阜(阝)부 획수 : 6획	降		姜	부수 : 女부 획수 : 6획	姜	
내릴 강, 항복할 항		降雨(강우)	降雪(강설)	성 강		姜	
強	부수 : 弓부 획수 : 9획	強		疆	부수 : 弓부 획수 : 13획	疆	
굳셀 강		強의 俗字	強度(강도)	굳셀 강		彊	
疆	부수 : 田부 획수 : 14획	疆		岡	부수 : 山부 획수 : 5획	岡	
지경 강		疆과 同字	疆	산등성이 강		岡邊(강변)	岡阜(강부)
崗	부수 : 山부 획수 : 8획	崗		介	부수 : 人(亻)부 획수 : 2획	介	
岡의 俗字		崗巒(강만)	崗曲(강곡)	낄 개		介入(개입)	媒介(매개)
個	부수 : 人(亻)부 획수 : 8획	個		慨	부수 : 心(忄)부 획수 : 11획	慨	
낱 개		個人(개인)	個別(개별)	분개할 개		慨歎(개탄)	憤慨(분개)
改	부수 : 攴(攵)부 획수 : 3획	改		概	부수 : 木부 획수 : 11획	概	
고칠 개		改刊(개간)	改造(개조)	대개 개		概觀(개관)	概念(개념)

한자	부수·획수	훈음	예1	예2
皆	부수 : 白부 / 획수 : 4획	모두 개	皆別(개별)	皆差(개차)
蓋	부수 : 艸(艹)부 / 획수 : 10획	덮을 개	蓋然(개연)	口蓋(구개)
開	부수 : 門부 / 획수 : 4획	열 개	開講(개강)	開學(개학)
价	부수 : 人(亻)부 / 획수 : 4획	착할 개	价人(개인)	使价(사개)
塏	부수 : 土부 / 획수 : 10획	높고건조할 개	塏塏(개개)	勝塏(승개)
客	부수 : 宀부 / 획수 : 6획	손님 객	客室(객실)	客觀(객관)
更	부수 : 曰부 / 획수 : 3획	다시 갱, 고칠 경	更改(경개)	更新(갱신)
坑	부수 : 土부 / 획수 : 4획	구덩이 갱	坑夫(갱부)	坑殺(갱살)
去	부수 : 厶부 / 획수 : 3획	갈 거, 버릴 거	去來(거래)	除去(제거)
居	부수 : 尸부 / 획수 : 5획	살 거, 있을 거	居住(거주)	同居(동거)
巨	부수 : 工부 / 획수 : 2획	클 거	同居(동거)	居木(거목)
拒	부수 : 手(扌)부 / 획수 : 5획	물리칠 거	拒否(거부)	拒絶(거절)
據	부수 : 手(扌)부 / 획수 : 13획	의거할 거	據點(거점)	本據(본거)
擧	부수 : 手(扌)부 / 획수 : 14획	들 거, 모두 거	擧動(거동)	列擧(열거)
距	부수 : 足부 / 획수 : 5획	떨어질 거	距離(거리)	距塞(거색)
車	제부수글자	수레 거·차, 성 차	馬車(마차)	車庫(차고)
乾	부수 : 乙부 / 획수 : 10획	하늘 건	乾濕(건습)	乾燥(건조)
件	부수 : 人(亻)부 / 획수 : 4획	사건 건	件數(건수)	要件(요건)

한자	부수 / 획수	훈음	예어 1	예어 2
健	부수 : 人(亻)부 / 획수 : 9획	건강할 건	健康(건강)	健在(건재)
建	부수 : 廴부 / 획수 : 6획	세울 건	建設(건설)	建立(건립)
鍵	부수 : 金부 / 획수 : 9획	열쇠 건	鍵盤(건반)	白鍵(백건)
傑	부수 : 人(亻)부 / 획수 : 10획	뛰어날 걸	傑出(걸출)	傑作(걸작)
乞	부수 : 乙부 / 획수 : 2획	빌 걸	乞食(걸식)	求乞(구걸)
杰	부수 : 木부 / 획수 : 4획	傑의 俗字	杰	
桀	부수 : 木부 / 획수 : 6획	홰 걸	桀	
儉	부수 : 人(亻)부 / 획수 : 13획	검소할 검	儉素(검소)	儉約(검약)
劍	부수 : 刀(刂)부 / 획수 : 13획	찰 검	劍刀(검도)	劍道(검도)
檢	부수 : 木부 / 획수 : 13획	조사할 검	檢査(검사)	檢證(검증)
憩	부수 : 心(忄)부 / 획수 : 12획	쉴 게	小憩(소게)	休憩(휴게)
揭	부수 : 手(扌)부 / 획수 : 9획	들 게	揭示(게시)	揭揚(게양)
擊	부수 : 手(扌)부 / 획수 : 13획	칠 격	擊沈(격침)	擊退(격퇴)
格	부수 : 木부 / 획수 : 6획	자격 격	格言(격언)	格式(격식)
激	부수 : 水(氵)부 / 획수 : 13획	과격할 격	激怒(격노)	激突(격돌)
隔	부수 : 阜(阝)부 / 획수 : 10획	사이뜰 격	隔離(격리)	隔日(격일)
堅	부수 : 土부 / 획수 : 8획	굳을 견	堅固(견고)	堅實(견실)
犬	제부수글자	개 견	犬馬(견마)	狂犬(광견)

絹	부수 : 糸부 획수 : 7획			肩	부수 : 肉(月)부 획수 : 4획		
비단 견	絹織(견직)	純絹(순견)		어깨 견	肩背(견배)	肩章(견장)	
見	제부수글자			遣	부수 : 辵(辶)부 획수 : 10획		
볼 견, 뵐 현	見聞(견문)	見解(견해)		보낼 견	派遣(파견)	差遣(차견)	
牽	부수 : 牛부 획수 : 7획			甄	부수 : 瓦부 획수 : 9획		
끌 견	牽牛(견우)	牽引(견인)		질그릇 견	甄		
決	부수 : 水(氵)부 획수 : 4획			潔	부수 : 水(氵)부 획수 : 12획		
정할 결, 판단할 결	決定(결정)	決議(결의)		깨끗할 결	潔白(결백)	潔癖(결벽)	
結	부수 : 糸부 획수 : 6획			缺	부수 : 缶부 획수 : 4획		
맺을 결	結論(결론)	結末(결말)		이지러질 결	缺如(결여)	缺點(결점)	
兼	부수 : 八부 획수 : 8획			謙	부수 : 言부 획수 : 10획		
겸할 겸	兼備(겸비)	兼用(겸용)		겸손할 겸	謙遜(겸손)	謙讓(겸양)	
京	부수 : 亠부 획수 : 6획			傾	부수 : 人(亻)부 획수 : 11획		
서울 경	京都(경도)	京畿(경기)		기울 경	傾斜(경사)	傾向(경향)	
卿	부수 : 卩(㔾)부 획수 : 10획			境	부수 : 土부 획수 : 11획		
벼슬 경	卿			지경 경	境界(경계)	境地(경지)	
庚	부수 : 广부 획수 : 5획			徑	부수 : 彳부 획수 : 7획		
일곱번째천간 경, 나이 경	庚			길 경, 지름길 경	徑路(경로)	直徑(직경)	

慶	부수 : 心(忄)부 획수 : 11획	慶		敬	부수 : 攴(攵)부 획수 : 9획	敬	
경사 경		慶祝(경축)	慶賀(경하)	공경할 경		敬老(경로)	敬拜(경배)
景	부수 : 日부 획수 : 8획	景		硬	부수 : 石부 획수 : 7획	硬	
경치 경, 볕 경		景觀(경관)	景氣(경기)	굳을 경		硬度(경도)	強硬(강경)
竟	부수 : 立부 획수 : 6획	竟		競	부수 : 立부 획수 : 15획	競	
마침내 경, 끝낼 경		究竟(구경)	畢竟(필경)	다툴 경, 겨룰 경		競爭(경쟁)	競技(경기)
經	부수 : 糸부 획수 : 7획	經		警	부수 : 言부 획수 : 13획	警	
경서 경, 책 경		經書(경서)	經典(경전)	경계할 경		警戒(경계)	警察(경찰)
輕	부수 : 車부 획수 : 7획	輕		鏡	부수 : 金부 획수 : 11획	鏡	
가벼울 경		輕重(경중)	輕微(경미)	거울 경		鏡臺(경대)	水鏡(수경)
頃	부수 : 頁부 획수 : 2획	頃		驚	부수 : 馬부 획수 : 13획	驚	
잠깐 경		頃刻(경각)	近頃(근경)	놀랄 경		驚異(경이)	驚歎(경탄)
耕	부수 : 耒부 획수 : 4획	耕		炅	부수 : 火부 획수 : 4획	炅	
밭갈 경		耕耘(경운)	耕作(경작)	빛날 경, 성 계		炅	
儆	부수 : 人(亻)부 획수 : 13획	儆		璟	부수 : 玉(王)부 획수 : 12획	璟	
경계할 경		儆戒(경계)	儆備(경비)	옥빛 경		璄과 同字	璟
瓊	부수 : 玉(王)부 획수 : 15획	瓊		係	부수 : 人(亻)부 획수 : 7획	係	
옥 경		瓊		맬 계		關係(관계)	連係(연계)

啓	부수 : 口부 획수 : 8획	啓		契	부수 : 大부 획수 : 6획	契	
열 계		啓示(계시)	啓發(계발)	맺을 계		契約(계약)	契合(계합)
季	부수 : 子부 획수 : 5획	季		戒	부수 : 戈부 획수 : 3획	戒	
끝 계, 계절 계		季節(계절)	四季(사계)	경계할 계		戒嚴(계엄)	警戒(경계)
桂	부수 : 木부 획수 : 6획	桂		械	부수 : 木부 획수 : 7획	械	
계수나무 계		桂冠(계관)	桂皮(계피)	기계 계		機械(기계)	器械(기계)
溪	부수 : 水(氵)부 획수 : 10획	溪		界	부수 : 田부 획수 : 4획	界	
시내 계		溪谷(계곡)	溪泉(계천)	세계 계		世界(세계)	商界(상계)
癸	부수 : 癶부 획수 : 4획	癸		系	부수 : 糸부 획수 : 1획	系	
열째천간 계		癸		계통 계		系列(계열)	系統(계통)
繼	부수 : 糸부 획수 : 14획	繼		計	부수 : 言부 획수 : 2획	計	
이을 계		繼續(계속)	繼承(계승)	셈할 계, 꾀할 계		計算(계산)	計數(계수)
階	부수 : 阜(阝)부 획수 : 9획	階		鷄	부수 : 鳥부 획수 : 10획	鷄	
섬돌 계		階層(계층)	階段(계단)	닭 계		鷄卵(계란)	鷄鳴(계명)
繫	부수 : 糸부 획수 : 13획	繫		古	부수 : 口부 획수 : 2획	古	
맬 계		繫囚(계수)	連繫(연계)	옛 고		古今(고금)	古來(고래)
告	부수 : 口부 획수 : 4획	告		固	부수 : 囗부 획수 : 5획	固	
알릴 고		告發(고발)	告白(고백)	굳을 고		固守(고수)	固有(고유)

한자	부수/획수	훈음	예1	예2
姑	부수 : 女부 / 획수 : 5획	시어머니 고, 고모 고	姑婦(고부)	姑息(고식)
孤	부수 : 子부 / 획수 : 5획	홀로 고	孤獨(고독)	孤兒(고아)
庫	부수 : 广부 / 획수 : 7획	곳집 고	文庫(문고)	入庫(입고)
故	부수 : 攴(攵)부 / 획수 : 5획	옛 고, 까닭 고	故國(고국)	故事(고사)
枯	부수 : 木부 / 획수 : 5획	마를 고, 시들 고	枯木(고목)	枯死(고사)
稿	부수 : 禾부 / 획수 : 10획	볏집 고, 원고 고	寄稿(기고)	原稿(원고)
考	부수 : 老(耂)부 / 획수 : 2획	헤아릴 고	考慮(고려)	考案(고안)
苦	부수 : 艸(艹)부 / 획수 : 5획	괴로울 고	苦痛(고통)	苦心(고심)
顧	부수 : 頁부 / 획수 : 12획	돌아볼 고	顧慮(고려)	顧問(고문)
高	제부수글자	높을 고	高空(고공)	航空(항공)
鼓	제부수글자	북 고	鼓動(고동)	鼓吹(고취)
雇	부수 : 隹부 / 획수 : 4획	품살 고, 새이름 호	雇用(고용)	解雇(해고)
皐	부수 : 白부 / 획수 : 6획	부르는소리 고	皐月(고월)	皐
哭	부수 : 口부 / 획수 : 7획	울 곡	哭聲(곡성)	痛哭(통곡)
曲	부수 : 曰부 / 획수 : 2획	굽을 곡	曲直(곡직)	曲解(곡해)
穀	부수 : 禾부 / 획수 : 10획	곡식 곡	穀食(곡식)	糧穀(양곡)
谷	제부수글자	골짜기 곡	幽谷(유곡)	峽谷(협곡)
困	부수 : 囗부 / 획수 : 4획	곤할 곤	困難(곤란)	困窮(곤궁)

한자	부수/획수	훈·음	예1	예2
坤	부수 : 土부 / 획수 : 5획	땅 곤	坤軸(곤축)	坤乾(곤건)
骨	제부수글자	뼈 골	骨格(골격)	骸骨(해골)
供	부수 : 亻부 / 획수 : 6획	이바지할 공, 받들 공	供給(공급)	供用(공용)
公	부수 : 八부 / 획수 : 2획	공변될 공, 함께할 공	公的(공적)	公社(공사)
共	부수 : 八부 / 획수 : 4획	함께 공	共同(공동)	共用(공용)
功	부수 : 力부 / 획수 : 3획	공 공, 일할 공	功績(공적)	武功(무공)
孔	부수 : 子부 / 획수 : 1획	구멍 공, 성 공	孔孟(공맹)	孔子(공자)
工	제부수글자	장인 공, 만들 공	工場(공장)	工人(공인)
恐	부수 : 心(忄)부 / 획수 : 6획	두려워할 공	恐懼(공구)	恐怖(공포)
恭	부수 : 心(忄)부 / 획수 : 6획	공손할 공	恭敬(공경)	恭賀(공하)
攻	부수 : 攴(攵)부 / 획수 : 3획	칠 공, 익힐 공	攻擊(공격)	攻略(공략)
空	부수 : 穴부 / 획수 : 3획	빌 공	空氣(공기)	空軍(공군)
貢	부수 : 貝부 / 획수 : 3획	바칠 공	貢獻(공헌)	朝貢(조공)
寡	부수 : 宀부 / 획수 : 11획	적을 과	寡言(과언)	衆寡(중과)
戈	제부수글자	창 과	干戈(간과)	兵戈(병과)
果	부수 : 木부 / 획수 : 4획	열매 과, 결과 과	果實(과실)	成果(성과)
瓜	제부수글자	오이 과	瓜田(과전)	胡瓜(호과)
科	부수 : 禾부 / 획수 : 4획	과정 과, 조목 과	科目(과목)	教科(교과)

誇	부수 : 言부 획수 : 6획	誇			課	부수 : 言부 획수 : 8획	課	
자랑할 과		誇示(과시)	誇張(과장)	부과할 과, 과목 과		課稅(과세)	課業(과업)
過	부수 : 辵(辶)부 획수 : 9획	過			菓	부수 : 艸(艹)부 획수 : 8획	菓	
지날 과, 허물 과		過誤(과오)	經過(경과)	과일 과		菓子(과자)	茶菓(다과)
郭	부수 : 邑(阝)부 획수 : 8획	郭			冠	부수 : 冖부 획수 : 7획	冠	
성곽 곽		輪郭(윤곽)	外郭(외곽)	갓 관		冠詞(관사)	冠儀(관의)
官	부수 : 宀부 획수 : 5획	官			寬	부수 : 宀부 획수 : 12획	寬	
벼슬 관, 관청 관		官公署(관공서)	官吏(관리)	너그러울 관		寬大(관대)	寬容(관용)
慣	부수 : 心(忄)부 획수 : 11획	慣			管	부수 : 竹부 획수 : 8획	管	
익숙할 관		慣例(관례)	慣用(관용)	관 관		管樂器(관악기)	管絃(관현)
觀	부수 : 見부 획수 : 18획	觀			貫	부수 : 貝부 획수 : 4획	貫	
볼 관		觀覽(관람)	觀望(관망)	꿸 관		貫徹(관철)	貫通(관통)
關	부수 : 門부 획수 : 11획	關			館	부수 : 食부 획수 : 8획	館	
관문 관, 관계할 관		關門(관문)	關係(관계)	집 관		館長(관장)	會館(회관)
款	부수 : 欠부 획수 : 8획	款			琯	부수 : 玉(王)부 획수 : 8획	琯	
정성 관		約款(약관)	定款(정관)	옥피리 관		琯	
光	부수 : 儿부 획수 : 4획	光			廣	부수 : 广부 획수 : 12획	廣	
빛 광		光線(광선)	光彩(광채)	넓을 광		廣場(광장)	廣闊(광활)

한자	부수 / 획수	훈음	예1	예2
鑛	부수 : 金부 / 획수 : 15획	쇳돌 광	鑛物(광물)	鑛石(광석)
狂	부수 : 犬(犭)부 / 획수 : 4획	미칠 광	狂犬(광견)	狂疾(광질)
掛	부수 : 手(扌)부 / 획수 : 8획	걸 괘	日掛(일괘)	出掛(출괘)
塊	부수 : 土부 / 획수 : 10획	덩어리 괴	怪狀(괴상)	金塊(금괴)
壞	부수 : 土부 / 획수 : 16획	무너질 괴	壞滅(괴멸)	破壞(파괴)
怪	부수 : 心(忄)부 / 획수 : 5획	괴이할 괴	怪奇(괴기)	怪力(괴력)
愧	부수 : 心(忄)부 / 획수 : 10획	부끄러워할 괴	愧恥(괴치)	愧
傀	부수 : 人(亻)부 / 획수 : 10획	클 괴	傀儡(괴뢰)	傀
槐	부수 : 木부 / 획수 : 10획	홰나무 괴	槐樹(괴수)	槐
交	부수 : 亠부 / 획수 : 4획	사귈 교, 엇갈릴 교	交感(교감)	交際(교제)
巧	부수 : 工부 / 획수 : 2획	교묘할 교	巧妙(교묘)	精巧(정교)
教	부수 : 攴(攵)부 / 획수 : 7획	가르칠 교	教師(교사)	教授(교수)
校	부수 : 木부 / 획수 : 6획	학교 교	學校(학교)	登校(등교)
橋	부수 : 木부 / 획수 : 12획	다리 교	橋脚(교각)	架橋(가교)
矯	부수 : 矢부 / 획수 : 12획	바로잡을 교	矯正(교정)	奇矯(기교)
較	부수 : 車부 / 획수 : 6획	비교할 교	較差(교차)	比較(비교)
郊	부수 : 邑(阝)부 / 획수 : 6획	들 교, 교외 교	郊外(교외)	近郊(근교)
絞	부수 : 糸부 / 획수 : 6획	목맬 교	絞殺(교살)	絞首(교수)

僑	부수 : 人(亻)부 획수 : 12획	僑		膠	부수 : 肉(月)부 획수 : 11획	膠	
높을 교		僑居(교거)	僑胞(교포)	아교 교		膠囊(교낭)	膠質(교질)
丘	부수 : 一부 획수 : 4획	丘		久	부수 : 丿부 획수 : 2획	久	
언덕 구		丘陵(구릉)	砂丘(사구)	오랠 구		耐久(내구)	恒久(항구)
九	부수 : 乙부 획수 : 1획	九		俱	부수 : 人(亻)부 획수 : 8획	俱	
아홉 구		九天(구천)	九九(구구)	함께 구, 갖출 구		俱發(구발)	俱備(구비)
具	부수 : 八부 획수 : 6획	具		區	부수 : 匸부 획수 : 9획	區	
갖출 구, 그릇 구		道具(도구)	食具(식구)	지경 구		區民(구민)	區域(구역)
句	부수 : 口부 획수 : 2획	句		懼	부수 : 心(忄)부 획수 : 18획	懼	
글귀 구		句節(구절)	句點(구점)	두려워할 구		恐懼(공구)	懼懼(구구)
拘	부수 : 手(扌)부 획수 : 5획	拘		救	부수 : 攴(攵)부 획수 : 7획	救	
잡을 구, 거리낄 구		拘禁(구금)	拘留(구류)	구원할 구, 도울 구		救助(구조)	救援(구원)
構	부수 : 木부 획수 : 10획	構		求	부수 : 水(氵)부 획수 : 2획	求	
얽을 구		構文(구문)	構造(구조)	구할 구, 탐낼 구		欲求(욕구)	求全(구전)
狗	부수 : 犬(犭)부 획수 : 5획	狗		球	부수 : 王부 획수 : 7획	球	
개 구		狗肉(구륙)	走狗(주구)	공 구		球審(구심)	地球(지구)
究	부수 : 穴부 획수 : 2획	究		舊	부수 : 臼부 획수 : 12획	舊	
연구할 구, 궁구할 구		研究(연구)	追究(추구)	옛 구, 오랠 구		舊禮(구례)	舊式(구식)

苟	부수 : 艸(艹)부 획수 : 5획	苟		
진실로 구	苟且(구차)	苟		

驅	부수 : 馬부 획수 : 11획	驅		
몰 구	驅			

鷗	부수 : 鳥부 획수 : 11획	鷗		
갈매기 구	鷗鷗(구구)	白鷗(백구)	

龜	제부수글자	龜		
거북 귀, 나라이름 구, 터질 균	龜裂(균열)	龜	

口	제부수글자	口		
입 구	口頭(구두)	口傳(구전)	

邱	부수 : 邑(阝)부 획수 : 5획	邱		
땅 이름 구	邱			

玖	부수 : 玉(王)부 획수 : 3획	玖		
옥돌 구	玖			

歐	부수 : 欠부 획수 : 11획	歐		
토할 구	歐米(구미)	歐風(구풍)	

購	부수 : 貝부 획수 : 10획	購		
살 구	購讀(구독)	購買(구매)	

國	부수 : □부 획수 : 8획	國		
나라 국	國家(국가)	國民(국민)	

局	부수 : 尸부 획수 : 4획	局		
방 국	局面(국면)	終局(종국)	

菊	부수 : 艸(艹)부 획수 : 8획	菊		
국화 국	菊花(국화)	黃菊(황국)	

鞠	부수 : 革부 획수 : 8획	鞠		
공 국	鞠			

君	부수 : 口부 획수 : 4획	君		
임금 군	君子(군자)	君臣(군신)	

群	부수 : 羊부 획수 : 7획	群		
무리 군	羣의 俗字	群居(군거)	

軍	부수 : 車부 획수 : 2획	軍		
군사 군	軍士(군사)	軍隊(군대)	

郡	부수 : 邑(阝)부 획수 : 7획	郡		
고을 군	郡民(군민)	郡廳(군청)	

屈	부수 : 尸부 획수 : 5획	屈		
굽을 굴	屈辱(굴욕)	屈伏(굴복)	

한자	부수·획수	훈·음	예 1	예 2
掘	부수 : 手(扌)부 / 획수 : 8획	팔 굴	掘鑿(굴착)	採掘(채굴)
窟	부수 : 穴부 / 획수 : 8획	굴 굴	洞窟(동굴)	巢窟(소굴)
宮	부수 : 宀부 / 획수 : 7획	집 궁	宮闕(궁궐)	迷宮(미궁)
弓	제부수글자	활 궁	弓形(궁형)	弓道(궁도)
窮	부수 : 穴부 / 획수 : 10획	궁할 궁	窮極(궁극)	窮理(궁리)
券	부수 : 刀(刂)부 / 획수 : 6획	문서 권, 책 권	株券(주권)	乘車券(승차권)
勸	부수 : 力부 / 획수 : 18획	권할 권	勸奬(권장)	勸勵(권려)
卷	부수 : 卩(㔾)부 / 획수 : 6획	책 권, 두루마리 권	卷頭(권두)	卷帙(권질)
拳	부수 : 手(扌)부 / 획수 : 6획	주먹 권	拳鬪(권투)	拳銃(권총)
權	부수 : 木부 / 획수 : 18획	권세 권, 저울추 권	權力(권력)	權勢(권세)
圈	부수 : 口부 / 획수 : 8획	우리 권	圈點(권점)	氣圈(기권)
厥	부수 : 厂부 / 획수 : 10획	그 궐	厥	
闕	부수 : 門부 / 획수 : 10획	대궐 궐	闕	
歸	부수 : 止부 / 획수 : 14획	돌아갈 귀	歸國(귀국)	歸還(귀환)
貴	부수 : 貝부 / 획수 : 5획	귀할 귀	貴公子(귀공자)	貴夫人(귀부인)
鬼	제부수글자	귀신 귀	鬼神(귀신)	鬼哭(귀곡)
軌	부수 : 車부 / 획수 : 2획	길 궤	軌道(궤도)	軌跡(궤적)
叫	부수 : 口부 / 획수 : 2획	부르짖을 규	叫喚(규환)	絶叫(절규)

한자	부수 / 획수	훈음	예 1	예 2
規	부수 : 見부 / 획수 : 4획	법 규	規範(규범)	規則(규칙)
閨	부수 : 門부 / 획수 : 6획	안방 규	閨房(규방)	閨怨(규원)
糾	부수 : 糸부 / 획수 : 2획	꼴 규	糾明(규명)	糾彈(규탄)
圭	부수 : 土부 / 획수 : 3획	홀 규	圭	
奎	부수 : 大부 / 획수 : 6획	별 이름 규	奎星(규성)	奎
揆	부수 : 手(扌)부 / 획수 : 9획	헤아릴 규	一揆(일규)	揆
珪	부수 : 玉(王)부 / 획수 : 6획	홀 규	珪璽(규새)	珪璋(규장)
均	부수 : 土부 / 획수 : 4획	고를 균	均等(균등)	均割(균할)
菌	부수 : 艸(艹)부 / 획수 : 8획	버섯 균	菌類(균류)	殺菌(살균)
克	부수 : 儿부 / 획수 : 5획	이길 극	克服(극복)	克己(극기)
劇	부수 : 刀(刂)부 / 획수 : 13획	심할 극, 연극 극	劇團(극단)	劇場(극장)
極	부수 : 木부 / 획수 : 9획	다할 극, 지극할 극	極端(극단)	至極(지극)
僅	부수 : 人(亻)부 / 획수 : 11획	겨우 근	僅少(근소)	僅差(근차)
勤	부수 : 力부 / 획수 : 11획	부지런할 근	勤勉(근면)	勤勞(근로)
斤	제부수글자	근 근, 도끼 근	斤量(근량)	半斤(반근)
根	부수 : 木부 / 획수 : 6획	뿌리 근, 근본 근	根據(근거)	根源(근원)
筋	부수 : 竹부 / 획수 : 6획	힘줄 근	筋力(근력)	筋肉(근육)
謹	부수 : 言부 / 획수 : 11획	삼갈 근	謹愼(근신)	謹賀(근하)

한자	부수 / 획수	훈음	예시 1	예시 2
近	부수 : 辵(辶)부 / 획수 : 4획	가까울 근	近者(근자)	近來(근래)
槿	부수 : 木부 / 획수 : 11획	무궁화나무 근	槿花(근화)	木槿(목근)
瑾	부수 : 玉(王)부 / 획수 : 11획	아름다운옥 근	瑾	
今	부수 : 人(亻)부 / 획수 : 2획	이제 금	今日(금일)	今年(금년)
琴	부수 : 王부 / 획수 : 8획	거문고 금	琴瑟(금슬)	風琴(풍금)
禁	부수 : 示(礻)부 / 획수 : 8획	금할 금	禁止(금지)	禁煙(금연)
禽	부수 : 内부 / 획수 : 8획	날짐승 금	禽獸(금수)	飛禽(비금)
金	제부수글자	쇠 금, 성 김	金星(금성)	金曜日(금요일)
錦	부수 : 金부 / 획수 : 8획	비단 금	錦木(금목)	錦上(금상)
及	부수 : 又부 / 획수 : 2획	미칠 급	及第(급제)	言及(언급)
急	부수 : 心(忄)부 / 획수 : 5획	급할 급	急騰(급등)	急落(급락)
級	부수 : 糸부 / 획수 : 4획	등급 급	等級(등급)	學級(학급)
給	부수 : 糸부 / 획수 : 6획	줄 급	供給(공급)	俸給(봉급)
肯	부수 : 肉(月)부 / 획수 : 4획	인정할 긍, 즐길 긍	肯定(긍정)	首肯(수긍)
兢	부수 : 儿부 / 획수 : 12획	삼갈 긍	兢	
企	부수 : 人(亻)부 / 획수 : 4획	꾀할 기	企圖(기도)	企劃(기획)
其	부수 : 八부 / 획수 : 6획	그것 기	其他(기타)	其處(기처)
器	부수 : 口부 / 획수 : 13획	그릇 기	器具(기구)	器械(기계)

Ⅰ.2급선정 2350字 익히기

한자	부수 / 획수	훈음	예시 1	예시 2
基	부수 : 土부 / 획수 : 8획	터 기, 바탕 기	基本(기본)	基盤(기반)
奇	부수 : 大부 / 획수 : 5획	기이할 기	奇異(기이)	奇蹟(기적)
寄	부수 : 宀부 / 획수 : 8획	붙일 기, 부칠 기	寄附(기부)	寄稿(기고)
己	제부수글자	자기 기, 몸 기	自己(자기)	克己(극기)
幾	부수 : 幺부 / 획수 : 9획	몇 기	幾何(기하)	幾年(기년)
忌	부수 : 心(忄)부 / 획수 : 3획	꺼릴 기	忌憚(기탄)	忌避(기피)
技	부수 : 手(扌)부 / 획수 : 4획	재주 기	技藝(기예)	技術(기술)
汽	부수 : 水(氵)부 / 획수 : 4획	김 기, 거의 홀	汽船(기선)	汽車(기차)
旗	부수 : 方부 / 획수 : 10획	기 기	旗手(기수)	白旗(백기)
旣	부수 : 旡부 / 획수 : 7획	이미 기	旣決(기결)	旣定(기정)
期	부수 : 月부 / 획수 : 8획	기약할 기, 기간 기	期間(기간)	期約(기약)
棄	부수 : 木부 / 획수 : 8획	버릴 기	棄却(기각)	廢棄(폐기)
機	부수 : 木부 / 획수 : 12획	틀 기	機械(기계)	機器(기기)
欺	부수 : 欠부 / 획수 : 8획	속일 기	欺瞞(기만)	詐欺(사기)
氣	부수 : 气부 / 획수 : 6획	기운 기, 숨 기	空氣(공기)	氣運(기운)
畿	부수 : 田부 / 획수 : 10획	경기 기, 지경 기	京畿(경기)	畿內(기내)
祈	부수 : 示(礻)부 / 획수 : 4획	빌 기	祈念(기념)	祈願(기원)
紀	부수 : 糸부 / 획수 : 3획	실마리 기, 적을 기	紀綱(기강)	紀元(기원)

記	부수 : 言부 획수 : 3획	記		豈	부수 : 豆부 획수 : 3획	豈	
기록할 기, 기억할 기		記錄(기록)	記述(기술)	어찌 기		豈何(기하)	豈
起	부수 : 走부 획수 : 3획	起		飢	부수 : 食부 획수 : 2획	飢	
일어날 기, 일어설 기		起伏(기복)	起床(기상)	주릴 기		飢饉(기근)	飢餓(기아)
騎	부수 : 馬부 획수 : 8획	騎		棋	부수 : 木부 획수 : 8획	棋	
말탈 기		騎兵(기병)	騎手(기수)	바둑 기		棋理(기리)	棋譜(기보)
琪	부수 : 玉(王)부 획수 : 8획	琪		璣	부수 : 玉(王)부 획수 : 12획	璣	
옥 기		琪		구슬 기		璣	
箕	부수 : 竹부 획수 : 8획	箕		耆	부수 : 老(耂)부 획수 : 4획	耆	
키 기		箕者(기자)	箕	늙은이 기		耆宿(기숙)	耆
騏	부수 : 馬부 획수 : 8획	騏		麒	부수 : 鹿부 획수 : 8획	麒	
털총이 기		騏麟(기린)	騏	기린 기		麒麟(기린)	麒麟兒(기린아)
沂	부수 : 水(氵)부 획수 : 4획	沂		驥	부수 : 馬부 획수 : 17획	驥	
물이름 기		沂水(기수)	沂	천리마 기		驥	
緊	부수 : 糸부 획수 : 8획	緊		吉	부수 : 口부 획수 : 3획	吉	
굳을 긴		緊急(긴급)	緊縮(긴축)	길할 길		吉夢(길몽)	吉兆(길조)
那	부수 : 邑(阝)부 획수 : 4획	那		諾	부수 : 言부 획수 : 9획	諾	
어찌 나		支那(지나)	刹那(찰나)	대답할 낙		承諾(승낙)	許諾(허락)

暖	부수 : 日부 획수 : 9획	暖			難	부수 : 隹부 획수 : 11획	難		
따뜻할 난		暖房(난방)	暖流(난류)		어려울 난		難産(난산)	難點(난점)	
南	부수 : 十부 획수 : 7획	南			男	부수 : 田부 획수 : 2획	男		
남녘 남		南方(남방)	南蠻(남만)		사내 남		男子(남자)	男女(남녀)	
納	부수 : 糸부 획수 : 4획	納			娘	부수 : 女부 획수 : 7획	娘		
들일 납		納入(납입)	納税(납세)		각시 낭		娘子(낭자)	孫娘(손낭)	
乃	부수 : 丿부 획수 : 1획	乃			內	부수 : 入부 획수 : 2획	內		
이에 내		乃至(내지)	乃及(내급)		안 내		案内(안내)	内外(내외)	
奈	부수 : 木부 획수 : 5획	奈			耐	부수 : 而부 획수 : 3획	耐		
어찌 내		奈何(내하)	奈		견딜 내		耐久(내구)	忍耐(인내)	
女	제부수글자	女			年	부수 : 干부 획수 : 3획	年		
계집 녀(여)		女子(여자)	女神(여신)		해 년		年中(연중)	年歳(연세)	
念	부수 : 心(忄)부 획수 : 4획	念			寧	부수 : 宀부 획수 : 11획	寧		
생각 념		念頭(염두)	思念(사념)		편안할 녕		寧日(영일)	安寧(안녕)	
努	부수 : 力부 획수 : 5획	努			奴	부수 : 女부 획수 : 2획	奴		
힘쓸 노		努力(노력)	努		종 노		奴隷(노예)	奴婢(노비)	
怒	부수 : 心(忄)부 획수 : 5획	怒			濃	부수 : 水(氵)부 획수 : 13획	濃		
성낼 노		怒氣(노기)	怒髮(노발)		짙을 농		濃淡(농담)	濃厚(농후)	

한자	부수 / 획수	훈음	예시 1	예시 2
農	부수 : 辰부 / 획수 : 6획	농사 농	農事(농사)	農夫(농부)
尿	부수 : 尸부 / 획수 : 4획	오줌 뇨	尿道(요도)	糞尿(분뇨)
惱	부수 : 心(忄)부 / 획수 : 9획	괴로워할 뇌	惱殺(뇌쇄)	苦惱(고뇌)
腦	부수 : 肉(月)부 / 획수 : 9획	뇌 뇌	腦死(뇌사)	洗腦(세뇌)
能	부수 : 肉(月)부 / 획수 : 6획	능할 능, 재능 능	能力(능력)	能事(능사)
泥	부수 : 水(氵)부 / 획수 : 5획	진흙 니	泥水(니수)	泥岩(이암)
尼	부수 : 尸부 / 획수 : 2획	중 니(이)	尼僧(이승)	比丘尼(비구니)
溺	부수 : 水(氵)부 / 획수 : 10획	빠질 닉	溺死(익사)	溺沒(익몰)
多	부수 : 夕부 / 획수 : 3획	많을 다	多事(다사)	多少(다소)
茶	부수 : 艸(艹)부 / 획수 : 6획	차 다, 차 차	茶菓(다과)	茶色(다색)
丹	부수 : 丶부 / 획수 : 3획	붉을 단	丹色(단색)	丹心(단심)
但	부수 : 人(亻)부 / 획수 : 5획	다만 단	但只(단지)	恒但(항단)
單	부수 : 口부 / 획수 : 9획	홀 단	單獨(단독)	單層(단층)
團	부수 : 囗부 / 획수 : 11획	둥글 단, 모일 단	團圓(단원)	團長(단장)
壇	부수 : 土부 / 획수 : 13획	단 단	壇場(단장)	祭壇(제단)
斷	부수 : 斤부 / 획수 : 14획	끊을 단	斷定(단정)	斷絕(단절)
旦	부수 : 日부 / 획수 : 1획	아침 단	旦暮(단모)	元旦(원단)
檀	부수 : 木부 / 획수 : 13획	박달나무 단	檀君(단군)	檀木(단목)

한자	부수 / 획수	훈음	예시 1	예시 2
段	부수 : 殳部 / 획수 : 5획	조각 단	階段(계단)	文段(문단)
短	부수 : 矢部 / 획수 : 7획	짧을 단	短刀(단도)	短文(단문)
端	부수 : 立部 / 획수 : 9획	실마리 단, 끝 단	端緒(단서)	西端(서단)
鍛	부수 : 金部 / 획수 : 9획	쇠불릴 단	鍛鍊(단련)	鍛造(단조)
湍	부수 : 水(氵)部 / 획수 : 9획	여울 단	湍池(단지)	湍
達	부수 : 辵(辶)部 / 획수 : 9획	통달할 달, 이를 달	達成(달성)	通達(통달)
擔	부수 : 手(扌)部 / 획수 : 13획	멜 담, 맡을 담	擔當(담당)	擔任(담임)
淡	부수 : 水(氵)部 / 획수 : 8획	묽을 담	淡水(담수)	淡薄(담박)
潭	부수 : 水(氵)部 / 획수 : 12획	못 담	潭水(담수)	潭
談	부수 : 言部 / 획수 : 8획	이야기 담, 말씀 담	談話(담화)	談論(담론)
膽	부수 : 肉(月) / 획수 : 13획	쓸개 담	膽汁(담즙)	膽石(담석)
畓	부수 : 田部 / 획수 : 4획	논 답	田畓(전답)	水畓(수답)
答	부수 : 竹部 / 획수 : 6획	대답할 답	對答(대답)	答狀(답장)
踏	부수 : 足部 / 획수 : 8획	밟을 답	踏査(답사)	踏襲(답습)
唐	부수 : 口部 / 획수 : 7획	당나라 당	唐詩(당시)	入唐(입당)
堂	부수 : 土部 / 획수 : 8획	집 당	食堂(식당)	明堂(명당)
當	부수 : 田部 / 획수 : 8획	마땅할 당	當然(당연)	當否(당부)
糖	부수 : 米部 / 획수 : 10획	사탕 당	糖分(당분)	砂糖(사탕)

黨	부수 : 黑부 획수 : 8획	黨		
무리 당		黨派(당파)	黨爭(당쟁)	

塘	부수 : 土부 획수 : 10획	塘		
못 당		塘		

代	부수 : 人(亻)부 획수 : 3획	代		
대신할 대		代身(대신)	世代(세대)	

對	부수 : 寸부 획수 : 11획	對		
마주볼 대, 대답할 대		對答(대답)	接對(접대)	

帶	부수 : 巾부 획수 : 8획	帶		
띠 대		帶劍(대검)	角帶(각대)	

待	부수 : 彳부 획수 : 6획	待		
기다릴 대, 대접할 대		角帶(각대)	角帶(각대)	

臺	부수 : 至부 획수 : 8획	臺		
누각 대		臺詞(대사)	舞臺(무대)	

貸	부수 : 貝부 획수 : 5획	貸		
빌릴 대		貸與(대여)	賃貸(임대)	

隊	부수 : 阜(阝)부 획수 : 9획	隊		
떼 대		軍隊(군대)	部隊(부대)	

大	제부수글자	大		
큰 대		大小(대소)	大槪(대개)	

坮	부수 : 土부 획수 : 5획	坮		
터 대		坮		

戴	부수 : 戈부 획수 : 14획	戴		
일 대		戴		

德	부수 : 彳부 획수 : 12획	德		
덕 덕		德望(덕망)	德分(덕분)	

悳	부수 : 心부 획수 : 8획	悳		
덕 덕		德의 俗子	悳	

倒	부수 : 人(亻)부 획수 : 8획	倒		
넘어질 도		倒産(도산)	傾倒(경도)	

刀	제부수글자	刀		
칼 도		刀工(도공)	血刀(혈도)	

到	부수 : 刀(刂)부 획수 : 6획	到		
이를 도		到着(도착)	到達(도달)	

圖	부수 : 囗부 획수 : 11획	圖		
꾀할 도, 그림 도		圖鑑(도감)	圖面(도면)	

導	부수 : 寸부 획수 : 13획	導		島	부수 : 山부 획수 : 7획	島	
이끌 도		指導(지도)	導出(도출)	섭 도		諸島(제도)	群島(군도)
度	부수 : 广부 획수 : 6획	度		徒	부수 : 彳부 획수 : 7획	徒	
정도 도, 헤아릴 탁		程度(정도)	傾度(경도)	걸어다닐 도, 무리 도		徒步(도보)	徒路(도로)
挑	부수 : 手(扌)부 획수 : 6획	挑		桃	부수 : 木부 획수 : 6획	桃	
돋울 도		挑發(도발)	挑戰(도전)	복숭아 도		桃李(도리)	桃源(도원)
渡	부수 : 水(氵)부 획수 : 9획	渡		盜	부수 : 皿부 획수 : 7획	盜	
건널 도		渡來(도래)	渡涉(도섭)	도둑 도		强盜(강도)	盜癖(도벽)
稻	부수 : 禾부 획수 : 10획	稻		跳	부수 : 足부 획수 : 6획	跳	
벼 도		稻田(도전)	水稻(수도)	뛸 도		跳躍(도약)	跳梁(도량)
逃	부수 : 辵(辶)부 획수 : 6획	逃		途	부수 : 辵(辶)부 획수 : 7획	途	
달아날 도		逃亡(도망)	逃走(도주)	길 도		途中(도중)	用途(용도)
道	부수 : 辵(辶)부 획수 : 9획	道		都	부수 : 邑(阝)부 획수 : 9획	都	
길 도, 말할 도		道路(도로)	道德(도덕)	도읍 도		京都(경도)	都市(도시)
陶	부수 : 阜(阝)부 획수 : 8획	陶		悼	부수 : 心(忄)부 획수 : 8획	悼	
질그릇 도		陶醉(도취)	陶磁器(도자기)	슬퍼할 도		悼詞(도사)	哀悼(애도)
燾	부수 : 火(灬)부 획수 : 14획	燾		毒	부수 : 毋부 획수 : 4획	毒	
비출 도		燾		독 독		毒性(독성)	梅毒(매독)

漢字	부수 / 획수	훈음	예시	예시
獨	부수 : 犬(犭)부 / 획수 : 13획	홀로 독	孤獨(고독)	獨身(독신)
督	부수 : 目부 / 획수 : 8획	감독할 독, 재촉할 독	監督(감독)	督促(독촉)
篤	부수 : 竹부 / 획수 : 10획	도타울 독	篤信(독신)	篤實(독실)
讀	부수 : 言부 / 획수 : 15획	읽을 독, 구절 두	讀書(독서)	講讀(강독)
敦	부수 : 攴(攵)부 / 획수 : 8획	두터울 돈	敦篤(돈독)	敦厚(돈후)
豚	부수 : 豕부 / 획수 : 4획	돼지 돈	豚肉(돈육)	養豚(양돈)
惇	부수 : 心(忄)부 / 획수 : 8획	도타울 돈	惇	
燉	부수 : 火부 / 획수 : 12획	이글거릴 돈	燉	
頓	부수 : 頁부 / 획수 : 4획	조아릴 돈	頓悟(돈오)	整頓(정돈)
突	부수 : 穴부 / 획수 : 4획	부딪칠 돌	突發(돌발)	突破(돌파)
乭	부수 : 乙부 / 획수 : 5획	이름 돌	乭	
冬	부수 : 冫부 / 획수 : 3획	겨울 동	冬季(동계)	冬眠(동면)
凍	부수 : 冫부 / 획수 : 8획	얼 동	凍結(동결)	冷凍(냉동)
動	부수 : 力부 / 획수 : 9획	움직일 동	動力(동력)	運動(운동)
同	부수 : 口부 / 획수 : 3획	같을 동, 한가지 동	同居(동거)	同窓(동창)
東	부수 : 木부 / 획수 : 4획	동녘 동	東西(동서)	北東(북동)
桐	부수 : 木부 / 획수 : 6획	오동나무 동	梧桐(오동)	桐油(동유)
洞	부수 : 水(氵)부 / 획수 : 6획	고을 동, 통할 통	洞窟(동굴)	洞察(통찰)

한자	부수/획수	훈·음	예 1	예 2
童	부수 : 立부 획수 : 7획	아이 동	童心(동심)	童話(동화)
銅	부수 : 金부 획수 : 6획	구리 동	銅像(동상)	銅錢(동전)
棟	부수 : 木부 획수 : 8	용마루 동	棟木(동목)	棟梁(동량)
董	부수 : 艸(艹)부 획수 : 9 획	동독할 동	董	
斗	제부수글자	말 두, 우뚝할 두	斗酒(두주)	泰斗(태두)
豆	제부수글자	콩 두, 팥 두	豆腐(두부)	豆乳(두유)
頭	부수 : 頁부 획수 : 7획	머리 두	頭髮(두발)	頭腦(두뇌)
杜	부수 : 木부 획수 : 3획	팥배나무 두	杜絶(두절)	杜
鈍	부수 : 金부 획수 : 4획	둔할 둔	鈍才(둔재)	鈍化(둔화)
屯	부수 : 屮부 획수 : 1획	진칠 둔	屯營(둔영)	屯田(둔전)
得	부수 : 彳부 획수 : 8획	얻을 득	得失(득실)	利得(이득)
燈	부수 : 火(灬)부 획수 : 12획	등잔 등, 등불 등	燈火(등화)	燈前(등전)
登	부수 : 癶부 획수 : 7획	오를 등	登山(등산)	登落(등락)
等	부수 : 竹부 획수 : 6획	등급 등, 가지런할 등	等差(등차)	均等(균등)
謄	부수 : 言부 획수 : 10획	베낄 등	謄本(등본)	謄寫(등사)
騰	부수 : 馬부 획수 : 10획	오를 등	騰貴(등귀)	騰落(등락)
藤	부수 : 艸(艹)부 획수 : 15획	등나무 등	藤木(등목)	葛藤(갈등)
鄧	부수 : 邑(阝)부 획수 : 12획	나라이름 등	鄧國(등국)	鄧

漢字	부수 / 획수	訓音	例 1	例 2
羅	부수 : 网(罒)부 / 획수 : 14획	벌일 라	新羅(신라)	羅列(나열)
裸	부수 : 衣(衤)부 / 획수 : 8획	벌거벗을 라	裸體(나체)	裸身(나신)
樂	부수 : 木부 / 획수 : 11획	즐거울 락 좋아할 요 음악 악	樂園(낙원)	樂水(요수)
洛	부수 : 水(氵)부 / 획수 : 6획	물이름 락	洛陽(낙양)	落水(낙수)
絡	부수 : 糸부 / 획수 : 6획	이을 락	經絡(경락)	脈絡(맥락)
落	부수 : 艸(艹)부 / 획수 : 9획	떨어질 락	落葉(낙엽)	墜落(추락)
亂	부수 : 乙부 / 획수 : 12획	어지러울 란	混亂(혼란)	亂動(난동)
卵	부수 : 卩(㔾)부 / 획수 : 5획	알 란	卵子(난자)	産卵(산란)
欄	부수 : 木부 / 획수 : 17획	난간 란	欄干(난간)	空欄(공란)
爛	부수 : 火(灬)부 / 획수 : 17획	문드러질 란, 빛날 란	爛死(난사)	爛熟(난숙)
蘭	부수 : 艸(艹)부 / 획수 : 17획	난초 란	蘭交(난교)	春蘭(춘란)
濫	부수 : 水(氵)부 / 획수 : 14획	넘칠 람	濫用(남용)	汎濫(범람)
藍	부수 : 艸(艹)부 / 획수 : 14획	쪽 람	藍碧(남벽)	藍色(남색)
覽	부수 : 見부 / 획수 : 14획	볼 람	觀覽(관람)	遊覽(유람)
拉	부수 : 手(扌)부 / 획수 : 5획	꺾을 람(납)	拉致(납치)	拉
廊	부수 : 广부 / 획수 : 10획	행랑 랑	廊下(낭하)	畫廊(화랑)
朗	부수 : 月부 / 획수 : 7획	밝을 랑	朗讀(낭독)	明朗(명랑)
浪	부수 : 水(氵)부 / 획수 : 7획	물결 랑	浪漫(낭만)	浪費(낭비)

郎	부수 : 邑(阝)부 획수 : 7획	郎			來	부수 : 人부 획수 : 6획	來		
사내 랑, 남편 랑		郎君(낭군)	新郎(신랑)	올 래		去來(거래)	來世(내세)		
萊	부수 : 艸(艹)부 획수 : 8획	萊			冷	부수 : 冫부 획수 : 5획	冷		
명아주 래(내)		萊		찰 랭		寒冷(한랭)	冷淡(냉담)		
掠	부수 : 手(扌)부 획수 : 8획	掠			略	부수 : 田부 획수 : 6획	略		
빼앗을 략		掠奪(약탈)	侵掠(침략)	간략할 략		簡略(간략)	省略(생략)		
兩	부수 : 入부 획수 : 6획	兩			梁	부수 : 木부 획수 : 7획	梁		
두 량		兩立(양립)	兩面(양면)	들보 량, 다리 량, 나라이름 양		橋梁(교량)	棟梁(동량)		
糧	부수 : 米부 획수 : 12획	糧			良	부수 : 艮부 획수 : 1획	良		
양식 량		糧食(양식)	糧穀(양곡)	어질 량, 진실로 량		良心(양심)	良質(양질)		
諒	부수 : 言부 획수 : 8획	諒			量	부수 : 里부 획수 : 5획	量		
믿을 량, 살필 량		諒怒(양노)	諒解(양해)	헤아릴 량, 용량 량		水量(수량)	氣量(기량)		
涼	부수 : 冫부 획수 : 8획	涼			輛	부수 : 車부 획수 : 8획	輛		
서늘할 량(양)		涼의 俗字	荒涼(황량)	수레 량(양)		車輛(차량)	輛		
亮	부수 : 亠부 획수 : 7획	亮			勵	부수 : 力부 획수 : 15획	勵		
밝을 량(양)		亮		권면할 려		激勵(격려)	獎勵(장려)		
慮	부수 : 心(忄)부 획수 : 11획	慮			旅	부수 : 方부 획수 : 6획	旅		
생각할 려		考慮(고려)	配慮(배려)	나그네 려		旅行(여행)	旅路(여로)		

한자	부수 / 획수	훈음	용례	용례
麗	부수 : 鹿부 / 획수 : 8획	고울 려	秀麗(수려)	華麗(화려)
呂	부수 : 口부 / 획수 : 4획	음률 려(여)	律呂(율려)	語呂(어려)
廬	부수 : 广부 / 획수 : 16획	오두막집 려(여)	廬	
驪	부수 : 馬부 / 획수 : 19획	가라말 려(여)	驪	
礪	부수 : 石부 / 획수 : 15획	거친숫돌 려(여)	礪	
力	제부수글자	힘 력	力器(역기)	力學(역학)
曆	부수 : 日부 / 획수 : 12획	책력 력	曆日(역일)	舊曆(구력)
歷	부수 : 止부 / 획수 : 12획	지낼 력	歷史(역사)	履歷(이력)
憐	부수 : 心(忄)부 / 획수 : 12획	불쌍히여길 련	憐憫(연민)	可憐(가련)
戀	부수 : 心(忄)부 / 획수 : 19획	사모할 련	戀慕(연모)	初戀(초연)
練	부수 : 糸부 / 획수 : 9획	단련할 련	鍛鍊(단련)	訓練(훈련)
聯	부수 : 耳부 / 획수 : 11획	이을 련	聯關(연관)	聯合(연합)
蓮	부수 : 艸(卄)부 / 획수 : 11획	연 련	蓮華(연화)	木蓮(목련)
連	부수 : 辵(辶)부 / 획수 : 7획	이을 련	連日(연일)	連打(연타)
鍊	부수 : 金부 / 획수 : 9획	단련할 련	鍊磨(연마)	鍊鐵(연철)
煉	부수 : 火부 / 획수 : 9획	불릴 련(연)	煉獄(연옥)	煉瓦(연와)
列	부수 : 刀(刂)부 / 획수 : 4획	벌릴 렬	列擧(열거)	羅列(나열)
劣	부수 : 力부 / 획수 : 4획	못날 렬	劣等(열등)	劣勢(열세)

한자	부수/획수	훈·음	예	예
烈	부수 : 火(灬)부 / 획수 : 6획	세찰 렬, 사나울 렬	烈女(열녀)	强烈(강렬)
廉	부수 : 广부 / 획수 : 10획	청렴할 렴	廉價(염가)	廉恥(염치)
獵	부수 : 犬(犭)부 / 획수 : 15획	사냥 렵(엽)	獵	
嶺	부수 : 山부 / 획수 : 14획	고개 령	嶺上(영상)	山嶺(산령)
靈	부수 : 雨부 / 획수 : 16획	신령 령, 영혼 령	靈感(영감)	靈魂(영혼)
玲	부수 : 玉(王)부 / 획수 : 5획	옥소리 령(영)	玲瓏(영롱)	玲
禮	부수 : 示(礻)부 / 획수 : 13획	예절 례	禮節(예절)	禮義(예의)
勞	부수 : 力부 / 획수 : 10획	수고할 로	勞動(노동)	勞苦(노고)
老	제부수글자(耂)	늙을 로	老人(노인)	敬老(경로)
裂	부수 : 衣(衤)부 / 획수 : 6획	찢어질 렬	決裂(결렬)	分裂(분열)
濂	부수 : 水(氵)부 / 획수 : 13획	내이름 렴(염)	濂	
令	부수 : 人(亻)부 / 획수 : 3획	명령할 령, 하여금 령	命令(명령)	使令(사령)
零	부수 : 雨부 / 획수 : 5획	비올 령, 영 령	零點(영점)	零下(영하)
領	부수 : 頁부 / 획수 : 5획	다스릴 령	領內(영내)	領受(영수)
例	부수 : 人(亻)부 / 획수 : 6획	법식 례, 보기 례	例文(예문)	例題(예제)
醴	부수 : 酉부 / 획수 : 13획	단술 례(예)	醴川(예천)	醴
爐	부수 : 火(灬)부 / 획수 : 16획	화로 로	爐邊(노변)	火爐(화로)
路	부수 : 足부 / 획수 : 6획	길 로	路線(노선)	船路(선로)

한자	부수/획수	훈음	예	예
露	부수 : 雨부 / 획수 : 12획	이슬 로	露宿(노숙)	露
魯	부수 : 魚부 / 획수 : 4획	노둔할 로(노)	魯迅(노신)	魯國(노국)
盧	부수 : 皿부 / 획수 : 11획	밥그릇 로(노)	盧	
蘆	부수 : 艸(艹)부 / 획수 : 16획	갈대 로(노)	蘆	
鷺	부수 : 鳥부 / 획수 : 12획	해오라기 로(노)	鷺脚(노각)	白鷺(백로)
祿	부수 : 示(礻)부 / 획수 : 8획	복 록, 녹 록	祿	
綠	부수 : 糸부 / 획수 : 8획	푸를 록, 초록빛 록	綠陰(녹음)	綠色(녹색)
錄	부수 : 金부 / 획수 : 8획	기록할 록	錄音(녹음)	登錄(등록)
鹿	제부수글자	사슴 록	鹿角(녹각)	鹿茸(녹용)
論	부수 : 言부 / 획수 : 8획	논의할 론, 말할 론	論文(논문)	討論(토론)
弄	부수 : 廾부 / 획수 : 4획	희롱할 롱	弄玩(농완)	嘲弄(조롱)
籠	부수 : 竹부 / 획수 : 16획	대그릇 롱(농)	籠絡(농락)	鳥籠(조롱)
賴	부수 : 貝부 / 획수 : 9획	의지할 뢰	信賴(신뢰)	依賴(의뢰)
雷	부수 : 雨부 / 획수 : 5획	우레 뢰, 천둥 뢰	雷聲(뇌성)	雷雨(뇌우)
了	부수 : 亅부 / 획수 : 1획	끝날 료	了得(요득)	了解(요해)
料	부수 : 斗부 / 획수 : 6획	헤아릴 료	料金(요금)	原料(원료)
僚	부수 : 人(亻)부 / 획수 : 12획	동료 료(요)	閣僚(각료)	幕僚(막료)
療	부수 : 疒부 / 획수 : 12획	병고칠 료(요)	療養(요양)	治療(치료)

한자	부수 / 획수	훈음	예 1	예 2
遼	부수 : 辵(辶)부 / 획수 : 12획	멀 료(요)	遼遠(요원)	遼東(요동)
龍	제부수글자	용 룡	龍宮(용궁)	龍顔(용안)
屢	부수 : 尸부 / 획수 : 11획	여러 루	屢次(누차)	屢
樓	부수 : 木부 / 획수 : 11획	다락 루	樓閣(누각)	樓
淚	부수 : 水(氵)부 / 획수 : 8획	눈물 루	落淚(낙루)	血淚(혈루)
漏	부수 : 水(氵)부 / 획수 : 11획	샐 루	漏水(누수)	漏出(누출)
累	부수 : 糸부 / 획수 : 5획	여러 루	累計(누계)	累世(누세)
柳	부수 : 木부 / 획수 : 5획	버드나무 류	垂柳(수류)	柳眉(유미)
流	부수 : 水(氵)부 / 획수 : 7획	흐를 류	流通(유통)	流動(유동)
留	부수 : 田부 / 획수 : 5획	머무를 류, 남을 류	留學(유학)	滯留(체류)
類	부수 : 頁부 / 획수 : 10획	무리 류, 같을 류	種類(종류)	鳥類(조류)
硫	부수 : 石부 / 획수 : 7획	유황 류(유)	硫黃(유황)	硫化(유화)
謬	부수 : 言부 / 획수 : 11획	그릇될 류(유)	謬	
劉	부수 : 刀(刂)부 / 획수 : 13획	죽일 류(유)	劉	
六	부수 : 八부 / 획수 : 2획	여섯 륙	六十(육십)	六感(육감)
陸	부수 : 阜(阝)부 / 획수 : 8획	뭍 륙, 육지 륙	陸地(육지)	大陸(대륙)
倫	부수 : 人(亻)부 / 획수 : 8획	인륜 륜	倫理(윤리)	五倫(오륜)
輪	부수 : 車부 / 획수 : 8획	바퀴 륜, 돌 륜	輪番(윤번)	輪回(윤회)

崙	부수 : 山부 / 획수 : 8획	崙			律	부수 : 彳부 / 획수 : 6획	律		
산이름 륜(윤)	崙			법률 률, 가락 률	法律(법률)	戒律(계율)
栗	부수 : 木부 / 획수 : 6획	栗			率	부수 : 玄부 / 획수 : 6획	率		
밤 률	栗色(율색)	栗		비율 률, 이끌 솔	能率(능률)	比率(비율)
隆	부수 : 阜(阝)부 / 획수 : 9획	隆			陵	부수 : 阜(阝)부 / 획수 : 8획	陵		
성할 륭	隆起(융기)	隆盛(융성)		언덕 릉	陵墓(능묘)	丘陵(구릉)
楞	부수 : 木부 / 획수 : 9획	楞			利	부수 : 刀(刂)부 / 획수 : 5획	利		
모 릉(능)	楞			날카로울 리·이로울 리	利益(이익)	利害(이해)
吏	부수 : 口부 / 획수 : 3획	吏			履	부수 : 尸부 / 획수 : 12획	履		
관리 리	官吏(관리)	公吏(공리)		밟을 리·신 리	履歷(이력)	履行(이행)
李	부수 : 木부 / 획수 : 3획	李			梨	부수 : 木부 / 획수 : 7획	梨		
오얏 리	桃李(도리)	李氏(이씨)		배 리	李花(이화)	梨割(이할)
理	부수 : 王(玉)부 / 획수 : 7획	理			裏	부수 : 衣(衤)부 / 획수 : 7획	裏		
이치 리, 다스릴 리	理致(이치)	道理(도리)		속 리	裏面(이면)	表裏(표리)
里	제부수글자	里			離	부수 : 佳부 / 획수 : 11획	離		
마을 리	邑里(읍리)	萬里(만리)		떠날 리, 떨어질 리	離別(이별)	隔離(격리)
隣	부수 : 阜(阝)부 / 획수 : 12획	隣			麟	부수 : 鹿부 / 획수 : 12획	麟		
이웃 린	鄰의 俗字	隣接(인접)		기린 린	麒麟(기린)	麟

Ⅰ.2급선정 2350字 익히기

한자	부수/획수	훈음	예1	예2
林	부수 : 木부 / 획수 : 4획	수풀 림	林業(임업)	松林(송림)
臨	부수 : 臣부 / 획수 : 11획	임할 림	臨機(임기)	臨時(임시)
立	제부수글자	설 립	立場(입장)	自立(자립)
磨	부수 : 石부 / 획수 : 11획	갈 마	磨滅(마멸)	硏磨(연마)
馬	제부수글자	말 마	馬車(마차)	馬夫(마부)
麻	제부수글자	삼 마	麻稭(마개)	麻苧(마저)
摩	부수 : 手부 / 획수 : 11획	갈 마	摩滅(마멸)	摩耗(마모)
魔	부수 : 鬼부 / 획수 : 11획	마귀 마	魔鬼(마귀)	色魔(색마)
痲	부수 : 疒부 / 획수 : 8획	저릴 마	痲子(마자)	痲痺(마비)
幕	부수 : 巾부 / 획수 : 11획	휘장 막	幕間(막간)	開幕(개막)
漠	부수 : 水(氵)부 / 획수 : 11획	아득할 막·사막 막	茫漠(망막)	砂漠(사막)
莫	부수 : 艸(艹)부 / 획수 : 7획	없을 막	索漠(삭막)	莫大(막대)
膜	부수 : 肉(月)부 / 획수 : 11획	막 막	膜狀(막상)	角膜(각막)
慢	부수 : 心(忄)부 / 획수 : 11획	거만할 만	自慢(자만)	傲慢(오만)
晚	부수 : 日부 / 획수 : 7획	늦을 만	晚年(만년)	晚成(만성)
滿	부수 : 水(氵)부 / 획수 : 11획	가득할 만	滿期(만기)	滿洲(만주)
漫	부수 : 水(氵)부 / 획수 : 11획	부질없을 만	漫談(만담)	漫畵(만화)
萬	부수 : 艸(艹)부 / 획수 : 9획	일만 만	萬年(만년)	萬一(만일)

한자	부수 / 획수	훈음	예어 1	예어 2
蠻	부수 : 虫部 / 획수 : 19획	오랑캐 만		
灣	부수 : 水(氵)部 / 획수 : 22획	물굽이 만	臺灣(대만)	港灣(항만)
娩	부수 : 女部 / 획수 : 7획	해산할 만		
末	부수 : 木部 / 획수 : 1획	끝 말	末世(말세)	末年(말년)
靺	부수 : 革部 / 획수 : 5획	버선 말		
亡	부수 : 亠部 / 획수 : 1획	망할 망	亡命(망명)	滅亡(멸망)
妄	부수 : 女部 / 획수 : 3획	허망할 망	妄言(망언)	妄信(망신)
忘	부수 : 心(忄)部 / 획수 : 3획	잊을 망	忘失(망실)	忘却(망각)
忙	부수 : 心(忄)部 / 획수 : 3획	바쁠 망	忙中(망중)	多忙(다망)
望	부수 : 月部 / 획수 : 7획	바랄 망, 원망할 망	希望(희망)	先望(선망)
罔	부수 : 网(罒)部 / 획수 : 3획	그물 망		
茫	부수 : 艸(艹)部 / 획수 : 6획	아득할 망	茫然(망연)	茫昧(망매)
網	부수 : 糸部 / 획수 : 8획	그물 망	網羅(망라)	投網(투망)
埋	부수 : 土部 / 획수 : 7획	묻을 매	埋立(매립)	埋沒(매몰)
妹	부수 : 女部 / 획수 : 5획	손아랫 누이 매	姉妹(자매)	從妹(종매)
媒	부수 : 女部 / 획수 : 9획	중매 매	媒介(매개)	溶媒(용매)
梅	부수 : 木部 / 획수 : 7획	매화 매, 매우 매	梅信(매신)	梅雨(매우)
每	부수 : 毋部 / 획수 : 3획	매양 매, 마다 매	每日(매일)	每週(매주)

한자	부수/획수	훈음	예 1	예 2
買	부수 : 貝부 / 획수 : 5획	살 매	買價(매가)	購買(구매)
賣	부수 : 貝부 / 획수 : 8획	팔 매	賣買(매매)	賣店(매점)
魅	부수 : 鬼부 / 획수 : 5획	도깨비 매	魅力(매력)	魅惑(매혹)
枚	부수 : 木부 / 획수 : 4획	줄기 매	枚數(매수)	枚擧(매거)
脈	부수 : 肉(月)부 / 획수 : 6획	맥 맥	脈絡(맥락)	脈搏(맥박)
麥	제부수글자	보리 맥	麥酒(맥주)	米麥(미맥)
貃	부수 : 豸부 / 획수 : 6획	북방종족 맥	貃	
孟	부수 : 子부 / 획수 : 5획	맏 맹, 성 맹, 맹랑할 맹	孟子(맹자)	孔孟(공맹)
猛	부수 : 犬(犭)부 / 획수 : 8획	사나울 맹	猛犬(맹견)	猛獸(맹수)
盲	부수 : 目부 / 획수 : 3획	먼눈 맹	盲目(맹목)	盲從(맹종)
盟	부수 : 皿부 / 획수 : 8획	맹세 맹	盟約(맹약)	同盟(동맹)
覓	부수 : 見부 / 획수 : 4획	찾을 멱	覓	
免	부수 : 儿부 / 획수 : 5획	면할 면	免稅(면세)	免罪(면죄)
勉	부수 : 力부 / 획수 : 7획	힘쓸 면	勉學(면학)	勤勉(근면)
眠	부수 : 目부 / 획수 : 5획	잠 면	睡眠(수면)	催眠(최면)
綿	부수 : 糸부 / 획수 : 8획	솜 면	綿絲(면사)	綿布(면포)
面	제부수글자	얼굴 면	面前(면전)	面象(면상)
冕	부수 : 冂부 / 획수 : 9획	면류관 면	冕	

한자	부수 / 획수	훈음	예 1	예 2
沐	부수 : 水(氵)부 / 획수 : 4획	물흐를 면, 머리감을 목	沐浴(목욕)	沐
滅	부수 : 水(氵)부 / 획수 : 10획	다할 멸, 망할 멸	滅亡(멸망)	消滅(소멸)
蔑	부수 : 艸(艹)부 / 획수 : 11획	업신여길 멸	蔑視(멸시)	輕蔑(경멸)
冥	부수 : 冖부 / 획수 : 8획	어두울 명	冥天(명천)	冥想(명상)
名	부수 : 口부 / 획수 : 3획	이름 명, 이름날 명	名門(명문)	名聲(명성)
命	부수 : 口부 / 획수 : 5획	목숨 명, 시킬 명	命脈(명맥)	命中(명중)
明	부수 : 日부 / 획수 : 4획	밝을 명	明日(명일)	明哲(명철)
銘	부수 : 金부 / 획수 : 6획	새길 명	銘記(명기)	銘文(명문)
鳴	부수 : 鳥부 / 획수 : 3획	울 명	鷄鳴(계명)	鳴動(명동)
募	부수 : 力부 / 획수 : 11획	모을 모	募金(모금)	應募(응모)
慕	부수 : 心(忄·㣺)부 / 획수 : 11획	사모할 모	思慕(사모)	追慕(추모)
暮	부수 : 日부 / 획수 : 11획	저물 모, 늦을 모	日暮(일모)	歲暮(세모)
某	부수 : 木부 / 획수 : 5획	아무 모	某氏(모씨)	某月(모월)
模	부수 : 木부 / 획수 : 11획	법 모, 본뜰 모	模範(모범)	摸索(모색)
母	부수 : 毋부 / 획수 : 1획	어머니 모	母乳(모유)	母親(모친)
毛	제부수글자	털 모	毛絲(모사)	毛織(모직)
矛	제부수글자	창 모	矛盾(모순)	矛
謀	부수 : 言부 / 획수 : 9획	꾀할 모	謀略(모략)	無謀(무모)

한자	부수 / 획수	훈·음	예 1	예 2
貌	부수 : 豸부 / 획수 : 7획	모양 모	貌形(모형)	美貌(미모)
侮	부수 : 人(亻)부 / 획수 : 7획	업신여길 모	侮辱(모욕)	侮
帽	부수 : 巾부 / 획수 : 9획	모자 모	帽	
牟	부수 : 牛부 / 획수 : 2획	소우는소리 모	牟	
茅	부수 : 艸(艹)부 / 획수 : 5획	띠 모	茅	
謨	부수 : 言부 / 획수 : 11획	꾀 모	謨	
木	제부수글자	나무 목	木手(목수)	木曜日(목요일)
沐	부수 : 水(氵)부 / 획수 : 4획	머리감을 목	沐浴(목욕)	沐水(목수)
牧	부수 : 牛(牛)부 / 획수 : 4획	목장 목, 기를 목	牧場(목장)	牧童(목동)
目	제부수글자	눈 목	目次(목차)	目的(목적)
睦	부수 : 目부 / 획수 : 8획	화목할 목	和睦(화목)	親睦(친목)
沒	부수 : 水(氵)부 / 획수 : 4획	빠질 몰	沒落(몰락)	日沒(일몰)
夢	부수 : 夕부 / 획수 : 11획	꿈꿀 몽	夢想(몽상)	幻夢(환몽)
蒙	부수 : 艸(艹)부 / 획수 : 10획	입을 몽, 어리석을 몽	蒙昧(몽매)	啓蒙(계몽)
卯	부수 : 卩(㔾)부 / 획수 : 3획	넷째지지(토끼) 묘	己卯(기묘)	乙卯(을묘)
墓	부수 : 土부 / 획수 : 11획	무덤 묘	墓地(묘지)	墓碑(묘비)
妙	부수 : 女부 / 획수 : 4획	묘할 묘	奧妙(오묘)	妙計(묘계)
廟	부수 : 广부 / 획수 : 12획	사당 묘	宗廟(종묘)	廟

한자	부수 / 획수	훈·음	예 1	예 2
苗	부수 : 艸(卄)부 / 획수 : 5획	싹 묘	苗木(묘목)	同苗(동묘)
昴	부수 : 日부 / 획수 : 5획	별자리이름 묘	昴	
務	부수 : 力부 / 획수 : 9획	힘쓸 무, 일 무	職務(직무)	業務(업무)
戊	부수 : 戈부 / 획수 : 1획	다섯째천간 무	戊戌(무술)	戊辰(무진)
武	부수 : 止부 / 획수 : 4획	굳셀 무	武士(무사)	文武(문무)
無	부수 : 火(灬)부 / 획수 : 8획	없을 무	無謀(무모)	有無(유무)
舞	부수 : 舛부 / 획수 : 8획	춤출 무	舞踊(무용)	舞姬(무희)
茂	부수 : 艸(卄)부 / 획수 : 5획	무성할 무	茂盛(무성)	繁茂(번무)
貿	부수 : 貝부 / 획수 : 5획	바꿀 무	貿易(무역)	貿易商(무역상)
霧	부수 : 雨부 / 획수 : 11획	안개 무	霧中(무중)	雲霧(운무)
墨	부수 : 土부 / 획수 : 12획	먹 묵	墨畫(묵화)	朱墨(주묵)
默	부수 : 黑부 / 획수 : 4획	잠잠할 묵	默想(묵상)	默過(묵과)
問	부수 : 口부 / 획수 : 8획	물을 문	問答(문답)	問責(문책)
文	제부수글자	글월 문	文句(문구)	文章(문장)
聞	부수 : 耳부 / 획수 : 8획	들을 문	聽聞(청문)	傳聞(전문)
門	제부수글자	문 문	權門(권문)	同門(동문)
紊	부수 : 糸부 / 획수 : 4획	어지러울 문	紊亂(문란)	紊
汶	부수 : 水(氵)부 / 획수 : 4획	내이름 문	汶	

한자	부수 / 획수	훈음	예시	예시
勿	부수 : 勹부 / 획수 : 2획	말 물	勿論(물론)	勿怪(물괴)
物	부수 : 牛(牛)부 / 획수 : 4획	물건 물	物件(물건)	萬物(만물)
味	부수 : 口부 / 획수 : 5획	맛 미	味覺(미각)	味感(미감)
尾	부수 : 尸부 / 획수 : 4획	꼬리 미, 끝 미	尾行(미행)	後尾(후미)
微	부수 : 彳부 / 획수 : 10획	작을 미	微弱(미약)	微賤(미천)
未	부수 : 木부 / 획수 : 1획	아닐 미	未聞(미문)	未來(미래)
眉	부수 : 目부 / 획수 : 4획	눈썹 미	眉毛(미모)	眉間(미간)
米	제부수글자	쌀 미	米泔(미감)	米課(미과)
美	부수 : 羊부 / 획수 : 3획	아름다울 미	美人(미인)	美化(미화)
迷	부수 : 辵(辶)부 / 획수 : 6획	미혹할 미	迷路(미로)	迷信(미신)
彌	부수 : 弓부 / 획수 : 14획	두루 미	彌漫(미만)	彌縫(미봉)
憫	부수 : 心(忄)부 / 획수 : 12획	불쌍할 민	憐憫(연민)	憫
敏	부수 : 攴(攵)부 / 획수 : 7획	민첩할 민	敏活(민활)	敏感(민감)
民	부수 : 氏부 / 획수 : 1획	백성 민	民	
旻	부수 : 日부 / 획수 : 4획	하늘 민	旻	
旼	부수 : 日부 / 획수 : 4획	화락할 민	旼	
玟	부수 : 玉(王)부 / 획수 : 4획	옥돌 민	玟	
珉	부수 : 玉(王)부 / 획수 : 5획	옥돌 민	珉	

한자	부수 / 획수	훈·음	예 1	예 2
閔	부수:門부 / 획수:4획	위문할 민	閔	
密	부수:宀부 / 획수:8획	빽빽할 밀	密度(밀도)	密輸(밀수)
蜜	부수:虫부 / 획수:8획	꿀 밀	蜜蜂(밀봉)	蜜柑(밀감)
博	부수:十부 / 획수:10획	넓을 박, 노름 박	博士(박사)	博識(박식)
拍	부수:手(扌)부 / 획수:5획	칠 박	拍手(박수)	拍子(박자)
朴	부수:木부 / 획수:2획	성 박, 순박할 박	素朴(소박)	簡朴(간박)
泊	부수:水(氵)부 / 획수:5획	배댈 박	碇泊(정박)	民泊(민박)
薄	부수:艸(艹)부 / 획수:13획	엷을 박, 얇을 박	薄明(박명)	薄情(박정)
迫	부수:辵(辶)부 / 획수:5획	닥칠 박	迫力(박력)	切迫(절박)
舶	부수:舟부 / 획수:5획	큰배 박	舶	
半	부수:十부 / 획수:3획	반 반, 가운데 반	半分(반분)	半音(반음)
反	부수:又부 / 획수:2획	거스를 반, 뒤집을 번	反縛(반박)	反復(반복)
叛	부수:又부 / 획수:7획	배반할 반	叛亂(반란)	謀叛(모반)
班	부수:玉(王)부 / 획수:6획	나눌 반	班長(반장)	班別(반별)
盤	부수:皿부 / 획수:10획	쟁반 반, 받침 반	基盤(기반)	音盤(음반)
般	부수:舟부 / 획수:4획	일반 반	一般(일반)	全般(전반)
返	부수:辵(辶)부 / 획수:4획	돌아올 반	返送(반송)	返還(반환)
飯	부수:食부 / 획수:4획	밥 반	飯	

伴	부수 : 人(亻)부 획수 : 5획	伴		搬	부수 : 手(扌)부 획수 : 10획	搬	
짝 반		伴侶(반려)	伴奏(반주)	옮길 반		搬送(반송)	搬入(반입)
磻	부수 : 石부 획수 : 12획	磻		潘	부수 : 水(氵)부 획수 : 12획	潘	
강이름 반		磻		뜨물 반, 넘칠 번		潘	
拔	부수 : 手(扌)부 획수 : 5획	拔		發	부수 : 癶부 획수 : 7획	發	
뺄 발		奇拔(기발)	卓拔(탁발)	필 발		發展(발전)	出發(출발)
髮	부수 : 髟부 획수 : 5획	髮		鉢	부수 : 金부 획수 : 5획	鉢	
머리털 발		毛髮(모발)	散髮(산발)	바리때 발		鉢	
渤	부수 : 水(氵)부 획수 : 9획	渤		倣	부수 : 人(亻)부 획수 : 8획	倣	
바다이름 발		渤海(발해)	渤	본받을 방		模倣(모방)	本倣(본방)
傍	부수 : 人(亻)부 획수 : 10획	傍		妨	부수 : 女부 획수 : 4획	妨	
곁 방		傍觀(방관)	傍點(방점)	방해할 방		妨害(방해)	妨止(방지)
房	부수 : 戶부 획수 : 4획	房		放	부수 : 攴(攵)부 획수 : 4획	放	
곁방 방, 집 방		監房(감방)	茶房(다방)	내놓을 방, 내칠 방		放心(방심)	解放(해방)
方	제부수글자	方		訪	부수 : 言부 획수 : 4획	訪	
방위 방 모방 바야흐로 방		方面(방면)	方位(방위)	찾을 방		探訪(탐방)	尋訪(심방)
芳	부수 : 艸(艹)부 획수 : 4획	芳		邦	부수 : 邑(阝)부 획수 : 4획	邦	
꽃다울 방		芳年(방년)	芳香(방향)	나라 방		邦貨(방화)	友邦(우방)

防	부수 : 阜(阝)부 획수 : 4획	防		
막을 방, 둑 방		防止(방지)	防犯(방범)	

紡	부수 : 糸부 획수 : 4획	紡		
자을 방		紡毛(방모)	紡絲(방사)	

旁	부수 : 方부 획수 : 6획	旁		
두루 방		旁		

龐	부수 : 龍부 획수 : 3획	龐		
클 방		龐		

倍	부수 : 人(亻)부 획수 : 8획	倍		
갑절 배		倍加(배가)	倍數(배수)	

培	부수 : 土부 획수 : 8획	培		
북돋을 배		培養(배양)	栽培(재배)	

拜	부수 : 手(扌)부 획수 : 5획	拜		
절 배		拜禮(배례)	拜謁(배알)	

排	부수 : 人(亻)부 획수 : 8획	排		
물리칠 배		排球(배구)	排斥(배척)	

杯	부수 : 木부 획수 : 4획	杯		
잔 배		祝杯(축배)	滿杯(만배)	

背	부수 : 肉(月)부 획수 : 5획	背		
등 배, 등질 배		背後(배후)	背泳(배영)	

輩	부수 : 車부 획수 : 8획	輩		
무리 배		輩出(배출)	先輩(선배)	

配	부수 : 酉부 획수 : 3획	配		
짝지을 배		配偶者(배우자)	配慮(배려)	

俳	부수 : 人(亻)부 획수 : 8획	俳		
광대 배		俳優(배우)	俳諧(배해)	

賠	부수 : 貝부 획수 : 8획	賠		
물어줄 배		賠償(배상)	賠	

襃	부수 : 衣부 획수 : 8획	襃		
褒의 本字		襃		

伯	부수 : 人(亻)부 획수 : 5획	伯		
맏 백		伯爵(백작)	伯兄(백형)	

栢	부수 : 木부 획수 : 6획	栢		
잣나무 백		柏의 俗字	松栢(송백)	

白	제부수글자	白		
흰 백		白衣(백의)	白紙(백지)	

漢字	부수	획수	훈음	예1	예2
百	白부	1획	일백 백	百萬(백만)	百倍(백배)
煩	火(灬)부	9획	번거로울 번	煩惱(번뇌)	煩悶(번민)
番	田부	7획	차례 번	番號(번호)	順番(순번)
繁	糸부	11획	번성할 번	繁盛(번성)	繁華(번화)
飜	飛부	12획	번역할 번	飜案(번안)	飜譯(번역)
伐	人(亻)부	4획	칠 벌	伐木(벌목)	盜伐(도벌)
罰	网(罒)부	9획	벌 벌	賞罰(상벌)	罰點(벌점)
閥	門부	6획	공훈 벌	閨閥(규벌)	財閥(재벌)
筏	竹부	6획	떼 벌	馬筏(마벌)	筏木(벌목)
凡	几부	1획	무릇 범, 모두 범	凡例(범례)	凡夫(범부)
汎	水(氵)부	3획	뜰 범, 넓을 범	汎用(범용)	汎論(범론)
犯	犬(犭)부	2획	범죄 범	犯罪(범죄)	犯人(범인)
範	竹부	9획	법 범, 한계 범	範圍(범위)	規範(규범)
范	艸(艹)부	5획	풀이름 범	范	
法	水(氵)부	5획	법 법	法學(법학)	法則(법칙)
壁	土부	13획	벽 벽	壁面(벽면)	壁報(벽보)
碧	石부	9획	푸를 벽	碧空(벽공)	碧海(벽해)
僻	人(亻)부	13획	후미질 벽	僻論(벽론)	僻在(벽재)

變	부수 : 言부 획수 : 16획	辨	부수 : 辛부 획수 : 9획
변할 변, 재앙 변	變化(변화) · 變心(변심)	분별할 변	辨明(변명) · 辨告(변고)
辯	부수 : 辛부 획수 : 14획	邊	부수 : 辵(辶)부 획수 : 15획
말잘할 변	辯護(변호) · 達辯(달변)	가 변	邊
遍	부수 : 辵(辶)부 획수 : 9획	卞	부수 : 卜부 획수 : 2획
두루 변, 두루 편	遍歷(편력) · 遍	조급할 변	卞
弁	부수 : 廾부 획수 : 2획	別	부수 : 刀(刂)부 획수 : 5획
고깔 변, 즐거워할 반	弁	나눌 별, 다를 별	分別(분별) · 別表(별표)
丙	부수 : 一부 획수 : 4획	兵	부수 : 八부 획수 : 5획
셋째천간 병, 남녘 병	丙申(병신) · 丙夜(병야)	병사 병	兵士(병사) · 兵營(병영)
屏	부수 : 尸부 획수 : 8획	病	부수 : 疒부 획수 : 5획
병풍 병	屏風(병풍) · 屏息(병식)	병들 병	病院(병원) · 病患(병환)
竝	부수 : 立부 획수 : 5획	倂	부수 : 人(亻)부 획수 : 8획
아우를 병	竝進(병진) · 竝行(병행)	아우를 병	倂殺(병살) · 倂存(병존)
昞	부수 : 日부 획수 : 5획	昺	부수 : 日부 획수 : 5획
밝을 병	昞	昞과 同字	昺
柄	부수 : 木부 획수 : 5획	炳	부수 : 火부 획수 : 5획
자루 병	家柄(가병) · 事柄(사병)	밝을 병	炳煥(병환) · 炳

한자	부수 / 획수		훈음	예1	예2
秉	부수 : 禾부	획수 : 3획	잡을 병	秉	
步	부수 : 止부	획수 : 3획	걸음 보	步兵(보병)	散步(산보)
保	부수 : 人(亻)부	획수 : 7획	보전할 보	保護(보호)	保育(보육)
報	부수 : 土부	획수 : 9획	갚을 보, 알릴 보	報償(보상)	報答(보답)
寶	부수 : 宀부	획수 : 17획	보배 보	寶物(보물)	寶玉(보옥)
普	부수 : 日부	획수 : 8획	넓을 보	普通(보통)	普及(보급)
補	부수 : 衣(衤)부	획수 : 7획	도울 보	補助(보조)	增補(증보)
譜	부수 : 言부	획수 : 12획	계보 보	系譜(계보)	樂譜(악보)
甫	부수 : 用부	획수 : 2획	클 보	甫	
潽	부수 : 水(氵)부	획수 : 12획	끓을 보	潽	
輔	부수 : 車부	획수 : 7획	덧방나무 보	輔導(보도)	輔相(보상)
伏	부수 : 人(亻)부	획수 : 4획	엎드릴 복, 절후 복	伏兵(복병)	降伏(항복)
卜	제부수글자		점 복	卜占(복점)	賣卜(매복)
服	부수 : 月부	획수 : 4획	일할 복, 옷 복, 좇을 복	服裝(복장)	腹面(복면)
福	부수 : 示(礻)부	획수 : 9획	복 복	禍福(화복)	福利(복리)
腹	부수 : 肉(月)부	획수 : 9획	배 복	腹膜(복막)	抱腹(포복)
複	부수 : 衣(衤)부	획수 : 9획	겹칠 복	重複(중복)	複道(복도)
復	부수 : 彳부	획수 : 9획	회복할 복, 다시 부	回復(회복)	復活(부활)

覆	부수 : 襾부 획수 : 12획	覆		馥	부수 : 香부 획수 : 9획	馥	
뒤집힐 복, 덮을 부		覆面(복면)	覆載(부재)	향기 복		馥	
本	부수 : 木부 획수 : 1획	本		奉	부수 : 大부 획수 : 5획	奉	
근본 본		本來(본래)	本性(본성)	받들 봉		奉養(봉양)	奉仕(봉사)
封	부수 : 寸부 획수 : 6획	封		峯	부수 : 山부 획수 : 7획	峯	
봉할 봉		封建(봉건)	同封(동봉)	봉우리 봉		巨峰(거봉)	山峰(산봉)
蜂	부수 : 虫부 획수 : 7획	蜂		逢	부수 : 辵(辶)부 획수 : 7획	逢	
벌 봉		蜂蜜(봉밀)	養蜂(양봉)	만날 봉		逢迎(봉영)	逢着(봉착)
鳳	부수 : 鳥부 획수 : 3획	鳳		俸	부수 : 人(亻)부 획수 : 8획	俸	
봉새 봉		鳳仙(봉선)	鳳凰(봉황)	녹 봉		俸給(봉급)	年俸(연봉)
縫	부수 : 糸부 획수 : 11획	縫		蓬	부수 : 艸(艹)부 획수 : 11획	蓬	
꿰맬 봉		縫製(봉제)	假縫(가봉)	쑥 봉		蓬	
付	부수 : 人(亻)부 획수 : 3획	付		副	부수 : 刀(刂)부 획수 : 9획	副	
부탁할 부, 줄 부		付加(부가)	付設(부설)	버금 부		副詞(부사)	副賞(부상)
否	부수 : 口부 획수 : 4획	否		夫	부수 : 大부 획수 : 1획	夫	
아닐 부, 막힐 비		可否(가부)	拒否(거부)	사내 부, 지아비 부		夫君(부군)	夫婦(부부)
婦	부수 : 女부 획수 : 8획	婦		富	부수 : 宀부 획수 : 9획	富	
며느리 부, 지어미 부		婦女(부녀)	婦人(부인)	부자 부, 넉넉할 부		富强(부강)	富國(부국)

府	부수 : 广부 획수 : 5획	府			扶	부수 : 手(扌)부 획수 : 4획	扶		
마을 부, 곳집 부	政府(정부)	府			도울 부	扶養(부양)	扶助(부조)		
浮	부수 : 水(氵)부 획수 : 7획	浮			父	제부수글자	父		
뜰 부	浮動(부동)	浮浪(부랑)			아비 부	父子(부자)	父女(부녀)		
符	부수 : 竹부 획수 : 5획	符			簿	부수 : 竹부 획수 : 13획	簿		
부신 부	符合(부합)	符號(부호)			장부 부	簿記(부기)	帳簿(장부)		
腐	부수 : 肉(月)부 획수 : 8획	腐			膚	부수 : 肉(月)부 획수 : 11획	膚		
썩을 부	豆腐(두부)	陳腐(진부)			살갗 부	皮膚(피부)	膚		
負	부수 : 貝부 획수 : 2획	負			賦	부수 : 貝부 획수 : 8획	賦		
질 부, 짐질 부	負擔(부담)	負傷(부상)			구실 부, 문체이름 부	賦課(부과)	賦與(부여)		
赴	부수 : 走부 획수 : 2획	赴			部	부수 : 邑(阝)부 획수 : 8획	部		
다다를 부	赴任(부임)	赴			떼 부, 분류 부	部類(부류)	部分(부분)		
附	부수 : 阜(阝)부 획수 : 5획	附			敷	부수 : 攴(攵)부 획수 : 11획	敷		
붙을 부	附屬(부속)	附與(부여)			펼 부	敷設(부설)	敷延(부연)		
阜	제부수글자	阜			釜	부수 : 金부 획수 : 2획	釜		
언덕 부	阜				가마 부	釜山(부산)	土釜(토부)		
傅	부수 : 人(亻)부 획수 : 10획	傅			北	부수 : 匕부 획수 : 3획	北		
스승 부	傅				북녘 북, 달아날 배	北半球(북반구)	北風(북풍)		

分	부수 : 刀(刂)부 획수 : 2획	分		墳	부수 : 土부 획수 : 12획	墳	
나눌 분, 푼 푼		分家(분가)	分校(분교)	봉분 분		墳墓(분묘)	古墳(고분)
奔	부수 : 大부 획수 : 5획	奔		奮	부수 : 大부 획수 : 13획	奮	
달아날 분		奔走(분주)	狂奔(광분)	떨칠 분		奮發(분발)	興奮(흥분)
憤	부수 : 心(忄)부 획수 : 12획	憤		粉	부수 : 米부 획수 : 4획	粉	
분할 분		憤慨(분개)	憤怒(분노)	가루 분		粉末(분말)	粉乳(분유)
紛	부수 : 糸부 획수 : 4획	紛		芬	부수 : 艸(++)부 획수 : 4획	芬	
어지러울 분		紛糾(분규)	紛爭(분쟁)	향기로울 분		芬芳(분방)	芬
不	부수 : 一부 획수 : 3획	不		佛	부수 : 人(亻)부 획수 : 5획	佛	
아닐 불, 아닐 부		不變(불변)	不遜(불손)	부처 불		佛家(불가)	佛界(불계)
弗	부수 : 弓부 획수 : 2획	弗		拂	부수 : 手(扌)부 획수 : 5획	拂	
아닐 불		弗孝(불효)	弗許(불허)	치를 불		拂	
崩	부수 : 山부 획수 : 8획	崩		朋	부수 : 月부 획수 : 4획	朋	
무너질 붕		崩壞(붕괴)	崩御(붕어)	벗 붕		朋黨(붕당)	朋友(붕우)
鵬	부수 : 鳥부 획수 : 8획	鵬		備	부수 : 人(亻)부 획수 : 10획	備	
대붕새 붕		鵬		갖출 비		備忘錄(비망록)	備品(비품)
卑	부수 : 十부 획수 : 6획	卑		妃	부수 : 女부 획수 : 3획	妃	
낮을 비		卑怯(비겁)	卑屈(비굴)	왕비 비		王妃(왕비)	后妃(후비)

婢	부수 : 女부 획수 : 8획	婢			悲	부수 : 心(忄)부 획수 : 8획	悲		
계집종 비	婢僕(비복)	老婢(노비)			**슬퍼할 비**	悲劇(비극)	悲哀(비애)		
批	부수 : 手(扌)부 획수 : 4획	批			比	제부수글자	比		
비평할 비	批判(비판)	批評(비평)			**견줄 비**	比較(비교)	比例(비례)		
碑	부수 : 石부 획수 : 8획	碑			祕	부수 : 示(礻)부 획수 : 5획	祕		
비석 비	碑銘(비명)	碑文(비문)			**숨길 비**	祕方(비방)	祕密(비밀)		
肥	부수 : 肉(月)부 획수 : 4획	肥			費	부수 : 貝부 획수 : 5획	費		
살찔 비	肥料(비료)	肥滿(비만)			**쓸 비**	經費(경비)	消費(소비)		
非	제부수글자	非			飛	제부수글자	飛		
그를 비, 아닐 비	非難(비난)	非理(비리)			**날 비**	飛翔(비상)	飛躍(비약)		
鼻	제부수글자	鼻			匪	부수 : 匚부 획수 : 8획	匪		
코 비	鼻炎(비염)	鼻音(비음)			**대상자 비**	匪			
丕	부수 : 一부 획수 : 4획	丕			毘	부수 : 比부 획수 : 5획	毘		
클 비	丕				**도울 비**	毘沙門天(비사문천)			
毖	부수 : 比부 획수 : 5획	毖			貧	부수 : 貝부 획수 : 4획	貧		
삼갈 비	毖				**가난할 빈**	貧困(빈곤)	貧窮(빈궁)		
賓	부수 : 貝부 획수 : 7획	賓			頻	부수 : 頁부 획수 : 7획	頻		
손님 빈	賓客(빈객)	貴賓(귀빈)			**자주 빈**	頻度(빈도)	頻出(빈출)		

彬	부수 : 彡부 획수 : 8획	彬			氷	부수 : 水(氵)부 획수 : 1획	氷		
빛날 빈		彬			얼음 빙, 얼 빙		氷上(빙상)	氷河(빙하)	
聘	부수 : 耳부 획수 : 7획	聘			事	부수 : 亅부 획수 : 7획	事		
부를 빙		聘依(빙의)	招聘(초빙)		일 사, 섬길 사		事件(사건)	事故(사고)	
仕	부수 : 人(亻)부 획수 : 3획	仕			似	부수 : 人(亻)부 획수 : 5획	似		
벼슬 사, 섬길 사		奉仕(봉사)	出仕(출사)		같을 사		近似(근사)	類似(유사)	
使	부수 : 人(亻)부 획수 : 6획	使			史	부수 : 口부 획수 : 2획	史		
부릴 사		使命(사명)	使用(사용)		사관 사, 역사 사		國史(국사)	歷史(역사)	
司	부수 : 口부 획수 : 2획	司			四	부수 : 囗부 획수 : 2획	四		
맡을 사		司法(사법)	司會(사회)		넉 사		四角(사각)	四更(사경)	
士	제부수글자	士			寫	부수 : 宀부 획수 : 12획	寫		
선비 사		士卒(사졸)	士大夫(사대부)		베낄 사		寫本(사본)	寫眞(사진)	
寺	부수 : 寸부 획수 : 3획	寺			射	부수 : 寸부 획수 : 7획	射		
절 사, 내시 시		寺院(사원)	寺刹(사찰)		쏠 사		射擊(사격)	射殺(사살)	
巳	부수 : 己부 획수 : 0획	巳			師	부수 : 巾부 획수 : 7획	師		
뱀 사		己巳(기사)	丁巳(정사)		스승 사		師範(사범)	師表(사표)	
思	부수 : 心(忄)부 획수 : 5획	思			捨	부수 : 手(扌)부 획수 : 8획	捨		
생각 사		思考(사고)	思慮(사려)		버릴 사		取捨(취사)	喜捨(희사)	

한자	부수 / 획수	훈음	예시 1	예시 2
斜	부수 : 斗부 / 획수 : 7획	기울 사	斜線(사선)	傾斜(경사)
斯	부수 : 斤부 / 획수 : 8획	이것 사	斯	
查	부수 : 木부 / 획수 : 5획	조사할 사	査察(사찰)	監査(감사)
死	부수 : 歹부 / 획수 : 2획	죽을 사	死亡(사망)	死傷(사상)
沙	부수 : 水(氵)부 / 획수 : 4획	모래 사	沙漠(사막)	沙汰(사태)
社	부수 : 示(礻)부 / 획수 : 3획	땅귀신 사, 단체 사	社壇(사단)	社長(사장)
祀	부수 : 示(礻)부 / 획수 : 3획	제사 사, 제사지낼 사	奉祀(봉사)	享祀(향사)
私	부수 : 禾부 / 획수 : 2획	사사로울 사	私有(사유)	私設(사설)
絲	부수 : 糸부 / 획수 : 6획	실 사	絹絲(견사)	毛絲(모사)
舍	부수 : 舌부 / 획수 : 2획	집 사	客舍(객사)	官舍(관사)
蛇	부수 : 虫부 / 획수 : 5획	뱀 사	蛇足(사족)	毒蛇(독사)
詐	부수 : 言부 / 획수 : 5획	속일 사	詐欺(사기)	詐術(사술)
詞	부수 : 言부 / 획수 : 5획	말씀 사	歌詞(가사)	副詞(부사)
謝	부수 : 言부 / 획수 : 10획	사례할 사, 사양할 사	謝禮(사례)	謝罪(사죄)
賜	부수 : 貝부 / 획수 : 8획	줄 사	賜與(사여)	下賜(하사)
辭	부수 : 辛부 / 획수 : 12획	말씀 사, 사퇴할 사	辭讓(사양)	辭任(사임)
邪	부수 : 邑(阝)부 / 획수 : 4획	간사할 사, 어조사 야	邪惡(사악)	奸邪(간사)
唆	부수 : 口부 / 획수 : 7획	부추길 사	敎唆(교사)	示唆(시사)

赦	부수 : 赤부 획수 : 4획	赦			飼	부수 : 食부 획수 : 5획	飼		
용서할 사		赦免(사면)	赦		먹일 사		飼料(사료)	飼育(사육)	
泗	부수 : 水(氵)부 획수 : 5획	泗			削	부수 : 刀(刂)부 획수 : 7획	削		
물이름 사		泗			깎을 삭		削減(삭감)	添削(첨삭)	
朔	부수 : 月부 획수 : 6획	朔			山	제부수글자	山		
초하루 삭		朔月(삭월)	朔日(삭일)		산 산, 뫼 산		山水(산수)	山川(산천)	
散	부수 : 攴(攵)부 획수 : 8획	散			産	부수 : 生부 획수 : 6획	産		
흩어질 산		散步(산보)	散發(산발)		낳을 산		産物(산물)	生産(생산)	
算	부수 : 竹부 획수 : 8획	算			酸	부수 : 酉부 획수 : 7획	酸		
셈할 산		算出(산출)	決算(결산)		초 산		酸化(산화)	炭酸(탄산)	
傘	부수 : 人부 획수 : 10획	傘			殺	부수 : 殳부 획수 : 7획	殺		
우산 산		傘下(산하)	落下傘(낙하산)		죽일 살, 덜 쇄		殺伐(살벌)	殺人(살인)	
三	부수 : 一부 획수 : 2획	三			森	부수 : 木부 획수 : 8획	森		
석 삼		三聖(삼성)	三月(삼월)		빽빽할 삼		森林(삼림)	森森(삼삼)	
蔘	부수 : 艸(++)부 획수 : 11획	蔘			揷	부수 : 手(扌)부 획수 : 9획	揷		
인삼 삼		紅蔘(홍삼)	山蔘(산삼)		꽂을 삽		揷入(삽입)	揷畵(삽화)	
上	부수 : 一부 획수 : 2획	上			傷	부수 : 人(亻)부 획수 : 11획	傷		
위 상, 오를 상		上席(상석)	上下(상하)		다칠 상, 해칠 상		傷處(상처)	負傷(부상)	

한자	부수 / 획수	훈음	예	예
像	부수 : 人(亻)부 / 획수 : 12획	형상 상	像形(상형)	想像(상상)
償	부수 : 人(亻)부 / 획수 : 15획	갚을 상	償金(상금)	賠償(배상)
商	부수 : 口부 / 획수 : 8획	장사 상	商街(상가)	商法(상법)
喪	부수 : 口부 / 획수 : 9획	잃을 상, 죽을 상	喪服(상복)	喪失(상실)
嘗	부수 : 口부 / 획수 : 11획	일찍 상, 맛볼 상	嘗試(상시)	味嘗(미상)
尙	부수 : 小부 / 획수 : 5획	오히려 상, 숭상할 상	尙武(상무)	高尙(고상)
常	부수 : 巾부 / 획수 : 8획	항상 상	常設(상설)	常用(상용)
床	부수 : 广부 / 획수 : 4획	평상 상, 상 상	牀의 俗字	起床(기상)
想	부수 : 心(忄)부 / 획수 : 9획	생각할 상	想像(상상)	想念(상념)
桑	부수 : 木부 / 획수 : 6획	뽕나무 상	桑田(상전)	桑園(상원)
狀	부수 : 犬(犭)부 / 획수 : 4획	모양 상, 문서 장	狀況(상황)	狀態(상태)
相	부수 : 目부 / 획수 : 4획	서로 상	相談(상담)	相異(상이)
祥	부수 : 示(礻)부 / 획수 : 6획	상서로울 상	祥瑞(상서)	吉祥(길상)
裳	부수 : 衣(礻)부 / 획수 : 8획	치마 상	衣裳(의상)	裳
詳	부수 : 言부 / 획수 : 6획	자세할 상	詳記(상기)	未詳(미상)
象	부수 : 豕부 / 획수 : 5획	코끼리 상, 모양 상	象牙(상아)	具象(구상)
賞	부수 : 貝부 / 획수 : 8획	상 상, 칭찬할 상	賞金(상금)	賞狀(상장)
霜	부수 : 雨부 / 획수 : 9획	서리 상	霜露(상로)	霜害(상해)

箱	부수 : 竹부 / 획수 : 9획	상자 상	箱		庠	부수 : 广부 / 획수 : 6획	학교 상	庠
塞	부수 : 土부 / 획수 : 10획	변방 새, 막을 색	防塞(방색)	要塞(요새)	索	부수 : 糸부 / 획수 : 4획	찾을 색, 노끈 삭	檢索(검색) 探索(탐색)
色	제부수글자	빛 색	色彩(색채)	色調(색조)	生	제부수글자	날 생	生死(생사) 生産(생산)
序	부수 : 广부 / 획수 : 4획	차례 서	秩序(질서)	序文(서문)	庶	부수 : 广부 / 획수 : 8획	거의 서, 모두 서	庶民(서민) 衆庶(중서)
徐	부수 : 彳부 / 획수 : 7획	천천히 서	徐行(서행)	緩徐(완서)	恕	부수 : 心(忄)부 / 획수 : 6획	용서할 서	恕
敍	부수 : 攴(攵)부 / 획수 : 7획	펼 서	敍述(서술)	敍說(서설)	暑	부수 : 日부 / 획수 : 9획	더울 서, 더위 서	避暑(피서) 暑
書	부수 : 日부 / 획수 : 6획	책 서, 글 서	書冊(서책)	書店(서점)	緒	부수 : 糸부 / 획수 : 9획	실마리 서	緒言(서언) 情緒(정서)
署	부수 : 网(罒)부 / 획수 : 9획	관청 서	署名(서명)	官公署(관공서)	西	부수 : 西부 / 획수 : 0획	서녘 서	西半球(서반구) 西向(서향)
瑞	부수 : 玉(王)부 / 획수 : 9획	상서 서	瑞光(서광)	瑞兆(서조)	誓	부수 : 言부 / 획수 : 7획	맹세할 서	誓約(서약) 宣誓(선서)

한자	부수·획수	훈·음	예 1	예 2
舒	부수 : 舌부 / 획수 : 6획	펼 서	舒	
席	부수 : 巾부 / 획수 : 7획	자리 석	席次(석차)	席卷(석권)
昔	부수 : 日부 / 획수 : 4획	옛 석	昔日(석일)	今昔(금석)
石	제부수글자	돌 석	化石(화석)	巖石(암석)
碩	부수 : 石부 / 획수 : 9획	클 석	碩士(석사)	碩學(석학)
晳	부수 : 日부 / 획수 : 8획	밝을 석	晳	
仙	부수 : 人(亻)부 / 획수 : 3획	신선 선	仙人(선인)	仙女(선녀)
善	부수 : 口부 / 획수 : 9획	좋을선 착할선 잘할선	善惡(선악)	善行(선행)
旋	부수 : 方부 / 획수 : 7획	돌 선	旋轉(선전)	旋回(선회)
夕	제부수글자	저녁 석	夕刊(석간)	夕陽(석양)
惜	부수 : 心(忄)부 / 획수 : 8획	아낄 석, 가엾을 석	惜別(석별)	哀惜(애석)
析	부수 : 木부 / 획수 : 4획	가를 석, 쪼갤 석	分析(분석)	解析(해석)
釋	부수 : 采부 / 획수 : 13획	풀 석	釋迦(석가)	解釋(해석)
奭	부수 : 大부 / 획수 : 12획	클 석	奭	
錫	부수 : 金부 / 획수 : 8획	주석 석	錫	
先	부수 : 儿부 / 획수 : 4획	먼저 선	先唱(선창)	先祖(선조)
宣	부수 : 宀부 / 획수 : 6획	베풀 선	宣敎(선교)	宣言(선언)
禪	부수 : 示(礻)부 / 획수 : 12획	봉선 선, 고요할 선	禪寺(선사)	參禪(참선)

한자	부수/획수	훈음	예 1	예 2
線	부수 : 糸부 / 획수 : 9획	줄 선, 실 선	線路(선로)	線形(선형)
船	부수 : 舟부 / 획수 : 5획	배 선	船泊(선박)	船籍(선적)
選	부수 : 辵(辶)부 / 획수 : 12획	가릴 선	選擧(선거)	選出(선출)
鮮	부수 : 魚부 / 획수 : 6획	생선 선, 고울 선	鮮明(선명)	鮮血(선혈)
繕	부수 : 糸부 / 획수 : 12획	기울 선	修繕(수선)	營繕(영선)
瑄	부수 : 玉(王)부 / 획수 : 9획	도리옥 선	瑄	
璇	부수 : 玉(王)부 / 획수 : 11획	아름다운옥 선	璇	
璿	부수 : 玉(王)부 / 획수 : 14획	아름다운옥 선	璿	
舌	제부수글자	혀 설	舌根(설근)	舌戰(설전)
設	부수 : 言부 / 획수 : 4획	베풀 설, 설령 설	設計(설계)	設置(설치)
說	부수 : 言부 / 획수 : 7획	말씀 설, 달랠 세, 기쁠 열	說得(설득)	說明(설명)
雪	부수 : 雨부 / 획수 : 3획	눈 설, 씻을 설	雪景(설경)	雪辱(설욕)
卨	부수 : 卜부 / 획수 : 9획	사람이름 설	卨	
薛	부수 : 艸(艹)부 / 획수 : 13획	맑은대쑥 설	薛	
纖	부수 : 糸부 / 획수 : 17획	가늘 섬	纖毛(섬모)	纖細(섬세)
陝	부수 : 阜(阝)부 / 획수 : 7획	고을이름 섬	陝	
蟾	부수 : 虫부 / 획수 : 13획	두꺼비 섬	蟾	
暹	부수 : 日부 / 획수 : 12획	해돋을 섬	暹	

한자	부수/획수	훈음	예1	예2
涉	부수 : 水(氵)부 / 획수 : 7획	건널 섭	交涉(교섭)	渡涉(도섭)
攝	부수 : 手(扌)부 / 획수 : 18획	당길 섭	攝理(섭리)	攝政(섭정)
燮	부수 : 火부 / 획수 : 13획	불꽃 섭	燮	
城	부수 : 土부 / 획수 : 7획	재(성) 성	城郭(성곽)	城主(성주)
姓	부수 : 女부 / 획수 : 5획	성씨 성, 겨레 성	姓名(성명)	本姓(본성)
性	부수 : 心(忄)부 / 획수 : 5획	성품 성, 성별 성	性質(성질)	性別(성별)
成	부수 : 戈부 / 획수 : 3획	이룰 성, 이루어질 성	成功(성공)	結成(결성)
星	부수 : 日부 / 획수 : 5획	별 성	星辰(성신)	金星(금성)
盛	부수 : 皿부 / 획수 : 7획	성할 성	盛況(성황)	盛大(성대)
省	부수 : 目부 / 획수 : 4획	살필 성, 덜 생	省察(성찰)	反省(반성)
聖	부수 : 耳부 / 획수 : 7획	성스러울 성, 성인 성	聖人(성인)	聖畫(성화)
聲	부수 : 耳부 / 획수 : 11획	소리 성	聲帶(성대)	聲
誠	부수 : 言부 / 획수 : 7획	정성 성, 진실 성	誠實(성실)	誠心(성심)
晟	부수 : 日부 / 획수 : 7획	밝을 성	晟	
世	부수 : 一부 / 획수 : 4획	세대 세, 세상 세	世代(세대)	世上(세상)
勢	부수 : 力부 / 획수 : 11획	세력 세, 기세 세	勢力(세력)	氣勢(기세)
歲	부수 : 止부 / 획수 : 9획	해 세, 나이 세	歲拜(세배)	歲月(세월)
洗	부수 : 水(氵)부 / 획수 : 6획	씻을 세	洗濯(세탁)	洗眼(세안)

税	부수 : 禾부 획수 : 7획	税			細	부수 : 糸부 획수 : 5획	細		
세금 세		税金(세금)	税入(세입)	가늘 세, 자세할 세		細密(세밀)	詳細(상세)	

貰	부수 : 貝부 획수 : 5획	貰			召	부수 : 口부 획수 : 2획	召		
세낼 세		貰		부를 소		召集(소집)	召	

小	제부수글자	小			少	부수 : 小부 획수 : 1획	少		
작을 소		小量(소량)	小文字(소문자)	적을 소, 젊을 소		老少(노소)	少額(소액)	

所	부수 : 戶부 획수 : 4획	所			掃	부수 : 手(扌)부 획수 : 8획	掃		
바 소, 곳 소		所屬(소속)	所藏(소장)	쓸 소		掃		

昭	부수 : 日부 획수 : 5획	昭			消	부수 : 水(氵)부 획수 : 7획	消		
밝을 소		昭		사라질 소		消滅(소멸)	消極的(소극적)	

燒	부수 : 火(灬)부 획수 : 12획	燒			疏	부수 : 疋부 획수 : 7획	疏		
불사를 소		燒却(소각)	燒酎(소주)	트일 소, 거칠 소, 적을 소		疏隔(소격)	親疏(친소)	

笑	부수 : 竹부 획수 : 4획	笑			素	부수 : 糸부 획수 : 4획	素		
웃을 소		笑聲(소성)	微笑(미소)	바탕 소, 흴 소		素養(소양)	酸素(산소)	

蘇	부수 : 艸(艹)부 획수 : 16획	蘇			訴	부수 : 言부 획수 : 5획	訴		
깨어날 소		蘇生(소생)	蘇聯(소련)	하소연할 소		訴訟(소송)	起訴(기소)	

騷	부수 : 馬부 획수 : 10획	騷			紹	부수 : 糸부 획수 : 5획	紹		
시끄러울 소		騷動(소동)	騷音(소음)	이을 소		紹		

한자	부수 / 획수	훈음	예 1	예 2
疏	부수:疋부 / 획수:7획	성길 소	疏와 同字	疏忽(소홀)
蔬	부수:艸(艹)부 / 획수:11획	푸성귀 소	蔬飯(소반)	蔬筍(소순)
巢	부수:巛부 / 획수:8획	집 소	巢	
沼	부수:水(氵)부 / 획수:5획	늪 소	沼地(소지)	沼澤(소택)
邵	부수:邑(阝)부 / 획수:5획	고을이름 소	邵	
俗	부수:人(亻)부 / 획수:7획	풍속 속, 속될 속	俗世(속세)	俗談(속담)
屬	부수:尸부 / 획수:18획	무리 속, 이을 촉	屬性(속성)	附屬(부속)
束	부수:木부 / 획수:3획	묶을 속	束縛(속박)	拘束(구속)
粟	부수:米부 / 획수:6획	조 속	粟	
續	부수:糸부 / 획수:15획	이을 속	連續(연속)	續編(속편)
速	부수:辵(辶)부 / 획수:7획	빠를 속	速度(속도)	速力(속력)
孫	부수:子부 / 획수:7획	손자 손	孫子(손자)	嫡孫(적손)
損	부수:手(扌)부 / 획수:10획	잃을 손, 덜 손	損害(손해)	損益(손익)
松	부수:木부 / 획수:4획	소나무 송	松板(송판)	老松(노송)
訟	부수:言부 / 획수:4획	송사할 송	訴訟(소송)	訟
誦	부수:言부 / 획수:7획	욀 송	口誦(구송)	暗誦(암송)
送	부수:辵(辶)부 / 획수:6획	보낼 송	送別(송별)	歡送(환송)
頌	부수:頁부 / 획수:4획	기릴 송	頌辭(송사)	頌德碑(송덕비)

한자	부수·획수	훈음	예 1	예 2
宋	부수 : 宀부 / 획수 : 4획	송나라 송	宋學(송학)	唐宋(당송)
刷	부수 : 刀(刂)부 / 획수 : 6획	씻을 쇄	刷新(쇄신)	印刷(인쇄)
鎖	부수 : 金부 / 획수 : 10획	쇠사슬 쇄	鎖國(쇄국)	封鎖(봉쇄)
衰	부수 : 衣(衤)부 / 획수 : 4획	쇠할 쇠, 상복 최	衰亡(쇠망)	衰退(쇠퇴)
修	부수 : 人(亻)부 / 획수 : 8획	닦을 수	修習(수습)	修身(수신)
受	부수 : 又부 / 획수 : 6획	받을 수	受給(수급)	受賞(수상)
囚	부수 : 囗부 / 획수 : 2획	죄수 수	囚人(수인)	罪囚(죄수)
壽	부수 : 士부 / 획수 : 11획	목숨 수	壽命(수명)	長壽(장수)
守	부수 : 宀부 / 획수 : 3획	지킬 수	守護(수호)	固守(고수)
帥	부수 : 巾부 / 획수 : 6획	장수 수, 거느릴 솔	元帥(원수)	總帥(총수)
愁	부수 : 心(忄)부 / 획수 : 9획	근심 수	哀愁(애수)	鄕愁(향수)
手	제부수글자	손 수	手足(수족)	失手(실수)
授	부수 : 手(扌)부 / 획수 : 8획	가르칠 수, 줄 수	授業(수업)	授與(수여)
收	부수 : 攴(攵)부 / 획수 : 2획	거둘 수	收益(수익)	收穫(수확)
數	부수 : 攴(攵)부 / 획수 : 11획	셈 수, 자주 삭, 촘촘할 촉	數學(수학)	數次(수차)
樹	부수 : 木부 / 획수 : 12획	나무 수	樹木(수목)	樹脂(수지)
殊	부수 : 歹(歺)부 / 획수 : 6획	다를 수	特殊(특수)	殊
水	제부수글자	물 수	水運(수운)	水草(수초)

한자	부수/획수	훈음	예1	예2
獸	부수 : 犬(犭)부 획수 : 15획	짐승 수	怪獸(괴수)	猛獸(맹수)
睡	부수 : 目부 획수 : 8획	졸 수	睡眠(수면)	午睡(오수)
秀	부수 : 禾부 획수 : 2획	빼어날 수	秀麗(수려)	秀才(수재)
誰	부수 : 言부 획수 : 8획	누구 수	誰何(수하)	誰
輸	부수 : 車부 획수 : 9획	보낼 수	輸送(수송)	運輸(운수)
遂	부수 : 辵(辶)부 획수 : 9획	드디어 수, 이룰 수	遂行(수행)	完遂(완수)
隨	부수 : 阜(阝)부 획수 : 13획	따를 수	隨筆(수필)	付隨(부수)
雖	부수 : 隹부 획수 : 9획	비록 수	雖	
需	부수 : 雨부 획수 : 6획	구할 수	需要(수요)	需給(수급)
須	부수 : 頁부 획수 : 3획	모름지기 수	須要(수요)	必須(필수)
首	제부수글자	머리 수	首領(수령)	首都(수도)
垂	부수 : 土부 획수 : 5획	드리울 수	垂直(수직)	垂示(수시)
殊	부수 : 歹부 획수 : 6획	죽일 수	殊死(수사)	殊
搜	부수 : 手(扌)부 획수 : 10획	찾을 수	搜査(수사)	搜
洙	부수 : 水(氵)부 획수 : 6획	강이름 수	洙泗(수사)	洙水(수수)
銖	부수 : 金부 획수 : 6획	무게단위 수	銖兩(수량)	銖分(수분)
隋	부수 : 阜(阝)부 획수 : 9획	수나라수, 제사 고기 나머지 타	隋	
叔	부수 : 又부 획수 : 6획	아재비 숙	叔父(숙부)	叔母(숙모)

執	부수 : 子부 획수 : 8획			宿	부수 : 宀부 획수 : 8획		
누구 숙	執			묵을 숙, 별 수	宿泊(숙박)	宿食(숙식)	

淑	부수 : 水(氵)부 획수 : 8획			熟	부수 : 火(灬)부 획수 : 11획		
맑을 숙	淑女(숙녀)	貞淑(정숙)		익을 숙, 익숙할 숙	熟達(숙달)	熟練(숙련)	

肅	부수 : 聿부 획수 : 7획			巡	부수 : 巛부 획수 : 4획		
엄숙할 숙	肅然(숙연)	嚴肅(엄숙)		돌 순	巡視(순시)	巡廻(순회)	

循	부수 : 彳부 획수 : 9획			旬	부수 : 日부 획수 : 2획		
돌아다닐 순, 좇을 순	循環(순환)	循		열흘 순	上旬(상순)	旬日(순일)	

殉	부수 : 歹(歺)부 획수 : 6획			盾	부수 : 目부 획수 : 4획		
따라죽을 순	殉教(순교)	殉職(순직)		방패 순	矛盾(모순)	盾突(순돌)	

瞬	부수 : 目부 획수 : 12획			純	부수 : 糸부 획수 : 4획		
눈깜짝할 순	瞬間(순간)	一瞬(일순)		순수할 순	純粹(순수)	純眞(순진)	

脣	부수 : 肉(月)부 획수 : 7획			順	부수 : 頁부 획수 : 3획		
입술 순	脣音(순음)	口脣(구순)		순할 순, 차례 순	順序(순서)	順列(순열)	

洵	부수 : 水(氵)부 획수 : 6획			淳	부수 : 水(氵)부 획수 : 8획		
참으로 순	洵涕(순체)	洵		순박할 순	淳良(순량)	淳朴(순박)	

珣	부수 : 玉(王)부 획수 : 6획			舜	부수 : 舛부 획수 : 6획		
옥이름 순	珣			순임금 순	舜英(순영)	舜禹(순우)	

Ⅰ.2급신정 2350字 읽기

苟	부수 : 艸(++)부 획수 : 6획	苟			戌	부수 : 戈부 획수 : 2획	戌		
풀이름 순		苟			개 술		戌		

術	부수 : 行부 획수 : 5획	術			述	부수 : 辵(辶)부 획수 : 5획	述		
꾀 술, 재주 술		術數(술수)	技術(기술)		지을 술		詳述(상술)	著述(저술)	

崇	부수 : 山부 획수 : 8획	崇			瑟	부수 : 玉(王)부 획수 : 9획	瑟		
높을 숭		崇拜(숭배)	崇高(숭고)		큰 거문고 슬		瑟		

濕	부수 : 水(氵)부 획수 : 14획	濕			拾	부수 : 手(扌)부 획수 : 6획	拾		
축축할 습		濕氣(습기)	防濕(방습)		주을 습, 열 십		拾得(습득)	拾万(십만)	

習	부수 : 羽부 획수 : 5획	習			襲	부수 : 衣(衤)부 획수 : 16획	襲		
익힐 습		習得(습득)	學習(학습)		엄습할 습		襲擊(습격)	奇襲(기습)	

乘	부수 : 丿부 획수 : 9획	乘			僧	부수 : 人(亻)부 획수 : 12획	僧		
탈 승		乘車(승차)	便乘(편승)		중 승		僧侶(승려)	僧門(승문)	

勝	부수 : 力부 획수 : 10획	勝			升	부수 : 十부 획수 : 2획	升		
이길 승, 나을 승		勝利(승리)	勝敗(승패)		되 승		升席(승석)	一升(일승)	

承	부수 : 手부 획수 : 4획	承			昇	부수 : 日부 획수 : 4획	昇		
이을 승, 받을 승		承諾(승낙)	繼承(계승)		오를 승		昇格(승격)	昇進(승진)	

繩	부수 : 糸부 획수 : 13획	繩			侍	부수 : 人(亻)부 획수 : 6획	侍		
줄 승		繩			모실 시		侍從(시종)	侍女(시녀)	

始	부수 : 女부 획수 : 5획	始			市	부수 : 巾부 획수 : 2획	市		
비롯할 시, 처음 시		始終(시종)	始初(시초)		**시가 시**		市街(시가)	市場(시장)	
施	부수 : 方부 획수 : 5획	施			是	부수 : 日부 획수 : 5획	是		
베풀 시		施設(시설)	施術(시술)		**옳을 시, 이 시**		是非(시비)	是認(시인)	
時	부수 : 日부 획수 : 6획	時			矢	제부수글자	矢		
때 시		時勢(시세)	時間(시간)		**화살 시**		矢印(시인)	矢	
示	제부수글자	示			視	부수 : 見부 획수 : 5획	視		
보일 시		示唆(시사)	示威(시위)		**볼 시**		視覺(시각)	視點(시점)	
試	부수 : 言부 획수 : 6획	試			詩	부수 : 言부 획수 : 6획	詩		
시험할 시		試合(시합)	試		**시 시**		試圖(시도)	試驗(시험)	
屍	부수 : 尸부 획수 : 6획	屍			柴	부수 : 木부 획수 : 5획	柴		
주검 시		屍體(시체)	屍		**섶 시**		柴		
式	부수 : 弋부 획수 : 3획	式			息	부수 : 心(忄)부 획수 : 6획	息		
법 식, 예식 식		式場(식장)	舊式(구식)		**숨 식, 그칠 식**		息子(식자)	安息(안식)	
植	부수 : 木부 획수 : 8획	植			識	부수 : 言부 획수 : 12획	識		
심을 식		植物(식물)	植樹(식수)		**알 식, 적을 지**		識見(식견)	良識(양식)	
食	제부수글자	食			飾	부수 : 食부 획수 : 5획	飾		
밥 식, 밥 사		食事(식사)	食堂(식당)		**꾸밀 식**		裝飾(장식)		

湜	부수 : 水(氵)부 획수 : 9획	湜		殖	부수 : 歹부 획수 : 8획	殖	
물맑을 식	湜			**번성할 식**	殖財(식재)		
軾	부수 : 車부 획수 : 6획	軾		伸	부수 : 人(亻)부 획수 : 5획	伸	
수레앞턱가로나무 식	軾			**펼 신**	伸縮(신축)	伸張(신장)	
信	부수 : 人(亻)부 획수 : 7획	信		愼	부수 : 心(忄)부 획수 : 10획	愼	
믿을 신	信賴(신뢰)	信仰(신앙)		**삼갈 신**	愼重(신중)	勤愼(근신)	
新	부수 : 斤부 획수 : 9획	新		晨	부수 : 日부 획수 : 7획	晨	
새 신, 새롭게할 신	新刊(신간)	新郎(신랑)		**새벽 신**	晨		
申	부수 : 田부 획수 : 0획	申		神	부수 : 示(礻)부 획수 : 5획	神	
아홉째천간 신, 아뢸 신	申告(신고)	壬申(임신)		**귀신 신, 정신 신**	神權(신권)	神童(신동)	
臣	제부수글자	臣		身	제부수글자	身	
신하 신	臣民(신민)	臣下(신하)		**몸 신**	身手(신수)	身邊(신변)	
辛	제부수글자	辛		腎	부수 : 肉(月)부 획수 : 8획	腎	
매울 신	辛苦(신고)	甘辛(감신)		**콩팥 신**	腎臟(신장)	肝腎(간신)	
紳	부수 : 糸부 획수 : 5획	紳		失	부수 : 大부 획수 : 2획	失	
큰띠 신	紳士(신사)	貴紳(귀신)		**잃을 실, 허물 실**	失權(실권)	失敗(실패)	
室	부수 : 宀부 획수 : 6획	室		實	부수 : 宀부 획수 : 11획	實	
방 실, 집 실	室內(실내)	敎室(교실)		**열매 실, 참될 실**	實質(실질)	實感(실감)	

한자	부수/획수	훈음	예1	예2
審	부수 : 宀부 / 획수 : 12획	살필 심	結審(결심)	陪審(배심)
尋	부수 : 寸부 / 획수 : 9획	찾을 심	尋問(심문)	尋常(심상)
心	제부수글자	마음 심, 심장 심	心氣(심기)	心思(심사)
深	부수 : 水(氵)부 / 획수 : 8획	깊을 심	深化(심화)	深呼吸(심호흡)
甚	부수 : 甘부 / 획수 : 4획	심할 심	甚(심한)	激甚(격심)
潘	부수 : 水(氵)부 / 획수 : 15획	즙 심	潘	
十	제부수글자	열 십	十字(십자)	十進法(십진법)
雙	부수 : 隹부 / 획수 : 10획	쌍 쌍	雙璧(쌍벽)	無雙(무쌍)
氏	제부수글자	성 씨	氏族(씨족)	姓氏(성씨)
亞	부수 : 二부 / 획수 : 6획	버금 아	亞流(아류)	亞鉛(아연)
兒	부수 : 儿부 / 획수 : 6획	아이 아	兒童(아동)	健兒(건아)
我	부수 : 戈부 / 획수 : 3획	나 아	我執(아집)	自我(자아)
牙	제부수글자	어금니 아	牙城(아성)	象牙(상아)
芽	부수 : 艸(艹)부 / 획수 : 4획	싹 아	發芽(발아)	芽
阿	부수 : 阜(阝)부 / 획수 : 5획	언덕 아, 아첨할 아	阿諛(아유)	阿片(아편)
雅	부수 : 隹부 / 획수 : 4획	바를 아	雅俗(아속)	古雅(고아)
餓	부수 : 食부 / 획수 : 7획	주릴 아	餓死(아사)	飢餓(기아)
岳	부수 : 山부 / 획수 : 5획	큰산 악	岳人(악인)	山岳(산악)

惡	부수 : 心(忄)부 획수 : 8획	惡		握	부수 : 手(扌)부 획수 : 9획	握	
악할 악, 싫어할 오		惡德(악덕)	惡夢(악몽)	쥘 악		掌握(장악)	把握(파악)
安	부수 : 宀부 획수 : 3획	安		雁	부수 : 隹부 획수 : 4획	雁	
편안할 안		安易(안이)	安全(안전)	기러기 안		雁書(안서)	孤雁(고안)
岸	부수 : 山부 획수 : 5획	岸		案	부수 : 木부 획수 : 6획	案	
언덕 안		沿岸(연안)	海岸(해안)	책상 안, 생각할 안		案件(안건)	起案(기안)
眼	부수 : 目부 획수 : 6획	眼		顔	부수 : 頁부 획수 : 9획	顔	
눈 안		眼鏡(안경)	眼球(안구)	얼굴 안		顔面(안면)	厚顔(후안)
謁	부수 : 言부 획수 : 9획	謁		閼	부수 : 門부 획수 : 8획	閼	
아뢸 알		謁見(알현)	拜謁(배알)	막을 알		閼	
岩	부수 : 山부 획수 : 5획	岩		暗	부수 : 日부 획수 : 9획	暗	
바위 암		嚴과 嵒의 俗字	岩峻(암준)	어두울 암		暗室(암실)	暗殺(암살)
癌	부수 : 疒부 획수 : 12획	癌		壓	부수 : 土부 획수 : 14획	壓	
암 암		子宮癌(자궁암)	胃癌(위암)	누를 압		壓倒(압도)	制壓(제압)
押	부수 : 手(扌)부 획수 : 5획	押		鴨	부수 : 鳥부 획수 : 5획	鴨	
누를 압		押收(압수)	押印(압인)	오리 압		眞鴨(진압)	鴨
仰	부수 : 人(亻)부 획수 : 4획	仰		央	부수 : 大부 획수 : 2획	央	
우러를 앙		信仰(신앙)	仰望(앙망)	가운데 앙		中央(중앙)	震央(진앙)

殃	부수 : 歹(歺)부 획수 : 5획	재앙 앙	災殃(재앙)	殃		哀	부수 : 口부 획수 : 6획	슬플 애	哀惜(애석)	哀歡(애환)
愛	부수 : 心(忄)부 획수 : 9획	사랑할 애, 아낄 애	愛情(애정)	愛憎(애증)		涯	부수 : 水(氵)부 획수 : 8획	물가 애	生涯(생애)	天涯(천애)
碍	부수 : 石부 획수 : 8획	거리낄 애	礙의 俗字	障碍(장애)		埃	부수 : 土부 획수 : 7획	티끌 애	埃	
艾	부수 : 艸(++)부 획수 : 2획	쑥 애	艾			厄	부수 : 厂부 획수 : 2획	재앙 액	厄災(액재)	厄難(액난)
液	부수 : 水(氵)부 획수 : 8획	즙 액, 담글 석	液化(액화)	水液(수액)		額	부수 : 頁부 획수 : 9획	수량 액	額數(액수)	巨額(거액)
也	부수 : 乙부 획수 : 2획	어조사 야	也			夜	부수 : 夕부 획수 : 5획	밤 야	夜景(야경)	夜勤(야근)
耶	부수 : 耳부 획수 : 3획	어조사 야	耶			野	부수 : 里부 획수 : 4획	들 야	野球(야구)	野望(야망)
惹	부수 : 心부 획수 : 9획	이끌 야	惹起(야기)	惹		倻	부수 : 人(亻)부 획수 : 9획	땅이름 야	伽倻(가야)	倻
弱	부수 : 弓부 획수 : 7획	약할 약	弱點(약점)	强弱(강약)		約	부수 : 糸부 획수 : 3획	맺을 약, 간략할 약	約束(약속)	契約(계약)

若	부수 : 艸(艹)부 / 획수 : 5획	若			藥	부수 : 艸(艹)부 / 획수 : 15획	藥		
만일 약, 어릴 약		若者(약자)	老若(노약)		약 약		藥房(약방)	漢藥(한약)	
躍	부수 : 足부 / 획수 : 14획	躍			壤	부수 : 土부 / 획수 : 17획	壤		
뛸 약		跳躍(도약)	活躍(활약)		땅 양		土壤(토양)	壤	
揚	부수 : 手(扌)부 / 획수 : 9획	揚			楊	부수 : 木부 / 획수 : 9획	楊		
날릴 양		揭揚(게양)	止揚(지양)		버들 양		白楊(백양)	楊	
樣	부수 : 木부 / 획수 : 11획	樣			洋	부수 : 水(氵)부 / 획수 : 6획	洋		
본 양, 모양 양		樣相(양상)	樣態(양태)		큰바다 양, 서양 양		洋裝(양장)	洋學(양학)	
羊	제부수글자	羊			讓	부수 : 言부 / 획수 : 17획	讓		
양 양		羊肉(양육)	牧羊(목양)		사양할 양		讓步(양보)	辭讓(사양)	
陽	부수 : 阜(阝)부 / 획수 : 9획	陽			養	부수 : 食부 / 획수 : 6획	養		
따뜻할 양, 볕 양		陽極(양극)	陽性(양성)		기를 양		養老(양로)	養育(양육)	
孃	부수 : 女부 / 획수 : 17획	孃			襄	부수 : 衣부 / 획수 : 11획	襄		
계집애 양		令孃(영양)	老孃(노양)		도울 양		襄		
御	부수 : 彳부 / 획수 : 8획	御			於	부수 : 方부 / 획수 : 4획	於		
어거할 어		御名(어명)	防御(방어)		어조사 어		於		
漁	부수 : 水(氵)부 / 획수 : 11획	漁			語	부수 : 言부 / 획수 : 7획	語		
고기잡을 어		漁夫(어부)	漁船(어선)		말씀 어		語學(어학)	言語(언어)	

魚	제부수글자	魚			億	부수 : 人(亻)부 획수 : 13획	億	
고기 어		魚肉(어육)	魚脯(어포)		억 억		億萬(억만)	億兆(억조)

憶	부수 : 心(忄)부 획수 : 13획	憶			抑	부수 : 手(扌)부 획수 : 4획	抑	
생각할 억, 기억할 억		臆測(억측)	記憶(기억)		누를 억		抑壓(억압)	抑制(억제)

焉	부수 : 火(灬)부 획수 : 7획	焉			言	제부수글자	言	
어조사 언		焉			말씀 언		言質(언질)	言辭(언사)

彦	부수 : 彡부 획수 : 6획	彦			嚴	부수 : 口부 획수 : 17획	嚴	
선비 언		彦			엄할 엄, 혹독할 엄		嚴肅(엄숙)	嚴命(엄명)

業	부수 : 木부 획수 : 9획	業			予	부수 : 亅부 획수 : 3획	予	
일 업, 직업 업		業界(업계)	大業(대업)		나 여		予	

余	부수 : 人(亻)부 획수 : 5획	余			如	부수 : 女부 획수 : 3획	如	
나 여		余			같을 여		如何(여하)	缺如(결여)

汝	부수 : 水(氵)부 획수 : 3획	汝			與	부수 : 臼부 획수 : 7획	與	
너 여		汝等(여등)	汝		더불어 여, 줄 여		與黨(여당)	貸與(대여)

輿	부수 : 車부 획수 : 10획	輿			餘	부수 : 食부 획수 : 7획	餘	
수레 여		輿論(여론)	輿		남을 여, 나머지 여		餘情(여정)	餘地(여지)

亦	부수 : 亠부 획수 : 4획	亦			域	부수 : 土부 획수 : 8획	域	
또 역		亦			지경 역		域內(역내)	聖域(성역)

役	부수 : 彳부 획수 : 4획			易	부수 : 日부 획수 : 4획		
부릴 역		役務(역무)	苦役(고역)	**바꿀 역, 쉬울 이**		貿易(무역)	交易(교역)
疫	부수 : 疒부 획수 : 4획			譯	부수 : 言부 획수 : 13획		
돌림병 역		疫病(역병)	免疫(면역)	**통변할 역**		譯語(역어)	飜譯(번역)
逆	부수 : 辵(辶)부 획수 : 6획			驛	부수 : 馬부 획수 : 13획		
거스를 역		逆流(역류)	逆轉(역전)	**역말 역**		驛長(역장)	驛舍(역사)
宴	부수 : 宀부 획수 : 7획			延	부수 : 廴부 획수 : 4획		
잔치 연		宴會(연회)	祝宴(축연)	**끌 연**		延期(연기)	延命(연명)
沿	부수 : 水(氵)부 획수 : 5획			演	부수 : 水(氵)부 획수 : 11획		
물따를 연		沿岸(연안)	沿革(연혁)	**익힐 연, 행할 연**		演技(연기)	演劇(연극)
然	부수 : 火(灬)부 획수 : 8획			煙	부수 : 火(灬)부 획수 : 9획		
그러할 연, 불탈 연		果然(과연)	漠然(막연)	**연기 연**		煙氣(연기)	煙幕(연막)
燃	부수 : 火(灬)부 획수 : 12획			燕	부수 : 火(灬)부 획수 : 12획		
불탈 연		燃料(연료)	燃燒(연소)	**연나라 연, 제비 연**		燕尾服(연미복)	
研	부수 : 石부 획수 : 6획			硯	부수 : 石부 획수 : 7획		
갈 연, 연구할 연		研究(연구)	研磨(연마)	**벼루 연**		硯箱(연상)	筆硯(필연)
緣	부수 : 糸부 획수 : 9획			軟	부수 : 車부 획수 : 4획		
인연 연		因緣(인연)	緣故(연고)	**부드러울 연**		輭의 俗字	軟弱(연약)

한자	부수 / 획수	훈·음	예	예
鉛	부수 : 金부 / 획수 : 5획	납 연	鉛筆(연필)	鉛
妍	부수 : 女부 / 획수 : 6획	고울 연	妍	
淵	부수 : 水(氵)부 / 획수 : 8획	못 연	淵源(연원)	淵
衍	부수 : 行부 / 획수 : 3획	넘칠 연	衍	
悅	부수 : 心(忄)부 / 획수 : 7획	기쁠 열	喜悅(희열)	悅
熱	부수 : 火(灬)부 / 획수 : 11획	더울 열	加熱(가열)	情熱(정열)
閱	부수 : 門부 / 획수 : 7획	검열할 열	閱覽(열람)	閱兵(열병)
染	부수 : 木부 / 획수 : 5획	물들일 염	汚染(오염)	傳染(전염)
炎	부수 : 火(灬)부 / 획수 : 4획	불꽃 염, 더울 염	胃炎(위염)	腦炎(뇌염)
鹽	부수 : 鹵부 / 획수 : 13획	소금 염	鹽分(염분)	鹽田(염전)
厭	부수 : 厂부 / 획수 : 12획	싫을 염	厭忌(염기)	厭世(염세)
閻	부수 : 門부 / 획수 : 8획	이문 염	閻	
葉	부수 : 艸(艹)부 / 획수 : 9획	잎 엽	葉書(엽서)	葉脈(엽맥)
燁	부수 : 火부 / 획수 : 12획	빛날 엽	燁	
影	부수 : 彡부 / 획수 : 12획	그림자 영	影像(영상)	影印(영인)
映	부수 : 日부 / 획수 : 5획	비칠 영	映寫(영사)	映畵(영화)
榮	부수 : 木부 / 획수 : 10획	영화 영	榮光(영광)	榮養(영양)
永	부수 : 水부 / 획수 : 1획	길 영, 오랠 영	永劫(영겁)	永世(영세)

泳	부수 : 水(氵)부 획수 : 5획	헤엄 영	泳法(영법)	水泳(수영)
英	부수 : 艸(卄)부 획수 : 5획	꽃부리 영, 빼어날 영	英雄(영웅)	英語(영어)
迎	부수 : 辵(辶)부 획수 : 4획	맞을 영	迎賓(영빈)	迎接(영접)
瑛	부수 : 玉(王)부 획수 : 9획	옥빛 영	瑛	
塋	부수 : 土부 획수 : 10획	무덤 영	塋	
譽	부수 : 言부 획수 : 14획	기릴 예, 명예 예	名譽(명예)	榮譽(영예)
銳	부수 : 金부 획수 : 7획	날카로울 예	銳利(예리)	銳敏(예민)
睿	부수 : 目부 획수 : 9획	깊고밝을 예	叡感(예감)	叡
五	부수 : 二부 획수 : 2획	다섯 오	五更(오경)	五輪旗(오륜기)
營	부수 : 火(灬)부 획수 : 13획	경영할 영	營利(영리)	經營(경영)
詠	부수 : 言부 획수 : 5획	읊을 영	詠唱(영창)	吟詠(음영)
暎	부수 : 日부 획수 : 9획	비출 영	映의 俗字	暎
盈	부수 : 皿부 획수 : 4획	찰 영	盈虛(영허)	盈
藝	부수 : 艸(卄)부 획수 : 15획	재주 예	藝術(예술)	技藝(기예)
豫	부수 : 豕부 획수 : 9획	미리 예	豫約(예약)	豫言(예언)
芮	부수 : 艸(卄)부 획수 : 4획	풀뾰족뾰족날 예	芮芮(예예)	石龍芮(석용예)
濊	부수 : 水(氵)부 획수 : 13획	깊을 예, 많은모양 회, 막힐 활	濊	
午	부수 : 十부 획수 : 2획	낮 오	午前(오전)	午餐(오찬)

한자	부수 / 획수	훈음	예시 1	예시 2
吾	부수: 口부 / 획수: 4획	나 오	吾	
鳴	부수: 口부 / 획수: 10획	탄식할 오	鳴咽(오열)	鳴呼(오호)
娛	부수: 女부 / 획수: 7획	즐거워할 오	娛樂(오락)	娛
悟	부수: 心(忄)부 / 획수: 7획	깨달을 오	覺悟(각오)	悟性(오성)
梧	부수: 木부 / 획수: 7획	오동나무 오	梧桐(오동)	梧
汚	부수: 水(氵)부 / 획수: 3획	더러울 오	汚辱(오욕)	汚臭(오취)
烏	부수: 火(灬)부 / 획수: 6획	까마귀 오	烏合(오합)	烏賊(오적)
誤	부수: 言부 / 획수: 7획	그르칠 오	誤解(오해)	誤答(오답)
傲	부수: 人(亻)부 / 획수: 11획	거만할 오	傲慢(오만)	傲
吳	부수: 口부 / 획수: 4획	나라이름 오	吳	
墺	부수: 土부 / 획수: 13획	물가 오	墺	
屋	부수: 尸부 / 획수: 6획	집 옥	屋外(옥외)	屋上(옥상)
獄	부수: 犬(犭)부 / 획수: 11획	옥 옥	獄舍(옥사)	地獄(지옥)
玉	제부수글자	구슬 옥	玉樓(옥루)	玉體(옥체)
沃	부수: 水(氵)부 / 획수: 4획	물댈 옥	沃	
鈺	부수: 金부 / 획수: 5획	보배 옥	鈺	
溫	부수: 水(氵)부 / 획수: 10획	따뜻할 온, 익힐 온	溫度(온도)	溫和(온화)
穩	부수: 禾부 / 획수: 14획	평온할 온	穩健(온건)	穩當(온당)

翁	부수 : 羽부 / 획수 : 4획	翁			擁	부수 : 手(扌)부 / 획수 : 13획	擁		
늙은이 옹	翁			안을 옹	擁立(옹립)	擁護(옹호)	

邕	부수 : 邑부 / 획수 : 3획	邕			雍	부수 : 隹부 / 획수 : 5획	雍		
화할 옹	邕			누그러질 옹	雍		

甕	부수 : 瓦부 / 획수 : 13획	甕			瓦	제부수글자	瓦		
독 옹	甕器(옹기)	甕天(옹천)		기와 와	瓦器(와기)	煉瓦(연와)

臥	부수 : 臣부 / 획수 : 2획	臥			完	부수 : 宀부 / 획수 : 4획	完		
누울 와	臥床(와상)	坐臥(좌와)		완전할 완	完璧(완벽)	完全(완전)

緩	부수 : 糸부 / 획수 : 9획	緩			莞	부수 : 艸(++)부 / 획수 : 7획	莞		
느릴 완	緩急(완급)	緩衝(완충)		왕골 완	莞爾(완이)	莞

曰	제부수글자	曰			往	부수 : 彳부 / 획수 : 5획	往		
가로 왈	謂曰(위왈)	曰		갈 왕	往年(왕년)	往來(왕래)

王	부수 : 玉(王)부 / 획수 : 0획	王			旺	부수 : 日부 / 획수 : 4획	旺		
임금 왕	王位(왕위)	王后(왕후)		성할 왕	旺	

汪	부수 : 水(氵)부 / 획수 : 4획	汪			外	부수 : 夕부 / 획수 : 2획	外		
넓을 왕	汪			바깥 외	外角(외각)	外

畏	부수 : 田부 / 획수 : 4획	畏			歪	부수 : 止부 / 획수 : 5획	歪		
두려워할 외	畏敬(외경)	畏怖(외포)		비뚤 왜(외)	歪曲(왜곡)	歪

倭	부수 : 人(亻)부 획수 : 8획	倭		搖	부수 : 手(扌)부 획수 : 10획	搖	
왜국 왜, 순한모양 위		倭寇(왜구)	倭國(왜국)	흔들 요		搖籃(요람)	動搖(동요)
曜	부수 : 日부 획수 : 14획	曜		腰	부수 : 肉(月)부 획수 : 9획	腰	
빛(빛날) 요, 요일 요		曜日(요일)	曜	허리 요		腰帶(요대)	腰痛(요통)
要	부수 : 襾부 획수 : 3획	要		謠	부수 : 言부 획수 : 10획	謠	
중요할 요, 요구할 요		要件(요건)	要所(요소)	노래 요		歌謠(가요)	謠
遙	부수 : 辵(辶)부 획수 : 10획	遙		妖	부수 : 女부 획수 : 4획	妖	
멀 요		遙拜(요배)	遙遠(요원)	아리따울 요		妖艶(요염)	妖
堯	부수 : 土부 획수 : 9획	堯		姚	부수 : 女부 획수 : 6획	姚	
요임금 요		堯		예쁠 요		姚	
耀	부수 : 羽부 획수 : 14획	耀		慾	부수 : 心(忄)부 획수 : 11획	慾	
빛날 요		耀		탐낼 욕		慾心(욕심)	貪慾(탐욕)
欲	부수 : 欠부 획수 : 7획	欲		浴	부수 : 水(氵)부 획수 : 7획	浴	
하고자할 욕		慾望(욕망)	欲求(욕구)	목욕할 욕		浴室(욕실)	入浴(입욕)
辱	부수 : 辰부 획수 : 3획	辱		勇	부수 : 力부 획수 : 7획	勇	
욕될 욕		侮辱(모욕)	恥辱(치욕)	날랠 용, 용감할 용		勇敢(용감)	勇氣(용기)
容	부수 : 宀부 획수 : 7획	容		庸	부수 : 广부 획수 : 8획	庸	
얼굴 용, 받아들일 용		容貌(용모)	容易(용이)	범상할 용		庸才(용재)	凡庸(범용)

用	제부수글자	用		熔	부수 : 火부 획수 : 10획	熔	
쓸 용, 베풀 용	用件(용건)	費用(비용)		녹일 용	鎔의 俗字	熔	
傭	부수 : 人(亻)부 획수 : 11획	傭		溶	부수 : 水(氵)부 획수 : 10획	溶	
품팔이 용	傭兵(용병)	雇傭(고용)		녹을 용	溶媒(용매)	溶暗(용암)	
瑢	부수 : 玉(王)부 획수 : 10획	瑢		鎔	부수 : 金부 획수 : 10획	鎔	
패옥소리 용	瑢			녹일 용	鎔鑛爐(용광로)		
鏞	부수 : 金부 획수 : 11획	鏞		于	부수 : 二부 획수 : 1획	于	
종 용	鏞			어조사 우	于		
偶	부수 : 人(亻)부 획수 : 9획	偶		優	부수 : 人(亻)부 획수 : 15획	優	
짝 우, 우연할 우	偶像(우상)	木偶(목우)		뛰어날 우, 넉넉할 우	優待(우대)	優勢(우세)	
又	제부수글자	又		友	부수 :又부 획수 : 2획	友	
또 우	又			벗 우	交友(교우)	友好(우호)	
右	부수 : 口부 획수 : 2획	右		宇	부수 : 宀부 획수 : 3획	宇	
오른쪽 우	右翼(우익)	右派(우파)		집 우	宇宙(우주)	一宇(일우)	
尤	부수 : 尢부 획수 : 1획	尤		愚	부수 : 心(忄)부 획수 : 9획	愚	
더욱 우, 탓할 우	尤			어리석을 우	愚鈍(우둔)	愚劣(우열)	
憂	부수 : 心(忄)부 획수 : 11획	憂		牛	제부수글자	牛	
근심 우	憂患(우환)	杞憂(기우)		소 우	牛馬(우마)	牛乳(우유)	

羽	제부수글자	羽		
	깃 우	羽		

郵	부수 : 邑(阝)부 획수 : 8획	郵		
	역말 우, 우편 우	郵票(우표)	郵送(우송)	

佑	부수 : 人(亻)부 획수 : 5획	佑		
	도울 우	天佑神助(천우신조)		

禹	부수 : 内부 획수 : 4획	禹		
	하우씨 우	禹王(우왕)	禹	

項	부수 : 頁부 획수 : 4획	項		
	삼갈 욱	項		

煜	부수 : 火부 획수 : 9획	煜		
	빛날 욱	煜		

云	부수 : 二부 획수 : 2획	云		
	이를 운	云云(운운)	云爲(운위)	

雲	부수 : 雨부 획수 : 4획	雲		
	구름 운	雲霧(운무)	白雲(백운)	

芸	부수 : 艸(艹)부 획수 : 4획	芸		
	향초이름 운	藝의 略字	芸	

遇	부수 : 辵(辶)부 획수 : 9획	遇		
	만날 우, 대접할 우	境遇(경우)	禮遇(예우)	

雨	제부수글자	雨		
	비 우	雨傘(우산)	雨衣(우의)	

祐	부수 : 示부 획수 : 5획	祐		
	도울 우	祐		

旭	부수 : 日부 획수 : 2획	旭		
	아침해 욱	旭		

昱	부수 : 日부 획수 : 5획	昱		
	빛날 욱	昱		

郁	부수 : 邑(阝)부 획수 : 6획	郁		
	성할 욱	郁		

運	부수 : 辵(辶)부 획수 : 9획	運		
	돌 운, 움직일 운	運動(운동)	運送(운송)	

韻	부수 : 音부 획수 : 10획	韻		
	음운 운	韻文(운문)	音韻(음운)	

鬱	부수 : 鬯부 획수 : 19획	鬱		
	막힐 울	鬱蒼(울창)	憂鬱(우울)	

한자	부수·획수	훈음	예1	예2
雄	부수 : 佳부 / 획수 : 4획	수컷 웅, 웅장할 웅	雄飛(웅비)	雄
熊	부수 : 火(灬)부 / 획수 : 10획	곰 웅	熊膽(웅담)	白熊(백웅)
元	부수 : 儿부 / 획수 : 2획	으뜸 원	元祖(원조)	元老(원로)
原	부수 : 厂부 / 획수 : 8획	언덕 원, 근원 원	原本(원본)	原始(원시)
員	부수 : 口부 / 획수 : 7획	인원 원	人員(인원)	減員(감원)
圓	부수 : 口부 / 획수 : 10획	둥글 원	圓滿(원만)	圓滑(원활)
園	부수 : 口부 / 획수 : 10획	동산 원	園藝(원예)	庭園(정원)
怨	부수 : 心(忄)부 / 획수 : 5획	원망할 원	怨恨(원한)	怨望(원망)
援	부수 : 手(扌)부 / 획수 : 9획	구원할 원, 도울 원	援助(원조)	救援(구원)
源	부수 : 水(氵)부 / 획수 : 10획	근원 원	源流(원류)	起源(기원)
遠	부수 : 辵(辶)부 / 획수 : 10획	멀 원	遠近(원근)	遠視(원시)
院	부수 : 阜(阝)부 / 획수 : 7획	집 원	院長(원장)	開院(개원)
願	부수 : 頁부 / 획수 : 10획	바랄 원	願書(원서)	祈願(기원)
苑	부수 : 艸(艹)부 / 획수 : 5획	나라동산 원	内苑(내원)	御苑(어원)
媛	부수 : 女부 / 획수 : 9획	미인 원	媛	
瑗	부수 : 玉(王)부 / 획수 : 9획	도리옥 원	瑗	
袁	부수 : 衣부 / 획수 : 4획	옷길 원	袁	
越	부수 : 走부 / 획수 : 5획	넘을 월	追越(추월)	卓越(탁월)

月	제부수글자	月			位	부수 : 人(亻)부 획수 : 5획	位		
달 월		月次(월차)	月刊(월간)		**위치 위, 자리 위**		位置(위치)	位相(위상)	
偉	부수 : 人(亻)부 획수 : 9획	偉			僞	부수 : 人(亻)부 획수 : 12획	僞		
클 위, 위대할 위		偉大(위대)	偉容(위용)		**거짓 위**		僞造(위조)	僞證(위증)	
危	부수 : 卩(㔾)부 획수 : 4획	危			圍	부수 : 囗부 획수 : 9획	圍		
위태로울 위		危險(위험)	危機(위기)		**들레 위**		範圍(범위)	周圍(주위)	
委	부수 : 女부 획수 : 5획	委			威	부수 : 女부 획수 : 6획	威		
맡길 위		委員(위원)	委任(위임)		**위엄 위**		威信(위신)	威勢(위세)	
慰	부수 : 心(忄)부 획수 : 11획	慰			爲	부수 : 爪(爫)부 획수 : 8획	爲		
위로할 위		慰安(위안)	慰勞(위로)		**할 위, 행위 위**		爲政(위정)	行爲(행위)	
緯	부수 : 糸부 획수 : 9획	緯			胃	부수 : 肉(月)부 획수 : 5획	胃		
씨줄 위		經緯(경위)	緯度(위도)		**밥통 위**		胃病(위병)	胃炎(위염)	
衛	부수 : 行부 획수 : 9획	衛			謂	부수 : 言부 획수 : 9획	謂		
호위할 위, 막을 위		衛生(위생)	衛星(위성)		**이를 위**		謂		
違	부수 : 辵(辶)부 획수 : 9획	違			尉	부수 : 寸부 획수 : 8획	尉		
어길 위		違約(위약)	非違(비위)		**벼슬 위**		尉		
蔚	부수 : 艸(艹)부 획수 : 11획	蔚			渭	부수 : 水(氵)부 획수 : 9획	渭		
풀이름 울(성할 위)		蔚			**강이름 위**		渭水(위수)	渭	

한자	부수/획수	훈음	예1	예2
韋	제부수글자	다룸가죽 위	韋陀天(위타천)	
魏	부수:鬼부 획수:8획	나라이름 위	魏國(위국)	魏
乳	부수:乙부 획수:7획	젖 유	乳頭(유두)	乳兒(유아)
儒	부수:人(亻)부 획수:14획	선비 유, 유교 유	儒敎(유교)	儒林(유림)
唯	부수:口부 획수:8획	오직 유	唯物論(유물론)	唯一(유일)
幼	부수:幺부 획수:2획	어릴 유, 어린아이 유	幼稚(유치)	幼年(유년)
幽	부수:幺부 획수:6획	그윽할 유	幽谷(유곡)	幽靈(유령)
悠	부수:心(忄)부 획수:7획	멀 유	悠然(유연)	悠長(유장)
惟	부수:心(忄)부 획수:8획	오직 유, 생각할 유	惟神(유신)	思惟(사유)
愈	부수:心(忄)부 획수:9획	나을 유, 더욱 유	愈愈(유유)	愈
有	부수:月부 획수:2획	있을 유	有利(유리)	有名(유명)
柔	부수:木부 획수:5획	부드러울 유	柔道(유도)	柔軟(유연)
油	부수:水(氵)부 획수:5획	기름 유	油畵(유화)	油性(유성)
猶	부수:犬(犭)부 획수:9획	오히려 유	猶豫(유예)	猶猶(유유)
由	부수:田부 획수:0획	말미암을 유	由緖(유서)	事由(사유)
維	부수:糸부 획수:8획	이을 유	維持(유지)	纖維(섬유)
裕	부수:衣(衤)부 획수:7획	넉넉할 유	裕福(유복)	富裕(부유)
誘	부수:言부 획수:7획	꾈 유	誘拐(유괴)	勸誘(권유)

한자	부수·획수	훈·음	예	예
遊	부수 : 辵(辶)부 획수 : 9획	놀 유, 여행 유	遊覽(유람)	遊說(유세)
遺	부수 : 辵(辶)부 획수 : 12획	끼칠 유, 남길 유	遺憾(유감)	遺骨(유골)
酉	제부수글자	열째지지 유, 닭 유	癸酉(계유)	辛酉(신유)
庾	부수 : 广부 획수 : 9획	곳집 유	庾	
兪	부수 : 入부 획수 : 7획	점점 유	兪	
楡	부수 : 木부 획수 : 9획	느릅나무 유	楡	
踰	부수 : 足부 획수 : 9획	넘을 유	踰	
肉	제부수글자	고기 육	肉類(육류)	肉食(육식)
育	부수 : 肉(月)부 획수 : 4획	기를 육	育成(육성)	敎育(교육)
潤	부수 : 水(氵)부 획수 : 12획	윤택할 윤	潤澤(윤택)	濕潤(습윤)
閏	부수 : 門부 획수 : 4획	윤달 윤	閏年(윤년)	閏月(윤월)
允	부수 : 儿부 획수 : 2획	진실로 윤	允	
尹	부수 : 尸부 획수 : 1획	다스릴 윤	尹	
胤	부수 : 肉(月)부 획수 : 5획	이을 윤	胤變(윤변)	胤
銃	부수 : 金부 획수 : 4획	병기 윤	銃	
融	부수 : 虫부 획수 : 10획	화할 융	融資(융자)	融解(융해)
恩	부수 : 心(忄)부 획수 : 6획	은혜 은	恩師(은사)	恩惠(은혜)
銀	부수 : 金부 획수 : 6획	은 은, 돈 은	銀色(은색)	銀製(은제)

| 隱 | 부수 : 阜(阝)부
획수 : 14획 | 隱 | | |
| 숨을 은 | | 隱居(은거) | 隱蔽(은폐) |

| 殷 | 부수 : 殳부
획수 : 6획 | 殷 | | |
| 성할 은 | | 殷 | |

| 垠 | 부수 : 土부
획수 : 6획 | 垠 | | |
| 끝 은 | | 垠 | |

| 誾 | 부수 : 言부
획수 : 8획 | 誾 | | |
| 온화할 은 | | 誾 | |

| 乙 | 제부수글자 | 乙 | | |
| 새 을 | | 乙女(을녀) | 乙亥(을해) |

| 吟 | 부수 : 口부
획수 : 4획 | 吟 | | |
| 읊을 음 | | 吟味(음미) | 呻吟(신음) |

| 淫 | 부수 : 水(氵)부
획수 : 8획 | 淫 | | |
| 음란할 음 | | 淫亂(음란) | 姦淫(간음) |

| 陰 | 부수 : 阜(阝)부
획수 : 8획 | 陰 | | |
| 그늘 음 | | 陰曆(음력) | 陰凶(음흉) |

| 音 | 제부수글자 | 音 | | |
| 소리 음, 소식 음 | | 音讀(음독) | 音樂(음악) |

| 飮 | 부수 : 食부
획수 : 4획 | 飮 | | |
| 마실 음 | | 飮食(음식) | 飮酒(음주) |

| 泣 | 부수 : 水(氵)부
획수 : 5획 | 泣 | | |
| 울 읍 | | 泣淚(읍루) | 感泣(감읍) |

| 邑 | 제부수글자 | 邑 | | |
| 고을 읍 | | 邑面(읍면) | 同邑(동읍) |

| 應 | 부수 : 心(忄)부
획수 : 13획 | 應 | | |
| 응할 응 | | 應急(응급) | 應待(응대) |

| 凝 | 부수 : 冫부
획수 : 14획 | 凝 | | |
| 엉길 응 | | 凝結(응결) | 凝固(응고) |

| 鷹 | 부수 : 鳥부
획수 : 13획 | 鷹 | | |
| 매 응 | | 鷹 | |

| 依 | 부수 : 人(亻)부
획수 : 6획 | 依 | | |
| 따를 의, 의지할 의 | | 依據(의거) | 依賴(의뢰) |

| 儀 | 부수 : 人(亻)부
획수 : 13획 | 儀 | | |
| 거동 의, 법 의 | | 儀式(의식) | 流儀(유의) |

| 宜 | 부수 : 宀부
획수 : 5획 | 宜 | | |
| 마땅할 의 | | 時宜(시의) | 便宜(편의) |

意	부수 : 心(忄)부 획수 : 9획	意			疑	부수 : 疋부 획수 : 9획	疑		
뜻 의		意味(의미)	意向(의향)	의심할 의		疑問(의문)	質疑(질의)
矣	부수 : 矢부 획수 : 2획	矣			義	부수 : 羊부 획수 : 7획	義		
어조사 의		矣		옳을 의, 뜻 의		義理(의리)	義務(의무)
衣	제부수글자	衣			議	부수 : 言부 획수 : 13획	議		
옷 의		衣食住(의식주)	衣服(의복)	의논할 의, 말할 의		議員(의원)	議會(의회)
醫	부수 : 酉부 획수 : 11획	醫			二	제부수글자	二		
의원 의, 병고칠 의		醫師(의사)	醫療(의료)	두 이		二進法(이진법)	二次元(이차원)
以	부수 : 人부 획수 : 3획	以			夷	부수 : 大부 획수 : 3획	夷		
써 이		以內(이내)	以來(이래)	오랑캐 이		東夷(동이)	征夷(정이)
已	부수 : 己부 획수 : 0획	已			異	부수 : 田부 획수 : 6획	異		
이미 이, 그칠 이		已		다를 이		異常(이상)	異議(이의)
移	부수 : 禾부 획수 : 6획	移			而	제부수글자	而		
옮길 이		移轉(이전)	移植(이식)	말이을 이, 어조사 이		而立(이립)	而
耳	제부수글자	耳			貳	부수 : 貝부 획수 : 5획	貳		
귀 이		耳目(이목)	耳順(이순)	두 이		貳	
伊	부수 : 人(亻)부 획수 : 4획	伊			珥	부수 : 玉(王)부 획수 : 6획	珥		
저 이		伊		귀엣고리 이		珥	

怡	부수 : 心(忄)부 획수 : 5획				益	부수 : 皿부 획수 : 5획		
기쁠 이		怡			더할 익, 이로울 익		利益(이익)	國益(국익)
翼	부수 : 羽부 획수 : 11획				翊	부수 : 羽부 획수 : 5획		
날개 익		補翼(보익)	左翼(좌익)		도을 익		翊	
人	제부수글자				仁	부수 : 人(亻)부 획수 : 2획		
사람 인		人情(인정)	人間(인간)		어질 인		仁者(인자)	仁慈(인자)
刃	부수 : 刀(刂)부 획수 : 1획				印	부수 : 卩(㔾)부 획수 : 4획		
칼날 인		毒刃(독인)	凶刃(흉인)		도장 인		印刷(인쇄)	職印(직인)
因	부수 : 囗부 획수 : 3획				姻	부수 : 女부 획수 : 6획		
인할 인		因數(인수)	因習(인습)		시집갈 인		婚姻(혼인)	姻戚(인척)
寅	부수 : 宀부 획수 : 8획				引	부수 : 弓부 획수 : 1획		
셋째지지 인		寅			끌 인		引證(인증)	引上(인상)
忍	부수 : 心(忄)부 획수 : 3획				認	부수 : 言부 획수 : 7획		
참을 인		忍耐(인내)	殘忍(잔인)		알 인, 인정할 인		認識(인식)	認定(인정)
一	제부수글자				壹	부수 : 士부 획수 : 9획		
한 일		一方(일방)	一流(일류)		한 일		壹	
日	제부수글자				逸	부수 : 辵(辶)부 획수 : 8획		
해 일, 날 일		日程(일정)	日常(일상)		빠뜨릴 일, 편안할 일		逸脫(일탈)	安逸(안일)

한자	부수·획수	훈·음	예1	예2
鎰	부수 : 金부 / 획수 : 10획	중량 일	鎰	
佾	부수 : 人(亻)부 / 획수 : 6획	춤 일	佾	
任	부수 : 人(亻)부 / 획수 : 4획	맡길 임	任期(임기)	責任(책임)
壬	부수 : 士부 / 획수 : 1획	아홉째천간 임	壬	
賃	부수 : 貝부 / 획수 : 6획	품삯 임, 세낼 임	賃金(임금)	勞賃(노임)
妊	부수 : 女부 / 획수 : 4획	아이밸 임	妊産婦(임산부)	妊娠(임신)
入	제부수글자	들 입	出入(출입)	入手(입수)
刺	부수 : 刀(刂)부 / 획수 : 6획	찌를 자	刺客(자객)	刺戟(자극)
姉	부수 : 女부 / 획수 : 5획	손윗누이 자	姊의 俗字	姉妹(자매)
姿	부수 : 女부 / 획수 : 6획	맵시 자	姿勢(자세)	姿態(자태)
子	제부수글자	아들 자	子息(자식)	獨子(독자)
字	부수 : 子부 / 획수 : 3획	글자 자	字音(자음)	字典(자전)
恣	부수 : 心(忄)부 / 획수 : 6획	방자할 자	強恣(강자)	放恣(방자)
慈	부수 : 心(忄)부 / 획수 : 9획	사랑 자, 어머니 자	慈悲(자비)	慈愛(자애)
茲	부수 : 玄부 / 획수 : 5획	이 자, 이것 자	茲	
紫	부수 : 糸부 / 획수 : 5획	자주빛 자	紫	
者	부수 : 耂(老)부 / 획수 : 5획	놈 자, 사람 자	爲政者(위정자)	亡者(망자)
自	제부수글자	스스로 자	自手(자수)	自作(자작)

한자	부수·획수	훈음	예시	예시
資	부수 : 貝부 / 획수 : 6획	재물 자	資格(자격)	資質(자질)
雌	부수 : 隹부 / 획수 : 5획	암컷 자	雌雄(자웅)	雌牛(자우)
磁	부수 : 石부 / 획수 : 9획	자석 자	磁氣(자기)	磁石(자석)
諮	부수 : 言부 / 획수 : 9획	물을 자	諮問(자문)	諮
滋	부수 : 水(氵)부 / 획수 : 9획	불을 자, 번성할 자	滋養分(자양분)	滋
作	부수 : 人(亻)부 / 획수 : 5획	지을 작	作成(작성)	始作(시작)
昨	부수 : 日부 / 획수 : 5획	어제 작	昨日(작일)	日昨(일작)
爵	부수 : 爪(爫)부 / 획수 : 14획	벼슬 작, 잔 작	爵位(작위)	公爵(공작)
酌	부수 : 酉부 / 획수 : 3획	따를 작	對酌(대작)	參酌(참작)
殘	부수 : 歹부 / 획수 : 8획	남을 잔, 해질 잔	殘骸(잔해)	殘金(잔금)
暫	부수 : 日부 / 획수 : 11획	잠깐 잠	暫時(잠시)	暫定(잠정)
潛	부수 : 水(氵)부 / 획수 : 12획	잠길 잠	潛望鏡(잠망경)	潛伏(잠복)
蠶	부수 : 虫부 / 획수 : 18획	누에 잠	養蠶(양잠)	蠶室(잠실)
雜	부수 : 隹부 / 획수 : 10획	섞일 잡	雜多(잡다)	複雜(복잡)
丈	부수 : 一부 / 획수 : 2획	어른 장	千丈(천장)	丈夫(장부)
場	부수 : 土부 / 획수 : 9획	마당 장	場所(장소)	市場(시장)
劑	부수 : 刀(刂)부 / 획수 : 14획	약지을 제	劑	
壯	부수 : 士부 / 획수 : 4획	씩씩할 장, 웅장할 장	壯士(장사)	壯丁(장정)

獎	부수 : 大부 획수 : 11획	獎			將	부수 : 寸부 획수 : 8획	將		
도울 장		獎勵(장려)	獎學(장학)		장수 장, 장차 장		將軍(장군)	將帥(장수)
帳	부수 : 巾부 획수 : 8획	帳			張	부수 : 弓부 획수 : 8획	張		
휘장 장, 공책 장		帳簿(장부)	帳幕(장막)		베풀 장		主張(주장)	擴張(확장)
掌	부수 : 手(扌)부 획수 : 8획	掌			章	부수 : 立부 획수 : 6획	章		
손바닥 장		合掌(합장)	管掌(관장)		글 장		肩章(견장)	印章(인장)
粧	부수 : 米부 획수 : 6획	粧			腸	부수 : 肉(月)부 획수 : 9획	腸		
단장할 장		美粧(미장)	化粧(화장)		창자 장		腸炎(장염)	灌腸(관장)
臟	부수 : 肉(月)부 획수 : 18획	臟			莊	부수 : 艸(艹)부 획수 : 7획	莊		
오장 장		臟器(장기)	心臟(심장)		별장 장		莊園(장원)	別莊(별장)
葬	부수 : 艸(艹)부 획수 : 9획	葬			藏	부수 : 艸(艹)부 획수 : 14획	藏		
장사지낼 장		葬死(장사)	埋葬(매장)		감출 장		藏書(장서)	冷藏(냉장)
裝	부수 : 衣(衤)부 획수 : 7획	裝			長	제부수글자	長		
차릴 장		裝備(장비)	裝飾(장식)		길 장 나을 장 어른 장		長老(장로)	短長(단장)
障	부수 : 阜(阝)부 획수 : 11획	障			墻	부수 : 土부 획수 : 13획	墻		
막을 장		障碍(장애)	故障(고장)		담 장, 경계 장		牆과 同字	墻籬(장리)
庄	부수 : 广부 획수 : 3획	庄			樟	부수 : 木부 획수 : 11획	樟		
농막 장		庄			녹나무 장		樟	

璋	부수 : 玉(王)부 획수 : 11획	璋			蔣	부수 : 艸(艹)부 획수 : 11획	蔣		
반쪽홀 장		璋			줄 장		蔣		
再	부수 : 冂부 획수 : 4획	再			哉	부수 : 口부 획수 : 6획	哉		
다시 재, 거듭 재		再臨(재림)	再婚(재혼)		어조사 재		哉		
在	부수 : 土부 획수 : 3획	在			才	부수 : 手부 획수 : 0획	才		
있을 재		在庫(재고)	在社(재사)		재주 재		才幹(재간)	才氣(재기)	
材	부수 : 木부 획수 : 3획	材			栽	부수 : 木부 획수 : 6획	栽		
재목 재, 재주 재		材木(재목)	材質(재질)		심을 재		盆栽(분재)	栽培(재배)	
災	부수 : 火(灬)부 획수 : 3획	災			裁	부수 : 衣(衤)부 획수 : 6획	裁		
재앙 재		災殃(재앙)	災難(재난)		마를 재		裁斷(재단)	裁可(재가)	
財	부수 : 貝부 획수 : 3획	財			載	부수 : 車부 획수 : 6획	載		
재물 재, 재산 재		財務(재무)	財貨(재화)		실을 재		揭載(게재)	積載(적재)	
宰	부수 : 宀부 획수 : 7획	宰			爭	부수 : 爪(爫)부 획수 : 4획	爭		
재상 재		宰相(재상)	卿宰(경재)		다툴 쟁		爭議(쟁의)	爭點(쟁점)	
低	부수 : 人(亻)부 획수 : 5획	低			底	부수 : 广부 획수 : 5획	底		
낮을 저		低價(저가)	低級(저급)		밑 저		底力(저력)	底意(저의)	
抵	부수 : 手(扌)부 획수 : 5획	抵			著	부수 : 艸(艹)부 획수 : 9획	著		
막을 저		抵抗(저항)	抵觸(저촉)		지을 저		著作(저작)	著述(저술)	

한자	부수 / 획수	훈음	용례	용례
貯	부수 : 貝부 / 획수 : 5획	쌓을 저	貯蓄(저축)	貯藏(저장)
沮	부수 : 水(氵)부 / 획수 : 5획	막을 저	沮止(저지)	沮害(저해)
寂	부수 : 宀부 / 획수 : 8획	고요할 적	寂靜(적정)	閑寂(한적)
摘	부수 : 手(扌)부 / 획수 : 11획	딸 적, 들추어낼 적	摘發(적발)	摘出(적출)
敵	부수 : 攴(攵)부 / 획수 : 11획	원수 적	敵軍(적군)	敵陣(적진)
滴	부수 : 水(氵)부 / 획수 : 11획	물방울 적	滴	
的	부수 : 白부 / 획수 : 3획	과녁 적, 목표 적	的中(적중)	物的(물적)
積	부수 : 禾부 / 획수 : 11획	쌓을 적	積載(적재)	滯積(체적)
笛	부수 : 竹부 / 획수 : 5획	피리 적	笛	
籍	부수 : 竹부 / 획수 : 14획	문서 적	國籍(국적)	本籍(본적)
績	부수 : 糸부 / 획수 : 11획	공 적	功績(공적)	實績(실적)
賊	부수 : 貝부 / 획수 : 6획	도둑 적	國賊(국적)	賊
赤	제부수글자	붉을 적	赤字(적자)	赤信號(적신호)
跡	부수 : 足부 / 획수 : 6획	발자취 적	人跡(인적)	遺跡(유적)
蹟	부수 : 足부 / 획수 : 11획	자취 적	蹟	
適	부수 : 辵(辶)부 / 획수 : 11획	맞을 적	適合(적합)	適格(적격)
傳	부수 : 人(亻)부 / 획수 : 11획	전할 전, 전기 전	傳達(전달)	傳染(전염)
全	부수 : 入부 / 획수 : 4획	온전할 전, 모두 전	全國(전국)	全能(전능)

한자	부수 / 획수	훈음	예1	예2
典	부수 : 八부 / 획수 : 6획	의식 전, 법 전, 책 전	典故(전고)	典型(전형)
前	부수 : 刀(刂)부 / 획수 : 7획	앞 전, 앞설 전	前例(전례)	前半期(전반기)
專	부수 : 寸부 / 획수 : 8획	오로지 전	專攻(전공)	專念(전념)
展	부수 : 尸부 / 획수 : 7획	펼 전	展開(전개)	展覽(전람)
戰	부수 : 戈부 / 획수 : 12획	싸울 전	戰爭(전쟁)	戰勢(전세)
田	제부수글자	밭 전	田園(전원)	田畓(전답)
轉	부수 : 車부 / 획수 : 11획	구를 전	轉入(전입)	轉出(전출)
錢	부수 : 金부 / 획수 : 8획	돈 전	金錢(금전)	銅錢(동전)
電	부수 : 雨부 / 획수 : 5획	전기 전	電光(전광)	電流(전류)
殿	부수 : 殳부 / 획수 : 9획	큰집 전	殿堂(전당)	御殿(어전)
甸	부수 : 田부 / 획수 : 2획	경기 전	甸	
切	부수 : 刀(刂)부 / 획수 : 2획	끊을 절, 온통 체	切斷(절단)	切片(절편)
折	부수 : 手(扌)부 / 획수 : 4획	꺾을 절	折衷(절충)	骨折(골절)
節	부수 : 竹부 / 획수 : 9획	마디 절, 예절 절	節減(절감)	節氣(절기)
絶	부수 : 糸부 / 획수 : 6획	끊을 절	絶景(절경)	絶叫(절규)
占	부수 : 卜부 / 획수 : 3획	점칠 점	占居(점거)	占領(점령)
竊	부수 : 穴부 / 획수 : 17획	훔칠 절	竊盜(절도)	剽竊(표절)
店	부수 : 广부 / 획수 : 5획	가게 점, 점포 점	店鋪(점포)	店員(점원)

漸	부수 : 水(氵)부 획수 : 11획	漸		點	부수 : 黑부 획수 : 5획	點	
점점 점		漸增(점증)	漸次(점차)	점 점		點線(점선)	高點(고점)
接	부수 : 手(扌)부 획수 : 8획	接		蝶	부수 : 虫부 획수 : 9획	蝶	
사귈 접, 이을 접		接收(접수)	接待(접대)	나비 접		蝶番(접번)	胡蝶(호접)
丁	부수 : 一부 획수 : 1획	丁		井	부수 : 二부 획수 : 2획	井	
넷째천간 정, 벌목소리 정		丁字(정자)	丁重(정중)	우물 정		井戶(정호)	井底(정저)
亭	부수 : 亠부 획수 : 7획	亭		停	부수 : 人(亻)부 획수 : 9획	停	
정자 정		亭主(정주)	料亭(요정)	머무를 정		停頓(정돈)	停留(정류)
定	부수 : 宀부 획수 : 5획	定		庭	부수 : 广부 획수 : 7획	庭	
정할 정		定議(정의)	定住(정주)	뜰 정		庭園(정원)	家庭(가정)
廷	부수 : 廴부 획수 : 4획	廷		征	부수 : 彳부 획수 : 5획	征	
조정 정		宮廷(궁정)	朝廷(조정)	칠 정		征伐(정벌)	遠征(원정)
情	부수 : 心(忄)부 획수 : 8획	情		政	부수 : 攴(攵)부 획수 : 5획	政	
뜻 정, 사실 정		情感(정감)	情欲(정욕)	정사 정		政治(정치)	政事(정사)
整	부수 : 攴(攵)부 획수 : 12획	整		正	부수 : 止부 획수 : 1획	正	
가지런할 정		整理(정리)	整頓(정돈)	바를 정		正答(정답)	正堂(정당)
淨	부수 : 水(氵)부 획수 : 8획	淨		程	부수 : 禾부 획수 : 7획	程	
깨끗할 정		淨土(정토)	清淨(청정)	한도 정		程度(정도)	過程(과정)

한자	부수 / 획수	훈음	예1	예2
精	부수 : 米부 / 획수 : 8획	깨끗할 정	精巧(정교)	精力(정력)
訂	부수 : 言부 / 획수 : 2획	바로잡을 정	改訂(개정)	訂正(정정)
貞	부수 : 貝부 / 획수 : 2획	곧을 정, 점칠 정	貞	
靜	부수 : 靑부 / 획수 : 8획	고요할 정	靜寂(정적)	靜肅(정숙)
頂	부수 : 頁부 / 획수 : 2획	정수리 정	定點(정점)	絶頂(절정)
呈	부수 : 口부 / 획수 : 4획	드릴 정	呈示(정시)	贈呈(증정)
偵	부수 : 人(亻)부 / 획수 : 9획	정탐할 정	偵察(정찰)	密偵(밀정)
艇	부수 : 舟부 / 획수 : 7획	거룻배 정	艇長(정장)	舟艇(주정)
鄭	부수 : 邑(阝)부 / 획수 : 12획	나라이름 정	鄭重(정중)	鄭氏(정씨)
晶	부수 : 日부 / 획수 : 8획	밝을 정	結晶(결정)	水晶(수정)
珽	부수 : 玉(王)부 / 획수 : 7획	옥홀 정	珽	
旌	부수 : 方부 / 획수 : 7획	기 정	旌	
楨	부수 : 木부 / 획수 : 9획	광나무 정	楨	
汀	부수 : 水(氵)부 / 획수 : 2획	물가 정	汀水(정수)	汀
禎	부수 : 示부 / 획수 : 9획	상서 정	禎	
鼎	제부수글자	솥 정	鼎	
制	부수 : 刀(刂)부 / 획수 : 6획	지을 제	制作(제작)	制服(제복)
堤	부수 : 土부 / 획수 : 9획	둑 제	堤防(제방)	築堤(축제)

帝	부수 : 巾부 획수 : 6획	帝		弟	부수 : 弓부 획수 : 4획	弟	
임금 제		帝王(제왕)	帝位(제위)	**아우 제**		弟子(제자)	兄弟(형제)
提	부수 : 手(扌)부 획수 : 9획	提		濟	부수 : 水(氵)부 획수 : 14획	濟	
끌 제		提起(제기)	提唱(제창)	**건널 제**		皆濟(개제)	經濟(경제)
祭	부수 : 示(礻)부 획수 : 6획	祭		第	부수 : 竹부 획수 : 5획	第	
제사 제		祭祀(제사)	祭壇(제단)	**차례 제**		第一(제일)	及第(급제)
製	부수 : 衣(礻)부 획수 : 8획	製		諸	부수 : 言부 획수 : 9획	諸	
지을 제, 마를 제		製造(제조)	製材(제재)	**모두 제**		諸侯(제후)	提學(제학)
除	부수 : 阜(阝)부 획수 : 7획	除		際	부수 : 阜(阝)부 획수 : 11획	際	
덜 제, 버릴 제		除去(제거)	除籍(제적)	**사이 제**		交際(교제)	實際(실제)
題	부수 : 頁부 획수 : 9획	題		齊	제부수글자	齊	
제목 제, 물을 제		題目(제목)	宿題(숙제)	**가지런할 제**		齊	
兆	부수 : 儿부 획수 : 4획	兆		助	부수 : 力부 획수 : 5획	助	
조짐 조, 조 조		吉兆(길조)	凶兆(흉조)	**도울 조**		助手(조수)	補助(보조)
弔	부수 : 弓부 획수 : 1획	弔		操	부수 : 手(扌)부 획수 : 13획	操	
조상할 조		弔旗(조기)	慶弔(경조)	**잡을 조**		操作(조작)	貞操(정조)
早	부수 : 日부 획수 : 2획	早		朝	부수 : 月부 획수 : 8획	朝	
이를 조		早退(조퇴)	早	**아침 조**		朝夕(조석)	朝餐(조찬)

條	부수 : 木부 획수 : 7획	條		潮	부수 : 水(氵)부 획수 : 12획	潮	
조목 조, 가지 조		條目(조목)	法條(법조)	조수 조		潮水(조수)	潮汐(조석)
照	부수 : 火(灬)부 획수 : 9획	照		燥	부수 : 火(灬)부 획수 : 13획	燥	
비출 조		照影(조영)	對照(대조)	마를 조		乾燥(건조)	焦燥(초조)
祖	부수 : 示(礻)부 획수 : 5획	祖		租	부수 : 禾부 획수 : 5획	租	
할아버지 조		祖國(조국)	先祖(선조)	세낼 조		租稅(조세)	租借(조차)
組	부수 : 糸부 획수 : 5획	組		調	부수 : 言부 획수 : 8획	調	
짤 조		組閣(조각)	組成(조성)	고를 조, 조사할 조		調和(조화)	調理(조리)
造	부수 : 辵(辶)부 획수 : 7획	造		鳥	제부수글자	鳥	
지을 조, 나아갈 조		造成(조성)	造船(조선)	새 조		鳥類(조류)	白鳥(백조)
措	부수 : 手(扌)부 획수 : 8획	措		釣	부수 : 金부 획수 : 3획	釣	
둘 조		措辭(조사)	措置(조치)	낚시 조		釣魚(조어)	釣艇(조정)
彫	부수 : 彡부 획수 : 8획	彫		趙	부수 : 走부 획수 : 7획	趙	
새길 조		彫刻(조각)	彫塑(조소)	나라 조		肇國(조국)	
曹	부수 : 日부 획수 : 6획	曹		祚	부수 : 示부 획수 : 5획	祚	
성 조		曹		복 조		祚	
族	부수 : 方부 획수 : 7획	族		足	제부수글자	足	
겨레 족		家族(가족)	部族(부족)	발 족		不足(부족)	手足(수족)

存	부수 : 子부 획수 : 3획		尊	부수 : 寸부 획수 : 9획	
있을 존	存立(존립)	存在(존재)	**높을 존, 공경할 존**	尊敬(존경)	尊重(존중)
卒	부수 : 十부 획수 : 6획		拙	부수 : 手(扌)부 획수 : 5획	
마칠 졸, 군사 졸	卒業(졸업)	大卒(대졸)	**졸할 졸**	拙劣(졸렬)	拙作(졸작)
宗	부수 : 宀부 획수 : 5획		從	부수 : 彳부 획수 : 8획	
마루 종, 으뜸 종	宗家(종가)	宗廟(종묘)	**따를 종**	從軍(종군)	從屬(종속)
種	부수 : 禾부 획수 : 9획		終	부수 : 糸부 획수 : 5획	
씨 종, 심을 종	種類(종류)	播種(파종)	**마칠 종**	終末(종말)	終結(종결)
縱	부수 : 糸부 획수 : 11획		鐘	부수 : 金부 획수 : 12획	
방종할 종, 세로 종	縱斷(종단)	放縱(방종)	**쇠북 종, 인경 종**	鐘聲(종성)	警鐘(경종)
綜	부수 : 糸부 획수 : 8획		駐	부수 : 馬부 획수 : 5획	
잉아 종	綜合(종합)	錯綜(착종)	**머무를 주**	駐屯(주둔)	駐泊(주박)
琮	부수 : 玉(王)부 획수 : 8획		佐	부수 : 人(亻)부 획수 : 5획	
옥홀 종	琮		**도울 좌**	補佐(보좌)	王佐(왕좌)
坐	부수 : 土부 획수 : 4획		左	부수 : 工부 획수 : 2획	
앉을 좌	坐骨(좌골)	坐像(좌상)	**왼쪽 좌**	左大臣(좌대신)	左遷(좌천)
座	부수 : 广부 획수 : 7획		罪	부수 : 网(罒)부 획수 : 8획	
자리 좌	座談(좌담)	座席(좌석)	**허물 죄**	罪囚(죄수)	免罪(면죄)

한자	부수/획수	훈음	예 1	예 2
主	부수 : ⌿부 / 획수 : 4획	주인 주	主客(주객)	主人(주인)
住	부수 : 人(亻)부 / 획수 : 5획	살 주	住所(주소)	居住(거주)
周	부수 : 口부 / 획수 : 5획	두루 주	周圍(주위)	圓周(원주)
宙	부수 : 宀부 / 획수 : 5획	집 주	宙水(주수)	宇宙(우주)
州	부수 : 巛(川)부 / 획수 : 3획	고을 주	九州(구주)	六大洲(육대주)
晝	부수 : 日부 / 획수 : 7획	낮 주	晝間(주간)	晝食(주식)
朱	부수 : 木부 / 획수 : 2획	붉을 주	朱子學(주자학)	印朱(인주)
柱	부수 : 木부 / 획수 : 5획	기둥 주	支柱(지주)	圓柱(원주)
株	부수 : 木부 / 획수 : 6획	그루 주	株價(주가)	株式(주식)
注	부수 : 水(氵)부 / 획수 : 5획	물댈 주	脚注(각주)	注文(주문)
洲	부수 : 水(氵)부 / 획수 : 6획	섬 주	八洲(팔주)	洲
舟	제부수글자	배 주	舟行(주행)	小舟(소주)
走	제부수글자	달릴 주	走行(주행)	力走(역주)
酒	부수 : 酉부 / 획수 : 3획	술 주	酒造(주조)	洋酒(양주)
週	부수 : 辵(辶)부 / 획수 : 8획	두를 주, 일주 주	週間(주간)	隔週(격주)
奏	부수 : 大부 / 획수 : 6획	아뢸 주	間奏(간주)	奏
珠	부수 : 玉(王)부 / 획수 : 6획	구슬 주	珠算(주산)	珠玉(주옥)
鑄	부수 : 金부 / 획수 : 14획	쇠부어만들 주	鑄物(주물)	鑄型(주형)

疇	부수 : 田부 획수 : 14획	疇				竹	제부수글자	竹		
발두둑 주		疇				대 죽		竹葉(죽엽)	竹林(죽림)	
俊	부수 : 人(亻)부 획수 : 7획	俊				準	부수 : 水(氵)부 획수 : 10획	準		
준걸 준		俊傑(준걸)	俊秀(준수)			수준기 준		準備(준비)	基準(기준)	
遵	부수 : 辵(辶)부 획수 : 12획	遵				准	부수 : 冫부 획수 : 8획	准		
따를 준		遵法(준법)	遵守(준수)			승인할 준		准尉(준위)	准將(준장)	
埈	부수 : 土부 획수 : 7획	埈				峻	부수 : 山부 획수 : 7획	峻		
가파를 준		陵과 同字	埈			높을 준		峻		
晙	부수 : 日부 획수 : 7획	晙				浚	부수 : 水(氵)부 획수 : 7획	浚		
밝을 준		晙				깊을 준		浚渫(준설)	總浚(총준)	
濬	부수 : 水(氵)부 획수 : 14획	濬				駿	부수 : 馬부 획수 : 7획	駿		
칠 준		濬				준마 준		駿足(준족)	駿馬(준마)	
仲	부수 : 人(亻)부 획수 : 4획	仲				衆	부수 : 血부 획수 : 6획	衆		
버금 중		仲間(중간)	仲介(중개)			무리 중, 많을 중		大衆(대중)	民衆(민중)	
重	부수 : 里부 획수 : 2획	重				中	부수 : 丨부 획수 : 3획	中		
무거울 중		重量(중량)	輕重(경중)			가운데 중		中傷(중상)	中庸(중용)	
卽	부수 : 卩(㔾)부 획수 : 7획	卽				增	부수 : 土부 획수 : 12획	增		
곧 즉		卽席(즉석)	卽位(즉위)			더할 증		增加(증가)	增減(증감)	

한자	부수·획수	훈·음	예 1	예 2
憎	부수 : 心(忄)부 / 획수 : 12획	미워할 증	憎惡(증오)	愛憎(애증)
曾	부수 : 日부 / 획수 : 8획	일찍 증	曾孫(증손)	曾祖母(증조모)
症	부수 : 疒부 / 획수 : 5획	증세 증	症狀(증상)	炎症(염증)
蒸	부수 : 艸(艹)부 / 획수 : 10획	찔 증	蒸氣(증기)	蒸發(증발)
證	부수 : 言부 / 획수 : 12획	증거 증, 증명할 증	證據(증거)	認證(인증)
贈	부수 : 貝부 / 획수 : 12획	줄 증	贈與(증여)	受贈(수증)
之	부수 : 丿부 / 획수 : 3획	갈 지, 어조사 지	之	
只	부수 : 口부 / 획수 : 2획	다만 지	只今(지금)	只者(지자)
地	부수 : 土부 / 획수 : 3획	땅 지	地理(지리)	地域(지역)
志	부수 : 心(忄)부 / 획수 : 3획	뜻 지	志士(지사)	意志(의지)
持	부수 : 手(扌)부 / 획수 : 6획	가질 지	持分(지분)	所持(소지)
指	부수 : 手(扌)부 / 획수 : 6획	가리킬 지, 손가락 지	指導(지도)	指
支	제부수글자	지탱할 지, 지급할 지	支障(지장)	支柱(지주)
智	부수 : 日부 / 획수 : 8획	지혜 지	智慧(지혜)	大智(대지)
枝	부수 : 木부 / 획수 : 4획	가지 지	韓枝(한지)	枝族(지족)
止	제부수글자	그칠 지	止揚(지양)	止血(지혈)
池	부수 : 水(氵)부 / 획수 : 3획	못 지	池沼(지소)	電池(전지)
知	부수 : 矢부 / 획수 : 3획	알 지	知識(지식)	知人(지인)

紙	부수 : 糸부 / 획수 : 4획	紙			至	제부수글자	至	
종이 지		紙面(지면)	紙幣(지폐)		이를 지, 지극할 지		至當(지당)	至急(지급)

誌	부수 : 言부 / 획수 : 7획	誌			遲	부수 : 辵(辶)부 / 획수 : 12획	遲	
기록할 지		雜誌(잡지)	墓誌(묘지)		더딜 지		遲刻(지각)	遲延(지연)

旨	부수 : 日부 / 획수 : 2획	旨			脂	부수 : 肉(月)부 / 획수 : 6획	脂	
맛있을 지		論旨(논지)	要旨(요지)		기름 지		脂肪(지방)	脂粉(지분)

址	부수 : 土부 / 획수 : 4획	址			芝	부수 : 艸(艹)부 / 획수 : 4획	芝	
터 지		址			지초 지, 잔디 지		芝草(지초)	芝生(지생)

直	부수 : 目부 / 획수 : 3획	直			織	부수 : 糸부 / 획수 : 12획	織	
곧을 직		直接(직접)	直立(직립)		짤 직		織造(직조)	織機(직기)

職	부수 : 耳부 / 획수 : 12획	職			稙	부수 : 禾부 / 획수 : 8획	稙	
직분 직		職業(직업)	就職(취직)		일찍심은벼 직		稙	

稷	부수 : 禾부 / 획수 : 10획	稷			振	부수 : 手(扌)부 / 획수 : 7획	振	
기장 직		稷			떨칠 진		振動(진동)	振幅(진폭)

珍	부수 : 玉(王)부 / 획수 : 5획	珍			盡	부수 : 皿부 / 획수 : 9획	盡	
보배 진		珍味(진미)	珍貴(진귀)		다할 진		盡力(진력)	盡終日(진종일)

眞	부수 : 目부 / 획수 : 5획	眞			辰	제부수글자	辰	
참 진		眞實(진실)	眞情(진정)		별 진		辰	

한자	부수 · 획수	훈음	용례	용례
進	부수 : 辵(辶)부 / 획수 : 8획	나아갈 진	進行(진행)	進展(진전)
鎭	부수 : 金부 / 획수 : 10획	누를 진	鎭壓(진압)	鎭魂(진혼)
陣	부수 : 阜(阝)부 / 획수 : 7획	진칠 진	陣營(진영)	敵陣(적진)
陳	부수 : 阜(阝)부 / 획수 : 8획	늘어놓을 진	陳列(진열)	陳情(진정)
津	부수 : 水(氵)부 / 획수 : 6획	나루 진	興味津津(흥미진진)	
診	부수 : 言부 / 획수 : 5획	볼 진	診療(진료)	診察(진찰)
塵	부수 : 土부 / 획수 : 11획	티끌 진	塵界(진계)	塵土(진토)
震	부수 : 雨부 / 획수 : 7획	벼락 진	震動(진동)	震幅(진폭)
秦	부수 : 禾부 / 획수 : 5획	벼이름 진	秦	
晋	부수 : 日부 / 획수 : 6획	나아갈 진	晉의 俗字	晋
姪	부수 : 女부 / 획수 : 6획	조카 질	姪女(질녀)	姪
疾	부수 : 疒부 / 획수 : 5획	병빠를 질	疾病(질병)	固疾(고질)
秩	부수 : 禾부 / 획수 : 5획	차례 질	秩序(질서)	秩
質	부수 : 貝부 / 획수 : 8획	바탕 질	質素(질소)	資質(자질)
窒	부수 : 穴부 / 획수 : 6획	막힐 질	窒素(질소)	窒息(질식)
執	부수 : 土부 / 획수 : 8획	잡을 집	執筆(집필)	固執(고집)
集	부수 : 隹부 / 획수 : 4획	모일 집	集大成(집대성)	募集(모집)
輯	부수 : 車부 / 획수 : 9획	모을 집	輯	

한자	부수 / 획수	훈음	예 1	예 2
徵	부수 : 彳부 / 획수 : 12획	부를 징	徵兵(징병)	徵稅(징세)
懲	부수 : 心(忄)부 / 획수 : 15획	징계할 징	懲戒(징계)	懲役(징역)
且	부수 : 一부 / 획수 : 4획	또 차	且	
借	부수 : 人(亻)부 / 획수 : 8획	빌릴 차	借用(차용)	貸借(대차)
差	부수 : 工부 / 획수 : 7획	어긋날 차, 들쑥날쑥 차	差異(차이)	格差(격차)
次	부수 : 欠부 / 획수 : 2획	버금 차, 차례 차	次次(차차)	次期(차기)
此	부수 : 止부 / 획수 : 2획	이 차	此	
遮	부수 : 辵(辶)부 / 획수 : 11획	막을 차	遮光(차광)	遮斷(차단)
捉	부수 : 手(扌)부 / 획수 : 7획	잡을 착	捕捉(포착)	捉
着	부수 : 目부 / 획수 : 7획	도착할 착, 입을 착	着陸(착륙)	着席(착석)
錯	부수 : 金부 / 획수 : 8획	섞일 착	錯誤(착오)	交錯(교착)
讚	부수 : 言부 / 획수 : 19획	기릴 찬	讚頌(찬송)	讚歌(찬가)
贊	부수 : 貝부 / 획수 : 12획	도울 찬	贊辭(찬사)	禮贊(예찬)
餐	부수 : 食부 / 획수 : 7획	먹을 찬	晚餐(만찬)	粗餐(조찬)
燦	부수 : 火(灬)부 / 획수 : 13획	빛날 찬	燦爛(찬란)	燦然(찬연)
鑽	부수 : 金부 / 획수 : 19획	뚫을 찬	鑽	
璨	부수 : 玉(王)부 / 획수 : 13획	빛날 찬	璨	
瓚	부수 : 玉(王)부 / 획수 : 19획	제기 찬	瓚	

察	부수 : 宀부 획수 : 11획	察
살필 찰	監察(감찰)	査察(사찰)

札	부수 : 木부 획수 : 1획	札
패 찰	改札(개찰)	書札(서찰)

刹	부수 : 刀(刂)부 획수 : 6획	刹
절 찰	刹那(찰나)	古刹(고찰)

參	부수 : 厶부 획수 : 9획	參
참가할 참, 석 삼	參考(참고)	參席(참석)

慘	부수 : 心(忄)부 획수 : 11획	慘
슬플 참	慘狀(참상)	悲慘(비참)

慙	부수 : 心(忄)부 획수 : 11획	慙
부끄러울 참	慙	

斬	부수 : 斤부 획수 : 7획	斬
벨 참	斬殺(참살)	斬首(참수)

倉	부수 : 人(亻)부 획수 : 8획	倉
곳집 창	倉庫(창고)	營倉(영창)

創	부수 : 刀(刂)부 획수 : 10획	創
비롯할 창	創始(창시)	創造(창조)

唱	부수 : 口부 획수 : 8획	唱
노래부를 창	歌唱(가창)	重唱(중창)

昌	부수 : 日부 획수 : 4획	昌
창성할 창	昌空(창공)	昌盛(창성)

暢	부수 : 日부 획수 : 10획	暢
화창할 창	暢達(창달)	流暢(유창)

滄	부수 : 水(氵)부 획수 : 10획	滄
큰바다 창	滄	

窓	부수 : 穴부 획수 : 6획	窓
창문 창	窓門(창문)	天窓(천창)

蒼	부수 : 艸(艹)부 획수 : 10획	蒼
푸를 창	蒼白(창백)	蒼天(창천)

彰	부수 : 彡부 획수 : 11획	彰
밝을 창	表彰(표창)	彰

敞	부수 : 攴(攵)부 획수 : 8획	敞
높을 창	敞	

昶	부수 : 日부 획수 : 5획	昶
밝을 창	昶	

<table>
<tr><td>債</td><td>부수 : 人(亻)부
획수 : 11획</td><td colspan="3">債</td></tr>
<tr><td colspan="2" align="center">빚질 채</td><td>債務(채무)</td><td colspan="2">債權(채권)</td></tr>
</table>

<table>
<tr><td>彩</td><td>부수 : 彡부
획수 : 8획</td><td colspan="3">彩</td></tr>
<tr><td colspan="2" align="center">채색 채</td><td>彩度(채도)</td><td colspan="2">彩色(채색)</td></tr>
</table>

<table>
<tr><td>採</td><td>부수 : 手(扌)부
획수 : 8획</td><td colspan="3">採</td></tr>
<tr><td colspan="2" align="center">캘 채</td><td colspan="3">採</td></tr>
</table>

<table>
<tr><td>菜</td><td>부수 : 艸(艹)부
획수 : 8획</td><td colspan="3">菜</td></tr>
<tr><td colspan="2" align="center">나물 채</td><td>菜食(채식)</td><td colspan="2">野菜(야채)</td></tr>
</table>

<table>
<tr><td>采</td><td>부수 : 采부
획수 : 1획</td><td colspan="3">采</td></tr>
<tr><td colspan="2" align="center">캘 채, 채읍 채</td><td colspan="3">采</td></tr>
</table>

<table>
<tr><td>埰</td><td>부수 : 土부
획수 : 8획</td><td colspan="3">埰</td></tr>
<tr><td colspan="2" align="center">영지 채</td><td colspan="3">埰</td></tr>
</table>

<table>
<tr><td>蔡</td><td>부수 : 艸(艹)부
획수 : 11획</td><td colspan="3">蔡</td></tr>
<tr><td colspan="2" align="center">거북 채</td><td colspan="3">蔡</td></tr>
</table>

<table>
<tr><td>冊</td><td>부수 : 冂부
획수 : 3획</td><td colspan="3">冊</td></tr>
<tr><td colspan="2" align="center">책 책</td><td>冊子(책자)</td><td colspan="2">別冊(별책)</td></tr>
</table>

<table>
<tr><td>策</td><td>부수 : 竹부
획수 : 6획</td><td colspan="3">策</td></tr>
<tr><td colspan="2" align="center">꾀 책</td><td>策略(책략)</td><td colspan="2">計策(계책)</td></tr>
</table>

<table>
<tr><td>責</td><td>부수 : 貝부
획수 : 4획</td><td colspan="3">責</td></tr>
<tr><td colspan="2" align="center">꾸짖을 책</td><td>責任(책임)</td><td colspan="2">責務(책무)</td></tr>
</table>

<table>
<tr><td>妻</td><td>부수 : 女부
획수 : 5획</td><td colspan="3">妻</td></tr>
<tr><td colspan="2" align="center">아내 처</td><td>妻子(처자)</td><td colspan="2">妻妾(처첩)</td></tr>
</table>

<table>
<tr><td>悽</td><td>부수 : 心(忄)부
획수 : 8획</td><td colspan="3">悽</td></tr>
<tr><td colspan="2" align="center">슬퍼할 처</td><td colspan="3">悽</td></tr>
</table>

<table>
<tr><td>處</td><td>부수 : 虍부
획수 : 5획</td><td colspan="3">處</td></tr>
<tr><td colspan="2" align="center">곳 처, 살 처</td><td>處理(처리)</td><td colspan="2">處所(처소)</td></tr>
</table>

<table>
<tr><td>尺</td><td>부수 : 尸부
획수 : 1획</td><td colspan="3">尺</td></tr>
<tr><td colspan="2" align="center">자 척</td><td>尺度(척도)</td><td colspan="2">縮尺(축척)</td></tr>
</table>

<table>
<tr><td>戚</td><td>부수 : 戈부
획수 : 7획</td><td colspan="3">戚</td></tr>
<tr><td colspan="2" align="center">겨레 척</td><td>外戚(외척)</td><td colspan="2">親戚(친척)</td></tr>
</table>

<table>
<tr><td>拓</td><td>부수 : 手(扌)부
획수 : 5획</td><td colspan="3">拓</td></tr>
<tr><td colspan="2" align="center">넓힐 척, 베낄 탁</td><td>拓植(척식)</td><td colspan="2">拓本(탁본)</td></tr>
</table>

<table>
<tr><td>斥</td><td>부수 : 斤부
획수 : 1획</td><td colspan="3">斥</td></tr>
<tr><td colspan="2" align="center">물리칠 척</td><td>斥候(척후)</td><td colspan="2">排斥(배척)</td></tr>
</table>

<table>
<tr><td>隻</td><td>부수 : 隹부
획수 : 2획</td><td colspan="3">隻</td></tr>
<tr><td colspan="2" align="center">새 한마리 척</td><td colspan="3">隻</td></tr>
</table>

한자	부수/획수	훈음	예어 1	예어 2
陟	부수 : 阜(阝)부 / 획수 : 7획	오를 척	陟	
千	부수 : 十부 / 획수 : 1획	일천 천	千里(천리)	千秋(천추)
天	부수 : 大부 / 획수 : 1획	하늘 천	天空(천공)	天地(천지)
川	제부수글자	내 천	名川(명천)	河川(하천)
泉	부수 : 水(氵)부 / 획수 : 5획	샘 천, 저승	谷泉(곡천)	溫泉(온천)
淺	부수 : 水(氵)부 / 획수 : 8획	얕을 천	淺薄(천박)	淺學(천학)
薦	부수 : 艸(艹)부 / 획수 : 13획	천거할 천	推薦(추천)	自薦(자천)
賤	부수 : 貝부 / 획수 : 8획	천할 천	賤民(천민)	貴賤(귀천)
踐	부수 : 足부 / 획수 : 8획	밟을 천, 행할 천	實踐(실천)	踐
遷	부수 : 辵(辶)부 / 획수 : 11획	옮길 천	遷都(천도)	變遷(변천)
釧	부수 : 金부 / 획수 : 3획	팔찌 천	釧	
哲	부수 : 口부 / 획수 : 7획	밝을 철	明哲(명철)	哲學(철학)
徹	부수 : 彳부 / 획수 : 12획	뚫을 철	徹夜(철야)	貫徹(관철)
鐵	부수 : 金부 / 획수 : 13획	쇠 철, 철물 철	鐵物(철물)	地下鐵(지하철)
撤	부수 : 手(扌)부 / 획수 : 12획	거둘 철	撤去(철거)	撤收(철수)
澈	부수 : 水(氵)부 / 획수 : 12획	물맑을 철	澈	
尖	부수 : 小부 / 획수 : 3획	뾰족할 첨	尖端(첨단)	尖銳(첨예)
添	부수 : 水(氵)부 / 획수 : 8획	더할 첨	添加(첨가)	添削(첨삭)

瞻	부수 : 目부 획수 : 13획	瞻		
볼 첨		瞻		

諜	부수 : 言부 획수 : 9획	諜		
염탐할 첩		諜報(첩보)	間諜(간첩)	

晴	부수 : 日부 획수 : 8획	晴		
갤 청		快晴(쾌청)	晴	

聽	부수 : 耳부 획수 : 16획	聽		
들을 청		聽聞(청문)	聽覺(청각)	

青	제부수글자	青		
푸를 청		青色(청색)	青年(청년)	

體	부수 : 骨부 획수 : 13획	體		
몸 체		體育(체육)	體操(체조)	

遞	부수 : 辵(辶)부 획수 : 10획	遞		
갈마들 체		遞		

締	부수 : 糸부 획수 : 9획	締		
맺을 체		締結(체결)	締約(체약)	

抄	부수 : 手(扌)부 획수 : 4획	抄		
베낄 초		抄錄(초록)	抄出(초출)	

妾	부수 : 女부 획수 : 5획	妾		
첩 첩		愛妾(애첩)	蓄妾(축첩)	

廳	부수 : 广부 획수 : 22획	廳		
관청 청		官廳(관청)	郡廳(군청)	

清	부수 : 水(氵)부 획수 : 8획	清		
맑을 청		清明(청명)	清廉(청렴)	

請	부수 : 言부 획수 : 8획	請		
청할 청, 물을 청		請願(청원)	請負(청부)	

替	부수 : 日부 획수 : 8획	替		
바꿀 체		交替(교체)	代替(대체)	

逮	부수 : 辵(辶)부 획수 : 8획	逮		
잡을 체		逮捕(체포)	逮	

滯	부수 : 水(氵)부 획수 : 11획	滯		
막힐 체		滯留(체류)	滯在(체재)	

初	부수 : 刀(刂)부 획수 : 5획	初		
처음 초		初盤(초반)	始初(시초)	

招	부수 : 手(扌)부 획수 : 5획	招		
부를 초		招來(초래)	招聘(초빙)	

喆	부수 : 口부 획수 : 9획	喆		
	밝을 철	哲과 同字	喆	

肖	부수 : 肉(月)부 획수 : 3획	肖		
	닮을 초	肖像(초상)	不肖(불초)	

草	부수 : 艸(艹)부 획수 : 6획	草		
	플 초, 초할 초	草創期(초창기)	草木(초목)	

超	부수 : 走부 획수 : 5획	超		
	뛰어넘을 초	超過(초과)	超越(초월)	

秒	부수 : 禾부 획수 : 4획	秒		
	초 초(까끄라기 묘)	秒速(초속)	秒針(초침)	

哨	부수 : 口부 획수 : 7획	哨		
	망볼 초	哨戒(초계)	哨兵(초병)	

焦	부수 : 火(灬)부 획수 : 8획	焦		
	그을릴 초	焦勞(초로)	焦點(초점)	

礎	부수 : 石부 획수 : 13획	礎		
	주춧돌 초	礎石(초석)	礎材(초재)	

楚	부수 : 木부 획수 : 9획	楚		
	초나라 초, 고울 초	楚國(초국)	淸楚(청초)	

促	부수 : 人(亻)부 획수 : 7획	促		
	재촉할 촉	促進(촉진)	督促(독촉)	

燭	부수 : 火(灬)부 획수 : 13획	燭		
	촛불 촉	燭臺(촉대)	燈燭(등촉)	

觸	부수 : 角부 획수 : 13획	觸		
	닿을 촉	觸覺(촉각)	接觸(접촉)	

蜀	부수 : 虫부 획수 : 7획	蜀		
	나라이름 촉	蜀魂(촉혼)	望蜀(망촉)	

寸	제부수글자	寸		
	마디 촌	寸刻(촌각)	寸志(촌지)	

村	부수 : 木부 획수 : 3획	村		
	마을 촌	村落(촌락)	一村(일촌)	

總	부수 : 糸부 획수 : 11획	總		
	모두 총	總括(총괄)	總合(총합)	

聰	부수 : 耳부 획수 : 11획	聰		
	밝을 총	聰明(총명)	聰	

銃	부수 : 金부 획수 : 6획	銃		
	총 총	銃劍(총검)	銃聲(총성)	

催	부수 : 人(亻)부 획수 : 11획	催			最	부수 : 日부 획수 : 8획	最		
재촉할 최		主催(주최)	催		가장 최		最高(최고)	最上(최상)	
崔	부수 : 山부 획수 : 8획	崔			抽	부수 : 手(扌)부 획수 : 5획	抽		
높을 최		崔			뽑을 추		抽象(추상)	抽出(추출)	
推	부수 : 手(扌)부 획수 : 8획	推			秋	부수 : 禾부 획수 : 4획	秋		
밀 추		推薦(추천)	推敲(퇴고)		가을 추		秋夕(추석)	秋收(추수)	
追	부수 : 辵(辶)부 획수 : 6획	追			醜	부수 : 酉부 획수 : 10획	醜		
쫓을 추		追擊(추격)	追求(추구)		추할 추		醜女(추녀)	醜惡(추악)	
趨	부수 : 走부 획수 : 10획	趨			楸	부수 : 木부 획수 : 9획	楸		
달릴 추		趨光性(추광성)	趨勢(추세)		개오동나무 추		楸		
鄒	부수 : 邑(阝)부 획수 : 10획	鄒			丑	부수 : 一부 획수 : 3획	丑		
나라이름 추		鄒			둘째지지 축, 소 축		丑		
畜	부수 : 田부 획수 : 5획	畜			祝	부수 : 示(礻)부 획수 : 5획	祝		
기를 축		畜産(축산)	家畜(가축)		빌 축		祝歌(축가)	祝賀(축하)	
築	부수 : 竹부 획수 : 10획	築			縮	부수 : 糸부 획수 : 11획	縮		
쌓을 축		築造(축조)	建築(건축)		줄 축		縮小(축소)	縮尺(축척)	
蓄	부수 : 艸(艹)부 획수 : 10획	蓄			逐	부수 : 辵(辶)부 획수 : 7획	逐		
쌓을 축		蓄積(축적)	貯蓄(저축)		쫓을 축		逐語(축어)	放逐(방축)	

한자	부수	획수	훈음	예 1	예 2
軸	車부	5획	굴대 축	地軸(지축)	橫軸(횡축)
蹴	足부	12획	찰 축	蹴球(축구)	蹴毬(축구)
春	日부	5획	봄 춘	春夢(춘몽)	春川(춘천)
椿	木부	9획	참죽나무 춘	椿油(춘유)	椿事(춘사)
出	∐부	3획	날 출	出缺(출결)	出生(출생)
充	儿부	4획	채울 충	充分(충분)	充滿(충만)
忠	心(忄)부	4획	충성 충	忠誠(충성)	忠臣(충신)
蟲	虫부	12획	벌레 충	蟲齒(충치)	害蟲(해충)
衝	行부	9획	찌를 충	衝擊(충격)	衝動(충동)
衷	衣부	4획	속마음 충	衷情(충정)	苦衷(고충)
沖	氵부	4획	빌 충	沖曠(충광)	沖의 俗字
取	又부	6획	가질 취	取材(취재)	取捨(취사)
吹	口부	4획	불 취	吹奏(취주)	鼓吹(고취)
就	尤부	9획	이룰 취, 나아갈 취	就職(취직)	就業(취업)
臭	自부	4획	냄새 취	口臭(구취)	體臭(체취)
趣	走부	8획	향할 취	趣味(취미)	趣向(취향)
醉	酉부	8획	술취할 취	醉氣(취기)	陶醉(도취)
炊	火부	4획	불땔 취	炊事(취사)	炊

聚	부수 : 耳부 획수 : 8획	聚			側	부수 : 人(亻)부 획수 : 9획	側		
모일 취		聚落(취락)	聚合(취합)		**곁 측**		側面(측면)	側近(측근)	

測	부수 : 水(氵)부 획수 : 9획	測			層	부수 : 尸부 획수 : 12획	層		
잴 측		測定(측정)	推測(추측)		**층계 층**		層階(층계)	單層(단층)	

値	부수 : 人(亻)부 획수 : 8획	値			恥	부수 : 心(忄)부 획수 : 6획	恥		
값 치		價値(가치)	近似値(근사치)		**부끄러울 치**		恥辱(치욕)	廉恥(염치)	

治	부수 : 水(氵)부 획수 : 5획	治			稚	부수 : 禾부 획수 : 8획	稚		
다스릴 치		治國(치국)	治定(치정)		**어릴 치**		稚拙(치졸)	幼稚(유치)	

置	부수 : 网(罒)부 획수 : 8획	置			致	부수 : 至부 획수 : 4획	致		
둘 치		置換(치환)	安置(안치)		**이를 치**		致命(치명)	景致(경치)	

齒	제부수글자	齒			峙	부수 : 山부 획수 : 6획	峙		
이 치		齒牙(치아)	齒石(치석)		**우뚝솟을 치**		峙		

雉	부수 : 隹부 획수 : 5획	雉			則	부수 : 刀(刂)부 획수 : 7획	則		
꿩 치		雉			**법 칙**		原則(원칙)	法則(법칙)	

親	부수 : 見부 획수 : 9획	親			漆	부수 : 水(氵)부 획수 : 11획	漆		
어버이 친, 친할 친		親切(친절)	親戚(친척)		**옻나무 칠**		漆器(칠기)	漆黑(칠흑)	

七	부수 : 一부 획수 : 1획	七			侵	부수 : 人(亻)부 획수 : 7획	侵		
일곱 칠		七夕(칠석)	七面鳥(칠면조)		**침노할 침**		侵攻(침공)	侵略(침략)	

寝	부수 : 宀부 획수 : 11획	잠잘 침	寢室(침실)	寢臺(침대)	枕	부수 : 木부 획수 : 4획	베개 침	枕木(침목)	草枕(초침)
沈	부수 : 水(氵)부 획수 : 4획	잠길 침, 성 심	沈水(침수)	沈滯(침체)	浸	부수 : 水(氵)부 획수 : 7획	잠길 침	浸入(침입)	浸透(침투)
針	부수 : 金부 획수 : 2획	바늘 침	針路(침로)	針術(침술)	稱	부수 : 禾부 획수 : 9획	일컬을 칭	稱號(칭호)	稱帝(칭제)
快	부수 : 心(忄)부 획수 : 4획	쾌활할 쾌	快樂(쾌락)	快晴(쾌청)	他	부수 : 人(亻)부 획수 : 3획	다를 타	他人(타인)	他者(타자)
墮	부수 : 土부 획수 : 12획	떨어질 타	墮落(타락)	墮胎(타태)	妥	부수 : 女부 획수 : 4획	온당할 타	妥當(타당)	妥協(타협)
打	부수 : 手(扌)부 획수 : 2획	칠 타	打倒(타도)	打手(타수)	卓	부수 : 十부 획수 : 6획	높을 탁, 탁자 탁	卓上(탁상)	卓越(탁월)
托	부수 : 手(扌)부 획수 : 3획	맡길 탁	托鉢(탁발)	茶托(차탁)	濁	부수 : 水(氵)부 획수 : 13획	흐릴 탁	濁流(탁류)	混濁(혼탁)
濯	부수 : 水(氵)부 획수 : 14획	빨 탁	洗濯(세탁)	濯	琢	부수 : 玉(王)부 획수 : 8획	쫄 탁	琢	
託	부수 : 言부 획수 : 3획	부탁할 탁	託兒所(탁아소)	結託(결탁)	彈	부수 : 弓부 획수 : 12획	탄알 탄	彈性(탄성)	銃彈(총탄)

歎	부수 : 欠부 / 획수 : 11획	탄식할 탄	歎息(탄식)	歎願(탄원)
炭	부수 : 火부 / 획수 : 5획	숯 탄	炭化(탄화)	褐炭(갈탄)
誕	부수 : 言부 / 획수 : 7획	태어날 탄	誕生(탄생)	虛誕(허탄)
灘	부수 : 水(氵)부 / 획수 : 19획	여울 탄	灘	
奪	부수 : 大부 / 획수 : 11획	빼앗을 탈	略奪(약탈)	爭奪(쟁탈)
脫	부수 : 肉(月)부 / 획수 : 7획	벗을 탈	脫落(탈락)	脫毛(탈모)
探	부수 : 手(扌)부 / 획수 : 8획	찾을 탐	探究(탐구)	探問(탐문)
貪	부수 : 貝부 / 획수 : 4획	탐할 탐	貪	
耽	부수 : 耳부 / 획수 : 4획	즐길 탐	耽溺(탐닉)	耽美(탐미)
塔	부수 : 土부 / 획수 : 10획	탑 탑	佛塔(불탑)	寺塔(사탑)
湯	부수 : 水(氵)부 / 획수 : 9획	물끓일 탕	藥湯(약탕)	熱湯(열탕)
太	부수 : 大부 / 획수 : 1획	콩 태, 클 태	太豆(태두)	太古(태고)
怠	부수 : 心(忄)부 / 획수 : 5획	게으를 태	怠慢(태만)	倦怠(권태)
態	부수 : 心(忄)부 / 획수 : 10획	모양 태	態度(태도)	動態(동태)
殆	부수 : 歹부 / 획수 : 5획	위태로울 태	危殆(위태)	殆
泰	부수 : 水부 / 획수 : 5획	클 태, 산이름 태	泰山(태산)	泰平(태평)
胎	부수 : 肉(月)부 / 획수 : 5획	아이밸 태	胎動(태동)	胎兒(태아)
颱	부수 : 風부 / 획수 : 5획	태풍 태	颱風(태풍)	颱

한자	부수/획수	훈음	예 1	예 2
兌	부수 : 儿부 / 획수 : 5획	바꿀 태	兌	
宅	부수 : 宀부 / 획수 : 3획	집 택, 집 댁	邸宅(저택)	住宅(주택)
澤	부수 : 水(氵)부 / 획수 : 13획	윤 택, 못 택	光澤(광택)	惠澤(혜택)
土	제부수글자	흙 토	土地(토지)	黃土(황토)
兎	부수 : 儿부 / 획수 : 5획	토끼 토	兔의 俗字 / 兎	
統	부수 : 糸부 / 획수 : 6획	거느릴 통, 합칠 통	統一(통일)	傳統(전통)
退	부수 : 辵(辶)부 / 획수 : 6획	물러날 퇴	退去(퇴거)	退場(퇴장)
透	부수 : 辵(辶)부 / 획수 : 7획	통할 투	透明(투명)	透視(투시)
特	부수 : 牛부 / 획수 : 6획	특히 특	特別(특별)	特差(특차)
台	부수 : 口부 / 획수 : 2획	별 태(나 이)	台	
擇	부수 : 手(扌)부 / 획수 : 13획	가릴 택	選擇(선택)	擇日(택일)
吐	부수 : 口부 / 획수 : 3획	토할 토	吐露(토로)	吐血(토혈)
討	부수 : 言부 / 획수 : 3획	칠 토, 정벌할 토	討論(토론)	討伐(토벌)
痛	부수 : 疒부 / 획수 : 7획	아파할 통	痛症(통증)	痛快(통쾌)
通	부수 : 辵(辶)부 / 획수 : 7획	통할 통	通路(통로)	通過(통과)
投	부수 : 手(扌)부 / 획수 : 4획	던질 투	投稿(투고)	投石(투석)
鬪	부수 : 鬥부 / 획수 : 10획	싸울 투	戰鬪(전투)	鬪爭(투쟁)
播	부수 : 手(扌)부 / 획수 : 12획	뿌릴 파	播種(파종)	傳播(전파)

波	부수 : 水(氵)부 / 획수 : 5획		물결 파	波濤(파도)	波
破	부수 : 石부 / 획수 : 5획		깨뜨릴 파	破滅(파멸)	破
頗	부수 : 頁부 / 획수 : 5획		자못 파, 치우칠 파	偏頗(편파)	頗
坡	부수 : 土부 / 획수 : 5획		고개 파	坡	
板	부수 : 木부 / 획수 : 4획		널판 판, 판목 판	板書(판서)	板
販	부수 : 貝부 / 획수 : 4획		팔 판	販路(판로)	販賣(판매)
八	제부수글자		여덟 팔	八角(팔각)	八方(팔방)
貝	제부수글자		조개 패	貝塚(패총)	魚貝(어패)
彭	부수 : 彡부 / 획수 : 9획		성 팽	彭	

派	부수 : 水(氵)부 / 획수 : 6획		갈래 파	派遣(파견)	宗派(종파)
罷	부수 : 网(罒)부 / 획수 : 10획		파할 파	罷免(파면)	罷業(파업)
把	부수 : 手(扌)부 / 획수 : 4획		잡을 파	把握(파악)	把
判	부수 : 刀(刂)부 / 획수 : 5획		판단할 판, 쪼갤 판	判定(판정)	裁判(재판)
版	부수 : 片부 / 획수 : 4획		널조각 판	凹版(요판)	出版(출판)
阪	부수 : 阜(阝)부 / 획수 : 4획		비탈 판	阪	
敗	부수 : 攴(攵)부 / 획수 : 7획		패할 패	敗亡(패망)	敗北(패배)
霸	부수 : 襾부 / 획수 : 13획		으뜸 패	霸의 俗字	覇氣(패기)
便	부수 : 人(亻)부 / 획수 : 7획		편할 편, 오줌 변	便利(편리)	便宜(편의)

한자	부수 / 획수	훈음	예시	예시
片	제부수글자	조각 편	片端(편단)	片道(편도)
篇	부수 : 竹부 / 획수 : 9획	책 편, 편 편	長篇(장편)	短篇(단편)
編	부수 : 糸부 / 획수 : 9획	엮을 편	改編(개편)	短編(단편)
偏	부수 : 人(亻)부 / 획수 : 9획	치우칠 편	偏狹(편협)	偏頗(편파)
遍	부수 : 辵(辶)부 / 획수 : 9획	두루 편	遍歷(편력)	遍在(편재)
扁	부수 : 戶부 / 획수 : 5획	편편할 편	扁桃腺(편도선)	扁形(편형)
平	부수 : 干부 / 획수 : 2획	평평할 평	平面(평면)	平和(평화)
評	부수 : 言부 / 획수 : 5획	품평할 평	評價(평가)	批評(비평)
坪	부수 : 土부 / 획수 : 5획	평평할 평, 땅넓이 평	建坪(건평)	坪數(평수)
幣	부수 : 巾부 / 획수 : 12획	폐백 폐, 돈 폐	幣物(폐물)	紙幣(지폐)
廢	부수 : 广부 / 획수 : 12획	폐할 폐	廢業(폐업)	廢止(폐지)
弊	부수 : 廾부 / 획수 : 12획	폐단 폐, 나쁠 폐	弊端(폐단)	弊習(폐습)
肺	부수 : 肉(月)부 / 획수 : 5획	허파 폐	肺炎(폐렴)	肺癌(폐암)
蔽	부수 : 艸(艹)부 / 획수 : 12획	가릴 폐	遮蔽(차폐)	隱蔽(은폐)
閉	부수 : 門부 / 획수 : 3획	닫을 폐	閉講(폐강)	閉止(폐지)
包	부수 : 勹부 / 획수 : 3획	쌀 포	包括(포괄)	包攝(포섭)
布	부수 : 巾부 / 획수 : 2획	베 포, 펼 포	布告(포고)	公布(공포)
抱	부수 : 手(扌)부 / 획수 : 5획	안을 포	抱負(포부)	抱擁(포옹)

捕	부수 : 手(扌)부 획수 : 7획	捕		浦	부수 : 水(氵)부 획수 : 7획	浦
잡을 포		捕縛(포박)	捕獲(포획)	물가 포		浦
胞	부수 : 肉(月)부 획수 : 5획	胞		砲	부수 : 石부 획수 : 5획	砲
태보 포		胞子(포자)	細胞(세포)	대포 포		砲擊(포격) 砲彈(포탄)
飽	부수 : 食부 획수 : 5획	飽		抛	부수 : 手(扌)부 획수 : 5획	抛
배부를 포		飽食(포식)	飽和(포화)	던질 포		抛棄(포기) 抛物線(포물선)
怖	부수 : 心(忄)부 획수 : 5획	怖		鋪	부수 : 金부 획수 : 7획	鋪
두려워할 포		恐怖(공포)	畏怖(외포)	펼 포		鋪
葡	부수 : 艸(艹)부 획수 : 9획	葡		鮑	부수 : 魚부 획수 : 5획	鮑
포도 포		葡萄(포도)	葡萄酒(포도주)	절인어물 포		鮑
暴	부수 : 日부 획수 : 11획	暴		幅	부수 : 巾부 획수 : 9획	幅
드러낼 폭, 사나울 포		暴露(폭로)	暴徒(폭도)	폭 폭		幅
爆	부수 : 火(灬)부 획수 : 15획	爆		標	부수 : 木부 획수 : 11획	標
폭발할 폭		爆擊(폭격)	爆發(폭발)	표할 표		標榜(표방) 標本(표본)
漂	부수 : 水(氵)부 획수 : 11획	漂		票	부수 : 示(礻)부 획수 : 6획	票
뜰 표		漂流(표류)	漂白(표백)	쪽지 표		開票(개표) 得票(득표)
表	부수 : 衣(礻)부 획수 : 3획	表		杓	부수 : 木부 획수 : 3획	杓
겉 표		表紙(표지)	表裏(표리)	자루 표		杓

한자	부수 / 획수	훈음	예 1	예 2
品	부수 : 口부 / 획수 : 6획	물건 품	品質(품질)	品性(품성)
楓	부수 : 木부 / 획수 : 9획	단풍나무 풍	丹楓(단풍)	觀楓(관풍)
豊	부수 : 豆부 / 획수 : 11획	풍성할 풍	豊年(풍년)	豊凶(풍흉)
風	제부수글자	바람 풍, 관습 풍	風	
馮	부수 : 馬부 / 획수 : 2획	성 풍(탈 빙)	馮	
彼	부수 : 彳부 / 획수 : 5획	저 피	彼我(피아)	彼此(피차)
疲	부수 : 疒부 / 획수 : 5획	고달플 피	疲困(피곤)	疲勞(피로)
皮	제부수글자	가죽 피	皮革(피혁)	皮脂(피지)
被	부수 : 衣(衤)부 / 획수 : 5획	입을 피	被告(피고)	被害(피해)
避	부수 : 辵(辶)부 / 획수 : 13획	피할 피	避難(피난)	避暑(피서)
匹	부수 : 匸부 / 획수 : 2획	짝 필, 하나 필	匹夫(필부)	匹敵(필적)
必	부수 : 心(忄)부 / 획수 : 1획	반드시 필	必要(필요)	必讀(필독)
畢	부수 : 田부 / 획수 : 6획	마칠 필	畢竟(필경)	畢
筆	부수 : 竹부 / 획수 : 6획	붓 필	筆致(필치)	筆跡(필적)
弼	부수 : 弓부 / 획수 : 9획	도울 필	弼	
泌	부수 : 水(氵)부 / 획수 : 5획	샘물흐르는모양 필(비)	泌	
下	부수 : 一부 / 획수 : 2획	아래 하, 내릴 하	下行(하행)	下品(하품)
何	부수 : 人(亻)부 / 획수 : 5획	어찌 하	幾何(기하)	如何(여하)

夏	부수 : 夊부 획수 : 7획	夏			河	부수 : 水(氵)부 획수 : 5획	河		
여름 하		夏季(하계)	夏服(하복)		강 하		河岸(하안)	河溪(하계)	

荷	부수 : 艸(艹)부 획수 : 7획	荷			賀	부수 : 貝부 획수 : 5획	賀		
연 하, 짐 하, 멜 하		荷物(하물)	出荷(출하)		하례할 하		慶賀(경하)	祝賀(축하)	

學	부수 : 子부 획수 : 13획	學			鶴	부수 : 鳥부 획수 : 10획	鶴		
배울 학		學校(학교)	學習(학습)		학 학		鶴		

虐	부수 : 虍부 획수 : 3획	虐			寒	부수 : 宀부 획수 : 9획	寒		
사나울 학		虐待(학대)	暴虐(포학)		찰 한, 추위 한		寒波(한파)	寒食(한식)	

恨	부수 : 心(忄)부 획수 : 6획	恨			旱	부수 : 日부 획수 : 3획	旱		
한탄할 한		怨恨(원한)	悔恨(회한)		가물 한		旱害(한해)	旱	

汗	부수 : 水(氵)부 획수 : 3획	汗			漢	부수 : 水(氵)부 획수 : 11획	漢		
땀 한		大汗(대한)	冷汗(냉한)		나라 한		漢文(한문)	漢詩(한시)	

閑	부수 : 門부 획수 : 4획	閑			限	부수 : 阜(阝)부 획수 : 6획	限		
한가할 한		閑			한정 한, 막힐 한		限界(한계)	權限(권한)	

韓	부수 : 韋부 획수 : 8획	韓			翰	부수 : 羽부 획수 : 10획	翰		
나라이름 한, 성 한		韓國(한국)	北韓(북한)		날개 한, 편지 한		翰		

割	부수 : 刀(刂)부 획수 : 10획	割			含	부수 : 口부 획수 : 4획	含		
나눌 할		割愛(할애)	分割(분할)		머금을 함		含蓄(함축)	含量(함량)	

한자	부수 / 획수	훈음	예시어	예시어
咸	부수 : 口부 / 획수 : 6획	다 함	咸	
陷	부수 : 阜(阝)부 / 획수 : 8획	빠질 함	陷落(함락)	陷沒(함몰)
艦	부수 : 舟부 / 획수 : 14획	싸움배 함	艦隊(함대)	艦艇(함정)
合	부수 : 口부 / 획수 : 3획	합할 합, 모일 합	合奏(합주)	合同(합동)
陜	부수 : 阜(阝)부 / 획수 : 7획	땅이름 합(좁을 협)	陜	
巷	부수 : 己(巳)부 / 획수 : 6획	거리 항	巷間(항간)	陋巷(누항)
恒	부수 : 心(忄)부 / 획수 : 6획	항상 항	恒久(항구)	恒常(항상)
抗	부수 : 手(扌)부 / 획수 : 4획	대항할 항	抗拒(항거)	抵抗(저항)
港	부수 : 水(氵)부 / 획수 : 9획	항구 항	港口(항구)	港灣(항만)
航	부수 : 舟부 / 획수 : 4획	건널 항	航路(항로)	航海(항해)
項	부수 : 頁부 / 획수 : 3획	조목 항	事項(사항)	別項(별항)
亢	부수 : 亠부 / 획수 : 2획	목 항	亢	
沆	부수 : 水(氵)부 / 획수 : 4획	넓을 항	沆	
亥	부수 : 亠부 / 획수 : 4획	돼지 해	亥	
奚	부수 : 大부 / 획수 : 7획	어찌 해	奚	
害	부수 : 宀부 / 획수 : 7획	해로울 해	害蟲(해충)	損害(손해)
海	부수 : 水(氵)부 / 획수 : 7획	바다 해	海洋(해양)	海流(해류)
解	부수 : 角부 / 획수 : 6획	풀 해	解釋(해석)	解法(해법)

該	부수 : 言부 획수 : 6획	그 해, 갖출 해	該博(해박)	該	核	부수 : 木부 획수 : 6획	씨 핵	核心(핵심)	核家族(핵가족)
幸	부수 : 干부 획수 : 5획	다행 행	幸福(행복)	多幸(다행)	行	제부수글자	다닐 행, 항렬 항	行先地(행선지)	行
杏	부수 : 木부 획수 : 3획	살구나무 행	杏林(행림)	杏仁(행인)	享	부수 : 亠부 획수 : 6획	누릴 향	享年(향년)	享樂(향락)
向	부수 : 口부 획수 : 3획	향할 향	向上(향상)	南向(남향)	鄕	부수 : 邑(阝)부 획수 : 10획	시골 향, 고향 향	故鄕(고향)	鄕里(향리)
響	부수 : 音부 획수 : 13획	울릴 향	響應(향응)	反響(반향)	香	제부수글자	향기 향	香氣(향기)	香臭(향취)
虛	부수 : 虍부 획수 : 6획	빌 허, 헛될 허	虛像(허상)	虛實(허실)	許	부수 : 言부 획수 : 4획	허락할 허	許諾(허락)	許容(허용)
憲	부수 : 心(忄)부 획수 : 12획	법 헌	憲法(헌법)	憲章(헌장)	獻	부수 : 犬(犭)부 획수 : 16획	드릴 헌	獻納(헌납)	獻血(헌혈)
軒	부수 : 車부 획수 : 3획	추녀 헌	軒		險	부수 : 阜(阝)부 획수 : 13획	험할 험	險難(험난)	險惡(험악)
驗	부수 : 馬부 획수 : 13획	시험할 험	試驗(시험)	受驗(수험)	革	제부수글자	고칠 혁, 가죽 혁	革新(혁신)	革命(혁명)

赫	부수:赤부 획수:7획	붉을 혁	赫赫(혁혁)	赫	爀	부수:火부 획수:14획	붉을 혁	爀	
弦	부수:弓부 획수:5획	줄 현	弦樂(현악)	弓弦(궁현)	懸	부수:心(忄)부 획수:16획	매달 현	懸賞(현상)	懸垂(현수)
玄	제부수글자	검을 현	玄武(현무)	玄	現	부수:玉(王)부 획수:7획	나타날 현, 지금 현	現實(현실)	現世(현세)
絃	부수:糸부 획수:5획	줄 현	絃		縣	부수:糸부 획수:10획	고을 현	郡縣(군현)	縣
賢	부수:貝부 획수:8획	어질 현	賢明(현명)	賢者(현자)	顯	부수:頁부 획수:14획	나타날 현	顯著(현저)	顯達(현달)
峴	부수:山부 획수:7획	재 현	峴		炫	부수:火부 획수:5획	빛날 현	炫	
鉉	부수:金부 획수:5획	솥귀 현	鉉		穴	제부수글자	구멍 혈	穴居(혈거)	經穴(경혈)
血	제부수글자	피 혈	血書(혈서)	輸血(수혈)	嫌	부수:女부 획수:10획	싫어할 혐	嫌忌(혐기)	嫌惡(혐오)
協	부수:十부 획수:6획	도울 협, 화할 협	協同(협동)	協助(협조)	脅	부수:肉(月)부 획수:6획	협박할 협	脅迫(협박)	威脅(위협)

한자	부수	획수	훈음	예 1	예 2
峽	山부	7획	골짜기 협	峽谷(협곡)	峽
亨	亠부	5획	형통할 형	亨	
兄	儿부	3획	맏형 형	兄弟(형제)	長兄(장형)
刑	刀(刂)부	4획	형벌 형	刑罰(형벌)	刑法(형법)
形	彡부	4획	형상 형	形態(형태)	形狀(형상)
螢	虫부	10획	개똥벌레 형	螢光(형광)	螢雪(형설)
型	土부	6획	거푸집 형	型	
衡	行부	10획	저울대 형	衡平(형평)	衡器(형기)
瀅	水(氵)부	15획	맑을 형	瀅	
炯	火부	5획	빛날 형	炯	
邢	邑(阝)부	4획	나라이름 형	邢國(형국)	邢
馨	香부	11획	향기 형	馨	
兮	八부	2획	어찌 혜	兮	
惠	心(忄)부	8획	은혜 혜	惠澤(혜택)	知慧(지혜)
慧	心(忄)부	11획	지혜 혜	慧眼(혜안)	知慧(지혜)
乎	丿부	4획	어조사 호	乎	
互	二부	2획	서로 호	互換(호환)	相互(상호)
呼	口부	5획	부를 호	呼稱(호칭)	呼名(호명)

151

好	부수 : 女부 획수 : 3획	好		戶	제부수글자	戶	
좋을 호, 좋아할 호		好機(호기)	好事家(호사가)	집 호		戶籍(호적)	戶數(호수)
毫	부수 : 毛부 획수 : 7획	毫		浩	부수 : 水(氵)부 획수 : 7획	浩	
터럭 호		秋毫(추호)	毫	넓을 호		浩然(호연)	浩
湖	부수 : 水(氵)부 획수 : 9획	湖		胡	부수 : 肉(月)부 획수 : 5획	胡	
호수 호		湖水(호수)	潟湖(석호)	오랑캐 호		胡	
虎	부수 : 虍부 획수 : 2획	虎		號	부수 : 虍부 획수 : 7획	號	
범 호		虎狼(호랑)	猛虎(맹호)	부를 호, 이름 호		番號(번호)	等號(등호)
護	부수 : 言부 획수 : 14획	護		豪	부수 : 豕부 획수 : 7획	豪	
도울 호		護衛(호위)	保護(보호)	호걸 호		豪傑(호걸)	豪雨(호우)
濠	부수 : 水(氵)부 획수 : 14획	濠		昊	부수 : 日부 획수 : 4획	昊	
해자 호		外濠(외호)	濠	하늘 호		昊天(호천)	昊
晧	부수 : 日부 획수 : 7획	晧		皓	부수 : 白부 획수 : 7획	皓	
밝을 호		晧		흴 호		皓	
澔	부수 : 水(氵)부 획수 : 12획	澔		壕	부수 : 土부 획수 : 14획	壕	
클 호		浩와 同字	澔	해자 호		壕	
扈	부수 : 戶부 획수 : 7획	扈		鎬	부수 : 金부 획수 : 10획	鎬	
뒤따를 호		扈		호경 호		鎬	

祐	부수 : 示부 획수 : 5획	祐			惑	부수 : 心(忄)부 획수 : 8획	惑	
복 호		祐			미혹할 혹		當惑(당혹)	魅惑(매혹)
或	부수 : 戈부 획수 : 4획	或			酷	부수 : 酉부 획수 : 7획	酷	
혹시 혹		或者(혹자)	間或(간혹)		독할 혹		酷烈(혹렬)	酷使(혹사)
婚	부수 : 女부 획수 : 8획	婚			昏	부수 : 日부 획수 : 4획	昏	
혼인할 혼, 장가들 혼		婚談(혼담)	結婚(결혼)		어두울 혼		昏睡(혼수)	黃昏(황혼)
混	부수 : 水(氵)부 획수 : 8획	混			魂	부수 : 鬼부 획수 : 4획	魂	
섞일 혼		混沌(혼돈)	混食(혼식)		혼 혼		魂魄(혼백)	靈魂(영혼)
忽	부수 : 心(忄)부 획수 : 4획	忽			弘	부수 : 弓부 획수 : 2획	弘	
문득 홀		忽然(홀연)	粗忽(조홀)		넓을 홍		弘報(홍보)	弘
洪	부수 : 水(氵)부 획수 : 6획	洪			紅	부수 : 糸부 획수 : 3획	紅	
넓을 홍		洪水(홍수)	洪		붉을 홍		紅葉(홍엽)	紅顔(홍안)
鴻	부수 : 鳥부 획수 : 6획	鴻			泓	부수 : 水(氵)부 획수 : 5획	泓	
큰기러기 홍		鴻鵠(홍곡)	雁鴻(안홍)		깊을 홍		泓	
化	부수 : 匕부 획수 : 2획	化			和	부수 : 口부 획수 : 5획	和	
될 화		化學(화학)	化粧(화장)		순할 화, 화목할 화		和平(화평)	調和(조화)
火	제부수글자	火			畫	부수 : 田부 획수 : 7획	畫	
불 화		火災(화재)	火山(화산)		그림 화, 그을 획		畫伯(화백)	畫報(화보)

한자	부수·획수	쓰기	훈·음	예 1	예 2
禍	부수 : 示(礻)부 획수 : 9획	禍	재앙 화	禍福(화복)	災禍(재화)
禾	제부수글자	禾	벼 화	禾本科(화본과)	
花	부수 : 艸(卝)부 획수 : 4획	花	꽃 화	花園(화원)	花壇(화단)
華	부수 : 艸(卝)부 획수 : 8획	華	빛날 화	華麗(화려)	中華(중화)
話	부수 : 言부 획수 : 6획	話	말씀 화	電話(전화)	談話(담화)
貨	부수 : 貝부 획수 : 4획	貨	재물 화	財貨(재화)	貨幣(화폐)
靴	부수 : 革부 획수 : 4획	靴	신 화	短靴(단화)	運動靴(운동화)
嬅	부수 : 女부 획수 : 12획	嬅	여자이름 화	嬅	
樺	부수 : 木부 획수 : 12획	樺	자작나무 화沖	樺色(화색)	白樺(백화)
擴	부수 : 手(扌)부 획수 : 15획	擴	넓힐 확	擴大(확대)	擴充(확충)
確	부수 : 石부 획수 : 10획	確	확실할 확	確定(확정)	確實(확실)
穫	부수 : 禾부 획수 : 14획	穫	벨 확	收穫(수확)	穫
丸	부수 : 丶부 획수 : 2획	丸	알 환	丸藥(환약)	銃丸(총환)
患	부수 : 心(忄)부 획수 : 7획	患	근심할 환	憂患(우환)	病患(병환)
換	부수 : 手(扌)부 획수 : 9획	換	바꿀 환	換氣(환기)	換
歡	부수 : 欠부 획수 : 18획	歡	기쁨 환, 기뻐할 환	歡樂(환락)	歡呼(환호)
環	부수 : 玉(王)부 획수 : 13획	環	고리 환	循環(순환)	環境(환경)
還	부수 : 辵(辶)부 획수 : 13획	還	돌아올 환	歸還(귀환)	召還(소환)

幻	부수 : 幺부 획수 : 1획	幻			桓	부수 : 木부 획수 : 6획	桓		
변할 환		幻滅(환멸)	幻像(환상)		굳셀 환		桓雄(환웅)	桓	
煥	부수 : 火부 획수 : 9획	煥			活	부수 : 水(氵)부 획수 : 6획	活		
불꽃 환		煥			살 활, 살림 활		活用(활용)	生活(생활)	
滑	부수 : 水(氵)부 획수 : 10획	滑			況	부수 : 水(氵)부 획수 : 5획	況		
미끄러울 활		滑空(활공)	滑走(활주)		하물며 황		近況(근황)	狀況(상황)	
皇	부수 : 白부 획수 : 4획	皇			荒	부수 : 艸(艹)부 획수 : 6획	荒		
임금 황		皇后(황후)	皇帝(황제)		거칠 황		荒蕪地(황무지)	荒野(황야)	
黃	제부수글자	黃			晃	부수 : 日부 획수 : 6획	晃		
누를 황		黃菊(황국)	黃色(황색)		밝을 황		晃然(황연)	晃晃(황황)	
滉	부수 : 水(氵)부 획수 : 10획	滉			回	부수 : 口부 획수 : 3획	回		
물깊고넓을 황		李滉(이황)	滉		돌 회		回診(회진)	回轉(회전)	
悔	부수 : 心(忄)부 획수 : 7획	悔			懷	부수 : 心(忄)부 획수 : 16획	懷		
후회할 회		悔恨(회한)	後悔(후회)		품을 회		感懷(감회)	懷抱(회포)	
會	부수 : 日부 획수 : 9획	會			灰	부수 : 火(灬)부 획수 : 2획	灰		
모일 회, 모을 회		會議(회의)	會談(회담)		재 회		灰色(회색)	石灰(석회)	
廻	부수 : 廴부 획수 : 6획	廻			檜	부수 : 木부 획수 : 13획	檜		
돌 회		廻覽(회람)	旋廻(선회)		노송나무 회		檜木(회목)	檜皮(회피)	

한자	부수	획수	훈음	예 1	예 2
淮	水(氵)부	8획	강이름 회	淮水(회수)	淮
劃	刀(刂)부	12획	그을 획	劃數(획수)	一劃(일획)
獲	犬(犭)부	14획	얻을 획	獲得(획득)	捕獲(포획)
橫	木부	12획	가로 횡	橫斷(횡단)	橫隊(횡대)
孝	子부	4획	효도 효	孝道(효도)	孝子(효자)
效	攴(攵)부	6획	효험 효	效果(효과)	效驗(효험)
曉	日부	12획	새벽 효	曉星(효성)	曉鐘(효종)
侯	人(亻)부	7획	제후 후	侯爵(후작)	王侯(왕후)
候	人(亻)부	8획	기후 후	氣候(기후)	候補(후보)
厚	厂부	7획	두터울 후	厚德(후덕)	厚意(후의)
喉	口부	9획	목구멍 후	喉頭(후두)	咽喉(인후)
後	彳부	6획	뒤 후	後進(후진)	後輩(후배)
后	口부	3획	임금 후	后妃(후비)	太后(태후)
訓	言부	3획	가르칠 훈	訓育(훈육)	訓戒(훈계)
勳	力부	14획	공 훈	勳功(훈공)	勳章(훈장)
熏	火(灬)부	10획	연기낄 훈	熏劑(훈제)	熏蒸(훈증)
壎	土부	14획	질나팔 훈	角壎(각훈)	壎
薰	艸(艹)부	14획	향풀 훈	薰	

毀	부수 : 殳부 획수 : 9획	毀			揮	부수 : 手(扌)부 획수 : 9획	揮	
헐 훼		毀損(훼손)	毀傷(훼상)		휘두를 휘		揮發(휘발)	發揮(발휘)
輝	부수 : 車부 획수 : 8획	輝			徽	부수 : 彳부 획수 : 14획	徽	
빛날 휘		輝煌(휘황)	光輝(광휘)		아름다울 휘		徽琴(휘금)	徽章(휘장)
休	부수 : 人(亻)부 획수 : 4획	休			携	부수 : 手(扌)부 획수 : 10획	携	
쉴 휴		休暇(휴가)	休息(휴식)		끌 휴, 가질 휴		携帶(휴대)	提携(제휴)
烋	부수 : 火(灬)부 획수 : 6획	烋			凶	부수 : 凵부 획수 : 2획	凶	
경사로울 휴/거들거릴 효		烋			흉할 흉		凶年(흉년)	凶作(흉작)
胸	부수 : 肉(月)부 획수 : 6획	胸			匈	부수 : 勹부 획수 : 4획	匈	
가슴 흉		胸部(흉부)	胸中(흉중)		오랑캐 흉		匈奴(흉노)	匈
黑	제부수글자	黑			欽	부수 : 欠부 획수 : 8획	欽	
검을 흑		黑點(흑점)	暗黑(암흑)		공경할 흠		欽慕(흠모)	欽定(흠정)
吸	부수 : 口부 획수 : 4획	吸			興	부수 : 臼부 획수 : 9획	興	
마실 흡		吸收(흡수)	吸血(흡혈)		흥할 흥		興味(흥미)	興行(흥행)
喜	부수 : 口부 획수 : 9획	喜			噫	부수 : 口부 획수 : 13획	噫	
기쁠 희		喜悲(희비)	喜悅(희열)		탄식할 희		噫嗚(희오)	噫
希	부수 : 巾부 획수 : 4획	希			戲	부수 : 戈부 획수 : 11획	戲	
바랄 희		希求(희구)	希望(희망)		놀 희		戲의 俗字	戲談(희담)

熙	부수 : 火(灬)부 획수 : 9획			稀	부수 : 禾부 획수 : 7획		
빛날 희	熙			드물 희	稀貴(희귀)	稀有(희유)	
姬	부수 : 女부 획수 : 6획			嬉	부수 : 女부 획수 : 12획		
성 희	舞姬(무희)	美姬(미희)		즐길 희	嬉		
熹	부수 : 火(灬)부 획수 : 12획			憙	부수 : 心부 획수 : 12획		
성할 희	熹			기뻐할 희	憙		
禧	부수 : 示부 획수 : 12획			羲	부수 : 羊부 획수 : 10획		
복 희	禧年(희년)	禧		숨 희	羲		
冀	부수 : 八부 획수 : 14획			岐	부수 : 山부 획수 : 4획		
바랄 기	冀圖(기도)	冀望(기망)		갈림길 기	岐路(기로)	岐潁(기영)	
淇	부수 : 水(氵)부 획수 : 8획			琦	부수 : 玉(王)부 획수 : 8획		
강이름 기	淇			옥이름 기, 훌륭할 기	琦珍(기진)	奇行(기행)	
塗	부수 : 土부 획수 : 10획			樑	부수 : 木부 획수 : 11		
진흙 도, 칠할 도	塗炭(도탄)	塗料(도료)		들보 량(양)	樑		
漣	부수 : 水(氵) 획수 : 11획			俛	부수 : 人(亻)부 획수 : 7획		
물놀이 연(련)	漣落(연락)	漣如(연여)		힘쓸 면, 구푸릴 부	俛仰(면앙)	俛焉(면언)	
穆	부수 : 禾부 획수 : 11획			預	부수 : 頁부 획수 : 4획		
화목할 목	穆然(목연)	淸穆(청목)		미리 예	預慮(예려)	預知(예지)	

• 한 字가 둘 이상의 音을 가진 漢字

한 자	음과 뜻		용 례	한 자	음과 뜻		용 례
降	내릴	강	降雨(강우)　昇降(승강)	更	다시	갱	更生(갱생)　更年期(갱년기)
	항복할	항	降伏(항복)　投降(투항)		고칠	경	更張(경장)　更迭(경질)
車	수레	거	自轉車(자전거)	見	볼	견	見學(견학)　見解(견해)
	수레	차	汽車(기차)　車輛(차량)		드러날	현	謁見(알현)　見糧(현량)
契	맺을	계	契約(계약)　契機(계기)	金	쇠	금	金石(금석)　金額(금액)
	나라이름	글	契丹(글단)		성	김	金君(김군)
句	글귀	귀	句節(귀절)	龜	거북	귀	龜鑑(귀감)　龜甲(귀갑)
	글귀	구	字句(자구)		터질	균	龜裂(균열)
奈	어찌	나	奈落(나락)	拈	집을	념	拈華微笑(염화미소)
	어찌	내	奈何(내하)		집을	점	拈香(점향)
茶	차	다	茶菓(다과)　茶房(다방)	湛	깊을	담	湛湛(담담)　湛恩(담은)
	차	차	茶禮(차례)		잠길	침	湛溺(침닉)
糖	엿	당	糖尿(당뇨)　麥芽糖(맥아당)	度	법도	도	度量(도량)　度數(도수)
	사탕	탕	砂糖(사탕)　雪糖(설탕)		헤아릴	탁	忖度(촌탁)　度地(탁지)
讀	읽을	독	讀書(독서)　讀經(독경)	洞	마을	동	洞里(동리)　洞窟(동굴)
	구절	두	句讀法(구두법)		통할	통	洞察(통찰)　洞燭(통촉)
屯	모일	둔	屯營(둔영)　屯田(둔전)	樂	즐길	락	樂園(낙원)　娛樂(오락)
	어려울	준	屯險(준험)		풍류	악	樂曲(악곡)　樂章(악장)
					좋아할	요	樂山樂水(요산요수)
莫	아닐	막	莫逆(막역)　莫重(막중)	復	회복할	복	復習(복습)　往復(왕복)
	저물	모	莫春(모춘)		다시	부	復活(부활)　復興(부흥)
否	아니	부	否認(부인)　否決(부결)	北	북녘	북	北極(북극)　北緯(북위)
	막힐	비	否運(비운)		달아날	배	敗北(패배)

漢字	訓	音	用例
沸	끓을	비	沸騰(비등)
	용솟음칠	불	沸沸(불불)
射	쏠	사	射擊(사격) 射殺(사살)
	맞출	석	射中(석중)
殺	죽일	살	殺伐(살벌) 殺氣(살기)
	감할	쇄	惱殺(뇌쇄) 相殺(상쇄)
塞	변방	새	要塞(요새)
	막을	색	塞源(색원) 窘塞(군색)
說	말씀	설	說敎(설교) 說明(설명)
	달랠	세	遊說(유세) 說客(세객)
	기쁠	열	不亦說乎(불역열호)
屬	붙을	속	屬國(속국) 屬性(속성)
	부탁할	촉	屬望(촉망) 屬託(촉탁)
隋	수나라	수	隋書(수서)
	떨어질	타	隋游(타유)
宿	잘	숙	宿泊(숙박) 宿題(숙제)
	별	수	星宿(성수)
食	밥	식	食客(식객) 食福(식복)
	먹을	사	簞食壺漿(단사호장)
辰	별	신	生辰(생신) 星辰(성신)
	별	진	辰時(진시) 辰方(진방)
若	같을	약	若此(약차) 若或(약혹)
	땅이름	야	般若(반야)
易	바꿀	역	交易(교역) 貿易(무역)
	쉬울	이	簡易(간이) 容易(용이)
刺	찌를	자	刺戟(자극) 刺客(자객)
	수라	라	水刺(수라)

漢字	訓	音	用例
寺	절	사	寺院(사원) 寺刹(사찰)
	내시	시	奉常寺(봉상시)
邪	간사할	사	邪惡(사악) 邪敎(사교)
	어조사	야	邪揄(야유) 怨邪(원야)
參	석	삼	參拾(삼십)
	참여할	참	參加(참가) 參酌(참작)
索	찾을	색	索引(색인) 思索(사색)
	동아줄	삭	索莫(삭막) 索居(삭거)
省	살필	성	省墓(성묘) 歸省(귀성)
	덜	생	省略(생략)
率	거느릴	솔	率先(솔선) 率直(솔직)
	비율	률	能率(능률) 利率(이률)
數	셀	수	數式(수식) 數次(수차)
	자주	삭	數數(삭삭)
拾	주울	습	拾得(습득) 收拾(수습)
	열	십	參拾(삼십)
識	알	식	識見(식견) 識別(식별)
	기록할	지	標識(표지)
惡	악할	악	惡心(악심) 惡評(악평)
	미워할	오	惡寒(오한) 憎惡(증오)
於	어조사	어	於是乎(어시호)
	탄식	오	於乎(오호)
咽	목구멍	인	咽喉(인후) 咽頭(인두)
	목멜	열	嗚咽(오열)
狀	문서	장	賞狀(상장) 行狀(행장)
	형상	상	狀態(상태) 狀況(상황)

著	나타날	저	著名(저명) 共著(공저)
	붙을	착	著想(착상) 著服(착복)
足	발	족	足跡(족적) 手足(수족)
	과할	주	足恭(주공)
什	세간	집	什器(집기) 什物(집물)
	열	십	什長(십장)
拓	열	척	干拓(간척) 開拓(개척)
	박을	탁	拓本(탁본)
宅	집	택	家宅(가택) 宅地(택지)
	댁	댁	宅內(댁내)
布	펄	포	公布(공포)
	보시	보	布施(보시)
畵	그림	화	畵家(화가) 畵壇(화단)
	그을	획	畵數(획수) 畵順(획순)
活	살	활	活氣(활기) 活動(활동)
	물소리	괄	活活(괄괄)
戲	희롱할	희	戲曲(희곡) 戲弄(희롱)
	탄식할	호	於戲(어호)

切	끊을	절	切開(절개) 切迫(절박)
	모두	체	一切(일체)
則	곧	즉	然則(연즉)
	법	칙	規則(규칙) 法則(법칙)
錯	섞일	착	錯誤(착오) 錯雜(착잡)
	둘	조	錯辭(조사)
沈	잠길	침	沈沒(침몰) 沈默(침묵)
	성	심	沈氏(심씨)
便	편할	편	便紙(편지) 便利(편리)
	오줌	변	便器(변기) 小便(소변)
瀑	폭포	폭	瀑布(폭포) 瀑雨(폭우)
	소나기	포	瀑沫(포말)
廓	클	확	廓大(확대) 廓然(확연)
	둘레	곽	外廓(외곽) 輪廓(윤곽)
噫	탄식할	희	噫嗚(희오)
	트림할	애	噫欠(애흠)

苛斂(가렴)	乖離(괴리)	曇天(담천)	巫覡(무격)
恪別(각별)	魁首(괴수)	踏襲(답습)	毋論(무론)
看做(간주)	攪亂(교란)	遝至(답지)	拇印(무인)
姦慝(간특)	敎唆(교사)	撞着(당착)	彌滿(미만)
間歇(간헐)	儺禮(나례)	對峙(대치)	未洽(미흡)
減殺(감쇄)	懦弱(나약)	島嶼(도서)	撲滅(박멸)
勘案(감안)	內人(나인)	陶冶(도야)	剝奪(박탈)
甘蔗(감자)	裸體(나체)	淘汰(도태)	反駁(반박)
降雨(강우)	拿捕(나포)	瀆職(독직)	半截(반절)
狡猾(교활)	烙印(낙인)	獨擅(독천)	頒布(반포)
交驩(교환)	難澁(난삽)	動悸(동계)	潑剌(발랄)
句讀(구두)	捺印(날인)	冬眠(동면)	拔萃(발췌)
拘礙(구애)	濫觴(남상)	登攀(등반)	拔擢(발탁)
狗吠(구폐)	拉致(납치)	滿腔(만강)	跋扈(발호)
救恤(구휼)	狼藉(낭자)	萬朶(만타)	幇助(방조)
詭辯(궤변)	內帑(내탕)	媒介(매개)	拜謁(배알)
龜鑑(귀감)	內訌(내홍)	罵倒(매도)	背馳(배치)
規矩(규구)	鹿茸(녹용)	魅力(매력)	胚胎(배태)
龜裂(균열)	賂物(뇌물)	邁進(매진)	反田(번전)
琴瑟(금슬)	牢約(뇌약)	驀進(맥진)	範疇(범주)
旗幟(기치)	漏泄(누설)	萌芽(맹아)	兵站(병참)
喫煙(끽연)	訥辯(눌변)	明澄(명징)	菩提(보리)
滑稽(골계)	凜然(늠연)	木瓜(모과)	報酬(보수)
汩沒(골몰)	茶菓(다과)	牧丹(모란)	布施(보시)
誇示(과시)	團欒(단란)	木鐸(목탁)	補塡(보전)
官衙(관아)	簞食(단사)	蒙昧(몽매)	敷衍(부연)
刮目(괄목)	端倪(단예)	杳然(묘연)	分泌(분비)

不朽(불후)	掃灑(소쇄)	囹圄(영어)	沮喪(저상)
沸騰(비등)	騷擾(소요)	誤謬(어류)	詛呪(저주)
飛翔(비상)	贖罪(속죄)	嗚咽(오열)	積阻(적조)
否塞(비색)	殺到(쇄도)	惡寒(오한)	塡充(전충)
匕首(비수)	睡眠(수면)	訛傳(와전)	傳播(전파)
譬喩(비유)	數爻(수효)	渦中(와중)	點睛(점정)
頻數(빈삭)	馴致(순치)	瓦解(와해)	正鵠(정곡)
嚬蹙(빈축)	猜忌(시기)	歪曲(왜곡)	稠密(조밀)
憑藉(빙자)	柴糧(시량)	猥濫(외람)	造詣(조예)
詐欺(사기)	示唆(시사)	窯業(요업)	措置(조치)
些少(사소)	十月(시월)	凹凸(요철)	躊躇(주저)
社稷(사직)	諡號(시호)	聳動(용동)	駐箚(주차)
奢侈(사치)	辛辣(신랄)	容喙(용훼)	蠢動(준동)
索莫(삭막)	迅速(신속)	遊說(유세)	浚渫(준설)
數數(삭삭)	齷齪(악착)	流暢(유창)	櫛比(즐비)
撒布(살포)	軋轢(알력)	隱匿(은닉)	憎惡(증오)
三昧(삼매)	斡旋(알선)	吟味(음미)	支撐(지탱)
芟除(삼제)	謁見(알현)	凝結(응결)	眞摯(진지)
商賈(상고)	哀悼(애도)	罹患(이환)	桎梏(질곡)
相殺(상쇄)	隘路(애로)	溺死(익사)	叱責(질책)
省略(생략)	冶金(야금)	湮滅(인멸)	斟酌(짐작)
逝去(서거)	惹起(야기)	一括(일괄)	執拗(집요)
棲息(서식)	惹鬧(야료)	一切(일체)	斬新(참신)
先塋(선영)	掠奪(약탈)	孕胎(잉태)	懺悔(참회)
星宿(성수)	濾過(여과)	孜孜(자자)	擅斷(천단)
洗滌(세척)	役割(역할)	藉藉(자자)	闡明(천명)
遡及(소급)	恬然(염연)	綽綽(작작)	喘息(천식)
塑像(소상)	厭惡(염오)	箴言(잠언)	穿鑿(천착)
甦生(소생)	領袖(영수)	這間(저간)	鐵槌(철퇴)

尖端(첨단)　　推敲(퇴고)　　虐政(학정)　　忽然(홀연)
涕泣(체읍)　　派遣(파견)　　汗衫(한삼)　　花瓣(화판)
憔悴(초췌)　　破綻(파탄)　　割引(할인)　　廓然(확연)
忖度(촌탁)　　辦得(판득)　　陝川(합천)　　滑走(활주)
撮影(촬영)　　稗官(패관)　　行列(항렬)　　恍惚(황홀)
追悼(추도)　　霸權(패권)　　肛門(항문)　　賄賂(회뢰)
醜態(추태)　　敗北(패배)　　降伏(항복)　　灰燼(회신)
秋毫(추호)　　沛然(패연)　　降將(항장)　　膾炙(회자)
贅言(췌언)　　膨脹(팽창)　　偕老(해로)　　橫暴(횡포)
衷心(충심)　　平坦(평탄)　　楷書(해서)　　嚆矢(효시)
熾烈(치열)　　閉塞(폐색)　　解弛(해이)　　嗅覺(후각)
蟄居(칩거)　　褒賞(포상)　　諧謔(해학)　　薨去(훙거)
稱頌(칭송)　　暴惡(포악)　　享樂(향락)　　毀損(훼손)
綻露(탄로)　　捕捉(포착)　　絢爛(현란)　　麾下(휘하)
彈劾(탄핵)　　輻輳(폭주)　　孑孑(혈혈)　　恤兵(휼병)
耽讀(탐독)　　標識(표지)　　嫌惡(혐오)　　欣快(흔쾌)
攄得(터득)　　分錢(분전)　　荊棘(형극)　　屹然(흘연)
慟哭(통곡)　　風靡(풍미)　　豪宕(호탕)　　恰似(흡사)
洞察(통찰)　　跛立(피립)　　渾然(혼연)　　洽足(흡족)

한자어독음

1

다음 漢字語의 讀音을 쓰시오.

① 敦篤 ( )	② 膠着 ( )	③ 慙愧 ( )
④ 降伏 ( )	⑤ 牽引 ( )	⑥ 派遣 ( )
⑦ 畢竟 ( )	⑧ 瓊團 ( )	⑨ 破瓜 ( )
⑩ 掛圖 ( )	⑪ 技巧 ( )	⑫ 購買 ( )
⑬ 龜浦 ( )	⑭ 厥女 ( )	⑮ 糾彈 ( )
⑯ 筋力 ( )	⑰ 肯定 ( )	⑱ 冀願 ( )
⑲ 沂水 ( )	⑳ 洗濯 ( )	㉑ 董督 ( )
㉒ 困難 ( )	㉓ 會寧 ( )	㉔ 皐陶 ( )
㉕ 遞減 ( )	㉖ 哀悼 ( )	㉗ 孫圣 ( )
㉘ 誤謬 ( )	㉙ 楞嚴經 ( )	㉚ 魅了 ( )
㉛ 埋沒 ( )	㉜ 濊貊 ( )	㉝ 木覓山 ( )
㉞ 侮蔑 ( )	㉟ 茅屋 ( )	㊱ 彌滿 ( )
㊲ 賠償 ( )	㊳ 馥郁 ( )	㊴ 示唆 ( )
㊵ 卑劣 ( )	㊶ 陝西省 ( )	㊷ 項鎖 ( )
㊸ 播遷 ( )	㊹ 扈從 ( )	㊺ 欽仰 ( )

답

① 돈독(도타울 敦, 도타울 篤)　② 교착(아교 膠, 붙을 着)　③ 참괴(부끄러울 慙, 부끄러워할 愧)　④ 항복(항복할 降, 엎드릴 伏)　⑤ 견인(끌 牽, 끌 引)　⑥ 파견(물갈래 派, 보낼 遣)　⑦ 필경(마칠 畢, 지경 竟)　⑧ 경단(옥 瓊, 둥글 團)　⑨ 파과(깨뜨릴 破, 오이 瓜)　⑩ 괘도(걸 掛, 그림 圖)　⑪ 기교(재주 技, 공교로울 巧)　⑫ 구매(살 購, 살 買)　⑬ 구포(거북(나라이름) 龜, 물가 浦)　⑭ 궐녀(그 厥, 여자 女)　⑮ 규탄(꼴 糾, 탄알 彈)　⑯ 근력(힘줄 筋, 힘 力)　⑰ 긍정(긍정할 肯, 정할 定)　⑱ 기원(바랄 冀, 바랄 願)　⑲ 기수(강이름 沂, 물 水)　⑳ 세탁(씻을 洗, 씻을 濯)　㉑ 동독(감독할 董, 살필 督)　㉒ 곤란(괴로울 困, 어려울 難)　㉓ 회령(모일 會, 편안할 寧)　㉔ 고도(부를 皐, 질그릇 陶)　㉕ 체감(번갈아 遞, 덜 減)　㉖ 애도(슬플 哀, 슬퍼할 悼)　㉗ 손돌(손자 孫, 이름 圣)　㉘ 오류(그릇할 誤, 그릇될 謬)　㉙ 능엄경(모 楞, 엄할 嚴, 경서 經)　㉚ 매료(도깨비 魅, 마칠 了)　㉛ 매몰(묻을 埋, 가라앉을 沒)　㉜ 예맥(깊을 濊, 북망민족 貊)　㉝ 목멱산(나무 木, 찾을 覓, 뫼 山)　㉞ 모멸(업신여길 侮, 업신여길 蔑)　㉟ 모옥(띠 茅, 집 屋)　㊱ 미만(두루 彌, 찰 滿)　㊲ 배상(물어줄 賠, 갚을 償)　㊳ 복욱(향기 馥, 성할 郁)　㊴ 시사(보일 示, 부추길 唆)　㊵ 비열(낮을 卑, 못할 劣)　㊶ 섬서성(고을이름

陜, 서녘 西, 살필 省)   ㊷ 항쇄(목 項, 쇄사슬 鎖)   ㊸ 파천(뿌릴 播, 옮길 遷)   ㊹ 호종(뒤따를 扈, 쫓을 從)   ㊺ 흠앙(공경할 欽, 우러를 仰)

2

다음 漢字語의 讀音을 쓰시오.

① 措處 ( )	② 鬱蒼 ( )	③ 魅惑 ( )
④ 善隣 ( )	⑤ 鵬鳥 ( )	⑥ 鷄鳴 ( )
⑦ 徽章 ( )	⑧ 握手 ( )	⑨ 麒麟 ( )
⑩ 放尿 ( )	⑪ 竊盜 ( )	⑫ 渤海 ( )
⑬ 蘭臺 ( )	⑭ 戴冠 ( )	⑮ 絹紗 ( )
⑯ 纖細 ( )	⑰ 濕氣 ( )	⑱ 溺死 ( )
⑲ 假裝 ( )	⑳ 激勵 ( )	㉑ 山脈 ( )
㉒ 攝政 ( )	㉓ 感慨 ( )	㉔ 貊族 ( )
㉕ 臟器 ( )	㉖ 祭壇 ( )	㉗ 涉獵 ( )
㉘ 滿潮 ( )	㉙ 納徵 ( )	㉚ 拙速 ( )
㉛ 瀋陽 ( )	㉜ 積城 ( )	㉝ 水晶 ( )
㉞ 液體 ( )	㉟ 東軒 ( )	㊱ 驪州 ( )
㊲ 靜肅 ( )	㊳ 肺癌 ( )	㊴ 鑄造 ( )
㊵ 遵守 ( )	㊶ 憎惡 ( )	㊷ 誇張 ( )
㊸ 李滉 ( )	㊹ 擊鼓 ( )	㊺ 蟾津江 ( )

답

① 조처(둘 措, 살 處) ② 울창(우거질 鬱, 푸를 蒼) ③ 매혹(도깨비 魅, 미혹할 惑) ④ 선린(착할 善, 이웃 隣) ⑤ 붕조(대붕조 鵬, 새 鳥) ⑥ 계명(닭 鷄, 울 鳴) ⑦ 휘장(아름다울 徽, 글 章) ⑧ 악수(쥘 握, 손 手) ⑨ 기린(기린 麒, 기린 麟) ⑩ 방뇨(놓을 放, 오줌 尿) ⑪ 절도(훔칠 竊, 훔칠 盜) ⑫ 발해(바다이름 渤, 바다 海) ⑬ 난대(따뜻할 暖, 띠 帶) ⑭ 대관(머리에일 戴, 갓 冠) ⑮ 견사(명주 絹, 실 絲) ⑯ 섬세(가늘 纖, 가늘 細) ⑰ 습기(축축할 濕, 기운 氣) ⑱ 익사(빠질 溺, 죽을 死) ⑲ 가장(거짓 假, 꾸밀 裝) ⑳ 격려(격할 激, 힘쓸 勵) ㉑ 산맥(뫼 山, 맥 脈) ㉒ 섭정(당길 攝, 정사 政) ㉓ 감개(느낄 感, 분개할 慨) ㉔ 맥족(북방민족 貊, 겨레 族) ㉕ 장기(오장 臟, 그릇 器) ㉖ 제단(제사 祭, 단 壇) ㉗ 섭렵(건널 涉, 사냥 獵) ㉘ 만조(찰 滿, 조수 潮) ㉙ 납징(받칠 納, 부를(거둘) 徵) ㉚ 졸속(서투를 拙, 빠를 速) ㉛ 심양(강이름 瀋, 볕 陽) ㉜ 적성(쌓을 積, 성 城) ㉝ 수정(물 水, 밝을(투명할) 晶) ㉞ 액체(진 液, 몸 體) ㉟ 동헌(동녘 東, 추녀 軒) ㊱ 여주(검을 驪, 고을 州) ㊲ 정숙(고요할 靜, 엄숙할 肅) ㊳ 폐암(허파 肺, 암 癌) ㊴ 주조(쇠부어만들 鑄, 만들 造) ㊵ 준수(좇을 遵, 지킬 守) ㊶ 증오(미워할 憎, 미워할 惡) ㊷ 과장(과장할 誇, 베풀 張) ㊸ 이황(오얏 李, 깊고 넓을 滉) ㊹ 격고(부딪칠 擊, 북 鼓) ㊺ 섬진강(두꺼비 蟾, 나루 津, 강 江)

3

다음 漢字語의 讀音을 쓰시오.

① 侮辱 ( )   ② 抑鬱 ( )   ③ 憎惡 ( )

④ 虐待 (   )　　⑤ 比率 (   )　　⑥ 渴症 (   )
⑦ 殺到 (   )　　⑧ 布施 (   )　　⑨ 糖尿 (   )
⑩ 腎臟 (   )　　⑪ 槿域 (   )　　⑫ 燕岐君 (   )
⑬ 醴泉 (   )　　⑭ 曲阜 (   )　　⑮ 睿宗 (   )
⑯ 蔚山 (   )　　⑰ 旌善 (   )　　⑱ 陜川 (   )
⑲ 淮陽 (   )　　⑳ 李滉 (   )　　㉑ 魅惑 (   )
㉒ 殉職 (   )　　㉓ 謁見 (   )　　㉔ 醉客 (   )
㉕ 陷落 (   )　　㉖ 膽石 (   )　　㉗ 蠶室 (   )
㉘ 鑄物 (   )　　㉙ 覇王 (   )　　㉚ 酷毒 (   )
㉛ 麒麟 (   )　　㉜ 臺灣 (   )　　㉝ 關鍵 (   )
㉞ 薰陶 (   )　　㉟ 姙婦 (   )　　㊱ 潔白 (   )
㊲ 融資 (   )　　㊳ 肝癌 (   )　　㊴ 閱覽 (   )
㊵ 惹起 (   )　　㊶ 可憐 (   )　　㊷ 拘碍 (   )
㊸ 颱風 (   )　　㊹ 洗濯 (   )　　㊺ 竊盜 (   )

답

① 모욕(업신여길 侮, 욕되게할 辱)　② 억울(누를 抑, 막힐 鬱)　③ 증오(미워할 憎, 미워할 惡)　④ 학대(사나울 虐, 대할 待)　⑤ 비율(견줄 比, 비율 率)　⑥ 갈증(목마를 渴, 증세 症)　⑦ 쇄도(빠를 殺, 이를 到)　⑧ 보시(베 布, 베풀 施)　⑨ 당뇨(사탕 糖, 오줌 尿)　⑩ 신장(콩팥 腎, 오장 臟)　⑪ 근역(무궁화나무 槿, 지경 域)　⑫ 연기군(제비 燕, 갈림길 岐, 고을 郡)　⑬ 예천(단술 醴, 샘 泉)　⑭ 곡부(굽을 曲, 언덕 阜)　⑮ 예종(깊고밝을 睿, 마루 宗)　⑯ 울산(풀이름 蔚, 뫼 山)　⑰ 정선(기 旌, 착할 善)　⑱ 합천(땅이름 陜, 내 川)　⑲ 회양(강이름 淮, 볕 陽)　⑳ 이황(오얏 李, 깊고넓을 滉)　㉑ 매혹(도깨비 魅, 미혹할 惑)　㉒ 순직(따라죽을 殉, 직업 職)　㉓ 알현(아뢸 謁, 볼 見)　㉔ 취객(취할 醉, 손님 客)　㉕ 함락(빠질 陷, 떨어질 落)　㉖ 담석(쓸개 膽, 돌 石)　㉗ 잠실(누에 蠶, 집 室)　㉘ 주물(쇠부어만들 鑄, 만물 物)　㉙ 패왕(으뜸 覇, 임금 王)　㉚ 혹독(독할 酷, 독 毒)　㉛ 기린(기린 麒, 기린 麟)　㉜ 대만(대 臺, 물굽이 灣)　㉝ 관건(빗장 關, 열쇠 鍵)　㉞ 훈도(향기 薰, 질그릇 陶)　㉟ 임부(아이밸 姙, 부인 婦)　㊱ 결백(깨끗할 潔, 흰 白)　㊲ 융자(화할(녹일) 融, 재물 資)　㊳ 간암(간 肝, 암 癌)　㊴ 열람(검열할 閱, 볼 覽)　㊵ 야기(이끌 惹, 일어날 起)　㊶ 가련(옳을(가히) 可, 불쌍히 여길 憐)　㊷ 구애(잡을 拘, 꺼리낄 碍)　㊸ 태풍(태풍 颱, 바람 風)　㊹ 세탁(씻을 洗, 씻을 濯)　㊺ 절도(훔칠 竊, 훔칠 盜)

4

다음 漢字語의 讀音을 쓰시오.

① 慙愧 (   )　　② 絞殺 (   )　　③ 禁獵 (   )
④ 暴惡 (   )　　⑤ 膽寫 (   )　　⑥ 紛糾 (   )
⑦ 嫌疑 (   )　　⑧ 需要 (   )　　⑨ 輸送 (   )
⑩ 添削 (   )　　⑪ 纖細 (   )　　⑫ 購買 (   )
⑬ 示唆 (   )　　⑭ 謁見 (   )　　⑮ 太傅 (   )

⑯ 厭症　（　　　）　　　⑰ 艮峴　（　　　）　　　⑱ 沂水　（　　　）

⑲ 淮陽　（　　　）　　　⑳ 陝西　（　　　）　　　㉑ 葛藤　（　　　）

㉒ 阿膠　（　　　）　　　㉓ 雇傭　（　　　）　　　㉔ 軌跡　（　　　）

㉕ 腎臟　（　　　）　　　㉖ 祥瑞　（　　　）　　　㉗ 拉致　（　　　）

㉘ 尼僧　（　　　）　　　㉙ 奏請　（　　　）　　　㉚ 昇天　（　　　）

㉛ 跳躍　（　　　）　　　㉜ 障碍　（　　　）　　　㉝ 惹起　（　　　）

㉞ 叔行　（　　　）　　　㉟ 頻尿　（　　　）　　　㊱ 飼育　（　　　）

㊲ 赦免　（　　　）　　　㊳ 沐浴　（　　　）　　　㊴ 紊亂　（　　　）

㊵ 迷妄　（　　　）　　　㊶ 推戴　（　　　）　　　㊷ 蔑視　（　　　）

㊸ 祿俸　（　　　）　　　㊹ 抱擁　（　　　）　　　㊺ 懲毖錄　（　　　）

답

① 참괴(부끄러울 慙, 부끄러워할 愧)　② 교살(목맬 絞, 죽일 殺)　③ 금렵(금할 禁, 사냥할 獵)　④ 포악(사나울 暴, 악할 惡)　⑤ 등사(베낄 謄, 베낄 寫)　⑥ 분규(어지러워질 紛, 꼴 糾)　⑦ 혐의(싫어할 嫌, 의심할 疑)　⑧ 수요(구할 需, 구할 要)　⑨ 수송(나를 輸, 보낼 送)　⑩ 첨삭(더할 添, 깍을 削)　⑪ 섬세(가늘 纖, 가늘 細)　⑫ 구매(살 購, 살 買)　⑬ 시사(보일 示, 부추길 唆)　⑭ 알현(아뢸 謁, 볼 見)　⑮ 태부(클 太, 스승 傅)　⑯ 염증(싫을 厭, 증세 症)　⑰ 간현(어긋날 艮, 고개 峴)　⑱ 기수(강이름 沂, 물 水)　⑲ 회양(강이름 淮, 볕 陽)　⑳ 섬서(고을이름 陝, 서녘 西)　㉑ 갈등(칡 葛, 등나무 藤)　㉒ 아교(언덕 阿, 아교 膠)　㉓ 고용(품살 雇, 품팔이할 傭)　㉔ 궤적(궤도 軌, 자취 跡)　㉕ 신장(콩팥 腎, 오장 臟)　㉖ 상서(상서로울 祥, 상서 瑞)　㉗ 납치(꺾을 拉, 보낼 致)　㉘ 니승(여승 尼, 승려 僧)　㉙ 주청(아뢸 奏, 청할 請)　㉚ 승천(오를 昇, 하늘 天)　㉛ 도약(뛸 跳, 뛸 躍)　㉜ 장애(가로막을 障, 꺼리낄 碍)　㉝ 야기(이끌 惹, 일어날 起)　㉞ 숙항(아재비 叔, 항렬 行)　㉟ 빈뇨(자주 頻, 오줌 尿)　㊱ 사육(먹일 飼, 기를 育)　㊲ 사면(용서할 赦, 면할 免)　㊳ 목욕(머리감을 沐, 목욕할 浴)　㊴ 문란(어지러울 紊, 어지러울 亂)　㊵ 미망(미혹할 迷, 허망할 妄)　㊶ 추대(옮길 推, 머리에일 戴)　㊷ 멸시(업신여길 蔑, 볼 視)　㊸ 녹봉(복 祿, 녹 俸)　㊹ 포옹(안을 抱, 안을 擁)　㊺ 징비록(혼날 懲, 삼갈 毖, 기록할 錄)

5

다음 문장에서 축약된 漢字語(줄임말)를 하나만 찾아 그 原語를 쓰시오.

---

　　①건교부의 이번 ②조사 결과는 그린벨트를 대폭적으로 ③해제하는 것이 명분상 說得力이 약함을 ④대변해 주고 있다. 그린벨트 지정 이후 ⑤절반에 가까운 토지가 외지인 소유로 바뀌었다는 것은 이들이 언젠가는 개발제한 해제로 땅값이 치솟을 것이란 ⑥기대 하에 ⑦투기를 한 것으로 볼 수 있으며, 따라서 이들 토지에 대한 ⑧규제 완화는 곧 투기 ⑨조장으로 ⑩연결될 可能性이 높다. 역대 정권이 27년 간 온갖 고충과 問題點에도 불구하고 이들 지역을 서울 등 大都市의 허파로 보존해 온 노력과 ⑪비교해 볼 때 어떤 것이 정책적 배려의 대상이 돼야 하는 지는 ⑫자명하다.

답

① 建交部(건교부) → 建設交通部(건설교통부)

다음 漢字語의 讀音을 쓰시오.

① 葛藤 ( )	② 揭載 ( )	③ 落款 ( )
④ 賠償 ( )	⑤ 侮蔑 ( )	⑥ 旌旗 ( )
⑦ 凝固 ( )	⑧ 勉勵 ( )	⑨ 紊亂 ( )
⑩ 搜査 ( )	⑪ 殖産 ( )	⑫ 攝政 ( )
⑬ 雇傭 ( )	⑭ 惹起 ( )	⑮ 診療 ( )
⑯ 編輯 ( )	⑰ 把握 ( )	⑱ 抛棄 ( )
⑲ 逮捕 ( )	⑳ 尖銳 ( )	㉑ 脫帽 ( )
㉒ 措置 ( )	㉓ 衣鉢 ( )	㉔ 涉獵 ( )
㉕ 阿膠 ( )	㉖ 溺死 ( )	㉗ 謁見 ( )
㉘ 布施 ( )	㉙ 暴惡 ( )	㉚ 殺到 ( )
㉛ 星宿 ( )	㉜ 叔行 ( )	㉝ 巢窟 ( )
㉞ 謄寫 ( )	㉟ 明哲 ( )	㊱ 奏請 ( )
㊲ 懲毖錄 ( )	㊳ 陝西省 ( )	㊴ 度支部 ( )
㊵ 淮南子 ( )	㊶ 騷人墨客 ( )	㊷ 宗廟社稷 ( )
㊸ 泥田鬪狗 ( )	㊹ 道聽塗說 ( )	㊺ 般若心經 ( )

답

① 갈등(칡(넝쿨) 葛, 등나무 藤) ② 게재(들 揭, 실을 載) ③ 낙관(떨어질 落, 정성 款) ④ 배상(물어줄 賠, 보상 償) ⑤ 모멸(업신여길 侮, 업신여길 蔑) ⑥ 정기(기 旌, 기 旗) ⑦ 응고(엉길 凝, 굳을 固) ⑧ 면려(힘쓸 勉, 힘쓸 勵) ⑨ 문란(어지러울 紊, 어지러울 亂) ⑩ 수사(찾을 搜, 조사할 査) ⑪ 식산(번성할 殖, 낳을 産) ⑫ 섭정(당길 攝, 정사 政) ⑬ 고용(품살 雇, 품팔이 傭) ⑭ 야기(이끌 惹, 일어날 起) ⑮ 진료(볼 診, 병고칠 療) ⑯ 편집(엮을 編, 모을 輯) ⑰ 파악(잡을 把, 쥘 握) ⑱ 포기(던질 抛, 버릴 棄) ⑲ 체포(이를 逮, 사로잡을 捕) ⑳ 첨예(뾰족할 尖, 날카로울 銳) ㉑ 탈모(벗을 脫, 모자 帽) ㉒ 조치(둘 措, 둘 置) ㉓ 의발(옷 衣, 바리떼 鉢) ㉔ 섭렵(건널 涉, 사냥할 獵) ㉕ 아교(언덕 阿, 아교 膠) ㉖ 익사(빠질 溺, 죽을 死) ㉗ 알현(아뢸 謁, 볼 見) ㉘ 보시(베 布, 베풀 施) ㉙ 포악(사나울 暴, 악할 惡) ㉚ 쇄도(빠를 殺, 이를 到) ㉛ 성숙(별 星, 잘 宿) ㉜ 숙항(아재비 叔, 항렬 行) ㉝ 소굴(집 巢, 굴 窟) ㉞ 등사(베낄 謄, 베낄 寫) ㉟ 명철(밝을 明, 밝을 哲) ㊱ 주청(아뢸 奏, 청할 請) ㊲ 징비록(혼날 懲, 삼갈 毖, 기록할 錄) ㊳ 섬서성(고을이름 陝, 서녘 西, 살필 省) ㊴ 탁지부(헤아릴 度, 지탱할 支, 거느릴 部) ㊵ 회남자(강이름 淮, 남녘 南, 아들 子) ㊶ 소인묵객(떠들 騷, 사람 人, 먹 墨, 손님 客) ㊷ 종묘사직(마루 宗, 사당 廟, 토지신 社, 기장 稷) ㊸ 이전투구(진흙 泥, 밭 田, 싸울 鬪, 개 狗) ㊹ 도청도설(길 道, 들을 聽, 진흙 塗, 말씀 說) ㊺ 반약심경(돌 般, 반야 若, 마음 心, 날 經)

7

다음 漢字語의 讀音을 쓰시오.

① 葛藤 ( )	② 遺憾 ( )	③ 抱擁 ( )

④ 牽引 (   )　　　⑤ 鬱寂 (   )　　　⑥ 慙愧 (   )

⑦ 絞殺 (   )　　　⑧ 阿膠 (   )　　　⑨ 購買 (   )

⑩ 纖細 (   )　　　⑪ 紛糾 (   )　　　⑫ 肝膽 (   )

⑬ 哀悼 (   )　　　⑭ 謄寫 (   )　　　⑮ 拉致 (   )

⑯ 狩獵 (   )　　　⑰ 療養 (   )　　　⑱ 誤謬 (   )

⑲ 磨耗 (   )　　　⑳ 匪賊 (   )　　　㉑ 魔鬼 (   )

㉒ 漁網 (   )　　　㉓ 侮辱 (   )　　　㉔ 船舶 (   )

㉕ 運搬 (   )　　　㉖ 紡織 (   )　　　㉗ 窮僻 (   )

㉘ 賠償 (   )　　　㉙ 厭症 (   )　　　㉚ 俳優 (   )

㉛ 祿俸 (   )　　　㉜ 坑儒 (   )　　　㉝ 示唆 (   )

㉞ 雇傭 (   )　　　㉟ 祥瑞 (   )　　　㊱ 營繕 (   )

㊲ 軌跡 (   )　　　㊳ 紹介 (   )　　　㊴ 菜蔬 (   )

㊵ 搜索 (   )　　　㊶ 腎臟 (   )　　　㊷ 把握 (   )

㊸ 障碍 (   )　　　㊹ 惹起 (   )　　　㊺ 跳躍 (   )

답

① 갈등(칡 葛, 등나무 藤)　② 유감(끼칠 遺, 서운해할 憾)　③ 포옹(안을 抱, 안을 擁)　④ 견인(끌 牽, 끌 引)　⑤ 울적(무성할(막힐) 鬱, 조용할 寂)　⑥ 참괴(부끄러울 慙, 부끄러워할 愧)　⑦ 교살(목맬 絞, 죽일 殺)　⑧ 아교(언덕 阿, 아교 膠)　⑨ 구매(살 購, 살 買)　⑩ 섬세(가늘 纖, 가늘 細)　⑪ 분규(어지러워질 紛, 꼴 糾)　⑫ 간담(간 肝, 쓸개 膽)　⑬ 애도(슬플 哀, 슬퍼할 悼)　⑭ 등사(베낄 謄, 베낄 寫)　⑮ 납치(데려갈 拉, 이를 致)　⑯ 수렵(사냥 狩, 사냥 獵)　⑰ 요양(병고칠 療, 기를 養)　⑱ 오류(그릇할 誤, 그릇될 謬)　⑲ 마모(갈 磨, 줄어들 耗)　⑳ 비적(큰상자 匪, 도둑 賊)　㉑ 마귀(마귀 魔, 귀신 鬼)　㉒ 어망(고기잡을 漁, 그물 網)　㉓ 모욕(업신여길 侮, 욕되게할 辱)　㉔ 선박(큰배 船, 상선 舶)　㉕ 운반(돌 運, 옮길 搬)　㉖ 방직(실뽑을 紡, 짤 織)　㉗ 궁벽(다할 窮, 후미질 僻)　㉘ 배상(물어줄 賠, 갚을 償)　㉙ 염증(싫을 厭, 증세 症)　㉚ 배우(광대 俳, 넉넉할 優)　㉛ 녹봉(봉 祿, 녹 俸)　㉜ 갱유(구덩이 坑, 선비 儒)　㉝ 시사(보일 示, 부추길 唆)　㉞ 고용(품살 雇, 품팔이 傭)　㉟ 상서(상서로울 祥, 상서 瑞)　㊱ 영선(경영할 營, 깁다(잘할) 繕)　㊲ 궤적(길 軌, 자취 跡)　㊳ 소개(이을(소개할) 紹, 끼일 介)　㊴ 채소(나물 菜, 푸성귀(채소) 蔬)　㊵ 수색(찾을 搜, 찾을 索)　㊶ 신장(콩팥 腎, 오장 臟)　㊷ 파악(잡을 把, 쥘 握)　㊸ 장애(가로막을 障, 꺼리길 碍)　㊹ 야기(이끌 惹, 일어날 起)　㊺ 도약(뛸 跳, 뛸 躍)

8

두 가지로 읽히는, 다음 漢字의 讀音을 쓰시오.

① 刺客(자객) － 刺殺 (   )　　　② 說敎(설교) － 遊說 (   )

③ 知識(지식) － 標識 (   )　　　④ 變更(변경) － 更生 (   )

⑤ 公布(공포) － 布施 (   )　　　⑥ 萬若(만약) － 般若經 (   )

답

① 척살(刺：찌를 자, 찌를 척)　② 유세(說：달랠 세, 말씀 설)　③ 표지(識：알 식, 알 지)　④ 갱생(更：다시 경, 다시 갱)　⑤ 보시(布：베 포, 베 보)　⑥ 반야경(若：같을 약, 같을 야)

9

다음 漢字의 訓과 音을 쓰시오.

① 艮 ( )	② 携 ( )	③ 馨 ( )
④ 珥 ( )	⑤ 庾 ( )	⑥ 甕 ( )
⑦ 艾 ( )	⑧ 晳 ( )	⑨ 亮 ( )
⑩ 耆 ( )	⑪ 疆 ( )	⑫ 憾 ( )
⑬ 穀 ( )	⑭ 戈 ( )	⑮ 揮 ( )
⑯ 句 ( )	⑰ 耐 ( )	⑱ 陵 ( )
⑲ 患 ( )	⑳ 苟 ( )	㉑ 把 ( )
㉒ 只 ( )	㉓ 租 ( )	㉔ 翰 ( )
㉕ 菌 ( )	㉖ 泥 ( )	㉗ 訟 ( )

답

① 어긋날 간(제부수글자) ② 끌 휴(手(扌), 10획) ③ 꽃다울 형(香, 11획) ④ 귀고리 이(玉(王), 6획) ⑤ 곳집 유(广, 9획) ⑥ 독 옹(瓦, 13획) ⑦ 쑥 애(艸(艹), 2획) ⑧ 밝을 석(日, 8획) ⑨ 밝을 량(亠, 7획) ⑩ 늙을 기(老, 4획) ⑪ 굳셀 강(田, 14획) ⑫ 섭섭할 감(心(忄), 13획) ⑬ 곡식 곡(禾, 10획) ⑭ 창 과(제부수글자) ⑮ 휘두를 휘(手(扌), 9획) ⑯ 글귀 구(口, 2획) ⑰ 견딜 내(而, 3획) ⑱ 언덕 릉(阜(阝), 8획) ⑲ 근심 환(心, 7획) ⑳ 구차할 구(艸(艹), 5획) ㉑ 잡을 파(手(扌), 4획) ㉒ 다만 지(口, 2획) ㉓ 조세 조(禾, 5획) ㉔ 편지 한(羽, 7획) ㉕ 버섯 균(艸(艹), 8획) ㉖ 진흙 니(水(氵), 5획) ㉗ 송사할 송(言, 4획)

10

다음 漢字의 訓과 音을 쓰시오.

① 桑 ( )	② 節 ( )	③ 績 ( )
④ 麗 ( )	⑤ 哭 ( )	⑥ 拍 ( )
⑦ 蜜 ( )	⑧ 聰 ( )	⑨ 鮮 ( )
⑩ 頌 ( )	⑪ 誰 ( )	⑫ 暫 ( )
⑬ 蝶 ( )	⑭ 第 ( )	⑮ 贈 ( )
⑯ 俊 ( )	⑰ 摘 ( )	⑱ 接 ( )
⑲ 衛 ( )	⑳ 雌 ( )	㉑ 殘 ( )
㉒ 怒 ( )	㉓ 損 ( )	㉔ 盤 ( )
㉕ 辨 ( )	㉖ 祥 ( )	㉗ 審 ( )

답

① 뽕나무 상(木, 6획) ② 마디 절(竹, 9획) ③ 길쌈 적(糸, 11획) ④ 고울 려(鹿, 8획) ⑤ 울 곡(口, 7획) ⑥ 칠 박(手(扌), 5획) ⑦ 꿀 밀(虫, 8획) ⑧ 귀밝을 총(耳, 11획) ⑨ 고울 선(魚, 6획) ⑩ 칭송할 송(頁, 4획) ⑪ 누구 수(言, 8획) ⑫ 잠깐 잠(日, 11획) ⑬ 나비 접(虫, 9획) ⑭ 차례 제(竹, 5획) ⑮ 줄 증(貝, 12획) ⑯ 준걸 준(人(亻), 7획) ⑰ 딸 적(手

(扌), 11획)　⑱ 이을 접(手(扌), 8획)　⑲ 지킬 위(行, 10획)　⑳ 암컷 자(隹, 5획)　㉑ 남을 잔(歹, 8획)　㉒ 용서할 노(心, 5획)　㉓ 덜 손(手(扌), 10획)　㉔ 소반 반(皿, 10획)　㉕ 분별할 변(辛, 9획)　㉖ 상서 상(示, 6획)　㉗ 살필 심(宀, 12획)

11

다음 漢字의 訓과 音을 쓰시오.

① 融 (　　　)	② 呈 (　　　)	③ 沮 (　　　)
④ 駐 (　　　)	⑤ 脂 (　　　)	⑥ 逮 (　　　)
⑦ 刹 (　　　)	⑧ 窒 (　　　)	⑨ 軸 (　　　)
⑩ 衷 (　　　)	⑪ 坪 (　　　)	⑫ 把 (　　　)
⑬ 覇 (　　　)	⑭ 抛 (　　　)	⑮ 廻 (　　　)
⑯ 酷 (　　　)	⑰ 輯 (　　　)	⑱ 膽 (　　　)
⑲ 乞 (　　　)	⑳ 繫 (　　　)	㉑ 閱 (　　　)
㉒ 碩 (　　　)	㉓ 誓 (　　　)	㉔ 網 (　　　)
㉕ 隔 (　　　)	㉖ 牽 (　　　)	㉗ 狂 (　　　)

① 녹을 융(虫, 10획)　② 드릴 정(口, 4획)　③ 막을 저(水(氵), 5획)　④ 머무를 주(馬, 5획)　⑤ 기름 지(肉(月), 6획)　⑥ 잡을 체(辵(辶), 8획)　⑦ 절 찰(刀, 6획)　⑧ 막힐 질(穴, 6획)　⑨ 굴대 축(車, 5획)　⑩ 속마음 충(衣, 4획)　⑪ 평수 평(土, 5획)　⑫ 잡을 파(手(扌), 4획)　⑬ 으뜸 패(雨, 13획)　⑭ 던질 포(手(扌), 5획)　⑮ 돌 회(廴, 6획)　⑯ 심할 혹(酉, 7획)　⑰ 모을 집(車, 9획)　⑱ 쓸개 담(肉(月), 13획)　⑲ 빌 걸(乙, 2획)　⑳ 맬 계(糸, 13획)　㉑ 볼 열(門, 7획)　㉒ 클 석(石, 9획)　㉓ 맹세할 서(言, 7획)　㉔ 그물 망(糸, 8획)　㉕ 사이뜰 격(阜(阝), 10획)　㉖ 끌 견(牛, 6획)　㉗ 미칠 광(犬(犭), 4획)

12

다음 漢字의 訓과 音을 쓰시오.

① 乞 (　　　)	② 繫 (　　　)	③ 傀 (　　　)
④ 掘 (　　　)	⑤ 尼 (　　　)	⑥ 膽 (　　　)
⑦ 騰 (　　　)	⑧ 垈 (　　　)	⑨ 僚 (　　　)
⑩ 娩 (　　　)	⑪ 復 (　　　)	⑫ 赦 (　　　)
⑬ 碩 (　　　)	⑭ 腎 (　　　)	⑮ 融 (　　　)
⑯ 呈 (　　　)	⑰ 沮 (　　　)	⑱ 旨 (　　　)
⑲ 駐 (　　　)	⑳ 塵 (　　　)	㉑ 彰 (　　　)
㉒ 滯 (　　　)	㉓ 蹴 (　　　)	㉔ 峽 (　　　)
㉕ 覇 (　　　)		

① 빌 걸(乙, 2획)　② 맬 계(糸, 13획)　③ 허수아비 괴(人(亻), 10획)　④ 팔 굴(手(扌), 8획)　⑤ 여승 니(尸, 2획)　⑥ 쓸개 담(肉(月), 13획)　⑦ 오를 등(馬, 10획)　⑧ 터 대(土, 5획)　⑨ 동료 료(人(亻), 12획)　⑩ 해산할(낳을) 만(女, 7획)　⑪ 회복할 복(다시 부)(彳, 9획)　⑫ 용서할 사(赤, 4획)　⑬ 클 석(石, 9획)　⑭ 콩팥 신(肉(月), 8획)　⑮ 녹을 융(虫, 10획)　⑯ 드릴 정(口, 4획)　⑰ 막을 저(水(氵), 5획)　⑱ 뜻 지(日, 2획)　⑲ 머무를 주(馬, 5획)　⑳ 티끌 진(土, 11획)　㉑ 드러날 창(彡, 11획)　㉒ 막힐 체(水(氵), 11획)　㉓ 찰 축(足, 12획)　㉔ 골짜기 협(山, 7획)　㉕ 으뜸 패 (雨, 13획)

13

다음 漢字의 訓과 音을 쓰시오.

① 尋 (　　)	② 逐 (　　)	③ 旬 (　　)
④ 貪 (　　)	⑤ 卿 (　　)	⑥ 鴻 (　　)
⑦ 況 (　　)	⑧ 愼 (　　)	⑨ 且 (　　)
⑩ 漁 (　　)	⑪ 蜜 (　　)	⑫ 蝶 (　　)
⑬ 兎 (　　)	⑭ 奚 (　　)	⑮ 遷 (　　)
⑯ 悔 (　　)	⑰ 座 (　　)	⑱ 脅 (　　)
⑲ 似 (　　)	⑳ 杯 (　　)	㉑ 旦 (　　)
㉒ 早 (　　)	㉓ 睡 (　　)	㉔ 享 (　　)
㉕ 陰 (　　)	㉖ 睦 (　　)	㉗ 須 (　　)
㉘ 粟 (　　)	㉙ 蓋 (　　)	㉚ 肺 (　　)

① 찾을 심(寸, 9획)　② 쫓을 축(辵(辶), 7획)　③ 열흘 순(日, 2획)　④ 탐할 탐(貝, 4획)　⑤ 벼슬 경(卩, 10획)　⑥ 큰기러기 홍(鳥, 6획)　⑦ 상황 황(水(氵), 5획)　⑧ 삼가할 신(心(忄), 10획)　⑨ 또 차(一, 4획)　⑩ 고기잡을 어(水(氵), 11획)　⑪ 꿀 밀(虫, 8획)　⑫ 나비 접(虫, 9획)　⑬ 토끼 토(儿, 5획)　⑭ 어찌 해(大, 7획)　⑮ 옮길 천(辵(辶), 12획)　⑯ 뉘우칠 회(心(忄), 7획)　⑰ 자리 좌(广, 7획)　⑱ 으를 협(肉(月), 6획)　⑲ 같을 사(人(亻), 5획)　⑳ 잔 배(木, 4획)　㉑ 아침 단(日, 1획)　㉒ 이를 조(日, 2획)　㉓ 졸 수(目, 8획)　㉔ 누릴 향(亠, 6획)　㉕ 그늘 음(阜(阝), 8획)　㉖ 화목할 목(目, 8획)　㉗ 모름지기 수(頁, 3획)　㉘ 조 속(米, 6획)　㉙ 덮을 개(艸(艹), 10획)　㉚ 허파 폐(肉(月), 4획)

14

다음 한자의 訓과 音을 쓰시오.

① 憾 (　　)	② 粟 (　　)	③ 揭 (　　)
④ 雇 (　　)	⑤ 掘 (　　)	⑥ 糾 (　　)
⑦ 尿 (　　)	⑧ 赴 (　　)	⑨ 膽 (　　)
⑩ 坐 (　　)	⑪ 裸 (　　)	⑫ 籠 (　　)
⑬ 療 (　　)	⑭ 謬 (　　)	⑮ 娩 (　　)

⑯ 網 (　　　)　　⑰ 閥 (　　　)　　⑱ 覆 (　　　)
⑲ 唆 (　　　)　　⑳ 瑞 (　　　)　　㉑ 竝 (　　　)
㉒ 搜 (　　　)　　㉓ 癌 (　　　)　　㉔ 碍 (　　　)
㉕ 惹 (　　　)　　㉖ 閱 (　　　)　　㉗ 苑 (　　　)
㉘ 磁 (　　　)　　㉙ 諮 (　　　)　　㉚ 廻 (　　　)

답

① 섭섭할 감 ② 조 속 ③ 걸 게 ④ 품팔 고 ⑤ 팔 굴 ⑥ 얽힐 규 ⑦ 오줌 뇨 ⑧ 다다를 부 ⑨ 쓸개 담 ⑩ 터 대 ⑪ 벗을 나 ⑫ 새장 농 ⑬ 고칠 료 ⑭ 그릇될 유 ⑮ 해산할 만 ⑯ 그물 망 ⑰ 문벌 벌 ⑱ 엎어질 복 ⑲ 부추길 사 ⑳ 상서로울 서 ㉑ 나란히 병 ㉒ 찾을 수 ㉓ 암 암 ㉔ 막을 애 ㉕ 이끌 야 ㉖ 볼 열 ㉗ 큰동산 원 ㉘ 자석 자 ㉙ 물을 자 ㉚ 돌 회

15

다음 漢字의 訓과 音을 쓰시오.

① 勳 (　　　)　　② 竊 (　　　)　　③ 偏 (　　　)
④ 誕 (　　　)　　⑤ 蹴 (　　　)　　⑥ 傀 (　　　)
⑦ 遮 (　　　)　　⑧ 塵 (　　　)　　⑨ 奏 (　　　)
⑩ 苑 (　　　)　　⑪ 押 (　　　)　　⑫ 誓 (　　　)
⑬ 閥 (　　　)　　⑭ 灣 (　　　)　　⑮ 隔 (　　　)
⑯ 痲 (　　　)　　⑰ 僚 (　　　)　　⑱ 戴 (　　　)
⑲ 闕 (　　　)　　⑳ 僅 (　　　)　　㉑ 隻 (　　　)
㉒ 掘 (　　　)　　㉓ 魅 (　　　)　　㉔ 縫 (　　　)
㉕ 涉 (　　　)　　㉖ 獸 (　　　)　　㉗ 炎 (　　　)

답

① 공 훈 ② 훔칠 절 ③ 치우칠 편 ④ 태어날 탄 ⑤ 찰 축 ⑥ 허수아비 괴 ⑦ 가릴 차 ⑧ 티끌 진 ⑨ 아뢸 주 ⑩ 동산 원 ⑪ 누를 압 ⑫ 맹세할 서 ⑬ 문벌 벌 ⑭ 물굽이 만 ⑮ 사이뜰 격 ⑯ 저릴 마 ⑰ 동료 료 ⑱ 일 대 ⑲ 대궐 궐 ⑳ 겨우 근 ㉑ 외짝 척 ㉒ 팔 굴 ㉓ 매혹할 매 ㉔ 꿰멜 봉 ㉕ 건널 섭 ㉖ 짐승 수 ㉗ 불꽃 염

16

다음 漢字의 訓과 音을 쓰시오.

① 坑 (　　　)　　② 悼 (　　　)　　③ 秉 (　　　)
④ 硯 (　　　)　　⑤ 探 (　　　)　　⑥ 擊 (　　　)
⑦ 塗 (　　　)　　⑧ 釜 (　　　)　　⑨ 畏 (　　　)
⑩ 彰 (　　　)　　⑪ 繫 (　　　)　　⑫ 穆 (　　　)
⑬ 瑞 (　　　)　　⑭ 旭 (　　　)　　⑮ 怖 (　　　)

⑯ 狂 (　　　)　　⑰ 伴 (　　　)　　⑱ 洙 (　　　)

⑲ 凝 (　　　)　　⑳ 翰 (　　　)　　㉑ 奎 (　　　)

㉒ 倂 (　　　)　　㉓ 深 (　　　)　　㉔ 珠 (　　　)

㉕ 勳 (　　　)　　㉖ 槿 (　　　)　　㉗ 敷 (　　　)

㉘ 淳 (　　　)　　㉙ 衆 (　　　)　　㉚ 姬 (　　　)

답

① 구덩이 갱(土, 4획)　② 슬퍼할 도(心(忄), 7획)　③ 잡을 병(秉, 3획)　④ 벼루 연(石, 7획)　⑤ 찾을 탐(手(扌), 8획)　⑥ 칠 격(手, 13획)　⑦ 칠할 도(土, 10획)　⑧ 가마 부(金, 2획)　⑨ 두려워할 외(田, 4획)　⑩ 드러날 창(彡, 11획)　⑪ 맬 계(糸, 13획)　⑫ 화목할 목(禾, 11획)　⑬ 상서 서(玉(王), 9획)　⑭ 아침해 욱(日, 3획)　⑮ 두려울 포(心(忄), 5획)　⑯ 미칠 광(犬(犭), 4획)　⑰ 짝 반(人(亻), 5획)　⑱ 물가 수(水(氵), 6획)　⑲ 엉길 응(冫, 14획)　⑳ 편지 한(羽, 10획)　㉑ 별 규(大, 6획)　㉒ 아우를 병(人(亻), 8획)　㉓ 깊을 심(水(氵), 8획)　㉔ 구슬 주(王(玉), 6획)　㉕ 공 훈(力, 14획)　㉖ 무궁화 근(木, 11획)　㉗ 펼 부(攴(攵), 11획)　㉘ 순박할 순(水(氵), 8획)　㉙ 무리 중(血, 6획)　㉚ 계집 희(女, 6획)

2급 쓰기 필수배정 한자는 총 1807字입니다. 3급 읽기 배정한자(1807字)를 충분히 익혔다면, 2급 쓰기는 비교적 어렵지 않게 넘어갈 수 있습니다. 그러나, 한자실력을 더욱 튼튼히 하고, 발전시키기 위해서는 한자를 제대로 쓸 줄 아는 능력 또한 매우 중요합니다. 그리고, 한자는 쉬운 글자보다 어려운 글자가 비교적 익히기 더 쉽기 때문에 기초한자로 보이는 한자들을 생각 외로 잘 못쓰는 경우도 많습니다. 따라서, 쉽다고 그냥 넘어가지 말고 모두 한 번씩은 써 보시기 바랍니다. 이 단원과 관련된 문제유형은 漢字 쓰기(30문), 漢字의 略字(3문)와 部首(5)문제입니다.

家 　집 가
- 家風(가풍) : 한 집안에 전해 내려오는 풍습이나 凡節(범절)
- 家親(가친) : 남에게 자기 아버지를 일컫는 말

歌 　노래 가
- 歌手(가수) : 노래 부르는 일을 직업으로 하는 사람
- 歌謠(가요) : 민요, 동요, 속요, 유행가 따위를 통틀어 이르는 말　예) 大衆歌謠

價 　값, 가치 가　　약) 価
- 價格(가격) : 돈으로 나타낸 상품의 교환가치　　예) 正札價(정찰가)
- 價値(가치) : 어떤 사물이 지니고 있는 의의나 중요성. 값어치　　예) 價値觀(가치관)

加 　더할 가
- 加減(가감) : 더하거나 뺌. 보태거나 덞
- 參加(참가) : 어떤 모임이나 단체에 관여하거나 참석하여 가입함　　반) 不參(불참)

假 　거짓 가　　약) 仮
- 假名(가명) : ① 이름을 꾸며냄. 꾸며낸 이름　② 남의 이름을 冒稱
- 假想(가상) : 假定的(가정적)으로 생각함

街 　거리 가
- 街區(가구) : 市街(시가)의 구획
- 街談巷說(가담항설) : 거리의 뜬 소문. 세상의 風說(풍설)

暇	暇							
한가할 가, 겨를 가	• 休暇(휴가) : (학교나 직장 등에서)일정한 기간동안 쉬는 일 또는 그 겨를 • 閑暇(한가) : 한가하여 편안함

佳	佳							
아름다울 가	• 佳景(가경) : 아름다운 경치 • 佳政(가정) : 바르고 착한 정치

可	可							
옳을 가	• 可決(가결) : 議案(의안)을 是認(시인)하여 결정함 • 可憎(가증) : 얄미움

架	架							
시렁 가	• 架空(가공) : ① 공중에 건너지름 ② 터무니가 없음. 근거(根據)가 없음 • 架橋(가교) : 다리를 놓음. 교량(橋梁)을 가설(架設)함

覺	覺							약 覚
깨달을 각	• 覺悟(각오) : ① 깨달아 앎 ② (앞으로 닥칠 일에 대비하여)마음의 준비를 함 • 錯覺(착각) : 실제와는 다른데도 실제처럼 깨닫거나 생각함

刻	刻							
새길 각	• 刻苦(각고) : 대단히 애를 씀 또는 비상히 노력함 • 板刻(판각) : 글씨나 그림 등을 판에 새김 또는 그 새긴 것

各	各							
각각 각	• 各個(각개) : 낱낱. 하나하나 • 各樣(각양) : 여러가지 모양. 여러가지 예 各樣各色(각양각색)

脚	脚							
다리 각	• 脚色(각색) : ① 벼슬할 때 내는 이력서 ② 소설을 脚本(각본)이 되게 만드는 일 • 脚註(각주) : 본문 밑에 붙인 주해

角	角							
뿔 각		• 角膜(각막) : 안구의 백색 외벽의 전면에 있는 유리모양의 투명한 막 • 角逐(각축) : 서로 이기려고 다툼

閣	閣							
누각 각		• 閣僚(각료) : 내각의 장관자리에 있는 사람 • 閣筆(각필) : 붓을 놓음. 쓰던 것을 그만 둠

間	間							
사이 간, 틈 간		• 間接(간접) : 중간에 媒介(매개)를 두고 연락하는 관계 • 空間(공간) : 아무 것도 없이 비어 있는 곳

看	看							
볼 간		• 看過(간과) : ① 그냥 보기만 하고 내버려둠 ② 보는 중에 빠뜨리고 넘어감 • 看護(간호) : 病傷者(병상자)를 살피어 돌봄 비 看病(간병)

簡	簡							
대쪽 간, 편지 간		• 簡潔(간결) : ① 간단하고 요령이 있음 ② 대범하고 결백함 • 書簡(서간) : 편지 예 書簡文學(서간문학)

刊	刊							
새길 간		• 刊校(간교) : 쓸데 없는 글자를 깎아버리고 잘못을 바르게 고침 비 刊定(간정) • 刊行(간행) : 서적 또는 기타 출판물을 판각하거나 인쇄하여 발행함

姦	姦							
간사할 간		• 姦臣(간신) : 간사한 신하 • 姦凶(간흉) : 간사하고 흉학함 또는 그러한 사람

干	干							
방패 간, 구할 간		• 干涉(간섭) : 남의 일에 나서서 參見(참견)함 • 干拓(간척) : 바다 따위를 막고 물을 빼어 육지로 만드는 일

幹 幹	
줄기 간	• 幹線(간선) : 철도·전선 등의 중요한 부분이 되는 선. 本線(본선) • 幹枝(간지) : ① 줄기와 가지 ② 十干(십간)과 十二支(십이지). 干支(간지)

懇 懇	
간절할 간	• 懇曲(간곡) : 간절하고 곡진함 • 懇切(간절) : 간곡하고 정성스러움

肝 肝	
간 간	• 肝膽(간담) : ① 간과 쓸개 ② 마음 ③ 용기

渴 渴	
목마를 갈	• 枯渴(고갈) : ① 물이 말라서 없어짐 ② 물품·자원 등이 다하여 없어짐 • 渴望(갈망) : 목마른 사람이 물을 찾듯이 간절히 바람

感 感	
감동할 감, 느낄 감	• 感謝(감사) : 고맙게 여김 또는 고맙게 여겨 謝意(사의)를 표함 • 豫感(예감) : 무슨 일이 일어날 것 같다는 것을 사전에 느끼는 일 또는 그런 느낌

敢 敢	
감히 감, 굳셀 감	• 勇敢(용감) : 씩씩하고 겁이 없으며 기운참 • 敢行(감행) : 어려움을 무릅쓰고 과감히 행함

監 監	
볼 감, 살필 감	• 監督(감독) : 보살펴 단속함 예 監督官廳(감독관청) • 監修(감수) : 서적을 編纂(편찬)하는 일을 감독함

減 減	
덜 감, 감할 감	• 減免(감면) : ① (형벌 따위를)감하여 면제함 ② 등급을 낮추어 면제함 • 輕減(경감) : (부담이나 고통 따위를)덜어서 가볍게 함

甘	甘							
달 감	• 甘受(감수) : 달게 받음. 쾌히 받음 • 甘雨(감우) : 때 맞추어 알맞게 내리는 비. 단비

鑑	鑑							
거울 감	• 鑑賞(감상) : 예술작품의 가치를 음미하고 이해함 • 龜鑑(귀감) : 모범. 본보기

甲	甲							
첫째천간 갑, 갑옷 갑	• 甲殼(갑각) : 게·새우 따위와 같은 동물의 단단한 껍데기 • 甲富(갑부) : 첫째 가는 부자

江	江							
강 강	• 江村(강촌) : 강가에 있는 마을　• 江湖(강호) : ① 강과 호수　② 朝廷(조정)에 대하여 시골을 이름. 隱士(은사)가 사는 곳　③ 세상

强	强							
강할 강, 힘쓸 강	• 强壓(강압) : ① 세게 억누름　② 함부로 억누름 • 富强(부강) : 富國强兵(부국강병)의 준말

康	康							
편안할 강	• 康寧(강녕) : 健康(건강)하고 편안함　• 健康(건강) : ① 육체가 탈 없이 정상적 이고 튼튼함　② 의식이나 사상이 바르고 견실함

講	講							
익힐 강, 화해할 강	• 講究(강구) : 좋은 방법을 궁리함 • 缺講(결강) : 예정되어 있던 강의를 쉼 또는 강의시간에 빠짐

降	降							
내릴 강, 항복할 항	• 降等(강등) : 等級(등급)을 내림 • 降伏(항복) : (전쟁 등에서)적에게 굴복함　⑧ 降服(항복)

剛	剛							
굳셀 강	• 剛健(강건) : ① 마음이 곧고 뜻이 굳세며 건전함 ② 筆力(필력)이나 文勢(문세)가 강하고 씩씩함 • 剛直(강직) : 마음이 굳세고 곧음

綱	綱							
벼리 강	• 綱領(강령) : ① 그물의 벼릿줄과 옷의 깃. 곧 일의 으뜸이나 줄거리 ② 정당이나 단체의 취지·목적·계획 따위 • 大綱(대강) : 대체의 줄거리

鋼	鋼							
강철 강	• 鋼鐵(강철) : 단련을 거쳐 강도를 높게 한 쇠 • 鋼筆(강필) : ① 제도용 기구의 하나. 烏口(오구) ② 철필. 펜

改	改							
고칠 개	• 改築(개축) : 고치어 建築(건축)함 • 改革(개혁) : 새롭게 뜯어 고침

開	開							
열 개	• 開館(개관) : 會館(회관)이나 公館(공관) 따위의 사무를 개시함 ㉫ 閉館(폐관) • 開拓(개척) : 토지를 개간하여 耕地(경지)를 넓힘

個	個							
낱 개	• 個別(개별) : 하나하나, 낱낱이 나눔 ㉞ 個別指導(개별지도) • 個性(개성) : 個人(개인)이나 個體(개체)의 타고난 특성

介	介							
낄 개	• 介在(개재) : 둘 사이에 제삼자가 끼어 있음 • 仲介(중개) : 제삼자의 자격으로서 둘 이상의 당사자 사이에 끼어 어떤 일을 주선함

慨	慨							㉚ 慨
분개할 개	• 慨歎(개탄) : 분개하여 탄식함 • 感慨(감개) : 매우 감격하여 마음속 깊이 느낀 느낌

| 槪 | 槪 | | | | | | | | 약 槪 |

대개 개
• 槪觀(개관) : ① 전체를 대강 살펴봄 ② 윤곽·명암·색채·도구 등의 대체적인 모양 • 氣槪(기개) : 굳건한 기상과 절개. 날카로운 기상

| 皆 | 皆 | | | | | | | | |

모두 개
• 皆勤(개근) : 일정한 기간 동안 휴일 이외는 하루도 빠짐없이 출석 또는 출근함
• 皆兵(개병) : 모든 국민이 병역의 의무를 갖는 일

| 蓋 | 蓋 | | | | | | | | |

덮을 개
• 蓋棺(개관) : 棺(관)에 뚜껑을 덮는다는 뜻으로, 사람이 일생을 마침을 이르는 말
• 蓋然(개연) : 확실하지 못하나, 그럴 것 같이 추측됨 반 必然(필연)

| 客 | 客 | | | | | | | | |

손님 객
• 客席(객석) : 연극, 영화, 운동경기 등을 구경하는 사람들이 앉는 자리
• 賀客(하객) : 축하하는 손님 비 祝客(축객)

| 擧 | 擧 | | | | | | | | 약 挙 |

들 거, 모두 거
• 擧族(거족) : ① 온 혈족, 一族(일족) ② 全民族(전민족)
• 選擧(선거) : 조직이나 집단에서 그 대표자나 임원을 투표 등의 방법으로 뽑음

| 據 | 據 | | | | | | | | 약 拠 |

의거할 거
• 據點(거점) : 근거가 되는 점
• 證據(증거) : 어떤 사실을 증명할 수 있는 근거 예 證據湮滅(증거인멸)

| 拒 | 拒 | | | | | | | | |

막을 거, 물리칠 거
• 拒逆(거역) : 명령을 거스름
• 拒否(거부) : 승낙하지 않음 반 受諾(수락), 承認(승인)

| 居 | 居 | | | | | | | | |

살 거, 있을 거
• 居留(거류) : ① (어떤 곳에)임시로 머물러 삶 ② 외국의 거류지에 삶
• 隱居(은거) : (세상을 피하여)숨어 삶

去	去								
갈 거		• 去年(거년) : 지난 해, 작년 • 去來(거래) : ① 가고 옴 ② 행동을 재촉할 때 내는 소리 ⑪ 往來(왕래)							

車	車								
수레 거, 수레 차		• 車道(차도) : 車馬(거마)가 다니는 길 • 車票(차표) : 차를 타기 위해 일정한 돈을 주고 사는 乘車券(승차권)							

巨	巨								
클 거		• 巨物(거물) : 큰 인물이나 물건 • 巨匠(거장) : 예술·과학·기술 등의 분야에서 특히 뛰어난 사람							

距	距								
떨어질 거		• 距離(거리) : ① 두 곳 사이의 떨어진 길이 ② 두 점 사이의 간격 • 距爪(거조) : 며느리발톱							

建	建								
세울 건		• 建元(건원) : 創業(창업)한 天子(천자)가 年號(연호)를 정함 • 建設(건설) : 건물이나 그 밖의 시설물을 만들어 세움 ⑪ 破壞(파괴)							

件	件								
사건 건, 조건 건		• 條件(조건) : ① 어떤 사물이 성립되거나 발생하는데 갖추어야 하는 요소 ② 어떤 일을 자기 뜻에 맞도록 하기 위해 내놓는 요구나 견해 ㉞ 條件反射(조건반사)							

健	健								
건강할 건, 굳셀 건		• 健忘(건망) : 사물을 잘 잊어버림. 기억력이 약함 • 保健(보건) : 건강을 지켜나가는 일 ㉞ 保健福祉部(보건복지부)							

乾	乾								
하늘 건		• 乾坤(건곤) : ① 하늘과 땅을 상징적으로 일컫는 말. 天地(천지) ② 乾卦(건괘)와 坤卦(곤괘) • 乾燥(건조) : 물기가 없음. 마름							

傑	傑							
뛰어날 걸	• 傑出(걸출) : 썩 뛰어남 • 豪傑(호걸) : 智勇(지용)이 뛰어나고 도량과 기개를 갖춘 사람　예 英雄豪傑(영웅호걸)							

檢	檢							약 檢
조사할 검	• 檢討(검토) : 내용을 검사하면서 討究(토구)함 • 點檢(점검) : 낱낱이 조사함 또는 그 검사　예 安全點檢(안전점검)							

儉	儉							약 倹
검소할 검	• 儉素(검소) : 儉約(검약)하고 質朴(질박)함. 순수함 • 儉約(검약) : 절약하여 낭비하지 않음							

劍	劍							
칼 검	• 劍客(검객) : 검술을 잘 하는 사람 • 劍術(검술) : 칼을 쓰는 수법							

憩	憩							
쉴 게	• 休憩(휴게) : 일을 하거나 길을 걷다가 잠깐 쉼 • 憩泊(게박) : 쉬며 머무름							

格	格							
이를 격, 자격 격	• 格調(격조) : ① 詩歌(시가)의 품격과 聲調(성조)　② 품격, 인격 • 資格(자격) : (어떤 조직 속에서의)일정한 지위나 신분　예 資格停止(자격정지)							

擊	擊							
칠 격	• 擊破(격파) : 쳐서 부숨 • 目擊(목격) : 직접 맞닥뜨려 제 눈으로 봄							

激	激							
과격할 격	• 激昂(격앙) : 감정이나 기운이 몹시 움직여 높아짐. 몹시 흥분함 • 過激(과격) : 지나치게 격렬함							

堅	堅							
굳을 견		• 堅固(견고) : 굳음. 튼튼함 • 堅持(견지) : 주의, 주장이나 태도 등을 굳게 지니거나 지킴						

見	見							
볼 견		• 見聞(견문) : 보고 들음. 知識(지식) • 見習(견습) : ① 옆에서 보고 익힘 ② 남이 하는 걸 보고 배움						

犬	犬							
개 견		• 犬牙(견아) : ① 개의 엄니 ② 서로 어긋남. 서로 엇갈림 • 鬪犬(투견) : 개를 싸움 붙임 또는 싸움개						

絹	絹							
비단 견		• 絹本(견본) : ① 비단에 쓴 글씨와 그린 그림 ② 글씨와 그림이 있는 비단족자 • 絹絲(견사) : 누에고치에서 뽑은 실. 명주실						

肩	肩							
어깨 견		• 肩胛(견갑) : 어깨뼈가 있는 곳 • 比肩(비견) : 어깨를 나란히 함. 곧 우열이 없이 동등함						

遣	遣							
보낼 견		• 遣奠祭(견전제) : 發靷(발인)할 때 문 앞에서 지내는 제사 • 派遣(파견) : 임무를 맡겨 어느 곳에 보냄						

決	決							
정할 결, 판단할 결		• 決勝(결승) : 최후의 勝負(승부)를 결정함 • 解決(해결) : (사건이나 문제 등을)잘 해결함						

結	結							
맺을 결		• 結婚(결혼) : 婚姻(혼인)의 관계를 맺는 일. 장가들고 시집가는 일 • 連結(연결) : 서로 이어서 맺음　**발 전** 結者解之(결자해지), 結草報恩(결초보은)						

潔	潔							
깨끗할 결	• 潔癖(결벽) : 유달리 깨끗함을 좋아하는 성질 • 純潔(순결) : ① 순수하고 깨끗함 ② 몸과 마음이 깨끗함							

缺	缺							
이지러질 결, 모자랄 결	• 缺乏(결핍) : 모자람. 부족함 • 缺損(결손) : ① 축나거나 손해가 남 ② 계산상의 손실 예 缺損家庭(결손가정)							

兼	兼							
겸할 겸	• 兼備(겸비) : 아울러 갖춤 • 兼任(겸임) : 한 사람이 두 가지 이상의 임무를 겸함 비 兼職(겸직)							

謙	謙							
겸손할 겸	• 謙遜(겸손) : 자기를 낮추어 남에게 사양함 비 謙讓(겸양) • 謙虛(겸허) : 겸손하게 제 몸을 낮추어 교만한 기가 없음							

警	警							
경계할 경	• 警戒(경계) : ① 타일러 주의시킴 ② 방심(放心)하지 않고 조심함 • 警護(경호) : 경계하여 호위함							

慶	慶							
경사 경	• 慶賀(경하) : 경사를 치하함 • 慶弔相問(경조상문) : 경사를 서로 축하하고 흉사(凶事)를 서로 위문함							

輕	輕							약 輕
가벼울 경	• 輕視(경시) : 가볍게 봄. 깔봄 • 輕快(경쾌) : ① 빠르고 상쾌함 ② 병이 조금 나음							

競	競							
다툴 경, 겨룰 경	• 競賣(경매) : ① 한 물건을 여러 사람이 사게 될 때 그 중에서 값을 제일 많이 부르는 사람에게 팜 ② 차입한 물건을 入札(입찰)에 의해 公賣(공매)해 팜							

經	經									㉑ 経
경서 경	• 經營(경영) : 이익이 나도록 회사나 사업 등을 운영함　• 經濟(경제) : 인간이 공동생활을 하는 데에 필요한 재화를 획득, 이용하는 활동 및 사회관계									

境	境								
지경 경	• 境遇(경우) : 부닥친 형편이나 사정 • 環境(환경) : 주위의 사물이나 사정								

景	景								
경치 경, 볕 경	• 景觀(경관) : ① 景致(경치) ② 풍경을 특징짓는 여러 요소를 종합한 것 • 景況(경황) : 흥미를 느낄 만한 겨를이나 형편								

驚	驚								
놀랄 경	• 驚異(경이) : 놀라 이상히 여김 • 驚歎(경탄) : ① 놀라 歎息(탄식)함　② 몹시 감탄함								

傾	傾								
기울 경	• 傾斜(경사) : ① 기울어짐　② 지층면과 수평면과의 각도 • 傾聽(경청) : 귀를 기울여 주의하여 들음								

更	更								
고칠 경, 다시 갱	• 更迭(경질) : 교대함. 交遞(교체)함 • 變更(변경) : 바꾸어 고침　㉑ 名義變更(명의변경)								

鏡	鏡								
거울 경	• 鏡鑑(경감) : 거울. 본보기 • 鏡臺(경대) : 거울을 달아 세운 화장대								

敬	敬								
공경할 경, 삼갈 경	• 敬老(경로) : 노인을 恭敬(공경)함　㉑ 敬老堂(경로당) • 尊敬(존경) : 남의 훌륭한 행위나 인격 등을 높여 공경함								

<table>
<tr><td>京</td><td>京</td><td></td><td></td><td></td><td></td><td></td><td></td></tr>
</table>

서울 경
- 京畿(경기) : 서울을 중심으로 한 가까운 지역
- 京鄕(경향) : 서울과 시골

<table>
<tr><td>卿</td><td>卿</td><td></td><td></td><td></td><td></td><td></td><td></td></tr>
</table>

벼슬 경
- 卿卿(경경) : ① 당신. 아내가 남편을 부르는 말 ② 자네. 친구를 친애하는 뜻으로 부르는 말 • 公卿(공경) : 三公(삼공)과 九卿(구경), 곧 높은 벼슬자리

<table>
<tr><td>庚</td><td>庚</td><td></td><td></td><td></td><td></td><td></td><td></td></tr>
</table>

일곱번째천간 경, 나이 경
- 庚方(경방) : 24方位(방위)의 하나. 서쪽에서 남쪽으로 15도 안이 되는 방위
- 同庚(동경) : 같은 나이

<table>
<tr><td>徑</td><td>徑</td><td></td><td></td><td></td><td></td><td></td><td></td></tr>
</table>

길 경, 지름길 경
- 直徑(직경) : 지름. 원이나 球(구)의 중심을 지나 그 둘레 위의 두 점을 직선으로 이은 線分(선분) • 捷徑(첩경) : ① 지름길 ② 어떤 일의 쉽고 빠른 방법

<table>
<tr><td>硬</td><td>硬</td><td></td><td></td><td></td><td></td><td></td><td></td></tr>
</table>

굳을 경
- 硬化(경화) : ① 단단하게 됨 ② 주장이나 태도가 강경해짐
- 强硬(강경) : 타협하거나 굽힘이 없이 힘차고 굳셈

<table>
<tr><td>竟</td><td>竟</td><td></td><td></td><td></td><td></td><td></td><td></td></tr>
</table>

마침내 경, 끝낼 경
- 竟夜(경야) : 밤새도록
- 畢竟(필경) : 마침내. 결국에는

<table>
<tr><td>耕</td><td>耕</td><td></td><td></td><td></td><td></td><td></td><td></td></tr>
</table>

밭갈 경
- 筆耕(필경) : ① 직업으로 글씨를 쓰는 일. 글을 써서 그 수입으로 생활함
  ② 原紙(원지)에 鐵筆(철필)로 글씨를 쓰는 일

<table>
<tr><td>頃</td><td>頃</td><td></td><td></td><td></td><td></td><td></td><td></td></tr>
</table>

잠깐 경
- 頃者(경자) : 요즈음. 요사이
- 頃田(경전) : 백 이랑의 밭

界 界								
세계 계	• 境界(경계) : ② 어떤 분야와 다른 분야와의 갈라지는 한계　(예) 境界線(경계선) • 限界(한계) : ① 땅의 경계　② 사물의 정하여진 범위　(예) 限界狀況(한계상황)							

階 階								
섬돌 계	• 階級(계급) : ① 등급　② 층계. 계단　③ 신분, 재산, 직업으로 갈린 사회적 지위 • 位階(위계) : ① 벼슬의 품계　② 지위의 등급							

計 計								
셈할 계, 꾀할 계	• 計略(계략) : 꾀. 謀略(모략)　(비) 計策(계책) • 計算(계산) : ① 수량을 헤아림　② 국가의 회계							

係 係								
맬 계, 계 계	• 關係(관계) : 사람들 사이에 서로 얽혀진 연관　(예) 勞動關係(노동관계) • 係長(계장) : 관청이나 회사의 한 係(계)의 책임자							

繼 繼								(속) 継
이을 계	• 繼承(계승) : 조상이나 선임자의 뒤를 이어받음　(비) 受繼(수계) • 繼續(계속) : ① 끊이지 않고 잇대어 나아감　② 끊겼던 일을 다시 시작해 나감							

戒 戒								
경계할 계	• 戒律(계율) : 불교에서 戒(계)와 律(율). 곧 중이 지켜야 할 律法(율법) • 警戒(경계) : 잘못을 저지르지 않도록 미리 타일러 조심함　(예) 警戒警報(경계경보)							

鷄 鷄								
닭 계	• 鷄肋(계륵) : 닭갈비. 닭의 갈비는 먹을 것은 없으나 그냥 버리기는 아깝다는 말 로, 별로 소용은 없으나 버리기는 아까운 사물을 이름							

季 季								
끝 계, 계절 계	• 冬季(동계) : 겨울철. 冬期(동기)　(비) 夏季(하계) • 季節(계절) : 한 해를 날씨에 따라 나눈 그 한 철							

系	系						
계통 계	• 系統(계통) : ① 血統(혈통) ② 사물의 순서를 따라 연락된 길 • 系譜(계보) : 조상 때부터의 혈통이나 집안의 역사를 적은 책						

啓	啓						
열 계	• 啓蒙(계몽) : 우매한 사람을 가르치고 깨우쳐 줌 • 謹啓(근계) : '삼가 아룁니다'의 뜻으로, 편지 첫머리에 쓰는 말						

契	契						
맺을 계	• 契機(계기) : 어떠한 일이 일어나거나 결정되는 근거나 기회 • 契約(계약) : 쌍방이 지켜야 할 의무에 관해 서면이나 구두로 하는 약속						

桂	桂						
계수나무 계	• 桂宮(계궁) : ① 달속의 궁전이란 뜻으로, '달'을 이르는 말 ② 아름다운 궁실 • 桂樹(계수) : 계수나무 또는 월계수						

械	械						
기계 계	• 械繫(계계) : 형구로 얽어매어 꼼짝 못하게 함 • 械器(계기) : 器械(기계)나 기구						

溪	溪						
시내 계	• 溪流(계류) : 산골에 흐르는 시냇물 • 碧溪(벽계) : 물빛이 매우 푸르게 보이는 맑은 시내						

癸	癸						
열째천간 계	• 癸方(계방) : 正北(정북)에서 동으로 15도 되는 쪽을 중심한 15도의 방위 • 天癸(천계) : 한의학에서 '月經(월경)'을 일컫는 말						

苦	苦						
괴로울 고	• 苦難(고난) : 괴로움과 어려움 ⓑ 苦楚(고초) • 勞苦(노고) : (어떤 일을 이루기 위해)심신을 괴롭히며 애쓰는 일. 수고하는 일						

考	考						
헤아릴 고	• 考慮(고려) : 생각하여 헤아림 • 考察(고찰) : 詳考(상고)하여 살핌						

固	固						
굳을 고	• 固辭(고사) : 굳이 辭讓(사양)함. 한사코 사퇴함 • 堅固(견고) : 굳고 튼튼함						

古	古						
옛 고	• 古寺(고사) : 오래된 절 ⑪ 古刹(고찰) • 古風(고풍) : 옛 사람의 풍토 또는 옛날 모습						

故	故						
옛 고, 까닭 고	• 故鄕(고향) : 자기가 나서 자란 곳 • 緣故(연고) : ① 까닭. 사유 ② 혈연, 인척관계, 정분 등에 의해 특별한 관계						

孤	孤						
홀로 고	• 孤島(고도) : 외딴 섬 • 孤兒(고아) : 부모가 없는 어린애 예 孤兒院(고아원)						

庫	庫						
곳집 고	• 寶庫(보고) : 보물처럼 귀중한 것이 갈무리되어 있는 곳 • 倉庫(창고) : ① 곳집 ② 창고업자가 남의 화물을 보관하기 위해 사용하는 설비						

告	告						
고할 고, 알릴 고	• 告白(고백) : 事實(사실)대로 말함 • 告知(고지) : 알림. 通知(통지)함 예 告知書(고지서)						

姑	姑						
시어머니 고, 고모 고	• 姑婦(고부) : 시어머니와 며느리 • 姑息(고식) : 당장에는 탈이 없는 일시적인 안정						

枯	枯					
마를 고, 시들 고		• 枯渴(고갈) : 물이 말라서 없어짐 • 枯卉(고훼) : 말라 죽은 풀과 나무				

稿	稿					
볏짚 고, 원고 고		• 稿料(고료) : 저서 또는 쓴 글에 대한 보수　⑩ 原稿料(원고료) • 稿草(고초) : 볏짚				

顧	顧					
돌아볼 고		• 顧慮(고려) : 걱정함. 마음을 씀 • 回顧(회고) : ① 고개를 돌려봄　② 지나간 일을 돌이켜 생각함				

高	高					
높을 고		• 高價(고가) : ① 비싼 값　② 값이 비쌈　⑩ 高價品(고가품) • 高空(고공) : 높은 하늘				

鼓	鼓					
북 고		• 鼓動(고동) : ① 북을 울리는 소리　② 心臟(심장)이 뛰는 소리 • 鼓舞(고무) : 북을 쳐서 춤추게 한다는 뜻으로, 격려하여 용기를 내게 함				

曲	曲					
굽을 곡		• 曲線(곡선) : 부드럽게 굽은 선　⑩ 曲線美(곡선미) • 歪曲(왜곡) : 사실과 다르게 곱게 봄				

穀	穀					
곡식 곡		• 穀倉(곡창) : ① 곡식을 쌓아 두는 집　② 곡식이 많이 나는 지방을 가리키는 말 • 糧穀(양곡) : 양식으로 쓰이는 곡식(쌀, 보리, 밀 등)　⑩ 糧穀收買(양곡수매)				

哭	哭					
울 곡		• 哭聲(곡성) : 곡하는 소리 • 痛哭(통곡) : 소리를 높여 슬피 욺 또는 그 울음　⑪ 慟哭(통곡)				

谷	谷							
골짜기 곡	• 谷風(곡풍) : ① 생물을 자라게 하는 바람. 봄바람 ② 골짜기에서 산꼭대기로 　부는 바람 • 幽谷(유곡) : 그윽하고 깊은 산골							

困	困							
곤할 곤	• 困辱(곤욕) : 심한 侮辱(모욕) • 疲困(피곤) : (몸이나 마음이)지쳐서 고단함							

坤	坤							
땅 곤	• 坤方(곤방) : 八方(팔방)의 하나. 서남쪽 ⑫ 艮方(간방) • 乾坤(건곤) : ① 천지 ② 음양 ③ 乾方(건방)과 坤方(곤방)							

骨	骨							
뼈 골	• 骨肉(골육) : ① 뼈와 살 ② 부모형제 • 刻骨(각골) : 고마움이나 원한이 뼈속 깊이 새겨짐 ⓔ 刻骨難忘(각골난망)							

空	空							
빌 공	• 空腹(공복) : ① 빈 속 ② 배가 고픔 • 虛空(허공) : 텅빈 공중							

功	功							
공 공, 말할 공	• 功德(공덕) : ① 공적과 덕행 ② 불교에서 현재 또는 미래에 행복을 가져올 선행 • 功勳(공훈) : (나라나 회사 등에)드러나게 세운 공. 勳功(훈공)							

孔	孔							
구멍 공, 성 공	• 孔孟(공맹) : 孔子(공자)와 孟子(맹자) • 孔明(공명) : ① 대단히 밝음 ② 諸葛亮(제갈량)의 字(자)							

攻	攻							
칠 공, 익힐 공	• 攻勢(공세) : 공격을 하는 태세 • 侵攻(침공) : (남의 나라를)침노하여 쳐들어감							

工	工							
장인 공, 만들 공		• 工巧(공교) : 교묘함. 솜씨가 좋음 • 工藝(공예) : 조형미를 갖춘 물건을 만드는 재주와 기술						

公	公							
공변될 공, 함께할 공		• 公開(공개) : 방청·관람·집회 등을 일반에게 허용함　예 公開放送(공개방송) • 公共(공공) : 공중(公衆), 일반사회 또는 사람　예 公共道德(공공도덕)						

共	共							
함께 공		• 共有(공유) : 공동(共同)으로 소유함 • 共存(공존) : 함께 살아나감　예 共存共榮(공존공영)						

供	供							
이바지할 공		• 供述(공술) : 신문에 응해 진술함 • 提供(제공) : 가져다 주어 이바지함						

恐	恐							
두려워할 공		• 恐喝(공갈) : 무섭게 으르고 위협함 • 恐怖(공포) : 두려움과 무서움						

恭	恭							
공손할 공		• 恭儉(공검) : 공손하고 검소함 • 恭順(공순) : ① 공경하고 순종함　② 예의바르게 따름						

貢	貢							
바칠 공		• 貢物(공물) : 백성이 나라나 관청에 바치던 특산물 • 貢獻(공헌) : ① 공물을 바침　② 국가·사회를 위하여 이바지함						

科	科							
과정 과, 조목 과		• 科擧(과거) : 옛날에 文武官(문무관)을 登用(등용)하던 시험 • 科料(과료) : 輕微(경미)한 죄에 과하는 재산형						

果	果							
열매 과, 결과 과		• 果樹(과수) : 과실나무. 果木(과목) • 效果(효과) : ① 보람 있는 결과 ② 영화나 연극에서의 음악, 조명 등						

課	課							
부과할 과, 과목 과		• 課程(과정) : ① 할당한 일의 분량 ② 물품에 대한 세금 ③ 학년의 정도에 딸린 課目(과목) • 課題(과제) : 문제를 하라고 내어 줌 또는 그 문제						

過	過							
지날 과, 허물 과		• 過激(과격) : 지나치게 격렬함 • 過飮(과음) : 술을 지나치게 마심						

寡	寡							
적을 과		• 寡默(과묵) : 말수가 적음. 말을 삼가서 적게 함 • 寡聞(과문) : 들은 바가 적음. 見聞(견문)이 적음						

戈	戈							
창 과		• 戈劍(과검) : 창과 칼. 武器(무기) • 干戈(간과) : ① 방패와 창, 곧 무기 ② 전쟁. 兵亂(병란)						

瓜	瓜							
오이 과		• 瓜年(과년) : ① 여자가 혼기에 이른 나이, 곧 여자나이 16세를 이름 ② 벼슬의 임기가 찬 해						

誇	誇							
자랑할 과		• 誇大(과대) : 사실 이상으로 지나치게 과장함 • 誇張(과장) : ① 실제보다 지나치게 나타냄 ② 자랑하여 떠벌림						

郭	郭							
성곽 곽		• 城郭(성곽) : ① 내성과 외성을 통틀어 이르는 말 ② 성의 둘레 • 外郭(외곽) : ① 성 밖으로 다시 둘러 쌓은 성 ② 무엇의 둘레로 둘러싼 부분						

觀	觀					
볼 관		• 觀覽(관람) : 구경함　• 觀測(관측) : ① 천문을 관찰하여 천체의 변화, 운행 등을 측량함　② 사물을 살펴 헤아림				

關	關					약 関
관문 관, 관계할 관		• 關與(관여) : 관계함. 참여함 • 機關(기관) : 어떤 목적을 이루기 위해 설치된 조직				

管	管					
맡을 관, 관 관		• 管理(관리) : ① 사무를 管轄(관할) 처리함　② 물건을 보관함　③ 사람을 지휘, 감독함　• 保管(보관) : (물건 등을)맡아서 관리함　예 保管料(보관료)				

冠	冠					
갓 관		• 冠略(관략) : 편지나 소개장 등의 첫머리에 쓰는 말. 인사말을 생략한다는 뜻 • 冠絶(관절) : 가장 뛰어남　비 卓越(탁월)				

官	官					
벼슬 관, 관청 관		• 官紀(관기) : 관리들이 마땅히 지켜야 할 규율 • 器官(기관) : 감각·운동·영양·생식 등의 일정한 기능을 가진 생물체의 각 부분				

寬	寬					
너그러울 관		• 寬容(관용) : ① 마음이 넓어 남의 말을 잘 들음　② 너그럽게 용서함 • 寬厚(관후) : 너그럽고 후함				

慣	慣					
익숙할 관		• 慣行(관행) : 늘 행함. 습관이 되어 늘 행하여지는 일 • 習慣(습관) : 버릇				

貫	貫					
꿸 관		• 貫通(관통) : ① 꿰뚫어 통함　② 처음부터 끝까지 하나같이 통함 • 貫鄕(관향) : 始祖(시조)가 난 땅. 貫籍(관적). 本(본). 本貫(본관)				

館 館								
집 관	• 館儒(관유) : 지난날, 성균관에서 寄宿(기숙)하던 儒生(유생) • 公館(공관) : ① 공공용으로 쓰이는 건물 ② 정부 고관의 官邸(관저)							

光 光								
빛 광	• 光景(광경) : ① 빛 ② 경치, 상황(狀況) • 光彩(광채) : 찬란한 빛							

廣 廣								㉱ 広
넓을 광	• 廣告(광고) : 세상에 널리 알림 • 廣義(광의) : 범위를 넓게 잡은 뜻 ㉫ 狹義(협의)							

鑛 鑛								
쇳돌 광	• 鑛脈(광맥) : 鑛物(광물)의 맥. 쇳줄 • 鑛泉(광천) : 광물질을 다량으로 함유한 샘이나 온천 ㉠ 鑛泉水(광천수)							

掛 掛								
걸 괘	• 掛念(괘념) : 어떤 일을 마음에 두고 잊지 아니함 • 掛圖(괘도) : 걸어 놓고 보는 학습용의 그림이나 도표							

塊 塊								
덩어리 괴	• 塊石(괴석) : 돌덩이 • 土塊(토괴) : 흙덩이							

壞 壞								
무너질 괴	• 壞滅(괴멸) : ① 깨뜨려 쪼갬. 부서져 갈라짐 ② 무너져 멸망함 • 破壞(파괴) : 부수어 무너뜨림							

怪 怪								
괴이할 괴	• 怪癖(괴벽) : 괴이한 버릇 • 妖怪(요괴) : 도깨비. 요사스런 귀신							

愧	愧						
부끄러워할 괴	• 愧慙(괴참) : 부끄러워함 • 愧汗(괴한) : 부끄러워 땀을 흘림 또는 그 땀						

校	校						
학교 교	• 登校(등교) : (학생이)학교에 감 ⑲ 下校(하교) • 將校(장교) : 육·해·공군의 소위 이상의 무관을 통틀어 이르는 말 ⑲ 士兵(사병)						

敎	敎						⑧ 教
가르칠 교	• 敎訓(교훈) : (사랑으로써 나아갈 길을 그르치지 않도록)가르치고 깨우침 또는 그 가르침 • 敎師(교사) : 學問(학문), 技藝(기예)를 가르치는 사람. 스승						

交	交						
사귈 교, 엇갈릴 교	• 交流(교류) : ① 근원이 다른 물이 서로 만나서 흐름 ② 서로 다른 강도와 방향 이 일정시간을 주기로 반대로 변하는 電流(전류)						

橋	橋						
다리 교	• 橋脚(교각) : 교량을 받치는 기둥 • 橋閣(교각) : 棧閣(잔각)						

巧	巧						
교묘할 교	• 巧妙(교묘) : 썩 잘되고 묘함 • 巧笑(교소) : 귀엽게 웃음						

矯	矯						
바로잡을 교	• 矯復(교복) : 고쳐서 본디대로 함 • 矯正(교정) : 바르게 바로잡음						

較	較						
비교할 교	• 較略(교략) : 대략, 줄거리 • 較然(교연) : 뚜렷이 드러난 모양						

198

郊	郊										
들 교		• 郊外(교외) : 도시 주위의 들 • 近郊(근교) : 도시에 가까운 주변

球	球										
공 구		• 球技(구기) : 공을 사용하는 운동경기　예 球技種目(구기종목) • 地球(지구) : 인류가 살고 있는 천체　예 地球村(지구촌)

九	九										
아홉 구		• 九禮(구례) : 冠(관)・婚(혼)・喪(상)・朝(조)・聘(빙)・祭(제)・賓主(빈주)・鄕 飮酒(향음주)・軍旅(군려)의 아홉가지 예

區	區										약 区
지경 구		• 區域(구역) : 갈라놓은 경계 • 區劃(구획) : 경계를 갈라 정함. 구분하여 劃定(획정)함

舊	舊										약 旧
옛 구, 오랠 구		• 復舊(복구) : 파괴된 것을 다시 본래의 상태대로 고치는 공사(工事) • 新舊(신구) : 새 것과 헌 것. 새 것과 낡은 것　예 新舊交代(신구교대)

具	具										
갖출 구, 그릇 구		• 具備(구비) : 빠짐없이 모두 갖춤 또는 빠짐없이 모두 갖추고 있음 • 器具(기구) : 세간, 그릇, 연장 등을 통틀어 이르는 말

救	救										
구원할 구, 도울 구		• 救急(구급) : 위급한 것을 구원함　예 救急車(구급차) • 救護(구호) : 구제하고 보호함. 원조하고 보호하여 危難(위난)에서 면하게 함

求	求										
구할 구, 탐낼 구		• 求愛(구애) : 사랑을 받기를 바람 • 探求(탐구) : (진리나 법칙 등을)더듬어 깊이 연구함

構	構							

얽을 구	• 構造(구조) : ① 얽어 만듦 ② 만든 본대 • 虛構(허구) : 사실이 아닌 것을 사실처럼 얽어 만듦 ⑪ 架空(가공)

丘	丘							

언덕 구	• 丘陵(구릉) : 언덕. 나직한 산 • 丘墓(구묘) : 무덤

久	久							

오랠 구	• 久遠(구원) : 아득히 오래고 멂 • 恒久(항구) : 변함없이 오래 감

俱	俱							

함께 구, 갖출 구	• 俱歿(구몰) : 부모가 다 죽고 없음 • 俱現(구현) : 일정한 내용이 구체적 사실로 나타남 또는 나타나게 함

句	句							

글귀 구	• 句節(구절) : ① 구(句)와 절(節) ② 한토막의 말이나 글 • 字句(자구) : 글자와 글귀

懼	懼							

두려워할 구	• 懼然(구연) : 두려워하는 모양 • 悚懼(송구) : 마음에 두렵고 미안함 또는 거북함

拘	拘							

잡을 구, 거리낄 구	• 拘留(구류) : 잡아서 가두어둠 • 拘礙(구애) : 거리낌. 구애(拘碍)

狗	狗							

개 구	• 走狗(주구) : ① 사냥할 때 부리는 잘 달리는 개 ② 남의 앞잡이 노릇을 하는 사람 • 狗苟(구구) : 개와 같이 경솔히 행동함

究	究								
연구할 구, 궁구할 구		• 究極(구극) : ① 궁구(窮究)함 ② 극도에 달함 또는 마지막, 끝 • 探究(탐구) : 더듬어 파고들어 깊이 연구함							

苟	苟								
진실로 구		• 苟安(구안) : 한때 겨우 편안함 • 苟且(구차) : ① 몹시 가난하고 군색함 ② 군색스럽고 구구함							

驅	驅								
몰 구		• 驅使(구사) : ① 몰아서 부림 ② 자유자재로 다루어서 씀 • 驅馳(구치) : ① 말을 몰아 달림 ② 남의 일로 분주히 돌아다님							

鷗	鷗								
갈매기 구		• 鷗鷺(구로) : 갈매기와 해오라기 • 白鷗(백구) : 갈매기							

龜	龜								
거북 귀, 나라이름 구, 터질 균		• 龜趺(귀부) : 돌을 거북모양으로 깎아 만든 비석의 받침돌 • 龜裂(균열) : ① 추위로 손발이 틈 ② 사물이 갈라져 터짐							

局	局								
방 국		• 局限(국한) : 어떠한 局部(국부)에만 限定(한정)함 • 當局(당국) : ① 어떤 일을 담당하여 주재함 또는 그 기관 ② 당국자의 준말							

國	國							약	国
나라 국		• 國寶(국보) : ① 나라의 보배 ② 역사상·예술상 귀중한 것으로서 국가에서 보호하는 건축·기물·서화·전적 등							

菊	菊								
국화 국		• 菊版(국판) : 종이 규격판의 한가지. 세로 93.9cm, 가로 63cm의 洋紙(양지)의 크기 • 菊月(국월) : 음력 9월의 다른 이름							

郡	郡							

고을 군

• 郡守(군수) : 한 郡(군)의 우두머리, 곧 군의 太守(태수)
• 郡縣(군현) : 군과 현. 군하의 지방　예　郡縣制度(군현제도)

群	群							

무리 군

• 群集(군집) : 떼를 지어 모임 또는 많은 사람이 모임
• 拔群(발군) : 여럿 가운데서 특히 뛰어남

君	君							

임금 군

• 君號(군호) : 왕이 君(군)을 封(봉)할 때 주는 이름
• 諸君(제군) : '여러분'의 뜻으로, 손아랫사람에게 대하여 쓰는 말

軍	軍							

군사 군

• 軍政(군정) : ① 戰時(전시) 또는 사변 때에 군대의 힘에 의하여 행하는 정치
② 군사에 관한 행정사무

屈	屈							

급을 굴

• 屈服(굴복) : 굽히어 服從(복종)함. 힘이 미치지 못하여 복종함
• 卑屈(비굴) : 용기가 없고 비겁함. 줏대가 없고 품성이 천함

宮	宮							

집 궁

• 宮殿(궁전) : 大闕(대궐). 임금이 거처하는 집　비　宮闕(궁궐)
• 迷宮(미궁) : (범죄 등이)복잡하게 얽혀서 판단하거나 해결하기 어렵게 된 상태

窮	窮							

궁할 궁

• 窮極(궁극) : ① 끝. 極限(극한)　② 끝까지 이름　③ 할대로 다함
• 追窮(추궁) : (잘못이나 책임 등을)끝까지 캐어 따짐

弓	弓							

활 궁

• 弓矢(궁시) : 활과 화살
• 弓腰(궁요) : 활꼴의 허리. 활과 같이 구부정한 허리

權	權								㉧ 權
권세 권		• 權謀(권모) : 임기응변의 꾀　　　　　　㉖ 權謀術數(권모술수) • 執權(집권) : 권력을 한군데로 모음　㉠ 分權(분권)							

勸	勸								㉧ 勸
권할 권		• 勸善(권선) : 착한 일을 하도록 권함　㉖ 勸善懲惡(권선징악) • 勸誘(권유) : 권하여 하도록 함							

卷	卷								
책 권, 두루마기 권		• 壓卷(압권) : (책이나 예술작품, 공연물 등에서)가장 뛰어난 부분 또는 여럿 중 에서 가장 뛰어난 것							

券	券								
문서 권		• 債券(채권) : 국가나 지방자치단체 또는 은행, 회사 등이 필요한 자금을 빌릴 경 우에 발행하는 公債(공채)나 私債(사채) 등의 유가증권							

拳	拳								
주먹 권		• 拳銃(권총) : 피스톨. 短銃(단총) • 拳鬪(권투) : 주먹으로 서로 때려서 승부를 결정하는 운동경기. 주먹싸움							

厥	厥								
그 궐		• 厥尾(궐미) : 짧은 꼬리　　• 突厥(돌궐) : 6세기 중엽에 몽고·중앙아시아 일대에 터키계의 유목민이 세운 대제국 또는 그 종족							

貴	貴								
귀할 귀		• 貴家(귀가) : ① 지위가 높은 사람의 집　② 남의 집의 존칭　㉠ 貴宅(귀댁) • 貴賓(귀빈) : 尊貴(존귀)한 손님　㉠ 貴人(귀인)							

歸	歸								
돌아갈 귀		• 歸省(귀성) : 부모를 뵈러 고향으로 돌아감. 고향에 가서 부모를 뵘 • 歸順(귀순) : 반항심을 버리고 순종함　㉖ 歸順間諜(귀순간첩)							

鬼	鬼						
귀신 귀	• 鬼才(귀재) : 매우 뛰어난 재능 또는 뛰어난 재능을 가진 사람 • 鬼畜(귀축) : ① 餓鬼(아귀)와 畜生(축생) ② 잔인한 사람						

規	規						
법 규	• 規範(규범) : 法(법). 본보기 • 規模(규모) : 물건의 구조						

叫	叫						
부르짖을 규	• 叫喚(규환) : 부르짖고 외침 • 絶叫(절규) : 힘을 다하여 부르짖음						

閨	閨						
안방 규	• 閨房(규방) : 부녀자가 거처하는 방 • 空閨(공규) : 남편 없이 여자 홀로 있는 방						

均	均						
고를 균, 평평할 균	• 平均(평균) : ① (수나 양의)크고 작음이나 많고 적음의 차이가 나지 않게 함 또는 그러한 차이가 없이 고름 ② 중간값 예 平均臺(평균대)						

菌	菌						
버섯 균	• 菌根(균근) : 공생작용을 하는 뿌리 • 殺菌(살균) : 병원체 및 그 외의 미생물을 죽임						

極	極						
다할 극, 지극할 극	• 極端(극단) : ① 맨 끝 ② 中庸(중용)을 벗어나 한쪽으로 아주 치우침 • 極致(극치) : 극단에 이른 境地(경지)						

劇	劇						
심할 극, 연극 극	• 劇團(극단) : 演劇(연극)하는 단체 • 悲劇(비극) : 인생의 불행이나 슬픔을 제재로 하여 슬픈 결말로 끝맺는 극 반 喜劇(희극)						

克	克						
이길 극	• 克己(극기) : 자기의 사념 또는 사욕을 눌러 이김　⑩ 克己復禮(극기복례) • 克服(극복) : 어려움을 이기어 냄						

根	根						
뿌리 근, 근본 근	• 根幹(근간) : ① 뿌리와 줄기　② 根本(근본) • 禍根(화근) : 災禍(재화)의 根源(근원)						

近	近						
가까울 근	• 近郊(근교) : 도회에 가까운 변두리 • 側近(측근) : 곁의 가까운 곳 또는 측근자						

筋	筋						
힘줄 근	• 筋肉(근육) : ① 힘줄과 살　② 身體(신체)　⑩ 筋肉質(근육질)　• 鐵筋(철근) : (건물이나 구조물을 지을 때)콘크리트 속에 박아 뼈대로 삼는 가는 쇠막대						

勤	勤						
부지런할 근	• 勤勉(근면) : 부지런히 힘씀　　　　　　　　⑩ 勤勉誠實(근면성실) • 退勤(퇴근) : 직장에서 근무시간을 마치고 나옴　⑪ 出勤(출근)						

僅	僅						
겨우 근	• 僅僅(근근) : 겨우. 간신히. 근근히 • 僅少(근소) : 아주 적음. 조금. 약간						

斤	斤						
근 근, 도끼 근	• 斤兩(근량) : 무게. 중량 • 斤稱(근칭) : 百斤(백근)까지 달 수 있는 큰 저울						

謹	謹						
삼갈 근	• 謹愼(근신) : 언행을 삼가서 조심함 • 謹賀(근하) : 삼가 축하함　⑩ 謹賀新年(근하신년)						

今	今						
이제 금	• 今世(금세) : 지금세상 비 當世(당세), 現世(현세) • 昨今(작금) : ① 어제와 오늘 ② 요즘. 요사이						

禁	禁						
금할 금	• 禁忌(금기) : 吉凶(길흉)에 관한 미신으로 꺼리는 일 또는 꺼리어 싫어하는 일 • 禁酒(금주) : ① 술을 먹지 못하게 함 ② 자기가 술을 끊음						

琴	琴						
거문고 금	• 琴道(금도) : 거문고의 이치와 타는 법 • 琴心(금심) : 거문고 가락에 실은, 연주자의 마음						

禽	禽						
날짐승 금	• 禽獲(금획) : 사로잡음 비 擒獲(금획) • 鳴禽(명금) : 고운 목소리로 우는 새						

金	金						
쇠 금, 성 김	• 金塊(금괴) : 금덩어리 • 金利(금리) : 돈의 이자						

錦	錦						
비단 금	• 錦繡(금수) : ① 비단과 수 ② 아름다운 것의 비유 예 錦繡江山(금수강산) • 錦地(금지) : 남을 높이는 뜻에서 그 사람이 사는 곳을 이르는 말						

急	急						
급할 급	• 急進(급진) : ① 급히 나아감 ② 일을 빨리 실현코자 하여 서둠 예 急進展(급진전) • 危急(위급) : 매우 위태롭고 급함						

級	級						
등급 급	• 等級(등급) : (값, 품질, 신분 등의)높고 낮음이나, 좋고 나쁨의 차를 여러 층으로 나눈 급수 • 階級(계급) : 지위나 관직 등의 등급						

給	給									
줄 급		• 給與(급여) : 돈이나 물건을 줌　예 給與所得(급여소득) • 供給(공급) : 요구나 필요에 따라 물품 등을 제공함　반 需要(수요)

及	及									
미칠 급		• 及第(급제) : ① 시험에 합격됨　반 落第(낙제)　② 과거에 합격됨　반 落榜(낙방) • 普及(보급) : 널리 퍼뜨려 실행되게 함

肯	肯									
인정할 긍, 즐길 긍		• 肯定(긍정) : 어떤 사물이나 현상 또는 사태에 대하여 그것이 그렇다는 것을 인정하거나 그것이 옳다고 찬성함　반 否定(부정)　• 首肯(수긍) : 옳다고 긍정함

記	記									
기록할 기, 기억할 기		• 記念(기념) : 기억하여 잊지 아니함　예 記念碑(기념비) • 暗記(암기) : 쓴 것을 보지 않고서도 기억할 수 있도록 외움

氣	氣									약 気
기운 기, 숨 기		• 氣流(기류) : 大氣(대기)의 유동 • 節氣(절기) : 이십사절기　비 絶後(절후)

旗	旗									
기 기		• 太極旗(태극기) : 우리나라의 국기 • 弔旗(조기) : 弔意(조의)를 나타내기 위하여 검은 선으로 일정한 표시를 한 기

己	己									
몸 기		• 克己(극기) : 견뎌냄. 이겨냄　• 自己(자기) : 자기 몸. 자아　발전 己所不欲勿 施於人(기소불욕물시어인) : 자기가 하기 싫어하는 것을 다른 사람에게 시키지 말라.

基	基									
터 기, 바탕 기		• 基盤(기반) : 기초가 되는 地盤(지반) • 基礎(기초) : ① 주춧돌　② 사물의 근본

<table>
<tr><td>技 技</td><td colspan="2"></td></tr>
<tr><td>재주 기</td><td colspan="2">• 技巧(기교) : (문학, 예술, 미술 등의)표현이나 제작에 대한 솜씨
• 特技(특기) : 특별한 기능이나 기술　圓 長技(장기)</td></tr>
</table>

<table>
<tr><td>汽 汽</td><td colspan="2"></td></tr>
<tr><td>김 기, 거의 홀</td><td colspan="2">• 汽車(기차) : 증기의 작용으로 궤도 위를 다니는 수레　예 汽罐車(기관차)
• 汽笛(기적) : 기차, 汽船(기선) 등의 증기의 힘으로 내는 고동</td></tr>
</table>

<table>
<tr><td>期 期</td><td colspan="2"></td></tr>
<tr><td>기약할 기, 기간 기</td><td colspan="2">• 期待(기대) : 희망을 가지고 기다림　• 思春期(사춘기) : 몸의 생식기기능의 거의
완성되고 異性(이성)에 관심을 가지게 되는 젊은 시절</td></tr>
</table>

<table>
<tr><td>器 器</td><td colspan="2"></td></tr>
<tr><td>그릇 기</td><td colspan="2">• 器質(기질) : 타고난 才能(재능)이 있는 바탕
• 器官(기관) : 생물체의 생활작용을 하는 부분　발전 大器晚成(대기만성)</td></tr>
</table>

<table>
<tr><td>起 起</td><td colspan="2"></td></tr>
<tr><td>일어날 기</td><td colspan="2">• 起訴(기소) : 소송을 법원에 제기함
• 起案(기안) : 문안을 기초함</td></tr>
</table>

<table>
<tr><td>奇 奇</td><td colspan="2"></td></tr>
<tr><td>기이할 기</td><td colspan="2">• 奇拔(기발) : 특별히 뛰어남
• 奇蹟(기적) : 사람의 생각과 힘으로는 할 수 없는 奇異(기이)한 일</td></tr>
</table>

<table>
<tr><td>機 機</td><td colspan="2"></td></tr>
<tr><td>틀 기, 때 기</td><td colspan="2">• 機械(기계) : 어느 다른 힘을 받아 움직여 자동적으로 일을 하는 장치
• 機關(기관) : 어떤 목적을 달성하기 위한 시설　예 行政機關(행정기관)</td></tr>
</table>

<table>
<tr><td>紀 紀</td><td colspan="2"></td></tr>
<tr><td>실마리 기, 적을 기</td><td colspan="2">• 紀綱(기강) : ① 국가의 법　② 다스림
• 紀元(기원) : ① 건국의 첫해　② 연수를 기산하는 첫해</td></tr>
</table>

寄	寄								
붙일 기, 부칠 기	• 寄宿(기숙) : 남의 집에 몸을 붙여 宿食(숙식)함 • 寄贈(기증) : 물건을 보내어줌. 증정함								

企	企								
꾀할 기	• 企圖(기도) : 어떤 일을 이루기 위하여 계획을 세우거나, 그 계획의 실현을 꾀함 • 企業(기업) : ① 사업을 기획함 ② 경제분야에서의 경영활동								

其	其								
그것 기	• 其間(기간) : 그 사이. 그 동안 • 其他(기타) : 그것 외에 또 다른 것								

幾	幾								
몇 기	• 幾敗(기패) : 거의 패함 • 幾殆(기태) : 위태로움								

忌	忌								
꺼릴 기	• 忌避(기피) : 꺼리어 피함 • 忌故(기고) : 기제사를 지내는 일								

旣	旣								
이미 기	• 旣成(기성) : ① 이미 이루어졌음 예 旣成服(기성복) ② 어떤 부문에서 이미 지 위나 자격을 형성함 반 新進(신진) • 旣往(기왕) : 현재보다 이전								

棄	棄								
버릴 기	• 棄兒(기아) : ① 버림받은 아이 ② 어린애를 내버림 • 抛棄(포기) : ① 내던짐 ② 버리고 돌아보지 않음 ③ 자기의 자격이나 권리를 쓰지 않음								

欺	假								
속일 기	• 欺弄(기롱) : 속여 희롱하거나 업신여겨 농락함 • 欺瞞(기만) : 그럴 듯하게 속여 넘김								

<table>
<tr><td>畿</td><td colspan="8"></td></tr>
<tr><td>경기 기, 지경 기</td><td colspan="8">• 畿內(기내) : 王城(왕성)을 중심으로 하여 사방 5백리 이내의 임금이 직할하던 땅
• 王畿(왕기) : 王都(왕도)의 근방</td></tr>
<tr><td>祈</td><td colspan="8"></td></tr>
<tr><td>빌 기</td><td colspan="8">• 祈禱(기도) : 마음으로 바라는 바가 이루어지기를 신불(神佛)에게 빎 또는 그러
한 의식　• 祈願(기원) : 소원이 이루어지기를 빎</td></tr>
<tr><td>豈</td><td colspan="8"></td></tr>
<tr><td>어찌 기</td><td colspan="8">• 豈敢(기감) : 어찌 감히
• 豈不(기불) : '어찌 ~ 않으랴' 라는 뜻</td></tr>
<tr><td>飢</td><td colspan="8"></td></tr>
<tr><td>주릴 기</td><td colspan="8">• 饑饉(기근) : ① 흉년이 들어 최소한도의 需要(수요)를 채울 수 없을 정도로 양
식이 부족되는 현상을 비유하여 이르는 말　② 굶주림</td></tr>
<tr><td>騎</td><td colspan="8"></td></tr>
<tr><td>말탈 기</td><td colspan="8">• 騎兵(기병) : 말을 타는 병사
• 一騎(일기) : 한 사람의 기병　예 一騎當千(일기당천)</td></tr>
<tr><td>緊</td><td colspan="8"></td></tr>
<tr><td>굳을 긴</td><td colspan="8">• 緊縮(긴축) : ① 바짝 줄임　② 재정상의 기초를 단단하게 하기 위하여 지출을
줄임　예 緊縮財政(긴축재정)　• 喫緊(끽긴) : 요긴함</td></tr>
<tr><td>吉</td><td colspan="8"></td></tr>
<tr><td>길할 길</td><td colspan="8">• 吉兆(길조) : 상서로운 일이 있을 조짐
• 吉夢(길몽) : 상서로운 꿈　발전 吉凶禍福(길흉화복), 立春大吉(입춘대길)</td></tr>
<tr><td>那</td><td colspan="8"></td></tr>
<tr><td>어찌 나</td><td colspan="8">• 那落(나락) : 지옥. 奈落(나락). 梵語(범어) 'Naraka'의 준말　• 刹那(찰나) : ①
지극히 짧은 동안　② 어떤 사물현상이 이루어지는 고비로 되는 바로 그 때</td></tr>
</table>

諾 諾	
대답할 낙	• 承諾(승낙) : ① 청하는 말을 들어 주는 일　② 申請(신청)에 응하여 계약을 성립시키는 일　⑩ 承諾書(승낙서)　• 快諾(쾌락) : 쾌히 승낙함

暖 暖	
따뜻할 난	• 暖房(난방) : 따뜻하게 하여 놓은 방 또는 방을 따뜻하게 함 • 溫暖(온난) : 날씨가 따뜻함　⑩ 溫暖前線(온난전선)

難 難	
어려울 난	• 難關(난관) : 통과하기 어려운 문 또는 관문 • 困難(곤란) : ① 처리하기 어려움　② 생활이 쪼들림

南 南	
남녘 남	• 南極(남극) : ① 南極星(남극성)　② 남쪽 끝 • 南向(남향)　⚑발전 南行北走(남행북주) : 바삐 돌아다님을 비유. 즉 동분서주(東奔西走)

男 男	
사내 남	• 男女(남여) : 남자와 여자　⑩ 男女有別(남녀유별), 男尊女卑(남존여비) • 男妹(남매) : 오라비와 누이, 오누이

納 納	
들일 납	• 納附(납부) : 공과금이나 수업료, 등록금 등을 냄　⑪ 納入(납입) • 納稅(납세) : 세금을 바침　⑩ 納稅申告(납세신고)

娘 娘	
각시 낭	• 娘娘(낭낭) : ① 어머니　② 皇后(황후) • 娘子(낭자) : 처녀. 소녀

內 內	
안 내	• 內科(내과) : 내장에 생긴 병을 다스리는 의술　⑪ 外科(외과) • 內陸(내륙) : 바다에서 멀리 떨어져 있는 육지

乃	乃							
이에 내	• 乃至(내지) : ① 얼마에서 얼마까지 ② 또는. 혹은 • 人乃天(인내천) : 천도교의 종지로서, '사람이 곧 하늘'이란 뜻

奈	奈							
어찌 내(나)	• 奈何(내하) : 어찌 • 奈落(나락) : 불교에서 온 말 ① 지옥 ② 구원할 수 없는 마음의 구렁텅이

耐	耐							
견딜 내	• 耐乏(내핍) : 가난하을 참고 견딤 예 耐乏生活(내핍생활) • 勘耐(감내) : 고통을 참고 견딤 비 忍耐(인내)

女	女							
계집 녀	• 女權(여권) : 여자의 사회·정치·법률상의 권리 예 女權伸張(여권신장) • 女皇(여황) : 여자 황제

年	年							
해 년	• 年輪(연륜) : ① 나무가 커감에 따라 그 줄기의 횡단면에 해마다 한 금씩 둥글게 생겨나는 켜 ② 나이

念	念							
생각 념	• 念願(염원) : 내심에 생각하고 바라는 바 비 所願(소원) • 執念(집념) : 한가지 일에만 달라붙어 정신을 쏟음

寧	寧							
편안할 녕	• 寧親(영친) : 객지에서 부모를 뵈려고 고향으로 돌아감 비 歸省(귀성) • 安寧(안녕) : 몸이 건강하고 마음이 편안함 예 安寧秩序(안녕질서)

努	努							
힘쓸 노	• 努力(노력) : 어떤 일을 이루기 위해 애씀. 힘을 들임 비교 勞力(노력) : 어떤 일 을 하는데 드는 힘, 생산에 드는 인력(人力), 노동력 • 努肉(노육) : 굳은 살

怒	怒							

성낼 노

- 怒氣(노기) : 성이 난 얼굴빛　(예) 怒氣衝天(노기충천)
- 激怒(격노) : 격렬하게 성냄　(비) 激忿(격분)

奴	奴							

종 노

- 奴婢(노비) : 남자 종과 여자 종
- 守錢奴(수전노) : 한번 손에 들어간 돈을 좀처럼 내놓지 않는 인색한 사람

農	農							

농사 농

- 農耕(농경) : 농사를 짓는 일. 농사. 농업
- 農繁期(농번기) : 농사에 바쁜 시기　(비) 農閒期(농한기)

濃	濃							

질을 농

- 濃縮(농축) : ① 액체가 진하게 엉기어 바짝 쫄아들거나, 또는 액체를 진하게 줄임　② 자연적 침전에 의하여 물과 고체를 분리하는 작업

惱	惱							

괴로워할 뇌

- 惱殺(뇌쇄) : 애가 타도록 몹시 괴롭힘. 특히 여자가 아름다움으로 남자를 매혹하는 일
- 煩惱(번뇌) : 마음으로 몹시 괴로워함 또는 그 괴로움　(예) 百八煩惱(백팔번뇌)

腦	腦							

뇌 뇌

- 腦裏(뇌리) : 머리 속, 마음 속
- 頭腦(두뇌) : ① 머릿골　② 사물의 이치를 슬기롭게 판단하는 힘

能	能							

능할 능, 재능 능

- 能率(능률) : 일정한 시간에 할 수 있는 일의 비례
- 技能(기능) : 기술적인 능력이나 재능　(비) 技倆(기량)

泥	泥							

진흙 니

- 泥土(이토) : 진흙
- 泥海(이해) : ① 흙탕물로 누래진 바다　② 질편한 흙탕

多	多							
많을 다	• 多寡(다과) : 많음과 적음 • 多忙(다망) : 매우 바쁨. 일이 많음							

茶	茶							
차 다, 차 차	• 茶禮(차례) : 음력으로 매달 초하룻날, 보름 그리고 명절, 조상의 생일 등에 지내는 간단한 아침 제사							

短	短							
짧을 단	• 短縮(단축) : 짧게 줄임 • 短點(단점) : 다른 것과 비교하여 모자라거나 흠이 되는 점 ⑪ 長點(장점)							

團	團							⑫ 団
둥글 단, 모일 단	• 團結(단결) : 여러 사람이 서로 結合(결합)함 ⑪ 團合(단합) • 團束(단속) : 법률, 규칙, 명령 등을 어기지 않게 통제함							

壇	壇							
단 단	• 祭壇(제단) : 제사를 지내는 단 • 演壇(연단) : 연설이나 강연을 하기 위해 청중석 앞에 한 층 높게 마련한 단							

斷	斷							⑫ 断
끊을 단	• 斷罪(단죄) : 죄를 處斷(처단)함 • 勇斷(용단) : 용기 있게 결단함 또는 그 결단							

端	端							
실마리 단, 끝 단	• 端緒(단서) : 실마리 • 極端(극단) : 극도에 이르러 더 나아갈 수 없는 상태							

單	單							⑫ 単
홀 단	• 單語(단어) : 낱말 • 簡單(간단) : 까다롭지 않고 단순함. 간략함 ● 簡單明瞭(간단명료)							

檀	박달나무 단	• 檀君(단군) : 우리나라의 始祖(시조)로 朝鮮(조선)을 개국하였다고 함. 이름은 王儉(왕검) 예 檀君神話(단군신화) • 檀木(단목) : 박달나무
段	조각 단	• 段階(단계) : 일의 차례를 따라 나아가는 과정. 계단 • 段落(단락) : ① 문장의 큰 부분 ② 일이 다 된 끝. 결말
丹	붉을 단	• 丹誠(단성) : 마음 속에서 우러나오는 뜨거운 정성 • 丹藥(단약) : 단사를 이겨 만든 환약. 먹으면 장생불사한다는 약 비 仙丹(선단)
但	다만 단	• 但書(단서) : 본문 다음에 '但'자를 쓰고, 어떤 조건이나 예외들을 밝힌 글 • 但只(단지) : 다만
旦	아침 단	• 旦暮(단모) : ① 아침과 저녁 ② 늘. 언제나 • 元旦(원단) : ① 설날 ② 설날 아침
達	통달할 달, 이를 달	• 通達(통달) : ① 막힘이 없이 통하여 환히 앎 ② 道(도)에 깊이 통함 • 到達(도달) : 정한 곳이나 수준에 이르러 다다름 비 到着(도착)
談	이야기 담	• 談笑(담소) : 스스럼없이 웃으며 이야기함 • 會談(회담) : 만나거나 모여서 의논함 예 頂上會談(정상회담)
擔	멜 담, 맡을 담	약 担 • 擔當(담당) : 일을 맡아 함 • 負擔(부담) : 어떤 일이나 의무, 책임 등을 떠 맡음 예 負擔額(부담액)

<table>
<tr><td>淡</td><td>淡</td><td></td></tr>
<tr><td colspan="2">묽을 담</td><td>• 淡水(담수) : 鹽分(염분)이 없는 물. 민물 ⑪ 鹹水(함수)
• 濃淡(농담) : ① 짙음과 옅음. 표현의 강약의 정도 ② 되직함과 묽음</td></tr>
<tr><td>潭</td><td>潭</td><td></td></tr>
<tr><td colspan="2">못 담</td><td>• 潭水(담수) : ① 못 물 ② 깊은 물
• 潭淵(담연) : 깊은 못</td></tr>
<tr><td>答</td><td>答</td><td></td></tr>
<tr><td colspan="2">대답할 담</td><td>• 答禮(답례) : 남에게 받은 예를 갚는 예
• 問答(문답) : 물음과 대답. 서로 묻고 답함 ⑨ 問答式(문답식)</td></tr>
<tr><td>畓</td><td>畓</td><td></td></tr>
<tr><td colspan="2">논 답</td><td>• 畓穀(답곡) : 논에서 나는 곡식, 곧 '벼'를 이르는 말
• 田畓(전답) : 밭과 논</td></tr>
<tr><td>踏</td><td>踏</td><td></td></tr>
<tr><td colspan="2">밟을 답</td><td>• 踏步(답보) : 제 자리에서 걸음 ⑨ 踏步狀態(답보상태)
• 踏査(답사) : 그 곳에 실지로 가서 보고 자세히 조사함</td></tr>
<tr><td>堂</td><td>堂</td><td></td></tr>
<tr><td colspan="2">집 당</td><td>• 講堂(강당) : 학교 등에서 강연, 강의, 의식 등을 하기 위해 특별히 마련한 큰 방
• 書堂(서당) : 글방</td></tr>
<tr><td>當</td><td>當</td><td>⑭ 当</td></tr>
<tr><td colspan="2">마땅할 당</td><td>• 當選(당선) : 선거(選擧)에 뽑힘 • 抵當(저당) : (일정한 부동산이나 동산 등을)
채무의 담보로 삼음 ⑨ 抵當權設定(저당권설정)</td></tr>
<tr><td>黨</td><td>黨</td><td>⑭ 党</td></tr>
<tr><td colspan="2">무리 당</td><td>• 黨爭(당쟁) : 黨派(당파)의 싸움
• 野黨(야당) : 정당정치에서 정권을 담당하고 있지 않은 정당 ⑪ 與黨(여당)</td></tr>
</table>

唐	唐								
당나라 당		• 唐突(당돌) : 꺼리거나 어려워함이 없이 올차고 다부짐　• 荒唐(황당) : 종잡을 수 없이 마음이 들떠서 헛되고 미덥지 못함　㉖ 荒唐無稽(황당무계)							

糖	糖								
사탕 당		• 葡萄糖(포도당) : 포도 같은 것의 단맛이 나는 즙 속에 포함되어 있는 당분의 한 가 지. 사람의 피 가운데도 포함되어 있으므로 생리적으로 중요한 당분임							

對	對							㉕ 对	
마주볼 대, 대답할 대		• 對酌(대작) : 서로 마주 대하여 술을 마심 • 敵對(적대) : 적으로 맞서 버팀　㉖ 敵對視(적대시)							

代	代								
대신할 대		• 代理(대리) : 남을 代身(대신)하여 일을 처리함 • 代充(대충) : 다른 것을 대신 채움							

待	待								
기다릴 대, 대접할 대		• 待接(대접) : 待遇(대우) • 招待(초대) : 남을 청하여 대접함　㉖ 招待券(초대권)							

隊	隊								
떼 대		• 隊列(대열) : 대를 지어 늘어진 행렬　• 除隊(제대) : 현역군인이 규정된 연한이 차거나 그 밖의 일로 복무 해제되어 예비역에 편입되는 일　㉘ 入隊(입대)							

帶	帶								
띠 대		• 帶同(대동) : 함께 데리고 감 • 携帶(휴대) : 어떤 물품을 몸에 지님　㉖ 携帶物品(휴대물품)							

臺	臺								
누각 대		• 臺閣(대각) : ① 朝廷(조정). 內閣(내각)　② 조선시대 司憲府(사헌부)·司諫院 (사간원)을 통틀어 일컫던 말　③ 누각과 정자							

貸	貸							
빌릴 대	• 貸借(대차) : 꾸어 줌과 꾸어 옴 또는 빌려 줌과 빌려 옴　예 貸借對照表(대차대조표)　• 賃貸(임대) : 삯을 받고 빌려 줌　반 賃借(임차)							

德	德							예 悳
덕 덕	• 德望(덕망) : 덕행이 있는 名望(명망) • 恩德(은덕) : 은혜로 입은 신세							

道	道							
길 도, 말할 도	• 道德(도덕) : 사람이 행하여야 할 도리　예 道德君子(도덕군자) • 報道(보도) : (신문이나 방송으로)새 소식을 널리 알림 또는 그 소식							

圖	圖							약 図
꾀할 도, 그림 도	• 圖謀(도모) : 일을 이루려고 꾀함 • 略圖(약도) : 요점이나 요소만을 간략하게 나타낸 그림							

度	度							
정도 도, 헤아릴 탁	• 度量(도량) : ① 길이를 재는 기구　② 사물을 너그럽게 용납하여 처리하는 품성 • 度地(탁지) : 토지를 측량함							

到	到							
이를 도	• 到達(도달) : 이름. 다다름 • 到着(도착) : 다다름							

島	島							
섬 도	• 島嶼(도서) : 섬의 총칭. 큰 것을 島(도), 작은 것을 嶼(서)라고 함 • 半島(반도) : 대륙에서 바다쪽으로 길게 뻗어 나와 3면이 바다인 큰 육지							

都	都							
도읍 도	• 都會地(도회지) : 사람이 많이 살고 번화한 곳. 도시　반 農村(농촌) • 首都(수도) : 한 나라의 중앙정부가 있는 도시. 서울　예 首都圈(수도권)							

導	導							

이끌 도
- 導火線(도화선) : ① 화약이 터지도록 불을 점화하는 심지 ② 사건 발생의 직접 원인
- 指導(지도) : 어떤 목적이나 방향에 따라 가르치어 이끎   예 指導鞭撻(지도편달)

徒	徒							

걸어다닐 도, 무리 도
- 徒步(도보) : 걸어감. 步行(보행)
- 徒黨(도당) : '떼를 지은 무리'를 얕잡아 이르는 말

盜	盜							

도둑 도
- 盜難(도난) : 도둑을 맞는 재난
- 强盜(강도) : 폭행, 협박 등 강제수단으로 남의 금품을 빼앗는 일 또는 그러한 도둑

倒	倒							

넘어질 도
- 倒壞(도괴) : 무너짐. 무너뜨림
- 倒置(도치) : 거꾸로 놓음. 순서를 뒤바꾸어 둠

刀	刀							

칼 도
- 刀圭(도규) : 가루약을 뜨는 숟가락. 전용되어 醫術(의술)의 뜻   예 刀圭界(도규계)
- 軍刀(군도) : 군인이 차는 칼

挑	挑							

돋울 도
- 挑戰(도전) : ① 싸움을 돋움. 전쟁을 挑發(도발)함 ② 競技(경기)를 하여 승패를 겨룰 것을 신청함

桃	桃							

복숭아 도
- 桃李(도리) : ① 복숭아와 오얏 또는 그 꽃이나 열매 ② 남이 천거한 어진 사람을 비유하여 이르는 말   • 桃仁(도인) : 복숭아 씨

渡	渡							

건널 도
- 過渡期(과도기) : 일정한 사회발전단계로부터 다음단계로 옮아 가는 중간단계나 시기
- 賣渡(매도) : 팔아 넘김

稻	稻							
벼 도		• 稻熱病(도열병) : 벼에 생기는 병의 한가지. 잘 자란 줄기와 잎에 흰 점이 박히 며 이삭이 돋아나지 않게 됨 • 陸稻(육도) : 밭벼						

跳	跳							
뛸 도		• 跳梁(도량) : ① 거리낌 없이 함부로 날뛰어 다님 ② 악당이 跋扈(발호)함 • 跳躍(도약) : 뛰어 오름. 훌쩍 뜀						

途	途							
길 도		• 途中(도중) : ① 길을 가고 있는 동안 예 途中下車(도중하차) ② 일이 미처 끝나지 못한 사이 • 前途(전도) : ① 앞으로 갈 길 ② 장래 예 前途洋洋(전도양양)						

陶	陶							
질그릇 도		• 陶然(도연) : 술에 취하여 기분이 좋은 모양 • 鬱陶(울도) : ① 마음이 답답함 ② 정신이 상쾌하지 못함						

讀	讀							약 読
읽을 독, 구절 두		• 讀破(독파) : 책(冊)을 다 읽어내림 • 靜讀(정독) : (여러모로 살피어)자세히 읽음						

獨	獨							약 独
홀로 독		• 獨裁(독재) : 主權者(주권자)가 자기마음대로 政務(정무)를 처단함 • 孤獨(고독) : ① 외로움 ② 짝 없는 홀몸 예 孤獨感(고독감)						

督	督							
감독할 독, 재촉할 독		• 督促(독촉) : 몹시 재촉함 • 監督(감독) : 보살피고 지도, 단속함 예 監督官廳(감독관청)						

毒	毒							
독 독		• 毒藥(독약) : 독이 있는 약 • 消毒(소독) : 물건에 묻어있는 병원균을 약품, 열, 빛 등으로 죽이는 일						

| 篤 | 篤 | | | | | | | |

도타울 독
• 篤農(독농) : 농사 일에 아주 열성이 많은 농부 또는 그런 농가
• 篤實(독실) : 열성 있고 진실함

| 敦 | 敦 | | | | | | | |

도타울 돈
• 敦篤(돈독) : 인정이 도타움　⑪ 敦厚(돈후)
• 敦睦(돈목) : 사이가 도탑고 서로 화목함

| 豚 | 豚 | | | | | | | |

돼지 돈
• 豚兒(돈아) : 자기 아들의 謙稱(겸칭)
• 養豚(양돈) : 돼지를 먹여 기름

| 突 | 突 | | | | | | | |

부딪칠 돌
• 突起(돌기) : ① 오똑하게 내밀거나 도드라짐 또는 그렇게 된 것
② 갑작스럽게 일어남

| 動 | 動 | | | | | | | |

움직일 동
• 動機(동기) : ① 행동의 직접원인　② 행위의 직접원인이 되는 마음상태
• 稼動(가동) : 일을 하기 위하여 기계를 움직임　⑩ 稼動率(가동률)

| 東 | 東 | | | | | | | |

동녘 동
• 東亞(동아) : 동쪽 亞細亞(아세아)
• 東窓(동창) : 동쪽으로 난 창문

| 洞 | 洞 | | | | | | | |

고을 동, 통할 통
• 洞窟(동굴) : 굴. 깊고 넓은 굴
• 洞察(통찰) : 온통 밝히어 살핌

| 同 | 同 | | | | | | | |

같을 동
• 同居(동거) : 한 집에서 같이 삶
• 同等(동등) : 같은 等級(등급)

冬	冬							

겨울 동
- 冬季(동계) : 冬期(동기). 겨울동안의 시기　반 夏季(하계)
- 越冬(월동) : 겨울을 넘김. 겨울을 남

童	童							

아이 동
- 童顔(동안) : 어린애같은 얼굴. 나이보다 젊어 보이는 얼굴
- 兒童(아동) : 초등학교에 다니는 어린아이　예 兒童文學(아동문학)

銅	銅							

구리 동
- 銅像(동상) : 구리로 그 사람의 형체와 같이 만든 형상
- 銅錢(동전) : 구리로 만든 돈

凍	凍							

얼 동
- 凍結(동결) : ① 얼어붙음　비 氷結(빙결)　② 資産(자산)·資金(자금) 등의 사용 및 이동을 금지함 또는 그 상태　•解凍(해동) : 얼었던 것이 녹아서 풀림

桐	桐							

오동나무 동
- 桐梓(동재) : 오동나무와 가래나무. 곧 좋은 재목
- 梧桐(오동) : 오동나무. 玄蔘科(현삼과)에 달린 낙엽 고목

頭	頭							

머리 두
- 頭髮(두발) : 머리털
- 念頭(염두) : 마음. 생각

斗	斗							

말 두, 우뚝할 두
- 斗量(두량) : ① 말로 됨 또는 그 분량　② 일을 두루 헤아리어 처리함
- 斗然(두연) : ① 문득　② 우뚝하게 솟은 모양

豆	豆							

콩 두, 팥 두
- 籩豆(변두) : 제사 때 쓰는 제기. '籩'은 대나무로 만들어, 과일·포 등을 담고 '豆'는 나무로 만들어 밥·고기 등을 담음

鈍	鈍						
둔할 둔	• 鈍感(둔감) : 예민하지 못한 무딘 감각. 감각이 둔함 • 魯鈍(노둔) : 재주가 없고 미련함						

得	得						
얻을 득	• 得失(득실) : 얻음과 잃음. 이익과 손해 • 拾得(습득) : 배워 터득함. 익혀서 얻음						

等	等						
등급 등, 가지런할 등	• 等級(등급) : 고하, 우열 등의 차례 • 差等(차등) : ① 차이가 나는 등급 ② 대비관계에서 나타나는 차이						

燈	燈						
등잔 등	• 燈油(등유) : 등불을 켜는데 쓰는 기름 • 點燈(점등) : 전깃불을 켬 ⓑ 消燈(소등)						

登	登						
오를 등	• 登校(등교) : 학교에 출석함 ⓑ 下校(하교) • 登場(등장) : ① 무슨 事件(사건)에 어떤 인물이 나타남 ② 무대에 배우가 나옴						

羅	羅						
벌일 라	• 羅針盤(나침반) : 지침으로 방위를 알 수 있도록 만든 기구 • 網羅(망라) : 널리 빠짐없이 모음						

樂	樂						ⓐ 楽
즐거울 락, 좋아할 요, 음악 악	• 樂園(낙원) : 살기좋은 즐거운 장소. 天國(천국) • 快樂(쾌락) : ① 기분이 좋고 즐거움 ② 욕망을 만족시키는 즐거움						

落	落						
떨어질 락	• 落第(낙제) : 성적이 일정한 수준에 미치지 못하여 유급하게 되는 일 • 沒落(몰락) : ① 멸망하여 없어짐 ② 쇠하여 보잘 것 없이 됨						

<table>
<tr><td>洛 洛</td><td colspan="6"></td></tr>
<tr><td>물이름 락</td><td colspan="6">• 洛花(낙화) : 牡丹(모란)의 別稱(별칭)
• 京洛(경락) : 서울. 首都(수도)</td></tr>
<tr><td>絡 絡</td><td colspan="6"></td></tr>
<tr><td>이을 락</td><td colspan="6">• 脈絡(맥락) : ① 혈관의 계통　(예) 脈絡膜(맥락막)　② 사물이 잇닿아 있는 연계나 연관　• 連絡(연락) : ① 서로 연고를 맺음　② 서로 사정을 알림　③ 이어 댐</td></tr>
<tr><td>亂 亂</td><td colspan="6">(약) 乱</td></tr>
<tr><td>어지러울 란</td><td colspan="6">• 亂舞(난무) : 아무 질서없이 뒤섞여 춤을 춤
• 紛亂(분란) : 어수선하고 떠들썩함</td></tr>
<tr><td>卵 卵</td><td colspan="6"></td></tr>
<tr><td>알 란</td><td colspan="6">• 卵黃(난황) : 달걀의 노른자위　(반) 卵白(난백)
• 鷄卵(계란) : 달걀</td></tr>
<tr><td>欄 欄</td><td colspan="6"></td></tr>
<tr><td>난간 란</td><td colspan="6">• 欄干(난간) : 층계나 마루, 다리 따위의 가장자리를 일정한 높이로 막은 물건
• 空欄(공란) : 일정한 지면에서 글자를 쓰지 않은 빈 칸</td></tr>
<tr><td>爛 爛</td><td colspan="6"></td></tr>
<tr><td>빛날 란</td><td colspan="6">• 爛漫(난만) : ① 꽃이 만발하여 화려함　② 화려한 광채가 넘쳐 흐름
• 腐爛(부란) : 썩어서 문드러짐</td></tr>
<tr><td>蘭 蘭</td><td colspan="6"></td></tr>
<tr><td>난초 란</td><td colspan="6">• 蘭秋(난추) : 음력 칠월
• 芝蘭(지란) : ① 지초와 난초. 맑고 높은 재질의 비유　② 남의 집의 똑똑한 아들</td></tr>
<tr><td>覽 覽</td><td colspan="6">(약) 覧</td></tr>
<tr><td>볼 람</td><td colspan="6">• 閱覽(열람) : (도서관 등에서)책이나 신문 등을 죽 훑어봄　(예) 閱覽席(열람석)
• 遊覽(유람) : 두루 구경하며 돌아다님　(예) 遊覽船(유람선)</td></tr>
</table>

| 濫 | 濫 | | | | | | | |

넘칠 람
- 濫觴(남상) : 사물의 시초. 큰 강물도 그 근원을 따라 올라가면 잔에 넘칠 만한 細流(세류)라는 뜻에서 온 말   •氾濫(범람) : 물이 넘쳐 흐름

| 藍 | 藍 | | | | | | | |

쪽 람
- 藍縷(남루) : ① 누더기. 해진 옷   ② 옷이 해지고 때가 묻어 더러움   비 襤褸(남루)
- 藍實(남실) : 쪽의 씨. 약재로 씀

| 朗 | 朗 | | | | | | | |

밝을 랑
- 朗讀(낭독) : 소리를 높혀 읽음
- 明朗(명랑) : 맑고 밝음. 쾌활함

| 廊 | 廊 | | | | | | | |

행랑 랑
- 廊下(낭하) : ① 行廊(행랑)   ② 길게 골목진 마루. 複道(복도)
- 舍廊(사랑) : 바깥 주인이 거처하며 손님을 접대하는 곳

| 浪 | 浪 | | | | | | | |

물결 랑
- 孟浪(맹랑) : ① 생각하던 바와는 달리 허망함   예 虛無孟浪(허무맹랑)   ② 처리하기가 곤란하게 딱함   ③ 함부로 만만히 볼 수 없게 깜찍함

| 郞 | 郞 | | | | | | | |

사내 랑, 남편 랑
- 郞官(낭관) : 옛 관청의 낮은 벼슬인 堂下官(당하관)의 총칭
- 冶遊郞(야유랑) : 주색에 빠져 방탕하게 노는 남자

| 來 | 來 | | | | | | | |

올 래
- 來年(내년) : 다음 해   비 明年(명년)
- 來世(내세) : 後世(후세). 來生(내생)

| 冷 | 冷 | | | | | | | |

찰 랭
- 冷凍(냉동) : 차게 하여 얼림   예 冷凍食品(냉동식품)
- 冷靜(냉정) : 감정을 누르고 침착함

| 略 略 | | | | | | | | ㉟ 畧 |

간략할 략
- 略歷(약력) : 간단하게 적은 이력
- 簡略(간략) : (한 부분을)덜어서 줄임

| 掠 掠 | | | | | | | | |

빼앗을 략
- 掠奪(약탈) : 폭력을 써서 무리하게 빼앗음. 劫掠(겁략)
- 擄掠(노략) : 떼를 지어 다니면서 재물을 빼앗음

| 良 良 | | | | | | | | |

어질 량
- 良藥(양약) : 좋은 약
- 良好(양호) : 매우 좋음

| 量 量 | | | | | | | | |

헤아릴 량, 용량 량
- 計量(계량) : 분량이나 무게 등을 잼 예 計量器(계량기)
- 裁量(재량) : 자기의 의견에 의해 임의로 재단하고 처치함

| 糧 糧 | | | | | | | | ㉠ 粮 |

양식 량
- 糧穀(양곡) : 양식으로 쓰이는 곡식
- 食糧(식량) : 양식. 정신적인 활동에 양분과 같은 구실을 하는 것

| 兩 兩 | | | | | | | | |

두 량
- 兩家(양가) : 두 편의 집 • 兩班(양반) : ① 동반과 서반, 곧 문관과 무관 ② 조선시대 중엽 이후에 있어 세습적·특권적 신분을 가진 사람들

| 梁 梁 | | | | | | | | |

들보 량, 다리 량, 나라이름 양
- 橋梁(교량) : 다리   • 魚梁(어량) : 물이 한 군데로만 흐르도록 물살을 막고, 그 곳에 동발을 놓아 고기를 잡는 장치

| 諒 諒 | | | | | | | | |

믿을 량, 살필 량
- 諒察(양찰) : 헤아려 살핌
- 諒解(양해) : 사정을 살펴서 너그럽게 이해함

凉	凉						
서늘할 량		• 凉德(양덕) : 덕이 적음　비 薄德(박덕) • 淸凉(청량) : 맑고 서늘함					

旅	旅						
나그네 려		• 旅券(여권) : 해외여행 때 허가하여 주는 문서. 여행권 • 旅程(여정) : 여행하는 路程(노정)					

麗	麗						
고울 려		• 秀麗(수려) : 경치나 용모가 빼어나게 아름다움 • 華麗(화려) : 빛나고 아름다움					

慮	慮						
생각할 려		• 考慮(고려) : 생각하여 헤아림 • 配慮(배려) : 여러모로 자상하게 마음을 씀					

力	力						
힘 력		• 力說(역설) : 힘써 말함. 힘써 설명함　• 力學(역학) : ① 학문에 힘씀　② 물체 　의 동정 · 운동의 지속 및 힘의 작용에 관한 학문					

歷	歷						
지낼 력		• 歷任(역임) : 여러 벼슬을 차례로 지냄 • 履歷(이력) : 지금까지 닦아온 학업이나 거쳐온 직업 등의 經歷(경력)					

練	練						
익힐 련		• 練習(연습) : 자꾸 되풀이하여 배움 • 訓練(훈련) : 무예나 기술을 배워 익힘					

連	連						
이을 련		• 連帶(연대) : ① 서로 連結(연결)함　② 공동으로 책임을 짐 • 連載(연재) : 긴 글을 끊어서 계속하여 실음					

憐	憐							
불쌍히여길 련	• 憐憫(연민) : 불쌍히 여김. 가엾이 여김 • 愛憐(애련) : 어리거나 약한 사람을 도탑게 사랑함							

戀	戀							⑭ 恋
사모할 련	• 戀慕(연모) : 간절히 그리워함　• 戀愛(연애) : 異性(이성)으로서 사랑을 느껴, 의식적으로 따르고 그리워하는 행동 또는 그러한 상태에 있는 관계							

練	練							
단련할 련	• 練染(연염) : 마전하여 물들임 • 練擇(연택) : 고름. 가림							

聯	聯							
이을 련	• 聯想(연상) : 한 관념에 의하여 관계되는 다른 관념을 생각하게 되는 현상 • 聯合(연합) : 두 가지 이상의 사물이 서로 합함 또는 합하게 함　⑩ 聯合軍(연합군)							

蓮	蓮							
연 련	• 蓮花(연화) : 연꽃 • 木蓮(목련) : 목련과에 딸린 낙엽 고목. 중국 원산이며 관상용으로 심음							

鍊	鍊							
단련할 련	• 鍊金(연금) : 쇠를 불림 • 鍊磨(연마) : ① 단련하고 갊　② 어떤 분야를 깊이 연구함　⑪ 硏磨(연마)							

烈	烈							
세찰 렬, 사나울 렬	• 烈女(열녀) : 貞操(정조)를 굳게 지키는 여자 • 壯烈(장렬) : (의지가)씩씩하고 熱烈(열렬)함							

列	列							
벌릴 렬	• 列擧(열거) : 실례나 사실들을 여러가지로 죽 들어서 말함 • 隊列(대열) : 대를 지어 늘어선 줄							

劣	劣								
못날 렬		• 劣等(열등) : ① 낮은 등급 ② 등급이 떨어짐 **예** 劣等感(열등감) • 庸劣(용렬) : 어리석고 변변하지 못함							

裂	裂								
찢어질 렬		• 裂傷(열상) : 피부에 입은 찢어진 상처 • 破裂(파열) : 깨뜨리어 가름. 깨져서 갈라짐							

廉	廉								
청렴할 렴		• 廉恥(염치) : 조촐하고 깨끗하여 부끄러움을 아는 마음 **예** 破廉恥(파렴치) • 廉探(염탐) : 남몰래 사정을 조사함							

領	領								
다스릴 령		• 領海(영해) : 그 연안에 있는 나라의 통치권 밑에 있는 바다 • 領袖(영수) : 어떤 단체의 대표가 되는 사람. 우두머리 **예** 領袖會談(영수회담)							

令	令								
명령할 령, 하여금 령		• 令夫人(영부인) : 지체높은 사람의 아내를 높여서 일컫는 말 • 號令(호령) : ① (사람을 움직이기 위해)명령함 ② 큰 소리로 꾸짖음							

嶺	嶺								
고개 령		• 分水嶺(분수령) : ① 물이 두 갈래로 갈라지는 경계가 되는 산마루나 산맥 ② 사물 발전에서의 전환점 • 峻嶺(준령) : 높고 험한 재 **예** 泰山峻嶺(태산준령)							

零	零								
비율 령, 영 령		• 零落(영락) : ① 초목이 시들어 떨어짐 ② 세력이나 살림살이가 아주 보잘 것 없이 됨 • 零細(영세) : 보잘 것 없이 적음							

靈	靈								**약** 霊
신령 령, 영혼 령		• 靈感(영감) : ① 神佛(신불)의 신령스러운 感應(감응) ② 心靈(심령)의 미묘한 작용으로 얻어지는 감정 • 靈魂(영혼) : 넋. 마음 **반** 肉身(육신)							

例	例								⑭
범식 례, 보기 례		• 例規(예규) : 例法(예법) • 慣例(관례) : 이전부터 내려와서 습관처럼 되어버린 일

禮	禮								⑭ 礼
예절 례		• 禮遇(예우) : 예를 갖추어 대우함 • 禮儀(예의) : 예절과 儀容(의용)　⑩ 禮儀凡節(예의범절)

路	路								
길 로		• 路線(노선) : 버스 등 교통기관이 다니는 일정한 길. 개인이나 조직의 일정한 행 　동방침　• 徑路(경로) : 사람이나 사물이 거쳐온 길 또는 거쳐간 길

老	老								
늙을 로		• 老親(노친) : 늙으신 父母(부모) • 老後(노후) : 늙은 후　⑩ 老後準備(노후준비)

勞	勞								⑭ 労
수고할 로		• 勞動(노동) : 일함. 힘써 일함　⑩ 勞動三權(노동삼권) • 勤勞(근로) : (힘이 드는)일을 함. 힘써 부지런히 일함

爐	爐								
화로 로		• 爐邊(노변) : 화롯가. 난롯가　⑩ 爐邊談話(노변담화) • 煖爐(난로) : 방 안을 덥게 하기 위하여 방 안에 장치하여 놓은 기구나 장치

露	露								
이슬 로		• 露積(노적) : 한데에 쌓아 둔 곡식 • 草露(초로) : 풀에 맺힌 이슬　⑩ 草露人生(초로인생)

綠	綠								⑭ 绿
초록빛 록, 푸를 록		• 綠陰(녹음) : 푸른잎이 우거진 나무의 그늘 • 新綠(신록) : 초여름에 새로 나온 잎들이 띤 연한 초록빛

錄 錄	
기록할 록	• 錄音(녹음) : 음향, 음성, 음악 등을 필름이나 레코드 같은 데에 기계로 기록하여 넣는 일　• 記錄(기록) : (어떤 사실을)뒤에 남기려고 적음

祿 祿	
녹 록	• 祿爵(녹작) : 봉록과 爵位(작위) • 國祿(국록) : 나라에서 주는 祿俸(녹봉)

鹿 鹿	
사슴 록	• 逐鹿(축록) : ① 사슴을 쫓음　② 임금의 자리를 사슴에 비겨서, 그 자리를 얻으려고 다툼을 이르는 말　③ 어떤 목적물을 얻으려고 많은 사람이 다툼을 비유하는 말

論 論	
논의할 론, 말할 론	• 論證(논증) : 사리에 구별하여 증명함 • 輿論(여론) : 사회대중의 공통된 의견으로 나타남　예 輿論調査(여론조사)

弄 假	
희롱할 롱	• 弄奸(농간) : 남을 농락하는 간사한 짓 • 愚弄(우롱) : 사람을 바보로 만들어 놀림

賴 賴	
의지할 뢰	• 無賴漢(무뢰한) : 일정한 직업 없이 돌아다니며 불량한 짓을 하는 남자 • 依賴(의뢰) : 남에게 부탁하거나 의지함　예 事件依賴(사건의뢰)

雷 雷	
우레 뢰, 천둥 뢰	• 雷同(뇌동) : 옳고 그름의 분별도 없이 남의 말에 덩달아 찬성함　예 附和雷同(부화뇌동)　• 雷霆(뇌정) : 우레. 천둥

料 料	
헤아릴 료	• 料理(요리) : 음식을 조리함 또는 그 음식　• 飮料(음료) : 사람이 갈증을 풀거나 맛을 즐기기 위해 마시는 액체　예 淸凉 飮料(청량음료)

了	了							
끝날 료		• 了解(요해) : 사정·형편을 자세히 앎 • 修了(수료) : 학과를 다 배워서 마침						

龍	龍							㉕ 竜
용 룡		• 龍顔(용안) : 임금의 얼굴 • 臥龍(와룡) : 도사리고 누워 있는 용, 즉 초야에 묻혀 있는 큰 인물을 비유한 말						

屢	屢							
여러 루		• 屢次(누차) : 여러 차례. 여러 번 • 屢屢(누누) : 여러 번						

樓	樓							
다락 루		• 樓閣(누각) : 사방을 바라볼 수 있게 높이 지은 다락방　㉑ 砂上樓閣(사상누각) • 望樓(망루) : 적의 동태를 살펴 망을 보는 다락집　㉘ 望臺(망대)						

淚	淚							
눈물 루		• 感淚(감루) : 감격하여 흘리는 눈물 • 血淚(혈루) : 피눈물. 몹시 슬프거나 원통할 때 흘리는 눈물						

漏	漏							
샐 루		• 漏刻(누각) : 물시계　• 漏泄(누설) : 물·공기·냄새·비밀 따위가 밖으로 샘 또는 밖으로 새어 나가게 함						

累	累							
여러 루		• 累卵(누란) : 알을 포개어 쌓아 놓은 것처럼 매우 위태함　㉑ 累卵之勢(누란지세) • 連累(연루) : 남의 범죄에 관계됨. 連坐(연좌)　㉘ 連累者(연루자)						

類	類							
무리 류, 같을 류		• 類似(유사) : 서로 비슷함 • 種類(종류) : 어떤 기준에 따라 나눈 갈래　**발 전** 類萬不同(유만부동), 類類相從(유유상종)						

流	流						
흐를 류		• 流浪(유랑) : 이리저리 방랑함 • 流布(유포) : 세상에 널리 퍼짐　**발 전**　流芳百世(유방백세), 流言蜚語(유언비어)					

留	留						
머무를 류, 남을 류		• 留保(유보) : 멈추어 두고 보존함 • 押留(압류) : 국가기관이 채무자의 재산의 사용이나 처분을 금함					

柳	柳						
버드나무 류		• 柳眉(유미) : 버들잎 모양의 아름다운 눈썹, 곧 미인의 눈썹 • 柳態(유태) : 버드나무 가지와 같은 고운 맵시, 곧 미인의 자태					

六	六						
여섯 륙		•六十甲子(육십갑자) : 천간(天干)의 갑(甲)·을(乙)·병(丙)·정(丁)·무(戊)·기(己)·경(庚)·신(辛)·임(壬)·계(癸)와 지지(地 支)의 자(子)·축(丑)·인(寅)·묘(卯)·진(辰)·사(巳)·오(午)·미(未)·신(申)·유(酉)·술(戌)·해(亥)를 차례로 맞춘 것					

陸	陸						
뭍 륙, 육지 륙		• 陸橋(육교) : 도로나 철도 위에 가로질러 놓은 다리 • 離陸(이륙) : 비행기가 날기 위해서 땅에서 떠오름　㉝ 着陸(착륙)					

輪	輪						
바퀴 륜, 돌 륜		• 輪郭(윤곽) : 주위의 선. 외곽　㉝ 核心(핵심) • 輪轉(윤전) : (바퀴모양으로)빙빙 돎. 회전함					

倫	倫						
인륜 륜		• 倫理(윤리) : 사람이 지켜야 할 도리와 규범　• 倫匹(윤필) : ① 나이나 신분이 서로 같거나 비슷한 사이의 사람　② 배우자. 아내. 配匹(배필)					

律	律						
법률 률, 가락 률		• 律動(율동) : 규칙적인 운동, 음률의 곡조, 리듬에 맞추어 추는 춤 • 規律(규율) : 일상생활의 질서　**발 전**　二律背反(이율배반), 千篇一律(천편일률)					

栗	栗						
밤 률	• 栗殼(율각) : 밤 껍질 • 黃栗(황률) : 말려서 껍질과 보늬를 벗긴 밤. 황밤						

率	率						
비율 률, 이끌 솔	• 坦率(탄솔) : 성질이 너그럽고 솔직하여 사소한 일에 구애받지 않음 • 比率(비율) : 둘 이상의 수를 비교한 율						

隆	隆						
성할 륭	• 隆崇(융숭) : 극히 정성스러움 • 隆興(융흥) : 세차게 일어남						

陵	陵						
언덕 룽	• 陵越(능월) : 침범하여 넘음 • 陵寢(능침) : 황제 · 황후 · 왕 · 왕비의 무덤						

里	里						
마을 리	• 里俗(이속) : 마을의 風俗(풍속) • 里巷(이항) : 마을의 거리						

理	理						
다스릴 리, 이치 리	• 理念(이념) : 무엇을 최고의 것으로 하는가에 대한 그 사람의 근본적인 생각 • 眞理(진리) : 참된 도리. 바른 이치						

利	利						
이로울 리	• 利益(이익) : 이득. 유익함　　　　　　　　　（반）損失(손실) • 福利(복리) : 생활면에서 만족감을 느낄 만한 이로운 일　（예）福利厚生(복리후생)						

李	李						
오얏나무 리	• 李杜(이두) : 중국 당나라 때의 시인인 李白(이백)과 杜甫(두보)를 이르는 말 • 李花(이화) : 자두꽃　（비교）梨花(이화) : 배나무의 꽃. 배꽃						

離	離								
떠날 리, 떨어질 리	• 離脫(이탈) : 떨어져 벗어남. 관계를 끊음 • 隔離(격리) : 서로 통하지 못하게 사이를 막거나 떼어 놓음								

吏	吏								
관리 리	• 吏道(이도) : 관리로서 마땅히 지켜야 할 도리 • 汚吏(오리) : 청렴 결백하지 못한 관리　예 貪官汚吏(탐관오리)								

履	履								
밟을 리	• 履歷(이력) : 지금까지의 학업·지업 따위의 경력　예 履歷書(이력서) • 敝履(폐리) : 헌 신								

梨	梨								
배 리	• 梨園(이원) : ① 배나무를 심은 정원. 배밭　② 연극계. 연예계　③ 옛날 아악을 가르치던 곳　• 梨花(이화) : 배꽃								

裏	裏								
속 리	• 裏面(이면) : ① 속 안 내면 사물의 표면에 나타나지 않는 방면　반 表面(표면) • 腦裏(뇌리) : 생각하는 머리 속. 心中(심중)								

隣	隣								
이웃 린	• 隣接(인접) : 이웃함 • 善隣(선린) : 이웃과 의좋게 지내는 일								

林	林								
수풀 림	• 林産(임산) : 山林(산림)의 産物(산물)　예 林産物(임산물) • 林野(임야) : 나무가 무성한 들								

臨	臨								
임할 림	• 臨戰(임전) : 싸움터에 나아감　예 臨戰無退(임전무퇴) • 臨終(임종) : ① 죽게 된 때에 다다름　② 부모가 돌아가실 때 모시고 있음								

立	立						
설 립	• 立法(입법) : 法律(법률) 또는 法規(법규)를 制定(제정)함　예 立法國家(입법국가) • 立證(입증) : 증거를 세움						

磨	磨						
갈 마	• 磨滅(마멸) : 갈리어서 닳아 없어짐 • 磨崖(마애) : 石壁(석벽)에 글자나 그림을 새김　예 磨崖佛(마애불)						

馬	馬						
말 마	• 馬車(마차) : 말에게 끌리는 수레 • 馬革(마혁) : 말 가죽						

麻	麻						
삼 마	• 麻藥(마약) : 마취작용을 하고 습관성을 가진 약. 아편·모르핀·코카인 등 • 麻醉(마취) : 약의 힘으로 일시 전신 또는 몸의 일부의 감각을 잃음						

幕	幕						
휘장 막	• 幕舍(막사) : 임시로 간단하게 지은 집 • 天幕(천막) : 비·바람·볕 따위를 막기 위한 서양식의 장막						

漠	漠						
아득할 막	• 砂漠(사막) : 모래나 자갈 등으로 뒤덮이고 메말라서 식물이 아주 없거나 거의 　없는 넓은 지대. 沙漠(사막)						

莫	莫						
없을 막	• 莫論(막론) : 말할 나위도 없음. 의논을 그만둠						

萬	萬						약 万
일만 만	• 萬感(만감) : 여러가지 생각. 만가지의 느낌 • 萬福(만복) : 온갖 福祿(복록)						

滿	滿
가득할 만	• 滿了(만료) : 다 끝남. 完了(완료) • 充滿(충만) : (어떤 한정된 곳에)가득참

慢	慢
거만할 만	• 侮慢(모만) : 업신여김 • 放慢(방만) : 放縱(방종)함

晚	晚
늦을 만	• 晚成(만성) : 늦게야 이루어짐 ㉲ 大器晚成(대기만성) ㉫ 早熟(조숙) • 晚鐘(만종) : 저녁 때를 알리는 종소리

漫	漫
부질없을 만	• 漫談(만담) : 재미있고 익살스러운 말로 세상과 인정을 풍자하는 이야기 • 散漫(산만) : 어수선하여 통일성이 없음

蠻	蠻
오랑캐 만	• 野蠻(야만) : ① 문화가 未開(미개)한 상태 또는 종족 ② 교양이 없는 사람 ㉫ 文明(문명)

末	末
끝 말	• 末期(말기) : 노쇠하거나 쇠약한 시기. 끝장에 가까운 동안 • 末世(말세) : ① 망해 가는 세상 ② 晚年(만년)

亡	亡
잃을 망	• 亡國(망국) : 亡(망)한 나라 ㉲ 亡國之民(망국지민), 亡國之本(망국지본) • 亡命(망명) : 자기나라에서 살지 못하고 타국으로 몸을 피함

望	望
바랄 망, 원망할 망	• 望鄕(망향) : 故鄕(고향)을 바라보고 그리워함 • 希望(희망) : (어떤 일을)이루거나 얻고자 기대하는 바람, 소망 ㉫ 絶望(절망)

妄	妄							
허망할 망	• 妄動(망동) : 분수 없이 함부로 행동함 또는 그런 행동　예 輕擧妄動(경거망동) • 妄想(망상) : 이치에 맞지 않는 망녕된 생각							

忘	忘							
잊을 망	• 忘却(망각) : 잊어버림 • 備忘(비망) : 잊어버리지 않으려는 준비　예 備忘錄(비망록)							

忙	忙							
바쁠 망	• 忙殺(망쇄) : 몹시 바쁨 • 奔忙(분망) : 몹시 바쁨							

罔	罔							
그물 망	• 罔民(망민) : 국민을 속임 • 欺罔(기망) : 남을 그럴 듯하게 속임　비 欺瞞(기만)							

茫	茫							
아득할 망	• 渺茫(묘망) : 끝없이 넓고 아득함 • 滄茫(창망) : 넓고 멀어서 아득함							

每	每							
매양 매, 마다 매	• 每番(매번) : 번번이 • 每週(매주) : 각주 또는 주간마다							

賣	賣							약 売
팔 매	• 賣却(매각) : 팔아버림 • 賣國奴(매국노) : 매국하는 행동을 하는 놈							

買	買							
살 매	• 賣買(매매) : 사는 일과 파는 일. 사고 팖 • 買占(매점) : 물건을 휩쓸어 사둠　예 買占賣惜(매점매석)							

妹	妹										
손아랫누이 매		• 令妹(영매) : 남을 높이어 그의 '누이동생'을 일컫는 말 • 姉妹(자매) : 여자끼리의 언니와 아우　예 兄弟姉妹(형제자매)

埋	埋										
묻을 매		• 埋沒(매몰) : 파묻음. 파묻힘　• 埋葬(매장) : ① 죽은 사람을 땅에 묻음　② 못된 짓을 한 사람을 사회에 용납되지 못하게 함

媒	媒										
중매 매		• 媒介(매개) : 중간에서 관계를 맺어 줌 • 仲媒(중매) : 양가 사이에 들어 혼인을 어울리게 하는 일 또는 그 사람

梅	梅										
매화 매		• 梅雨(매우) : 음력 6, 7월경 양자강 유역에서 일본에 걸친 지역에 내리는 장마 • 梅漿(매장) : 매실을 소금에 절여 만든 酢(초)

脈	脈										
맥 맥		• 脈絡(맥락) : ① 혈관의 계통　② 사물의 연결. 줄거리 • 診脈(진맥) : 손목의 맥을 짚어 보아 진찰함

麥	麥										
보리 맥		• 麥藁(맥고) : 밀·보리의 짚　예 麥藁帽子(맥고모자) • 麥秋(맥추) : ① 보리가 익는 계절　② 음력 5월의 다른 이름

孟	孟										
맏 맹, 성 맹, 명랑할 맹		• 孟冬(맹동) : 음력 10월의 다른 이름　• 孟浪(맹랑) : ① 생각한 바와는 달리 허 망함　② 처리하기가 딱함　③ 함부로 만만히 볼 수 없게 깜찍함

猛	猛										
사나울 맹		• 猛打(맹타) : 몹시 때리거나 치거나 함 • 寬猛(관맹) : 너그러움과 엄함. 관대함과 엄격함

盲	盲							
먼눈 맹		• 盲點(맹점) : ① 시신경이 미치지 않는 부분 ② 미처 알아차리지 못한 결점 • 盲從(맹종) : 옳고 그름을 가리지 않고 덮어놓고 남을 따름						

盟	盟							
맹세 맹		• 盟誓(맹서 = 맹세) : ① 신불 앞에 약속함 ② 장래를 두고 다짐하여 약속함 • 盟邦(맹방) : ① 동맹국 ② 목적을 같이 하여 서로 친선을 도모하는 나라						

勉	勉							
힘쓸 면		• 勉學(면학) : 공부를 힘써 함 • 勸勉(권면) : 어떤 일을 권하고 격려하여 힘쓰게 함						

面	面							
얼굴 면		• 面談(면담) : 서로 만나서 이야기함 • 面目(면목) : ① 얼굴의 생긴 모양 ② 남을 대하는 체면 ③ 모양, 상태						

免	免							
면할 면		• 免許(면허) : 어떤 행위나 영업을 특정인에게만 허가하는 행정 처분 • 罷免(파면) : 직무에서 떼어 버림						

眠	眠							
잠 면		• 眠食(면식) : 잠자는 일과 먹는 일 ⽐ 寢食(침식) • 冬眠(동면) : 동물이 땅 속 또는 구멍 속에 숨어서 수면 상태로 겨울을 남						

綿	綿							
솜 면		• 綿密(면밀) : 자세하고도 빈틈이 없음 • 纏綿(전면) : ① 감기고 얽힘 ② 애정에 감기고 얽히는 모양						

綿	綿							
다할 멸, 망할 멸		• 明滅(명멸) : ① 불이 켜졌다 꺼졌다 함 ② 먼 데의 것이 보였다 안 보였다 함 • 入滅(입멸) : 중이 죽음 ⽐ 入寂(입적)						

名	名									
이름 명		• 名望(명망) : 명성이 높고 인망이 있음 ㉙ 名聲(명성) • 名門(명문) : 유명한 家門(가문) ㉙ 名門大(명문대)								

命	命									
목숨 명, 시킬 명		• 命令(명령) : 웃사람이 아랫사람에게 내리는 분부 • 使命(사명) : 맡겨진 임무 ㉙ 使命感(사명감)								

明	明									
밝을 명		• 明記(명기) : 분명히 기록함 • 明朗(명랑) : 맑고 밝음								

鳴	鳴									
울 명		• 鳴鐘(명종) : 종소리. 종을 쳐서 울림 • 悲鳴(비명) : 몹시 놀라거나 다급할 때 지르는 외마디 소리								

冥	冥									
어두울 명		• 冥助(명조) : 은근히 입는 신령의 도움 • 頑冥(완명) : 완고하고 사리에 어두움								

銘	銘									
새길 명		• 銘旌(명정) : 장사 때, 죽은 사람의 관직·성명 등을 적은 깃발 • 銘誌(명지) : 墓碑(묘비)에 새긴 글								

模	模									
법 모, 본뜰 모		• 模倣(모방) : 본받음. 본뜸. 흉내냄 • 規模(규모) : 사물의 구조나 구상의 크기								

母	母									
어미 모		• 母校(모교) : 자기가 卒業(졸업)한 학교 • 母性愛(모성애) : 어머니의 자식에 대한 깊은 애정								

| 募 | 募 | | | | | | | |

모을 모
- 募集(모집) : 필요한 사람이나 물품을 널리 구하여 모음
- 公募(공모) : 널리 공개하여 모집함

| 慕 | 慕 | | | | | | | |

사모할 모
- 思慕(사모) : 생각하고 그리워함
- 追慕(추모) : 죽은 사람을 그리워함

| 暮 | 暮 | | | | | | | |

저물 모, 늦을 모
- 暮秋(모추) : 늦은 가을. 음력 9월　圓 晩秋(만추)
- 歲暮(세모) : 한 해의 마지막 때　圓 年末(연말)

| 某 | 某 | | | | | | | |

아무 모
- 某種(모종) : 어떠한 종류. 아무 종류
- 某處(모처) : 아무 곳

| 毛 | 毛 | | | | | | | |

털 모
- 毛織(모직) : 짐승의 털로 짠 피륙　• 鴻毛(홍모) : 기러기의 털. '조금도 아끼지 않고 매우 가볍게 여기는 사물'을 비유하여 이르는 말

| 矛 | 矛 | | | | | | | |

창 모
- 矛戟(모극) : 창. 쌍날 창과, 창날의 끝이 두 갈래로 갈라진 창
- 矛盾(모순) : ① 창과 방패　② 말의 앞뒤가 서로 맞지 않음을 비유하는 말

| 謀 | 謀 | | | | | | | |

꾀할 모
- 參謀(참모) : ① 謀議(모의)에 차여함　② 軍議(군의)에 참여하는 고급 지휘관의 幕僚(막료)로서, 작전·用兵(용병) 기타 일체의 계획과 지도를 맡은 장교

| 貌 | 貌 | | | | | | | |

모양 모
- 貌樣(모양) : 됨됨이. 생김생김. 형상
- 容貌(용모) : 사람의 얼굴모양　圓 容姿(용자)

牧	牧							
기를 목, 목장 목		• 牧畜(목축) : 소, 양, 말 등을 牧場(목장) 또는 들에 놓아 먹여 기름 • 放牧(방목) : 가축을 놓아 기름						

木	木							
나무 목		• 木造(목조) : 나무로 만든 木製(목제) • 木炭(목탄) : ① 숯 ② 그림을 그리는 숯						

沐	沐							
머리감을 목		• 沐浴(목욕) : 머리를 감고 몸을 씻음 • 沐雨(목우) : 비를 흠뻑 맞음						

目	目							
눈 목		• 目的(목적) : 일을 이루려 하는 목표. 도달하고자 하는 標的(표적) • 目次(목차) : 책 내용의 제목의 차례						

睦	睦							
화목할 목		• 親睦(친목) : 서로 친하여 화목함 예 親睦會(친목회) • 和睦(화목) : 서로 뜻이 맞고 정다움						

沒	沒							
빠질 몰		• 沒却(몰각) : ① 없애버림 ② 무시함 • 沒廉恥(몰염치) : 염치가 아주 없음						

夢	夢							
꿈꿀 몽		• 夢寐(몽매) : 잠을 자며 꿈을 꿈 • 夢幻(몽환) : 꿈과 환상. 허황한 생각						

蒙	蒙							
어릴 몽, 어리석을 몽		• 蒙養(몽양) : 어린이를 교육하는 것 • 蒙耳(몽이) : 귀를 막고 듣지 않음						

<table>
<tr><td>妙</td><td>妙</td><td></td><td></td><td></td><td></td><td></td><td></td></tr>
</table>

묘할 묘

- 妙味(묘미) : 미묘한 맛. 극치의 취미
- 巧妙(교묘) : ① 솜씨나 재치가 약삭빠름 ② 매우 잘되고 묘함

<table>
<tr><td>墓</td><td>墓</td><td></td><td></td><td></td><td></td><td></td><td></td></tr>
</table>

무덤 묘

- 墓誌(묘지) : 죽은 사람의 이름, 신분, 행적 등을 새겨 무덤 옆에 파묻는 돌이나 도판
- 省墓(성묘) : 조상의 산소에 가서 인사를 드리고 산소를 살피는 일

<table>
<tr><td>卯</td><td>卯</td><td></td><td></td><td></td><td></td><td></td><td></td></tr>
</table>

넷째지지(토끼) 묘

- 卯方(묘방) : 24방위의 하나로 正東(정동)을 중심으로 한 방위
- 卯日(묘일) : 日辰(일진)이 卯(묘)로 된 날

<table>
<tr><td>廟</td><td>廟</td><td></td><td></td><td></td><td></td><td></td><td></td></tr>
</table>

사당 묘

- 廟議(묘의) : 조정에서의 회의
- 宗廟(종묘) : 역대 제왕의 위패를 모시는 사당

<table>
<tr><td>苗</td><td>苗</td><td></td><td></td><td></td><td></td><td></td><td></td></tr>
</table>

싹 묘

- 苗裔(묘예) : 먼 후대의 자손
- 苗板(묘판) : 논의 벼종자를 뿌려서 모를 기르는 곳. 못자리

<table>
<tr><td>武</td><td>武</td><td></td><td></td><td></td><td></td><td></td><td></td></tr>
</table>

굳셀 무

- 武裝(무장) : 전쟁 때 하는 군인의 옷차림
- 武藝(무예) : 검술, 궁술 등 武術(무술)에 관한 재주. 武技(무기)

<table>
<tr><td>務</td><td>務</td><td></td><td></td><td></td><td></td><td></td><td></td></tr>
</table>

힘쓸 무, 일 무

- 任務(임무) : 맡은 일   예 任務完遂(임무완수)
- 職務(직무) : (직업으로서)맡아서 하는 일   예 職務遺棄(직무유기)

<table>
<tr><td>舞</td><td>舞</td><td></td><td></td><td></td><td></td><td></td><td></td></tr>
</table>

춤출 무

- 舞臺(무대) : 공연하기 위해 마련한 자리
- 亂舞(난무) : ① 한데 뒤섞여 어지럽게 춤을 춤 ② 함부로 나서서 마구 날뜀

戊	戊									
다섯째천간 무	• 戊夜(무야) : 五更(오경). 곧, 오전 3시에서 5시 사이의 동안 • 戊辰(무진) : 60갑자의 하나									

無	無									
없을 무	• 無常(무상) : ① 인생이 덧없음 ② 일정하지 않음. 변함 • 無效(무효) : 보람이 없음. 效果(효과)가 없음									

茂	茂									
무성할 무	• 茂才(무재) : ① 옛날, 관리를 뽑기 위하여 시험하는 과목의 한 가지 ② 재능이 뛰어난 사람 ⑪ 英才(영재), 秀才(수재) • 茂學(무학) : 학문에 힘씀									

貿	貿									
바꿀 무	• 貿穀(무곡) : 좋은 시세를 노리고 곡식을 많이 사들임 • 貿易風(무역풍) : 위도 20도 내외의 곳에서 적도를 향하여 1년 내내 거의 끊임 없이 부는 바람									

霧	霧									
안개 무	• 霧散(무산) : ① 안개가 걷힘 ② 안개가 걷히는 것처럼 흔적도 없이 흩어짐 • 雲霧(운무) : 구름과 안개									

墨	墨									
먹 묵	• 墨客(묵객) : 글씨를 쓰거나 그림을 그리는 사람 예 詩人墨客(시인묵객) • 墨刑(묵형) : 옛날 중국의 五刑(오형)의 하나로 이마에 刺字(자자)하던 형벌									

默	默									
잠잠할 묵	• 默契(묵계) : ① 말 없는 가운데 마음 속으로 서로 약속함 ② 말이 없는 가운데 생각이 서로 맞음 • 默秘(묵비) : 말을 하지 아니함 예 默秘權(묵비권)									

文	文									
글월 문	• 文答(문답) : 글로써 회답함 • 文獻(문헌) : 옛날의 文物(문물)과 制度(제도)의 연구자료가 되는 冊(책)									

問	問						
물을 문		•問答(문답) : 물음과 대답. 묻고 답함　•慰問(위문) : 불쌍한 사람이나 수고하는 사람들을 방문하여 위로함　예 慰問便紙(위문편지)					

聞	聞						
들을 문		•見聞(견문) : ① 보고 들음　② 보고 들어서 얻은 지식　예 見聞錄(견문록) •聽聞(청문) : 설교나 연설 등을 들음　예 聽聞會(청문회)					

物	物						
물건 물		•物價(물가) : 물건의 값　예 物價指數(물가지수) •寶物(보물) : 보배로운 물건　비 寶貨(보화)					

勿	勿						
말 물		•勿驚(물경) : 엄청난 것을 말할 때 '놀라지 말라' 또는 '놀랍게도'의 뜻으로 쓰는 말 •勿禁(물금) : 官衙(관아)에서 금한 것을 특별히 허가하여 줌					

美	美						
아름다울 미		•美談(미담) : 후세에 전할 만한 아름다운 이야기 •美貌(미모) : 아름답고 고운 얼굴					

味	味						
맛 미		•味覺(미각) : 혀의 미신경으로 느끼는 감각　예 味覺神經(미각신경) •珍味(진미) : 음식의 썩 좋은 맛　예 山海珍味(산해진미)					

尾	尾						
꼬리 미, 끝 미		•尾骨(미골) : 척추의 가장 아랫 부분에 있는 3~5개의 작은 뼈로 된 부분 •末尾(말미) : 책 또는 문서에 적힌 내용이나 어느 기간의 끝 부분					

微	微						
작을 미		•微妙(미묘) : ① 자세하고 깊이가 있어, 잘 되어 있음　② 이상야릇하여 잘 알 수가 없음　•寒微(한미) : 가난하고 문벌이 변변하지 못함					

未	未								
아닐 미	• 未開(미개) : ① 꽃 같은 것이 아직 피지 아니함 ② 民度(민도)가 낮고 문명이 발달하지 못한 상태								

眉	眉								
눈썹 미	• 白眉(백미) : 여럿 가운데서 가장 뛰어난 사람 • 娥眉(아미) : 미인의 눈썹								

米	米								
쌀 미	• 米穀(미곡) : ① 쌀 ② 쌀과 잡곡 • 米粉(미분) : 쌀가루								

迷	迷								
미혹할 미	• 迷宮(미궁) : ① 그 가운데 들어가면 나올 길을 쉽게 찾을 수 없게 되어 있는 곳 ② 사건 같은 것이 얽혀서 쉽게 판단하기 어려운 일								

民	民								
백성 민	• 民心(민심) : 백성의 마음 • 民營(민영) : 민간의 경영 ⑲ 官營(관영)·公營(공영)								

憫	憫								
불쌍할 민	• 憫惘(민망) : 답답하고 딱하여 안타까움 • 憐憫(연민) : 불쌍하게 여김								

敏	敏								
민첩할 민	• 敏捷(민첩) : 재빠르고 날램 • 銳敏(예민) : 예리하고 민감함								

密	密								
빽빽할 밀	• 密封(밀봉) : 단단히 봉함. 꼭 봉함 • 秘密(비밀) : 남에게 알려서는 안되는 내용								

蜜							
꿀 밀	• 蜜腺(밀선) : 꿀물을 분비하는 기관 • 蜂蜜(봉밀) : 벌꿀						

朴							
성 박, 순박할 박	• 素朴(소박) : 꾸밈이나 거짓이 없는 있는 그대로의 모습 • 醇朴(순박) : 순량하고 꾸밈이 없음						

博							
넓을 박, 노름 박	• 博識(박식) : 보고 들은 것이 많아서 많이 앎 • 賭博(도박) : 돈이나 재물을 걸고 따먹기를 다투는 짓. 노름. 돈내기						

拍							
칠 박	• 拍車(박차) : 어떤 일의 촉진을 위하여 더하는 힘 **발전** 拍掌大笑(박장대소),　拍手喝采(박수갈채)						

泊							
배댈 박	• 漂迫(표박) : ① 흘러 떠돔　⑪ 漂流(표류) ② 일정한 사는 곳이나 生業(생업)이 없이 떠돌아 다니며 지냄　⑪ 漂寓(표우)						

薄							
엷을 박	• 薄俸(박봉) : 적은 봉급　⑪ 薄給(박급) • 薄酒(박주) : ① 맛이 좋지 못한 술　② 자기가 내는 술의 겸칭						

迫							
닥칠 박	• 迫切(박절) : 인정이 없이 야박함　• 逼迫(핍박) : ① 바싹 가까이 닥쳐 와서 형 편이 매우 절박함　② 괴롭게 굴거나 해를 입힘						

半							
반 반, 가운데 반	• 半減(반감) : 절반을 덞 또는 절반이 줆 • 半島(반도) : 한 면만 육지에 닿고 그 나머지 세 면은 바다에 싸인 땅						

班	班								
나눌 반		• 班位(반위) : ① 地位(지위) ② 같은 지위에 있음 • 兩班(양반) : (조선 중기 이후)지체나 신분이 높은 상류계급 사람, 곧 사대부를 이르는 말							

反	反								
거스를 반, 뒤집을 번		• 反擊(반격) : 쳐들어 오는 적을 되받아 공격함 또는 그러한 공격 • 反耕(번경) : 한번 간 논을 다시 갈아 뒤집음							

叛	叛								
배반할 반		• 叛逆(반역) : 정부를 배반하고 나라를 어지럽게 함 ㉑ 反逆(반역) • 背叛(배반) : 믿음과 의리를 저버리고 돌아섬 ㉑ 背反(배반)							

盤	盤								
쟁반 반, 받침 반		• 盤據(반거) : 땅을 굳게 차지하고 의거함. 단단하게 근거지로 함 • 盤松(반송) : 키가 작고 가지가 옆으로 퍼진 소나무							

般	般								
일반 반		• 般師(반사) : 군사를 돌이킴. 군사를 거느리고 돌아옴 • 一般(일반) : ① 한 모양. 같은 모양 ② 全般(전반) ③ 두루 널리 미침 ㉑ 普遍(보편)							

返	返								
돌아올 반		• 返信(반신) : 회답하는 편지나 전보 • 返還(반환) : 도로 돌려 줌							

飯	飯								
밥 반		• 飯囊(반낭) : 밥주머니. 무능하여 부질없이 사는 사람을 비웃어 이르는 말 • 飯饌(반찬) : 밥에 곁들여 먹는 여러가지 음식							

發	發								㉕ 発
필 발, 일어날 발		• 發刊(발간) : 인쇄하여 세상에 내놓음 • 啓發(계발) : 지능을 깨우쳐 열어줌 ㉖ 啓發敎育(계발교육)							

髮	髮						
머리털 발	• 頭髮(두발) : 머리털 • 髮膚(발부) : 머리털과 살. 毛髮(모발)과 皮膚(피부)　예 身體髮膚(신체발부)						

拔	拔						
뺄 발	• 拔群(발군) : 여럿 가운데서 특별히 빼어남 • 卓拔(탁발) : 남보다 훨씬 뛰어남　비 卓越(탁월)						

方	方						
모 방, 방위 방	• 方式(방식) : 일정한 形式(형식)　예 方定式(방정식) • 方針(방침) : 앞으로 나아갈 일정한 方向(방향)과 계획						

放	放						
놓을 방, 내칠 방	• 放浪(방랑) : 정처없이 떠돌아다님 • 釋放(석방) : 잡혀있는 사람을 용서하여 놓아줌						

房	房						
곁방 방, 집 방	• 閨房(규방) : 부녀자가 거처하는 방 • 茶房(다방) : 차 또는 음료수를 파는 영업소. 다실						

訪	訪						
찾을 방	• 訪問(방문) : 남을 찾아 봄. 심방함　예 訪問販賣(방문판매) • 來訪(내방) : (남이 나를)찾아봄　반 往訪(왕방)						

妨	妨						
방해할 방	• 妨害(방해) : 남의 일에 헤살을 놓아 못하게 함　예 業務妨害(업무방해) • 無妨(무방) : 지장이 없음						

防	防						
둑 방, 막을 방	• 防備(방비) : 방어하는 설비를 함 • 消防(소방) : 불이 나지 않도록 미리 막고, 불이 났을 때 불을 끄는 일						

倣	倣								
본받을 방		• 倣似(방사) : 아주 비슷함 • 模倣(모방) : 다른 것을 본뜨거나 본받음							

傍	傍								
곁 방		• 傍白(방백) : 청중에게는 들리나, 무대 위에 있는 상대방에게는 들리지 않는 것 으로 약속하고 말하는 대사							

芳	芳								
꽃다울 방		• 芳草(방초) : 꽃다운 풀 예 綠陰芳草(녹음방초) • 遺芳(유방) : 후세에 남는 빛나는 명성							

邦	邦								
나라 방		• 友邦(우방) : 가까이 사귀는 나라 예 友邦國(우방국) • 異邦人(이방인) : ① 다른 나라 사람 ② 풍속·사고방식 따위가 아주 다른 사람							

倍	倍								
갑절 배		• 倍加(배가) : 갑절로 늘어남 또는 갑절로 늘림 • 倍數(배수) : 갑절이 되는 수 반 約數(약수)							

配	配								
짝지을 배		• 配給(배급) : 분배하여 공급함. 적당히 나누어줌 • 流配(유배) : (죄인을)귀양보냄							

背	背								
등 배, 등질 배		• 背景(배경) : ① 무대 뒤쪽 벽에 꾸민 경치 ② 주위의 상태 • 背叛(배반) : 등지고 돌아섬							

拜	拜								
절 배		• 拜謁(배알) : 절하고 뵘. 지체 높은 분을 만나 뵘 • 崇拜(숭배) : 종교적 대상을 절대시하여 우러러 만듦 예 偶像崇拜(우상숭배)							

培	培					
북돋을 배	• 培養(배양) : ① 식물이나 세균 등을 가꾸어 기름 ② 人材(인재)를 길러 냄 • 栽培(재배) : 식물을 심어 가꿈					

排	排					
물리칠 배	• 排擊(배격) : 남의 의견이나 물건을 반대하여 물리침 • 按排(안배) : 제 차례, 제 자리에 알맞게 벌여 놓음					

杯	杯					
잔 배	• 杯盤(배반) : 술상에 차려 놓은 그릇들 또는 거기에 담긴 음식 • 祝杯(축배) : 축하의 뜻을 나타내기 위하여 마시는 술 또는 그 술잔					

輩	輩					
무리 배	• 輩出(배출) : 떼지어 나옴. 연달아 많이 나옴 • 輩行(배행) : ① 선배·후배의 순서 ② 나이가 서로 비슷한 친구 ⑪ 年輩(연배)					

白	白					
흰 백	• 白頭山(백두산) : 우리나라에서 제일 높은 산 • 白日場(백일장) : 時文(시문)을 겨루는 시험					

百	百					
일백 백	• 白科(백과) : 각종 학과 예 百科全書(백과전서) • 百姓(백성) : 일반 국민					

伯	伯					
맏 백	• 方伯(방백) : 지방의 우두머리 벼슬이란 뜻으로, 관찰사, 곧 지금의 도지사를 이르는 말 • 畫伯(화백) : 畫家(화가)의 우두머리라는 뜻으로, '화가'의 높임말					

栢	栢					
측백나무 백	• 栢葉(백엽) : 잣나무 잎 • 松栢(송백) : 소나무와 잣나무. '절개가 굳음'을 비유하여 이르는 말					

番	番								

차례 번	• 番號(번호) : 차례를 나타내는 호수 • 輪番(윤번) : 차례로 번듦 또는 그 돌아가는 차례　　●예 輪番制(윤번제)

煩	煩								

번거로울 번	• 煩悶(번민) : 번거롭고 답답하여 괴로와함 • 煩雜(번잡) : 번거롭고 복잡함

繁	繁								

번성할 번	• 繁盛(번성) : 형세가 불어나고 늘어나 잘 됨 • 頻繁(빈번) : 횟수가 잦음. 잦고 복잡함

飜	飜								

번역할 번	• 飜刻(번각) : 한 번 새긴 책판을 본보기로 삼아 그 내용을 다시 새김 • 飜案(번안) : 옛 사람의 詩文(시문)을 原案(원안)으로 하여 이리저리 고침

罰	罰								

벌 벌	• 罰則(벌칙) : 처벌하는 규칙 • 刑罰(형벌) : 국가가 죄를 범한 자에게 제재를 가함

伐	伐								

칠 벌	• 伐草(벌초) : 山所(산소)의 잡초를 베어서 깨끗이 함 • 征伐(정벌) : 무력을 써서 적이나 죄 있는 무리를 치는 일

範	範								

법 범, 한계 범	• 範圍(범위) : 일정한 한계 안. 한계를 그음 • 模範(모범) : 본받아 배울만한 본보기

犯	犯								

범죄 범	• 犯罪(범죄) : 죄를 저질러서 범함 또는 그 죄　　●예 犯罪行脚(범죄행각) • 防犯(방범) : 범죄가 일어나지 않도록 막음

凡	무릇 범, 모두 범	• 凡百事(범백사) : 가지가지의 모든 일 • 非凡(비범) : 보통이 아니고 아주 뛰어남. 평범하지 않음 (반) 平凡(평범)
汎	뜰 범, 넓을 범	• 汎論(범론) : ① 넓은 범위에 걸쳐 개괄하여 설명한 이론 ② 넓은 범위로 들띄워 놓고 하는 말 (비) 氾論(범론) • 汎舟(범주) : 배를 띄움 또는 그 배
法	법 법	• 法悅(법열) : ① 깊은 진리를 깨달은 때와 같은 묘미와 쾌감을 느끼어 도취되는 기쁨 ② 說法(설법)을 듣고 마음 속에 일어나는 기쁨
壁	벽 벽	• 壁報(벽보) : 벽에 쓰거나 붙여 여러 사람에게 알리는 것 • 絶壁(절벽) : 낭떠러지 (예) 絶壁江山(절벽강산)
碧	푸를 벽	• 碧眼(벽안) : 눈의 검은 자위가 푸른 눈. 서양 사람을 일컬음 (예) 碧眼紫髯(벽안자염) • 絶壁(절벽) : 낭떠러지 (예) 絶壁江山(절벽강산)
變	변할 변, 재앙 변	(약) 変 • 變貌(변모) : 모습이 바뀜 • 異變(이변) : 괴이한 변고. 상례에서 벗어나는 변화
邊	가 변	(약) 辺 • 邊境(변경) : 나라의 境界(경계)가 되는 변두리의 땅 • 海邊(해변) : 바닷가
辯	말잘할 변	• 辯護(변호) : 변명하여 庇護(비호)함 (예) 辯護士(변호사) • 雄辯(웅변) : (청중을 감동시킬 수 있는)조리있고 힘차게 하는 거침없는 辯舌(변설)

辨	辨								
분별할 변		• 辨明(변명) : ① 시비를 가려 밝힘 ② 죄가 없음을 밝힘 • 辨別(변별) : ① 구별함 ② 분별함							

遍	遍								
두루 변, 두루 편		• 遍歷(편력) : 이곳 저곳 두루 돌아다님 ⑪ 遍踏(편답) • 普遍(보편) : 모든 것에 두루 미치거나 통함							

別	別								
나눌 별, 다를 별		• 別居(별거) : 따로 살림을 함 • 別館(별관) : 本官(본관) 밖에 따로 설치한 집							

病	病								
병 병		• 病痛(병통) : 사상·성격·행동 등에서 속으로 깊이 박혀 있는 결함 • 病弊(병폐) : 병통과 폐단							

兵	兵								
병사 병		• 兵亂(병란) : ① 전쟁으로 나라가 어지러워짐 ② 군대가 일으킨 반란 • 兵役(병역) : 국민의 의무로서 兵籍(병적)에 편입되어 군무에 봉사함							

丙	丙								
셋째천간 병, 남녘 병		• 丙夜(병야) : 三更(삼경)을 五夜(오야)의 하나로 일컫는 말 • 丙坐(병좌) : 묏자리나 집터 따위가 남쪽을 등진 좌향							

屛	屛								
병풍 병		• 屛居(병거) : 사업에서 물러나서 집에만 있음 • 屛黜(병출) : 물리침							

竝	竝								
아우를 병		• 竝發(병발) : 한꺼번에 두 가지 이상의 일이 일어남 • 竝行(병행) : ① 나란히 감 ② 아울러 행함							

報	報						
갚을 보, 아릴 보	• 報償(보상) : 남에게 빚진 것을 갚아줌 • 誤報(오보) : 그릇되게 보도함 또는 그런 보도						

保	保						
보전할 보	• 保健(보건) : 건강을 保全(보전)함 • 留保(유보) : 뒷날로 미룸. 保留(보류)						

步	步						
걸음 보	• 步行(보행) : 걸어감 • 徒步(도보) : 걸어서 감　예　徒步旅行(도보여행)						

普	普						
넓을 보	• 普及(보급) : 널리 퍼짐 또는 널리 퍼뜨림 • 普遍(보편) : 두루 미침　예　普遍妥當性(보편타당성)						

寶	寶						
보배 보	• 寶鑑(보감) : 귀한 거울. 모범이 될 만한 사물　예　東醫寶鑑(동의보감) • 寶庫(보고) : 물자가 많이 산출되는 땅						

補	補						
도울 보	• 補缺(보결) : ① 비어 모자라는 데를 채움　② 결점을 보충함 • 補職(보직) : 공무원에게 어떤 직무의 담당을 명함 또는 그 職(직)						

譜	譜						
계보 보	• 譜表(보표) : 음악을 악보로 표시하기 위한 五線(오선)의 체계 • 族譜(족보) : 집안의 계통과 혈통의 관계 등을 적어 놓은 책						

服	服						
일할 복, 옷 복	• 服務(복무) : 職務(직무)에 힘씀 • 韓服(한복) : 한국 고유의 의복. 조선옷						

福	福						
복 복		• 福祉(복지) : 만족할 만한 생활환경　🔘 福祉年金(복지연금) • 冥福(명복) : 죽은 뒤 저승에서 받는 복

伏	伏						
엎드릴 복, 절후 복		• 伏兵(복병) : 뜻밖의 장애가 되어 나타난 경쟁상대 • 伏線(복선) : 뒷일을 헤아려서 몰래 미리 마련해 두는 준비

複	複						
겹칠 복		• 複寫(복사) : 두 장 이상을 포개어 한번에 베끼는 일 • 複製(복제) : 본디의 것과 똑같이 만듦　🔘 複製版(복제판)

卜	卜						
점 복		• 卜居(복거) : 점쳐서 거처를 정함 • 卜師(복사) : 점을 치는 사람

腹	腹						
배 복		• 心腹(심복) : ① 가슴과 배　② 관계가 밀접하여, 없으면 안될 일이나 물건 　③ 극히 친밀한 사람 또는 마음 놓고 믿을 수 있는 둘도 없는 부하

本	本						
근본 본		• 本格(본격) : 근본이 되는 격식. 올바른 법식 • 製本(제본) : 책을 매어서 꾸밈

奉	奉						
받들 봉		• 奉仕(봉사) : 웃사람을 섬김 • 奉養(봉양) : 父母(부모), 祖父母(조부모)를 받들어 모심

封	封						
봉할 봉		• 封采(봉채) : 혼인 전날 신랑집에서 신부집에 采緞(채단)과 禮狀(예장)을 보내는 일 • 封套(봉투) : 편지 같은 것을 써서 넣고 봉하는 종이주머니

峯	峯						
봉우리 봉	• 峯巒(봉만) : 첩첩이 이어진 산봉우리 • 峯頭(봉두) : 봉의 꼭대기						

蜂	蜂						
벌 봉	• 蜂起(봉기) : 벌집을 쑤시면 벌이 떼지어 나오는 것처럼, 사람들이 곳곳에서 떼지어 일어남. 여러 곳에서 兵亂(병란)이 일어나는 모양의 형용 예 民衆蜂起(민중봉기)						

逢	逢						
만날 봉	• 逢辱(봉욕) : 욕된 일을 당함 • 相逢(상봉) : 서로 만남 예 家族相逢(가족상봉)						

鳳	鳳						
봉새 봉	• 鳳雛(봉추) : ① 봉황의 새끼 ② 장차 크게 될 가능성이 있는 소년 ③ 아직 세 상에 드러나지 않은 영웅						

父	父						
아비 부	• 父老(부로) : 동네에서 나이 많은 사람에 대한 존칭 • 嚴父(엄부) : 엄격한 아버지 반 慈母(자모)						

夫	夫						
사내 부, 지아비 부	• 大丈夫(대장부) : 건장하고 씩씩한 사나이. 丈夫(장부) • 匹夫(필부) : ① 한 사람의 남자 ② 대수롭지 않은 그저 평범한 남자						

部	部						
떼 부, 분류 부	• 部隊(부대) : 全隊(전대)의 한 部分(부분)의 군대 • 部署(부서) : 여럿으로 나누어 분담시키는 사무의 부분						

婦	婦						
며느리 부, 지어미 부	• 新婦(신부) : 곧 결혼할 여자나 갓 결혼한 여자. 새색시 반 新郎(신랑) • 主婦(주부) : (한 가정의)가장(家長)의 아내 또는 주인의 부인						

富	富								
넉넉할 부, 부자 부		• 富豪(부호) : 큰 부자 • 甲富(갑부) : 첫째가는 큰 부자							

副	副								
버금 부		• 副産物(부산물) : 主産物(주산물)을 만드는데 따라서 생기는 물건 • 副業(부업) : 本業(본업) 외에 갖는 직업							

復	復								
다시 부, 회복할 복		• 復職(복직) : 원래 관직 또는 원래 직무로 돌아감 • 復活(부활) : ① 죽었다가 되살아남 ② 없어졌던 것이 다시 생김							

府	府								
마을 부, 곳집 부		• 府君(부군) : 돌아가신 아버지 또는 대대의 할아버지를 높이어 일컫는 말 　例 府君神位(부군신위)							

否	否								
아닐 부, 막힐 비		• 否認(부인) : 認定(인정)하지 아니 함 • 否決(부결) : 議案(의안)의 불성립을 의결함							

負	負								
질 부		• 負傷(부상) : 몸을 다침. 몸에 상처를 입음 또는 그 상처 • 抱負(포부) : 마음 속에 지닌, 앞날에 대한 생각이나 계획 또는 희망							

付	付								
부탁할 부, 줄 부		• 付壁(부벽) : 벽에 붙이는 그림이나 글씨 • 貼付(첩부) : 발라서 붙임							

扶	扶								
도울 부		• 扶腋(부액) : 곁부축 • 扶助(부조) : ① 도와 줌. 힘을 더해 줌 ② 잔치집·상가에 물건이나 돈을 보냄							

符	符					
부신 부	• 符號(부호) : ① 어떤 뜻을 나타내는 표 ② 수의 正(정) · 負(부)를 나타내는 표. 곧 '+' · '·' 따위					

簿	簿					
장부 부	• 簿記(부기) : ① 장부에 기입함 ② 한 경제 주체에 딸린 재산의 변동을 기록 · 계산 · 정리하여 그 결과를 명확하게 하는 방법					

腐	腐					
썩을 부	• 腐敗(부패) : ① 썩음 ② 부패균에 의해서 蛋白質(단백질) 따위가 분해하여 나쁜 냄새를 풍기는 것 ③ 정신이 타락하는 것					

膚	膚					
살갗 부	• 膚淺(부천) : 생각이 얕음 ⑪ 淺薄(천박) • 皮膚(피부) : 동물체의 몸 전체를 싸고 있는 겉껍질. 살갗					

賦	賦					
구실 부, 문체이름 부	• 賦與(부여) : 가지거나 가지도록 함 • 賦役(부역) : 국가나 공동 단체가 국민에게 의무적으로 책임지우는 노력					

赴	赴					
다다를 부	• 赴告(부고) : 사람이 죽은 것을 알리는 통지 ⑪ 訃告 • 赴任(부임) : 임명을 받아 새로 맡겨진 자리에 감					

附	附					
붙을 부	• 附屬(부속) : 주되는 일이나 물건에 딸려서 붙음 ⑩ 附屬病院(부속병원) • 寄附(기부) : 어떤 일에 부조의 목적으로 자기 재산을 내어 줌					

北	北					
북녘 북, 달아날 배	• 北極(북극) : ① 地球(지구)의 북쪽 끝 ⑪ 南極(남극) ② 北極星(북극성) ③ 임금의 자리 • 敗北(패배) : ① 싸움에서 짐 ② 패하여 달아남 ⑪ 敗走(패주)					

憤	憤								
분할 분	• 憤怒(분노) : 분하여 성냄 • 激憤(격분) : 몹시 분개함. 격렬한 분개

粉	粉								
가루 분	• 粉末(분말) : 가루 • 粉壁(분벽) : 희게 꾸민 벽

分	分								
나눌 분, 푼 푼	• 分量(분량) : 수량의 많고 적음이나, 부피의 크고 작은 정도 • 職分(직분) : ① 자기가 마땅히 하여야 할 본분 ② 직무상의 본분

墳	墳								
봉분 분	• 墳墓(분묘) : 무덤 • 古墳(고분) : 고대의 무덤. 옛 무덤

奔	奔								
달아날 분	• 奔放(분방) : ① 세차게 내달림 ② 정상적인 규율을 벗어나서 제멋대로 나아감 • 奔逸(분일) : 뛰어서 도망함

奮	奮								
떨칠 분	• 奮起(분기) : 기운을 내어 일어남 • 奮發(분발) : 마음을 단단히 먹고 기운을 내어 일어남 ⑪ 發奮(발분)

佛	佛								
부처 불	• 佛供(불공) : 부처 앞에 올리는 供養(공양) • 念佛(염불) : 부처의 모습이나 그 공덕을 생각하면서 부처의 이름을 외는 일

不	不								
아닐 불, 아닐 부	• 不經濟(불경제) : (비용·물자·노력 등이)일반적인 기준보다 더 들어 낭비되거 나 절약이 못 됨 • 不夜城(불야성) : '밤이 낮같이 밝은 곳'의 비유

弗

아닐 불

- 弗豫(불예) : ① 즐거워하지 않음 ② 병에 걸림
- 弗治(불치) : 명령을 어김 또는 그 사람

拂

치를 불

- 拂拭(불식) : 털고 훔치어 깨끗이 함
- 支拂(지불) : ① 값을 치루어 줌 ② 빚을 갚음

崩

무너질 붕

- 崩壞(붕괴) : 무너짐
- 崩御(붕어) : 황제의 죽음

朋

벗 붕

- 朋黨(붕당) : ① 주의나 이해를 같이 하는 사람들이 하나로 결합하여 다른 사람을 배척하는 단체 ② 벗. 동료 •朋友(붕우) : 벗. 친구

比

견줄 비

- 比肩(비견) : ① 어깨를 나란히 함 ② 서로 비슷함
- 比較(비교) : 둘 이상의 사물을 서로 견주어 봄

鼻

코 비

- 鼻孔(비공) : 콧구멍
- 鼻炎(비염) : 코의 점막에 생기는 염증

費

쓸 비

- 費用(비용) : 드는 돈. 쓰는 돈 예 費用節減(비용절감)
- 消費(소비) : 돈이나 물건. 시간. 노력 등을 써 버림 예 消費量(소비량)

備

갖출 비

- 備忘錄(비망록) : 잊어버리지 않게 적어 두는 記錄(기록)
- 兼備(겸비) : 두가지 이상의 좋은 점을 함께 갖추어 가짐

悲	悲								
슬퍼할 비	• 悲觀(비관) : 일이 뜻대로 되지 않아 슬퍼하거나 실망함 • 悲壯(비장) : 슬픔 속에 오히려 씩씩한 기운이 있음								

祕	祕								
숨길 비	• 祕訣(비결) : 감추어 두고 남에게 알리지 아니하는 비밀의 방법 • 祕密(비밀) : 남에게 보이거나 알려서는 안되는 일의 내용								

批	批								
비평할 비	• 批難(비난) : 결점이나 과실을 詰責(힐책)함 • 批評(비평) : 사물의 좋고 나쁨, 옳고 그름 등을 평가함　예 文藝批評(문예비평)								

碑	碑								
비석 비	• 碑閣(비각) : 안에 碑(비)를 세워 놓은 집 • 墓碑(묘비) : 무덤 앞에 세우는 비석　비 墓石(묘석)								

卑	卑								
낮을 비	• 卑怯(비겁) : ① 비열하고 겁이 많음 ② 정정당당하지 못하고 야비함 • 鮮卑(선비) : 고대 몽고족에 딸린 遊牧民(유목민) 또는 그들이 세운 나라								

妃	妃								
왕비 비	• 妃嬪(비빈) : 비와 빈. 后(후) 다음이 妃(비), 비 다음이 嬪(빈) • 妃耦(비우) : 배우자								

婢	婢								
계집종 비	• 婢僕(비복) : 계집 종과 사내 종 • 婢妾(비첩) : 종으로 첩이 된 계집								

肥	肥								
살찔 비	• 肥鈍(비둔) : 너무 비대하여 동작이 둔함 • 肥沃(비옥) : 땅이 기름짐								

非	非							
그를 비, 아닐 비	• 非難(비난) : 남의 잘못이나 흠을 나무람 • 非違(비위) : 법에 어긋남 또는 그 일							

飛	飛							
날 비	• 飛閣(비각) : ① 높은 누각 ② 높이 걸친 다리 • 飛報(비보) : 급히 기별함							

貧	貧							
가난할 빈	• 貧富(빈부) : 가난한 것과 넉넉한 것 예 貧富隔差(빈부격차) • 淸貧(청빈) : 성정이 청렴하여 살림이 구차함							

賓	賓							
손님 빈	• 賓服(빈복) : 외국인이 복종하여 내조함 • 接賓(접빈) : 손님을 접대함 비 接客(접객)							

頻	頻							
자주 빈	• 頻繁(빈번) : 잦음 • 頻蹙(빈축) : 얼굴을 찡그림							

氷	氷							
얼음 빙, 얼 빙	• 氷河(빙하) : 높은 산에서 응고한 萬年雪(만년설)이 얼음이 되서 서서히 흘러 내리는 것 • 結氷(결빙) : 물이 얼어서 얼음이 됨. 얼어 붙음 비 解氷(해빙)							

聘	聘							
부를 빙	• 聘召(빙소) : 예로써 부름. 예물을 갖추어 부름 • 招聘(초빙) : 예를 갖추어 불러 맞아들임							

四	四							
넉 사	• 四窮(사궁) : 鰥(환 : 늙은 홀아비), 寡(과 : 늙은 홀어미), 孤(고 : 부모 없는 아이), 獨(독 : 자식 없는 늙은이)의 불행을 통틀어 이르는 말							

社 社	
땅귀신 사, 단체 사	• 社稷(사직) : 토지의 主神(주신)과 五穀(오곡)의 신　◉ 宗廟社稷(종묘사직) • 會社(회사) : 상행위 또는 영리를 목적으로 상법에 따라 설립된 사단법인

使 使	
부릴 사	• 使命(사명) : 자기에게 부과된 직무 • 使節(사절) : 임금 또는 정부의 대표가 되어 외국에 가서 있는 사람

死 死	
죽을 사	• 死文(사문) : ① 조문만 있을 뿐 실제로는 효력이 없는 법령이나 규칙　② 내용·정신이 없는 문장

仕 仕	
벼슬 사, 섬길 사	• 仕宦(사환) : 벼슬을 함　ⓑ 仕官(사관)　• 奉仕(봉사) : (나라나 사회, 남을 위해) 자신의 이해를 돌보지 않고 몸과 마음을 다하여 일함

士 士	
선비 사	• 士林(사림) : 선비들의 세계　ⓑ 儒林(유림)　• 壯士(장사) : ① 기개와 체질이 굳센 사람　② 육체적인 힘이 뛰어나게 센 사람　ⓑ 力士(역사)

史 史	
사관 사, 역사 사	• 史蹟(사적) : 역사상의 遺蹟(유적) • 歷史(역사) : 인간사회가 거쳐온 변천의 모습 또는 그 기록　◉ 歷史小說(역사소설)

思 思	
생각 사	• 思慕(사모) : ① 그리워함　② 우러러 받들고 마음으로 따름 • 思索(사색) : 사물의 이치를 파고들어 생각함

寫 寫	⑭ 写
베낄 사	• 寫實(사실) : 실제로 있는 그대로를 그려냄 • 複寫(복사) : 사진, 문서 등을 본디 것과 똑같이 박는 일

査 査	
조사할 사	• 査正(사정) : 그릇된 것을 조사하여 바로잡음 • 審査(심사) : 자세히 조사하여 가려내거나 정함

謝 謝	
사례할 사, 사양할 사	• 謝過(사과) : 잘못에 대하여 용서를 빎　예 謝過聲明(사과성명) • 謝絶(사절) : 사퇴하여 받지 아니함　예 面會謝絶(면회사절)

師 師	
스승 사	• 教師(교사) : 유치원, 초, 중, 고등학교 등에서 소정의 자격을 가지고 학생을 가 　르치거나 돌보는 사람　비 教員(교원)

舍 舍	
집 사	• 舍廊(사랑) : 바깥 주인이 거처하는 곳　예 舍廊房(사랑방) • 屋舍(옥사) : 집. 건물

寺 寺	
절 사	• 寺刹(사찰) : 절. 寺院(사원) • 寺址(사지) : 절터

辭 辭	약 辞
말씀 사, 사퇴할 사	• 辭職(사직) : 직무를 내놓고 물러나옴 • 辭典(사전) : 낱말의 발음. 뜻. 용법. 어원을 해설한 책

絲 絲	약 糸
실 사	• 絹絲(견사) : 비단을 짜는 명주실을 통틀어 이르는 말. 비단실 • 毛絲(모사) : 털실

私 私	
사사로울 사	• 私慾(사욕) : 자기 一身(일신)의 이익만 탐하는 욕심　예 私利私慾(사리사욕) • 私債(사채) : 私人(사인) 사이에 지는 빚

射 射							
쏠 사	• 射倖心(사행심) : 요행을 노리는 마음 • 噴射(분사) : (기체 등을)세차게 내뿜음						

事 事							
일 사, 섬길 사	• 事理(사리) : 사물의 이치. 일의 도리 • 事親(사친) : 어버이를 섬김						

似 似							
같을 사	• 類似(유사) : 서로 비슷함 • 恰似(흡사) : ① 거의 같을 정도로 비슷함 ② 마치. 아마도						

司 司							
맡을 사	• 司直(사직) : 법관 • 司會(사회) : 회의나 예식을 집행함 또는 그 사람						

巳 巳							
뱀 사	• 巳時(사시) : 하루를 열 두 시간으로 나눌 때의 여섯 번째 시간. 곧 오전 9시에서 11시 사이 • 癸巳(계사) : 60갑자의 하나						

捨 捨							
버릴 사	• 取捨(취사) : 쓸 것은 취하고 버릴 것은 버림 예 取捨選擇(취사선택) • 喜捨(희사) : ① 남을 위해 재물을 기꺼이 내어 놓음 ② 신불에 재물을 바침						

斜 斜							
기울 사	• 斜面(사면) : ① 비탈 ② 경사진 면 • 斜陽(사양) : ① 서쪽으로 기울어진 해 ② 왕성하지 못하고 시들어지는 현상 예 斜陽産業(사양산업)						

斯 斯							
이것 사	• 斯文(사문) : ① 유교의 도의 또는 그 문화 ② 유학자 예 斯文亂賊(사문난적) • 斯學(사학) : 이 학문. 그 학문						

沙	沙				
모래 사	• 沙漠(사막) : 기후가 매우 건조하여, 생물이 거의 자라지 못하는 모래와 자갈로 된 땅　ⓑ 砂漠(사막)				

祀	祀				
제사 사	• 祀天(사천) : 하늘에 제사를 지냄 • 祭祀(제사) : 신령에게 음식을 바치어 정성을 표하는 예절				

蛇	蛇				
뱀 사	• 長蛇陳(장사진) : ① 많은 사람이 줄을 지어 길게 늘어서 있는 모양　② 한줄로 길게 벌이는 陣法(진법)의 한 가지				

詐	詐				
속일 사	• 詐欺(사기) : ① 거짓말을 하여 남을 속이는 것　② 고의로 사실을 속여 남에게 손해를 입히거나 부당한 이익을 얻는 행위　예 詐欺罪(사기죄)				

詞	詞				
말씀 사	• 詞賦(사부) : 韻字(운자)를 달아 지은 한문 詩(시)의 총칭 • 詞章(사장) : 詩文(시문). 文章(문장)				

賜	賜				
줄 사	• 賜藥(사약) : 임금이 죽여야 할 신하에게 마시고 죽으라고 독약을 내려 줌 • 膳賜(선사) : 남에게 감사하거나 好意(호의)로 물품 따위를 주는 것				

邪	邪				
간사할 사, 어조사 야	• 邪教(사교) : 올바르지 못한 가르침 • 邪揄(야유) : 남을 빈정거려 놀림. 희롱함. 조롱함　ⓑ 揶揄(야유)				

削	削				
깎을 삭	• 削減(삭감) : 깎고 줄임　• 削奪(삭탈) : ① 빼앗음 ② 죄를 지은 사람의 벼슬과 품계를 뗌. 削奪官職(삭탈관직)의 준 말				

朔	朔						
초하루 삭	• 朔望(삭망) : 초하루와 보름. 음력 1일과 15일 • 朔方(삭방) : 북쪽						

山	山						
뫼 산	• 山所(산소) : ① 무덤 ② 조상의 무덤이 있는 산 • 山積(산적) : 산더미처럼 쌓임 또는 산더미처럼 쌓음						

算	算						
셈할 산	• 算出(산출) : 계산해냄. 셈함 예 算出價格(산출가격) • 決算(결산) : 계산을 마감함 예 決算報告(결산보고)						

産	産						
낳을 산	• 産物(산물) : 그 지방에서 생산되는 물건 예 副産物(부산물) • 破産(파산) : 가산을 모두 날려버림 비 倒産(도산)						

散	散						
흩어질 산	• 散漫(산만) : 어수선하게 흩어져 퍼져 있음 • 集散(집산) : 모여듦과 흩어짐 예 離合集散(이합집산)						

酸	酸						
초 산	• 酸鼻(산비) : 콧마루가 찡함. 곧 몹시 슬프고 애통함. 비참함. 참혹함 • 辛酸(신산) : ① 맛이 맵고 심 ② 세상살이의 쓰라리고 고된 일						

殺	殺						
죽일 살, 덜 쇄	• 殺菌(살균) : 병균을 죽임 • 殺到(쇄도) : 세차게 몰려듦						

三	三						
석 삼	• 三綱(삼강) : 임금과 신하, 부모와 자식, 남편과 아내 사이에 지켜야 할 세 가지 도리 • 三省(삼성) : 여러 번 반성함. 거듭 반성함						

森 森	
빽빽할 삼	• 森羅(삼라) : ① 세상 만물 예 森羅萬象(삼라만상) ② 나무가 무성하게 늘어섬 • 森嚴(삼엄) : 무서우리만큼 엄숙함

上 上	
윗 상, 오를 상	• 上客(상객) : ① 자기보다 지위가 높은 손님 ② 혼인 때 신랑이나 신부를 데리고 가는 사람 • 上覽(상람) : 임금이 봄

相 相	
서로 상, 볼 상	• 相逢(상봉) : 서로 만남 • 相續(상속) : 이어줌 또는 이어받음 예 相續稅(상속세)

商 商	
장사 상	• 商船(상선) : 상업상의 목적에 쓰이는 배 • 商標(상표) : 사업자가 자기가 취급하는 상품을 남의 상품과 구별하기 위하여 붙이는 고유의 표지

賞 賞	
칭찬할 상, 상 상	• 賞罰(상벌) : 상과 벌 또는 상줌과 벌줌 • 懸賞(현상) : (어떤 목적으로 조건을 붙여)상금이나 상품을 내거는 일

床 床	
평상 상	• 平床(평상) : 나무로 만든 寢床(침상)의 한 가지 • 臥床(와상) : 누워 잘 수 있게 만든 평상 예 寢床(침상)

狀 狀	약 狀
모양 상, 문서 장	• 狀況(상황) : 일이 되어가는 형편이나 모양 • 賞狀(상장) : 학업. 행실. 성적 등을 칭찬하는 뜻을 적어서 상으로 주는 증서

常 常	
항상 상	• 常識(상식) : 보통사람이 가지고 있는 이해력과 지식 • 常備(상비) : 늘 준비하여 둠 예 常備藥(상비약)

想	想							
생각할 상		• 想起(상기) : 지난 일을 생각해냄 • 假想(가상) : 가정하여 생각함 예 假想現實(가상현실)						

象	象							
코끼리 상, 모양 상		• 象徵(상징) : 어떠한 사상이나 개념 등에 대해 그것을 상기시키거나 연상시키는 구체적인 사물이나 감각적인 말로 바꾸어 나타내는 일						

傷	傷							
다칠 상, 해칠 상		• 損傷(손상) : 떨어지고 상함 또는 상하게 함 • 致命傷(치명상) : 목숨이 위험할 정도로 입은 상처						

像	像							
형상 상		• 像形(상형) : 어떤 물건의 모양을 본따서 비슷하게 만듦 또는 그 모양 • 肖像(초상) : 어떤 사람의 용모를 본따서 똑같이 그린 화상						

償	償							
갚을 상		• 償還(상환) : ① 다른 돈이나 물품으로 대신해서 갚음 ② 빚을 갚음 • 補償(보상) : 손해를 물어 줌						

喪	喪							
잃을 상, 죽을 상		• 喪亂(상란) : 전쟁·전염병·천재지변 따위로 인하여 사람이 많이 죽는 일 • 初喪(초상) : 사람이 죽어서 장사 지낼 때까지의 일						

嘗	嘗							
맛볼 상		• 嘗膽(상담) : 쓸개를 맛봄. 원수를 갚고자 고생을 참고 견딤을 비유 예 臥薪嘗膽(와신상담) • 嘗試(상시) : 시험하여 봄						

尚	尚							
오히려 상, 숭상할 상		• 尙武(상무) : 武(무)를 숭상함 • 尙存(상존) : 아직 존재함						

桑	桑						
뽕나무 상	• 桑梓(상재) : 여러 대의 조상의 무덤이 있는 고향. 詩經(시경)에, 자손을 위하여 뽕나무와 가래나무를 심어서 울 타리로 했다는 말이 있는데, 이 나무를 보는 자손들은 조상을 그리고 공경하는 마음이 생긴다는 데서 온 말

祥	祥						
상서로울 상	• 祥禫(상담) : 大祥(대상)과 禫祭(담제) • 吉祥(길상) : 운수가 좋을 조짐. 경사가 날 조짐　ⓑ 祥瑞(상서)

裳	裳						
치마 상	• 紅裳(홍상) : ① 여자가 입는 붉은 빛깔의 치마. 다홍치마　② 朝服(조복)에 딸 린 아래 옷. 붉은 빛깔의 바탕에 검은 옷

詳	詳						
자세할 상	• 詳述(상술) : 자세하게 진술함 • 昭詳(소상) : 분명하고 자세함

霜	霜						
서리 상	• 霜菊(상국) : 서리가 내릴 때 피는 꽃 • 星霜(성상) : ① 세월　② 햇수를 뜻하는 말

塞	塞						
변방 새, 막을 색	• 要塞(요새) : 국방상 중요한 지점에 구축하여 놓은 견고한 군사적 방어시설 • 窘塞(군색) : ① 살기가 구차함　② 자유롭지 못하고 거북함

索	索						
찾을 색, 노끈 삭	• 索居(삭거) : ① 벗과 헤어져 있음　② 쓸쓸하게 홀로 있음 • 鐵索(철삭) : 철사로 꼬아서 만든 줄

色	色						
빛 색	• 色魔(색마) : 女色(여색)에 미친 사람 • 色情(색정) : 남녀간의 欲情(욕정). 색을 좋아하는 마음

生	生								
날 생		• 生動(생동) : 살아 움직임. 특히 그림이나 글씨 따위가 썩 잘 되어서 기운이 살아 움직이듯이 보임							

書	書								
책 서, 글 서		• 書籍(서적) : 책. 書冊(서책) • 圖書館(도서관) : 많은 도서를 모아 보관하고 공중에게 열람시키는 시설							

序	序								
차례 서		• 序論(서론) : 본론의 머리말이 되는 논설　• 秩序(질서) : 사물 또는 사회가 올바른 상태를 유지하기 위해 지켜야 할 일정한 차례나 규칙							

庶	庶								
거의 서, 모두 서		• 庶母(서모) : 아버지의 첩 • 庶派(서파) : 서자의 자손							

徐	徐								
천천히 서		• 徐徐(서서) : 천천히 • 徐行(서행) : 천천히 감. 조용히 걸음							

恕	恕								
용서할 서		• 寬恕(관서) : 너그럽게 용서함 • 容恕(용서) : ① 놓아줌　② 죄를 면해줌　③ 꾸짖지 않음							

敍	敍								
펼 서		• 敍用(서용) : 죄가 있어 免冠(면관) 당하였던 사람을 다시 任用(임용)함 • 敍任(서임) : 벼슬을 내림							

暑	暑								
더울 서		• 寒暑(한서) : ① 추위와 더위　② 겨울과 여름 • 酷暑(혹서) : 몹시 심한 더위. 지독한 더위　⑪ 酷炎(혹염)							

緒 緒	
실마리 서	• 緒論(서론) : 본론의 머리말이 되는 논설　㉯ 序論(서론), 序說(서설) • 緒正(서정) : 근본을 캐어 찾아서 바로잡음

署 署	
관청 서	• 署理(서리) : 결원이 있을 때 다른 사람이 직무를 대리함 또는 그 사람 • 部署(부서) : 여럿으로 나뉘어져 있는 사무의 부분

西 西	
서녘 서	• 西歐(서구) : 서부 유럽의 여러 나라　• 西風(서풍) : ① 서쪽에서 불어 오는 바람　② 가을바람. 五行說(오행설)에서 가을은 서쪽에 해당함

夕 夕	
저녁 석	• 夕刊(석간) : 저녁에 돌리는 신문　㉯ 朝刊(조간) • 夕室(석실) : 한편으로 기울어진 방

席 席	
자리 석	• 席捲(석권) : (자리를 말아가듯이)무서운 기세로 세력을 펼치거나 휩쓺 • 坐席(좌석) : 앉는 자리　㉯ 立席(입석)

惜 惜	
아낄 석, 가엾을 석	• 惜別(석별) : 서로 헤어지기를 애틋하게 여김. 작별을 섭섭히 여김 • 惜敗(석패) : 아깝게 짐. 분한 패배　㉯ 憤敗(분패)

昔 昔	
옛 석	• 今昔(금석) : 이제와 예　예 今昔之感(금석지감) • 宿昔(숙석) : 좀 오래 된 옛날

析 析	
가를 석	• 分析(분석) : ① 일정한 사물이나 현상에 대하여, 그것을 이루고 있는 개별적 요소를 갈라 냄 ② 물질의 組成(조성)을 밝히기 위하여 그 성분의 종류와 量的(양적) 比(비)를 알아내는 일

石	石							

돌 석
- 石器(석기) : 돌로 만든 여러가지 기구. 주로 선사시대에 쓰이던 유물을 이름
- 石淸(석청) : 산 속의 나무나 돌 사이에 벌이 모아둔 꿀. 약재로 쓰임

釋	釋							

풀 석
- 釋然(석연) : ① 마음이 환하게 풀림 ② 미심쩍던 것이나 원한 따위가 확 풀리고 마음이 환하게 밝아짐

線	線							

줄 선, 실 선
- 線路(선로) : 기차, 전차 등이 다니는 길. 鐵路(철로)
- 混線(혼선) : (전선이나 전화 등에서)신호나 통화가 뒤섞이어 엉클어짐

先	先							

먼저 선
- 先驅(선구) : ① 어떤 사상이나 일에 있어서 앞선 사람　예 先驅者(선구자)
② 말 탄 행렬의 앞장선 사람　비 前驅(전구)

仙	仙							

신선 선
- 仙化(선화) : (신선이 화하였다는 뜻으로)늙어서 병이나 고통없이 죽음을 이름
- 詩仙(시선) : 仙風(선풍)이 있는 천재적인 시인

鮮	鮮							

고울 선, 생선 선
- 鮮魚(선어) : 신선한 물고기. 생선　• 朝鮮(조선) : 上古(상고) 때부터 써오던 우리나라의 나라이름(단군조선, 위만조선 등)

善	善							

착할 선, 좋을 선, 잘할 선
- 善隣(선린) : 이웃과 의좋게 지냄　예 善隣政策(선린정책)
- 僞善(위선) : 겉으로만 착한 체함 또는 겉치레로 보이는 선행

船	船							

배 선
- 船舶(선박) : 규모가 큰 배
- 船着場(선착장) : 나루, 배가 닿고 떠나는 일정한 곳

選	選						
가릴 선, 뽑을 선	• 選拔(선발) : (많은 가운데서)추려 뽑음　(예) 選拔考査(선발고사) • 落選(낙선) : 선거에서 떨어짐　　　　　(반) 當選(당선)						

宣	宣						
베풀 선	• 宣誓(선서) : 여러 사람들 앞에서 공개하여 맹세하는 일　(예) 就任宣誓(취임선서) • 宣布(선포) : (공적으로)세상에 널리 알림						

旋	旋						
돌 선	• 旋風(선풍) : ① 회오리바람　② 사회에 돌발적으로 큰 동요를 일으키는 사건 • 凱旋(개선) : 적과의 싸움에서 이기고 돌아옴　(예) 凱旋門(개선문)						

禪	禪						
봉선 선, 선위할 선	• 禪位(선위) : 임금이 왕위를 물려줌 • 參禪(참선) : 禪道(선도)에 들어가 수행함　(비) 座禪(좌선)						

雪	雪						
눈 설, 씻을 설	• 雪辱(설욕) : (승부 등에 이김으로써)전에 패배했던 부끄러움을 씻어내고 명예를 　되찾음　• 雪膚(설부) : 눈같이 흰 피부						

說	說						
말씀 설, 기쁠 열, 달랠 세	• 解說(해설) : 알기 쉽게 풀어서 설명함 또는 그 설명　(예) 時事解說(시사해설) • 遊說(유세) : 각처를 돌며 자기의 의견이나 소속정당의 주장 등을 설명하고 선전함						

設	設						
설명 설, 베풀 설	• 設置(설치) : 기계나 설비 또는 기관 등을 마련하여 둠 • 開設(개설) : (어떤 시설을)새로 설치하여 업무를 시작함						

舌	舌						
혀 설	• 舌戰(설전) : 말다툼. 말로 옳고 그름을 가리는 다툼 • 毒舌(독설) : 악독하게 혀를 놀려 남을 해치는 말　(예) 毒舌家(독설가)						

涉	涉							
건널 섭		• 涉獵(섭렵) : 여러가지 책을 많이 읽음 • 跋涉(발섭) : 산을 넘고 물을 건너서 길을 감						

姓	姓							
성씨 성, 겨레 성		• 姓名(성명) : 성(姓)과 이름　ⓑ 姓銜(성함) • 同姓(동성) : 같은 성씨　ⓔ 同姓同本(동성동본)						

省	省							
살필 성, 덜 생		• 省略(생략) : (한 부분을)덜어서 줄임. 뺌 • 歸省(귀성) : 객지에서 지내다가 고향에 돌아감　ⓔ 歸省人波(귀성인파)						

性	性							
성품 성, 성별 성		• 性格(성격) : 각 사람이 가진 특유한 성질　ⓑ 品性(품성) • 惰性(타성) : (어떤 동작이나 경험으로)굳어진 버릇						

誠	誠							
정성 성, 진실 성		• 誠意(성의) : 정성스러운 마음. 참된 마음　ⓔ 誠心誠意(성심성의) • 精誠(정성) : 온갖 성의를 다하려는 참되고 거짓없는 마음						

聖	聖							
성스러울 성		• 聖域(성역) : 거룩한 지역 • 聖賢(성현) : ① 聖人(성인)과 賢人(현인)　② 淸酒(청주)와 濁酒(탁주)						

城	城							
재 성, 성 성		• 城郭(성곽) : 城(성). 성은 내성, 곽은 외성을 아울러 이르는 말　• 牙城(아성) : ① 성곽의 중심부　② 큰 조직이나 단체 등의 '중심이 되는 곳'을 비유한 말						

聲	聲							ⓐ 声
소리 성		• 聲援(성원) : (응원이나 원조 등으로)사기나 기운을 북돋아 줌 • 聲討(성토) : 여러 사람이 모여서 어떤 잘못을 비판하고 규탄함						

星	星								
별 성		• 星辰(성신) : 뭇별 • 衛星(위성) : 행성의 둘레를 운행하는 작은 원체　예 衛星放送(위성방송)

盛	盛								
성할 성		• 盛衰(성쇠) : 사물이 성하는 일과 쇠하는 일　예 榮枯盛衰(영고성쇠) • 盛況(성황) : (모양이나 행사 등이)성대하고 활기찬 모양

成	成								
이룰 성, 이루어질 성		• 成熟(성숙) : ① 발육이 다 됨　② 열매가 익음　③ 새로운 단계에 들어설 수 있는 기회가 무르익음　• 成就(성취) : 일을 처음 목적대로 이룸

世	世								
인간 세		• 世孫(세손) : 임금의 맏손자 • 世態(세태) : 세상 형편　비 世相(세상)

歲	歲								
해 세, 나이 세		• 歲拜(세배) : 섣달 그믐이나 정초에 웃어른에게 하는 인사 • 歲費(세비) : 국가기관의 일년간의 비용

洗	洗								
씻을 세		• 洗練(세련) : (글이나 교양, 인품 등을)갈고 다듬어 우아하고 고상하게 됨 • 洗濯(세탁) : 빨래　예 洗濯劑(세탁제)

勢	勢								
세력 세, 기세 세		• 勢道(세도) : 정치상의 권세　예 勢道政治(세도정치) • 權勢(권세) : 권력과 세력

細	細								
가늘 세, 자세할 세		• 細密(세밀) : 자세하고 빈틈없음 • 微細(미세) : (분간하기 어려울 만큼)매우 가늘고 작음

稅	税							
세 금 세	• 稅關(세관) : 공항 등에서 수출입품에 세금을 물리고 단속을 맡고 있는 관청 • 納稅(납세) : 세금을 바침　예 納稅告知(납세고지)							

少	少							
적을 소, 젊을 소	• 減少(감소) : 줄어서 적어짐　반 增加(증가) • 稀少(희소) : 드물고 적음　예 稀少價値(희소가치)							

所	所							
곳 소, 바 소	• 所管(소관) : 어떤 사무를 맡아 관리함 또는 그 사무 • 住所(주소) : 법률에서 실질적인 생활의 근거가 되는 곳을 말함							

消	消							
사라질 소	• 消滅(소멸) : 사라져 없어짐 • 抹消(말소) : (적혀 있는 사실을)지워서 없앰							

掃	掃							
쓸 소	• 掃蕩(소탕) : 휩쓸어 모조리 없애버림 • 淸掃(청소) : 깨끗이 쓸고 닦음 또는 더러운 것을 없애 깨끗이 함							

笑	笑							
웃을 소	• 談笑(담소) : (스스럼 없이)웃으며 이야기함　예 談笑自若(담소자약) • 微笑(미소) : 소리를 내지않고 빙긋이 웃는 웃음							

素	素							
흴 소, 바탕 소	• 素朴(소박) : 꾸밈이나 거짓이 없음 • 素養(소양) : 평소에 닦은 학문과 德行(덕행)　예 素養敎育(소양교육)							

召	召							
부를 소	• 召喚(소환) : 사법기관이 특정의 개인을 일정한 장소로 오도록 부르는 일 • 應召(응소) : 소집에 응함							

小	小							

작을 소
- 小心(소심) : 대담하지 못하고 조심이 너무 많음
- 小兒(소아) : ① 어린아이 ② 자기 아들을 낮추어 일컫는 말

昭	昭							

밝을 소
- 昭明(소명) : 밝음
- 昭詳(소상) : 분명하고 자세함

燒	燒							

불사를 소
- 燒却(소각) : 불에 태워 없애버림
- 燒酒(소주) : 쌀이나 잡곡으로 술을 빚어서, 그 술을 증류한 무색 투명한 술

疎	疎							

성길 소
- 疎漏(소루) : 일이 엉성함. 절차가 불충분함
- 疎食(소사) : 변변하지 못한 음식. 채소반찬의 밥

蔬	蔬							

푸성귀 소
- 蔬飯(소반) : 변변하지 못한 음식
- 菜蔬(채소) : 나물

蘇	蘇							

깨어날 소
- 蘇復(소복) : ① 병이 나은 뒤에 원기가 회복됨 ② 병 뒤에 원기를 회복하기 위하여 특별히 잘 먹음

訴	訴							

하소연할 소
- 訴請(소청) : 하소연하여 관청에 청함   • 公訴(공소) : 檢事(검사)가 어떤 형사사건에 대하여 그 심판을 재판소에 요구하는 일 예 公訴權(공소권)

騷	騷							

떠들 소
- 騷動(소동) : ① 야단법석 ② 사건이나 큰 변 비 騷亂(소란)
- 騷音(소음) : 시끄러운 소리

速	速						
빠를 속	• 速達(속달) : ① 속히 배달함 ② 빨리 닿음 • 急速(급속) : ① 몹시 급함 ② 몹시 빠름 예 急速度(급속도)

束	束						
묶을 속	• 束縛(속박) : 사람의 행동의 자유를 빼앗음 비 拘束(구속) • 結束(결속) : 뜻이 같은 사람끼리 하나로 뭉침

俗	俗						
풍속 속, 속될 속	• 俗談(속담) : 민중의 지혜가 응축되어 널리 구전되는 민간격언 • 風俗(풍속) : 예로부터 지켜 내려오는 생활에 관한 사회적 습관 예 風俗圖(풍속도)

속 続

續	續						
이을 속	• 續編(속편) : 正編(정편)에 잇달아서 지은 책 • 連續(연속) : 끊이지 않고 계속 이음 또는 계속 이어짐 예 連續劇(연속극)

약 属

屬	屬						
무리 속, 이을 촉	• 屬(囑)望(촉망) : 잘 되기를 바라고 기대함 • 隸屬(예속) : 남의 뜻대로 지배되어 따름. 남의 지배하에 매임

粟	粟						
조 속	• 粟帛(속백) : 곡식과 비단 • 粟膚(속부) : 추워서 좁쌀 모양으로 도틀도틀해진 살결

孫	孫						
손자 손	• 孫子(손자) : ① 아들의 아들, 자손 ② 책명 예 子子孫孫(자자손손), 孫子兵法(손자병법) • 曾孫(증손) : 아들의 손자, 손자의 아들. 曾孫子(증손자)

損	損						
덜 손, 잃을 손	• 損傷(손상) : 떨어지고 상함 또는 상하게 함 • 毀損(훼손) : ① 체면이나 명예를 손상함 ② 헐거나 깨뜨려 못쓰게 함

送	送								

보낼 송
- 送還(송환) : 도로 돌려보냄
- 輸送(수송) : 차, 선박, 비행기 등으로 짐이나 사람을 실어보냄

松	松								

소나무 송
- 松栢(송백) : ① 소나무와 잣나무 ② 껍질을 벗기어 솔잎에 꿴 잣
- 松花(송화) : 소나무 꽃 또는 꽃가루 예 松花酒(송화주)

頌	頌								

기릴 송
- 頌祝(송축) : 경사스런 일을 기리어 축하함
- 稱頌(칭송) : 공덕을 칭찬하며 기림

訟	訟								

송사할 송
- 訟事(송사) : 백성끼리의 紛爭(분쟁)을 관청에 호소하여 그 판결을 구하는 일
- 訴訟(소송) : 법률상의 판결을 법원에 요구하는 절차

誦	誦								

욀 송
- 誦讀(송독) : ① 외워 읽음 ② 소리를 내어 글을 읽음
- 暗誦(암송) : 책을 보지 않고 글을 외움

刷	刷								

씻을 쇄
- 刷新(쇄신) : 묵은 것을 없애고 새롭게 함
- 印刷(인쇄) : 활판, 석판, 목판, 필름 등으로 글자나 그림을 판에 박아내는 일

鎖	鎖								

쇠사슬 쇄
- 鎖骨(쇄골) : 가슴 위쪽 좌우의 어깨뼈
- 封鎖(봉쇄) : ① 봉하여 잠금 ② 외부와의 연락을 끊음

衰	衰								

쇠할 쇠, 상복 최
- 衰殘(쇠잔) : 쇠하여 잔약하여짐. 쇠하여 패함
- 衰服(최복) : 부모, 조부모 상 때에 입는 喪服(상복)

水	水								
물 수	• 水魔(수마) : 몹시 심한 수재 • 水壓(수압) : 물의 압력								

手	手								
손 수	• 手配(수배) : ① 범인을 잡으려고 수사망을 펴는 일 ② 部署(부서)를 갈라맡아 어떤 일을 하게 함 • 手腕(수완) : 일을 꾸미거나 치루어 나가는 재간. 능력								

⑲ 数

數	數								
셈 수, 자주 삭	• 數量(수량) : 수효와 분량 • 數學(수학) : 수량 및 도형의 성질이나 관계를 연구하는 학문								

樹	樹								
나무 수	• 樹木(수목) : (살아 있는)나무 • 街路樹(가로수) :(거리의 미관과 주민의 보건을 위해)큰 길의 양쪽 가에 줄지어 심은 나무								

首	首								
머리 수	• 首魁(수괴) : 두목. 장본인 • 首肯(수긍) : 그렇다고 고개를 끄덕임. 옳다고 승낙함								

宿	宿								
별 수, 묵을 숙	• 宿泊(숙박) : 자기 집을 떠난 사람이 남의 집 등에서 자고 머무름 • 露宿(노숙) : 한 데서 밤을 지냄								

⑲ 収

收	收								
거둘 수	• 收拾(수습) : 어지러운 마음이나 사태를 거두어 바로잡음 • 秋收(추수) : 가을에 익은 곡식을 거두어들임								

授	授								
가르칠 수, 줄 수	• 授受(수수) : 주고 받음 (예) 金品授受(금품수수) • 敎授(교수) : 대학에서 학술을 가르치는 사람을 통틀어 이르는 말								

修	修								
닦을 수		• 修了(수료) : 일정한 학업이나 과정을 다 마침　예 修了證(수료증) • 監修(감수) : 책의 저술. 편찬을 지도하고 감독하는 일							

守	守								
지킬 수		• 守備(수비) : 지키어 막음　반 攻擊(공격) • 守護(수호) : (중요한 사람이나 처소 등을)지키고 보호함　예 守護天使(수호천사)							

秀	秀								
빼어날 수		• 秀才(수재) : 머리가 좋고 재주가 뛰어난 사람 • 俊秀(준수) : 재주와 슬기가 남달리 뛰어남							

受	受								
받을 수		• 受難(수난) : 재난을 당함 • 領受(영수) : 돈이나 물품을 받음							

囚	囚								
죄수 수		• 囚虜(수로) : 갇힌 포로 • 罪囚(죄수) : 옥에 갇힌 죄인							

壽	壽								
목숨 수		• 壽命(수명) : ① 목숨　② 물품이 그 사용에 견디는 시간 • 長壽(장수) : 목숨이 김. 오래 삼　반 短命(단명)							

帥	帥								
장수 수, 거느릴 솔		• 元帥(원수) : 군인의 가장 높은 계급. 大將(대장)의 위 • 統帥(통수) : 統率(통솔)　예 統帥權(통수권)							

愁	愁								
근심 수		• 愁心(수심) : 근심스러운 마음. 걱정하는 마음 • 哀愁(애수) : 슬픈 근심 또는 서글픈 마음							

殊	殊					
다를 수	• 殊常(수상) : 보통과 달리 이상함 • 殊勳(수훈) : 큰 공훈. 뛰어난 공훈					

獸	獸					
짐승 수	• 獸心(수심) : 짐승같이 사납고 모진 마음 예 人面獸心(인면수심) • 禽獸(금수) : ① 날짐승과 길짐승, 곧 모든 짐승					

睡	睡					
졸 수	• 睡眠(수면) : ① 잠 ② 잠을 잠 • 昏睡(혼수) : ① 정신 없이 깊이 잠듦 ② 잠든 것처럼, 의식이나 자극에 대한 반응이 없음					

誰	誰					
누구 수	• 誰昔(수석) : 옛날. 그 옛날. 종전 • 誰何(수하) : ① 누구 ② '누구냐 ?' 고 묻는 말					

輸	輸					
보낼 수	• 輸送(수송) : 기차, 자동차, 비행기, 배 따위로 사람이나 물건을 실어 보냄 • 贏輸(영수) : 이김과 짐. 勝負(승부)					

遂	遂					
드디어 수, 이룰 수	• 遂行(수행) : 계획한 대로 해냄 • 完遂(완수) : 완전히 해냄					

隨	隨					
따를 수	• 隨伴(수반) : 붙좇아서 따름 • 隨意(수의) : 생각대로. 마음 내키는대로 예 隨意契約(수의계약)					

雖	雖					
비록 수	• 雖然(수연) : 그러하나					

需	需								
구할 수		• 需要(수요) : ① 필요해서 얻고자 함 ② 구매력을 따라 시장에 나온 상품의 총량. 또는 사들이려는 희망 _빈 供給(공급)

須	須								
모름지기 수		• 須臾(수유) : 잠깐. 아주 짧은 시간 • 須知(수지) : 꼭 알아야 함

肅	肅								_약 粛
엄숙할 숙		• 肅然(숙연) : 삼가고 두려워하는 모양 • 嚴肅(엄숙) : 장엄하고 정숙함

叔	叔								
아재비 숙		• 叔父(숙부) : 아버지의 아우 • 伯叔(백숙) : 네 형제 중의 맏이와 셋째

孰	孰								
누구 숙		• 孰若(숙약) : 양쪽을 비교해서 의문을 나타낼 때 쓰는 말. 어느 쪽이 **발전** 孰能御之(숙능어지) : 누가 능히 막으리의 뜻으로, '막기 어렵다'는 뜻

淑	淑								
맑을 숙		• 淑德(숙덕) : 여자의 얌전한 덕행 • 淑清(숙청) : 성품, 언행이 맑고 깨끗함

熟	熟								
익을 숙, 익숙할 숙		• 熟果(숙과) : ① 익은 과실 ② 유밀과를 실과와 견주어서 일컫는 말. 숙실과 • 熟卵(숙란) : 삶아서 익힌 계란

順	順								
순할 순, 차례 순		• 順從(순종) : 순순히 복종함 • 順序(순서) : 정해진 차례

純	純								
순수할 순		• 純粹(순수) : 다른 것이 조금도 섞임이 없음 • 淸純(청순) : 깨끗하고 순박하거나 순수함							

巡	巡								
돌 순		• 巡禮(순례) : 靈地(영지), 聖地(성지) 등을 차례로 예배하며 돌아다님 • 巡廻(순회) : 여러 곳으로 돌아다님　예 巡廻公演(순회공연)							

循	循								
돌아다닐 순, 좇을 순		• 循行(순행) : 여러 곳을 돌아다님 • 因循(인순) : ① 옛 풍습을 버리지 못하고 지킴　② 내키지 않아서 머뭇거림							

旬	旬								
열흘 순		• 旬刊(순간) : 열흘마다 간행함 또는 그 간행물 • 旬宣(순선) : 널리 사방을 복종시켜 王命(왕명)을 두루 폄							

殉	殉								
따라죽을 순		• 殉敎(순교) : 자기가 믿는 종교를 위하여 목숨을 버림　예 殉敎者(순교자) • 殉葬(순장) : 옛날, 임금이나 남편의 장사에 신하나 아내를 산 채로 함께 장사지내던 일							

盾	盾								
방패 순		• 矛盾(모순) : 말이나 행동의 앞뒤가 서로 맞지 아니함							

瞬	瞬								
눈깜짝할 순		• 瞬息間(순식간) : 눈을 한 번 깜짝하거나, 숨을 한 번 쉴 만한 짧은 시간. 매우 짧은 시간							

脣	脣								
입술 순		• 脣音(순음) : 입술이 맞닿아 나는 ㅁ, ㅂ, ㅃ, ㅍ 따위의 소리, 입술소리 • 脣齒(순치) : ① 입술과 이　② 서로 이해관계가 밀접한 것　예 脣亡齒寒(순망치한)							

術	術								
재주 술, 꾀 술		• 術策(술책) : 꾀. 특히 남을 속이기 위한 꾀　(비) 術數(술수)　• 藝術(예술) : 어떤 일정한 재료와 양식, 기교 등에 의해 美(미)를 창조하고 표현하는 인간의 활동							

戌	戌								
개 술		• 戌時(술시) : 오후 7 ~ 9시까지의 동안							

述	述								
지을 술		• 述懷(술회) : 마음 속에 서린 생각을 진술함 또는 그 말 • 著述(저술) : 논문이나 책 등을 씀 또는 그 작품							

崇	崇								
높을 숭		• 崇拜(숭배) : 존경하여 절함　(예) 偶像崇拜(우상숭배) • 崇尙(숭상) : 높이어 소중하게 여김							

習	習								
익힐 습		• 習慣(습관) : 버릇. 익혀온 行習(행습) • 講習(강습) : 일정기간 학문. 기예. 실무 등을 배우고 익힘							

濕	濕								
습할 습		• 濕疹(습진) : 습으로 인하여 생기는 부스럼 • 卑濕(비습) : 땅이 낮고 습기가 많음							

拾	拾								
주울 습, 열 십		• 拾得(습득) : 물건 등을 주움　(예) 拾得物(습득물)　• 收拾(수습) : ① 재산이나 물 건들을 거두어 들임　② 흐트러진 정신이나 사태를 거두어 바로잡음							

襲	襲								
엄습할 습		• 襲衣(습의) : ① 장례 때에 시체에서 입히는 옷　② 옷을 끼어 입음. 덧입음 • 殮襲(염습) : 죽은 이의 몸을 씻긴 후에 옷을 입히는 일							

勝	勝							
이길 승, 나을 승		• 勝訴(승소) : 訴訟(소송)에 이김 • 優勝(우승) : (경기·경주 등에서) 최고의 성적으로 이김					예 勝訴判決(승소판결) 예 優勝旗(우승기)	

承	承							
이을 승, 받을 승		• 承諾(승낙) : 청하는 바를 들어줌 • 承認(승인) : 일정한 사실을 인정함　반 拒否(거부)						

乘	乘							
탈 승		• 乘機(승기) : 기회를 탐 • 史乘(사승) : 역사를 기록한 책. 사기						

僧	僧							
중 승		• 僧舞(승무) : 고깔과 장삼을 갖추어 입은 중의 차림으로, 法鼓(법고)를 치기도 하며 풍류에 맞춰 추는 춤　• 僧俗(승속) : 중과 속인						

升	升							
되 승		• 升鑑(승감) : '드리오니 보아주시오.'라는 뜻으로, 편지겉봉의 받을사람이름 밑에 쓰 는 말　• 升平(승평) : 나라가 태평함						

昇	昇							
오를 승		• 昇華(승화) : ① 고체의 물질이 액체상태를 거치지 않고 직접 기체상태로 넘어가는 변화 ② 어릴 때의 性的(성적)인 경향이 미화, 순화되어 문화적·예술적인 일로 전환하는 일						

市	市							
시가 시		• 市民(시민) : ① 도시의 주민　• 市井(시정) : ① 人家(인가)가 모여 있는 곳. 시 가. 거리　② 거리의 장사치. 庶民(서민)　예 市井輩(시정배)						

時	時							
때 시		• 時急(시급) : 때가 절박하여 몹시 급함 • 時速(시속) : 한 시간에 달리는 속도						

始	始

비롯할 시, 처음 시
- 始祖(시조) : 한 族屬(족속)의 맨 처음 되는 조상
- 開始(개시) : 처음 시작함　 예 行動開始(행동개시)

示	示

보일 시
- 示唆(시사) : 미리 암시하여 알려줌
- 示威(시위) : 위력이나 기세를 드러내어 보임

視	視

볼 시
- 視察(시찰) : ① 주의하여 봄　② 실지 사정을 돌아다니며 살펴봄
- 監視(감시) : 경계하며 지켜봄

試	試

시험할 시
- 考試(고시) : (공무원 등의)지원자의 학력이나 자격을 검사하여 그 합격여부를 판정하는 일

詩	詩

시 시
- 詩壇(시단) : 시인들의 사회　 •詩想(시상) : ① 시를 짓기 위한 시인의 착상이나 구상　② 시에 나타난 사상이나 감정

施	施

베풀 시
- 施賞(시상) : 상장이나 상품 또는 상금을 줌
- 施設(시설) : (도구나 장치 등을)베풀어서 차림 또는 그 차린 설비

是	是

옳을 시, 이 시
- 是認(시인) : 옳다고 인정함　 반 否認(부인)
- 是正(시정) : 잘못된 것을 바로잡음

侍	侍

모실 시
- 侍醫(시의) : 임금의 건강을 보살피는 의사
- 近侍(근시) : 웃어른을 가까이 모심

矢	矢							

화살 시

- 矢石(시석) : ① 화살과 弩弓(노궁)에 쓰는 돌 ② 전쟁
- 矢言(시언) : 맹세하는 말. 誓言(서언)

識	識							

알 식, 적을 지

- 識別(식별) : 分別(분별)하여 앎 예 識別能力(식별능력)
- 標識(표지) : 목표를 나타내기 위한 표

息	息							

숨 식, 그칠 식

- 歎息(탄식) : 한탄하여 한숨을 쉼 또는 그 한숨
- 棲息(서식) : (동물이 어떤 곳에)깃들여 삶 비 棲宿(서숙)

食	食							

밥 식, 밥 사

- 食祿(식록) : 벼슬아치에게 주는 봉급
- 食餌(식이) : 음식물 예 食餌療法(식이요법)

植	植							

심을 식

- 植樹(식수) : 나무를 심음. 심은 나무 비 植木(식목)
- 移植(이식) : 농작물이나 나무를 다른 데로 옮겨 심는 일

式	式							

법 식, 예식 식

- 略式(약식) : 정식의 절차를 생략한 간단한 방식 반 正式(정식)
- 儀式(의식) : 의례를 갖추어 베푸는 행사 비 式典(식전). 儀典(의전)

飾	飾							

꾸밀 식

- 假飾(가식) : 거짓으로 꾸밈
- 裝飾(장식) : 치장하는 일 또는 그 꾸밈새

信	信							

믿을 신

- 信念(신념) : 굳게 믿는 마음
- 確信(확신) : 굳게 믿음. 확실히 믿음 예 確信犯(확신범)

身 身	
몸 신	• 身病(신병) : 몸에 생긴 병 • 身元(신원) : 출생, 신분, 性行(성행) 따위의 일체. 곧 일신상의 관계

新 新	
새 신, 새롭게 할 신	• 新刊(신간) : 책을 새로 간행함 또는 그 책　예 新刊書籍(신간서적) • 新婚(신혼) : 새로 혼인함. 갓 결혼함　예 新婚夫婦(신혼부부)

神 神	
귀신 신, 정신 신	• 神秘(신비) : (이론과 인식을 초월하여)불가사의하고 영묘한 비밀 • 精神(정신) : 사고나 감정의 작용을 다스리는 인간의 마음

臣 臣	
신하 신	• 奸臣(간신) : 간악한 신하　예 奸臣賊子(간신적자) • 小臣(소신) : 신하가 임금에게 대하여 자기를 낮추어 일컫는 말

伸 伸	
펼 신	• 伸縮(신축) : 늘어남과 줄어듦 • 屈伸(굴신) : 굽힘과 폄

愼 愼	
삼갈 신	• 愼重(신중) : 매우 조심스러움 • 謹愼(근신) : 삼가고 조심함

晨 晨	
새벽 신	• 晨省(신성) : 아침 일찍 일어나 부모의 침소에 가서 밤새의 안부를 살핌 • 晨鐘(신종) : ① 절에서 치는 새벽종　② 사람을 각성시키는 언론

申 申	
아홉째천간 신, 아뢸 신	• 申請(신청) : ① 신고하여 청구함　② 개인이 국가나 공공 단체의 기관에 대하여, 어떤 사항을 청구하기 위하여 그 의사를 표시하는 일

辛	辛						
매울 신	• 辛辣(신랄) : ① 맛이 몹시 매움 ② 몹시 가혹하고 날카로움 • 辛酸(신산) : ① 매운 맛과 신 맛 ② 세상살이의 쓰라리고 고됨을 이르는 말

室	室						
방 실, 집 실	• 事務室(사무실) : 사무를 보는 방 • 寢室(침실) : 잠을 잘 수 있게 마련된 방

失	失						
잃을 실	• 失業(실업) : 직업을 잃음. 생활의 길을 잃음 • 失敗(실패) : 일이 목적과는 반대로 헛일이 됨

實	實						ⓐ 实
열매 실, 참될 실	• 實績(실적) : (어떤 일에서 이룬)실제의 업적 또는 공적 • 篤實(독실) : 인정있고 성실함. 열성 있고 진실함

心	心						
마음 심	• 心腹(심복) : ① 가슴과 배 ② 속마음. 진심 ③ 매우 친절한 사람. 썩 가까워 마음놓고 믿을 수 있는 부하 • 都心(도심) : 도시의 중심부

深	深						
깊을 심	• 深刻(심각) : 매우 중대하고 절실함 • 深夜(심야) : 깊은 밤 예 深夜營業(심야영업)

審	審						
살필 심	• 審美(심미) : 미와 추를 분별함. 미의 본질을 규명함 • 審判(심판) : 옳고 그름, 승부 등을 밝히어 판정함 또는 그 사람

尋	尋						
찾을 심	• 尋訪(심방) : 방문함. 찾아 봄 • 千尋(천심) : 천 발이란 뜻으로 아주 높거나 아주 깊음을 이르는 말

甚	甚							

심할 심

- 甚甚(심심) : 매우 깊음
- 幸甚(행심) : 매우 다행함

十	十							

열 십

- 十進法(십진법) : 어떤 단위의 수가, 열이 모일 때마다 그 위의 새로운 단위의 이름을 붙여 세는 법

雙	雙							⑳ 双

쌍 쌍

- 雙肩(쌍견) : 두 어깨. 양 어깨
- 雙璧(쌍벽) : ① 한 쌍의 구슬 ② 둘이 다 아울러 뛰어나게 훌륭함

氏	氏							

성 씨

- 氏族(씨족) : 같은 조상을 가진 여러 가족의 성원으로 구성되어, 그 조상의 직계를 首長(수장)으로 하는 사회집단 •姓氏(성씨) : 姓(성)의 높임말

兒	兒							⑳ 児

아이 아

- 兒童(아동) : 초등학교에 다니는 어린아이 ⑩ 兒童期(아동기)
- 孤兒(고아) : 부모가 없는 아이 ⑩ 孤兒院(고아원)

亞	亞							

버금 아

- 亞流(아류) : ① 으뜸에 다음가는 또는 그 류의 사람이나 사물 ② 어떤 유파에 속하여 그것을 이은 사람

我	我							

나 아

- 我執(아집) : 자기의 의견에만 사로잡혀 그것에만 쏠림
- 自我(자아) : 다른 사람 또는 대상과 구별해서의 자기 ⑪ 非我(비아)

牙	牙							

어금니 아

- 牙器(아기) : 상아로 만든 그릇
- 牙錢(아전) : 수수료 ⑪ 口錢(구전)

芽	芽								
싹 아		• 芽椄(아접) : 접목법의 한 가지. 눈을 따서 접붙임 • 萌芽(맹아) : 새싹

阿	阿								
언덕 아, 아첨할 아		• 阿丘(아구) : 한 쪽이 높은 언덕 • 阿兄(아형) : 형을 친밀하게 부르는 말

雅	雅								
바를 아		• 雅量(아량) : 넓은 도량 • 端雅(단아) : 바르고 아담함

餓	餓								
주릴 아		• 餓鬼(아귀) : ① 굶주린 귀신 ② 염치 없이 먹을 것만 탐내는 사람의 비유 • 飢餓(기아) : 굶주림

岳	岳								
큰산 악		• 岳丈(악장) : 장인. 중국 晉(진)나라 樂廣(악광)은 衛玠(위개)의 장인이어서, '樂丈(악장)'이라고 쓸 것을 '岳丈 (악장)'으로 쓴 데서, 장인을 '岳丈(악장), 岳父(악부)', 장모를 '岳母(악모)'라고 쓰기 시작한데서 비롯하였음

惡	惡								
나쁠 악, 미워할 오		• 惡漢(악한) : 나쁜 놈. 몹시 악독한 사람 • 羞惡(수오) : 부끄러워하고 미워함 예 羞惡之心(수오지심)

安	安								
편안할 안		• 安住(안주) : 자리잡고 편안히 삶 • 治安(치안) : 국가와 사회의 안녕질서를 보전하고 지켜감 예 治安維持(치안유지)

案	案								
책상 안, 생각할 안		• 案件(안건) : 토의하거나 취조할 사건 • 提案(제안) : 議案(의안)을 냄 예 提案權(제안권)

眼 眼	
눈 안	• 眼鏡(안경) : 시력을 돕거나 눈을 보호하기 위해 쓰는 기구 • 千里眼(천리안) : (천리 밖을 보는 눈이란 뜻으로)사물의 이면을 꿰뚫어 보는 능력

雁 雁	
기러기 안	• 雁帛(안백) : 편지. 漢(한)나라의 蘇武(소무)가 匈奴(흉노)의 땅에서 명주에 쓴 편지를 기러기 의 발에 묶어 漢(한) 昭帝(소제)에게 보냈다는 고사에서 온 말. 雁書(안서), 雁信(안신)

岸 岸	
언덕 안	• 彼岸(피안) : ① 인간 세상의 저쪽에 있다는 極樂(극락) ② 현실로는 존재하지 않고 상상으로 생각해 낸 이상적인 세계

顔 顔	
얼굴 안	• 顔料(안료) : ① 연지나 분과 같은 화장의 재료 ② 그림물감 ③ 염색의 재료 • 厚顔(후안) : ① 두꺼운 낯가죽 ② 염치없음. 수치를 수치로 생각하지 않음

謁 謁	
아뢸 알	• 謁廟(알묘) : 祠堂(사당)에 참례함 • 拜謁(배알) : 절하고 뵘. 높은 어른을 뵘

暗 暗	
어두울 암	• 暗記(암기) : (쓴 것을 보지 않고도)기억할 수 있도록 외움 • 暗號(암호) : (비밀유지를 위해)당사자끼리만 알 수 있도록 꾸민 부호

岩 岩	
바위 암	• 岩窟(암굴) : 바위에 뚫린 굴 • 岩壁(암벽) : 깎아지른 듯이 험하게 솟아 있는 바위

壓 壓	약 圧
누를 압	• 壓卷(압권) : (책이나 예술작품 등에서)가장 뛰어난 부분 • 抑壓(억압) : (행동이나 욕망 등을)억지로 누름

仰	仰										

우러를 앙
- 仰望(앙망) : 우러러 바람
- 仰請(앙청) : 우러러 청함　비 仰託(앙탁)

央	央										

가운데 앙
- 中央(중앙) : ① 사방에서 한가운데가 되는 곳　② 서울을 일컫는 말

殃	殃										

재앙 앙
- 災殃(재앙) : 天災地變(천재지변) 따위로 말미암은 온갖 불행한 일　비 殃禍(앙화)

愛	愛										

사랑할 애, 아낄 애
- 愛唱(애창) : 노래를 즐기어 부름　예 愛唱曲(애창곡)
- 戀愛(연애) : 어떤 이성에 대해 특별한 애정을 느껴 그리워하는 일

哀	哀										

슬플 애
- 哀憐(애련) : 남의 불행을 가엾게 여김
- 哀惜(애석) : 슬프고 아깝게 여김

涯	涯										

물가 애
- 天涯(천애) : ① 하늘의 끝　② 아득히 먼 곳의 비유　③ 이 세상에 살아 있는 부모나 혈육이 없음　예 天涯孤兒(천애고아)

液	液										

즙 액, 담을 석
- 液體(액체) : (물이나 기름처럼)일정한 부피는 있으나 일정한 모양이 없이 유동하고 변형하는 물질　• 唾液(타액) : 침

額	額										

수량 액
- 額數(액수) : 돈 같은 것의 머릿수. 金額(금액)
- 差額(차액) : 차가 나는 액수. 덜어내고 남은 돈　예 貸借差額(대차차액)

厄	厄								

재앙 액

- 厄年(액년) : 운수가 모질고 사나운 해
- 厄運(액운) : 액을 당할 운수

野	野								

들 야

- 野望(야망) : (그 사람의)처지나 능력 등으로 보아서 좀처럼 이룰 수 없을 만큼 큰 희망(욕망)

夜	夜								

밤 야

- 夜勤(야근) : 밤에 근무함　예 夜勤手當(야근수당)
- 晝夜(주야) : 밤낮　예 晝夜長川(주야장천)

弱	弱								

약할 약

- 弱點(약점) : 부족하거나 불완전한 점　비 虛點(허점)　반 强點(강점)
- 衰弱(쇠약) : 쇠퇴하여 약함

藥	藥								약 薬

약 약

- 藥局(약국) : 약사가 의약품을 조제하여 파는 가게
- 醫藥(의약) : ① 병을 고치는데 쓰는 약　② 의학과 약학　예 醫藥分業(의약분업)

約	約								

맺을 약, 간략할 약

- 要約(요약) : 말이나 글에서 중요한 것만을 추려냄
- 約婚(약혼) : 결혼하기로 서로 약속함

若	若								

만일 약, 같을 약

- 若此(약차) : 이와 같이
- 萬若(만약) : 혹시, 만일

洋	洋								

큰바다 양, 서양 양

- 洋裝(양장) : (여자가)옷을 서양식으로 차려입음　예 洋裝店(양장점)
- 海洋(해양) : 넓은 바다　예 海洋水産部(해양수산부)

陽	陽						
따뜻할 양, 볕 양	• 陽曆(양력) : 太陽曆(태양력)의 준말　　　　　　　　　　(반) 陰曆(음력) • 斜陽(사양) : 서쪽으로 기울어진 해 또는 그 햇빛　(예) 斜陽産業(사양산업)						

養	養						
기를 양	• 養育(양육) : 돌보아 길러서 자라게 함　　　　　　　　(예) 養育費(양육비) • 扶養(부양) : (생활능력이 없는 사람의)생활을 돌봄　(예) 扶養家族(부양가족)						

樣	樣						
모양 양, 본 양	• 樣式(양식) : (역사적·사회적으로)자연히 그렇게 정해진, 공통의 형식이나 방식 • 模樣(모양) : 겉으로 본 생김새나 형상						

壤	壤						
흙 양	• 壤土(양토) : ① 흙, 토지　② 식토보다 덜 차지고 사토보다는 습기가 많아서 농 　경지로 가장 알맞은 토양						

揚	揚						
드날릴 양	• 揚名(양명) : 이름을 날림 • 揚揚(양양) : 신이 나서 뽐내는 모양　(예) 意氣揚揚(의기양양)						

楊	楊						
버들 양	• 楊柳(양류) : 버드나무 • 水楊(수양) : 냇버들						

讓	讓						
사양할 양	• 讓步(양보) : 사양해 물러남 • 委讓(위양) : 권리를 남에게 넘김						

語	語						
말씀 어	• 語調(어조) : 말의 가락. 말하는 투 • 外來語(외래어) : 외국에서 빌려 마치 국어처럼 쓰는 단어						

魚	魚							

물고기 어

- 魚網(어망) : 물고기를 잡기 위해 쳐 놓은 그물
- 魚礁(어초) : 물고기가 노니는 바닷 속 해초

漁	漁							

고기잡을 어

- 漁村(어촌) : 漁夫(어부)
- 漁獲(어획) : 물고기, 조개 등을 잡거나 바닷말을 땀 또는 그런 수산물

億	億							

억 억

- 億萬(억만) : 아주 많은 수 예 億萬長者(억만장자)
- 億兆(억조) : ① 아주 많은 수 ② 많은 인민. 백성

憶	憶							

생각할 억

- 憶念(억념) : 깊이 새겨 언제까지고 잊지 않는 일이나 생각
- 記憶(기억) : 기록해 놓은 듯이 남아 있는 생각

抑	抑							

누를 억

- 抑制(억제) : 일을 강제로 억누름
- 抑止(억지) : 억눌러 제거함

嚴	嚴							약 嚴

엄할 엄, 혹독할 엄

- 嚴罰(엄벌) : 엄하게 체벌함 또는 엄한 벌
- 謹嚴(근엄) : 매우 점잖고 엄함

業	業							

일 업, 직업 업

- 業務(업무) : (날마다 계속해서 하는)공무나 사업 등에 관한 일 예 業務管理(업무관리)

餘	餘							약 余

남을 여, 나머지 여

- 餘暇(여가) : 겨를. 틈
- 餘波(여파) : 무슨 일이 끝난 뒤에 주위에 미치는 영향

如	如									
같을 여		• 缺如(결여) : (주로 추상적인 말에 쓰이어)마땅히 있어야 할 것이 모자라거나 빠져서 없음　• 如來(여래) : 부처의 존칭								

與	與									
더불어 여, 줄 여		• 與否(여부) : 그러함과 그러하지 아니함 • 參與(참여) : 참가하여 관계함　⬤예 參與意識(참여의식)								

汝	汝									
너 여		• 汝等(여등) : 너희들								

輿	輿									
수레 여		• 輿望(여망) : 세상의 기대 • 神輿(신여) : 제례 때 신위를 모시고 메는 가마								

逆	逆									
거스를 역, 어긋날 역		• 逆境(역경) : 일이 뜻대로 되지 않는 불운한 처지　　　　　⑪반 順境(순경) • 逆轉(역전) : 형세나 순위 등이 지금까지와는 반대의 상황으로 됨　⑪비 反轉(반전)								

易	易									
바꿀 역, 쉬울 이		• 難易(난이) : 어려움과 쉬움　　　　　　　　　⬤예 難易度(난이도) • 貿易(무역) : 외국상인과 물품을 수출입하는 상행위　⬤예 貿易逆調(무역역조)								

域	域									
지경 역		• 區域(구역) : 갈라 놓은 지역 • 領域(영역) : 영토, 영해, 영공 등 국가의 주권이 미치는 범위								

亦	亦									
또 역, 바꿀 역		• 亦是(역시) : 이것 또한 • 亦然(역연) : 이 또한 그러함								

役	役								

부릴 역

- 役務(역무) : 노역을 하는 일
- 役割(역할) : ① 역할, 구실, 임무 ② 역을 담당함 또는 그 사람

疫	疫								

돌림병 역

- 疫痢(역리) : 이질병
- 疫病(역병) : 유행성 전염성의 열병, 전염병

譯	譯								

통변할 역

- 譯語(역어) : 번역한 말
- 譯解(역해) : 번역해서 설명함

驛	驛								

역말 역

- 驛馬車(역마차) : 말이 끄는 마차
- 驛夫(역부) : 역에서 일하는 사람

然	然								

그러할 연, 불탈 연

- 漠然(막연) : ① 아득함 ② 똑똑하지 못하고 어렴풋함
- 偶然(우연) : 뜻밖에 저절로 됨 또는 그 일 ⓑ 必然(필연)

煙	煙								

연기 연

- 禁煙(금연) : ① 담배 피우는 것을 금함 ② 담배를 끊음
- 吸煙(흡연) : 담배를 피움 ⓑ 喫煙(끽연)

演	演								

익힐 연, 행할 연

- 演技(연기) : 관객 앞에서 연극, 노래, 춤, 곡예 등의 재주를 나타내 보임
- 演奏(연주) : 남 앞에서 악기를 다루어 음악을 들려주는 일

硏	硏								㉿ 研

갈 연, 연구할 연

- 硏究(연구) : 사물을 깊이 생각하거나 자세히 조사하거나 하여 어떤 이치나 사실을 밝혀냄 ⓔ 硏究論文(연구논문)

延	延								
끌 연		• 延期(연기) : 정해놓은 기한을 물림　　　　　　　　　　예 無期延期(무기연기) • 遲延(지연) : (어떤 일이 예정보다)오래 걸려 늦추어짐　예 遲延作戰(지연작전)							

緣	緣								
인연 연		• 緣分(연분) : 서로 관계를 가지게 되는 인연　예 天生緣分(천생연분) • 因緣(인연) : ① 사물들 사이에 서로 맺어진 관계　② 연분							

鉛	鉛								
납 연		• 鉛筆(연필) : 흑연가루와 점토를 섞어 만든 필기도구의 한 가지 • 黑鉛(흑연) : 순수한 탄소로만 이루어진 광물의 한 가지							

燃	燃								
불탈 연		• 燃料(연료) : 열, 빛, 동력을 얻기 위해 태우는 材料(재료) • 燃燒(연소) : 불탐　예 完全燃燒(완전연소)							

宴	宴								
잔치 연		• 宴席(연석) : 연회 자리 • 披露宴(피로연) : 결혼 후나, 의례 후 함께 음식 등을 즐기는 모임							

沿	沿								
물따를 연		• 沿海(연해) : 바다 인근 海(해) • 沿岸(연안) : 바닷가에 연해 있는 언덕							

燕	燕								
제비 연		• 燕尾服(연미복) : 축하 파티나 결혼식 때 입는 남자용 정장 • 燕雀(연작) : 제비와 참새							

硯	硯								
벼루 연		• 硯滴(연적) : 벼룻물을 담아 놓는 그릇 • 硯池(연지) : 벼루에 물이 담기는 부분							

軟	軟									
부드러울 연	• 硬軟(경연) : 단단함과 부드러움 • 柔軟(유연) : 부드럽고 유약함									

熱	熱									
더울 열	• 熱狂(열광) : 어떤 일에 몹시 흥분하여 미친 듯이 날뜀 • 向學熱(향학열) : 학문을 하려는 열의									

悅	悅									
기쁠 열	• 悅樂(열락) : 기뻐하고 즐거워함 • 滿悅(만열) : 만족하고 기뻐함									

染	染									
물들일 염	• 染色(염색) : 물들임 예 染色體(염색체) • 染料(염료) : 물들이는 재료									

炎	炎									
불꽃 염	• 炎熱(염열) : 여름의 심한 더위 비 炎署(염서), 炎天(염천) • 炎症(염증) : 탈이 난 증세. 병이 남									

鹽	鹽									
소금 염	• 鹽分(염분) : 소금기 • 鹽田(염전) : 소금을 치는 밭									

葉	葉									
잎 엽	• 葉書(엽서) : 郵便葉書(우편엽서) • 葉錢(엽전) : 둥글고, 가운데에 구멍이 뚫린 옛날돈									

英	英									
꽃부리 영, 빼어날 영	• 英雄(영웅) : 재능과 담력이 탁월한 인물 예 英雄豪傑(영웅호걸) • 英才(영재) : 뛰어난 재능이나 지능 또는 그런 능력을 가진 사람									

永	永								
길 영, 오랠 영		• 永劫(영겁) : (불교에서)지극히 긴 세월. 영원한 세월　🔴반 刹那(찰나) • 永住(영주) : 일정한 곳에 오래 삶　　　　　　　🔴예 永住權(영주권)							

榮	榮								🔴약 栄
영화 영		• 榮譽(영예) : 영광스러운 명예 • 榮華(영화) : 권력과 부귀를 마음껏 누리는 일　🔴예 富貴榮華(부귀영화)							

營	營								🔴약 営
경영할 영		• 營利(영리) : 이윤을 추구하는 행위　🔴예 營利團體(영리단체) • 運營(운영) : (어떤 일이나 조직 등을)운용하여 경영함							

迎	迎								
맞을 영		• 迎接(영접) : 손님을 맞아 응접함 • 歡迎(환영) : 기쁘게 맞음　🔴반 歡送(환송)							

映	映								
비칠 영		• 映像(영상) : 광선의 굴절이나 반사에 따라 비추어지는 물체의 모습 • 映畵(영화) : 활동사진. 시네마. 무비　🔴예 映畵排優(영화배우)							

影	影								
그림자 영		• 影像(영상) : 초상 • 影印(영인) : 影印本(영인본)의 준말							

泳	泳								
헤엄칠 영		• 泳法(영법) : 헤엄치는 방법 • 競泳(경영) : 수영경기							

詠	詠								
읊을 영		• 詠歌(영가) : 노래를 읊음 • 詠吟(영음) : 시가를 소리내어 읊음							

藝	藝								⑭ 芸

재주 예

- 藝能(예능) : 영화, 연극, 음악, 무용 등 오락적인 색채가 강한 연예를 통틀어 이르는 말

豫	豫								⑭ 予

미리 예, 기뻐할 예

- 豫感(예감) : 무슨 일이 일어날 것 같다는 것을 사전에 느낌
- 豫約(예약) : (어떤 것을 확보하기 위해)미리 약속함 　⑩ 豫約販賣(예약판매)

譽	譽								

기릴 예

- 名譽(명예) : 세상에서 훌륭하다고 일컫는 이름. 유명함
- 榮譽(영예) : 빛나는 명예

銳	銳								

날카로울 예

- 銳敏(예민) : 날카롭고 민감함
- 銳意(예의) : 단단히 차리는 마음

誤	誤								

그르칠 오

- 誤認(오인) : 잘못 보거나 잘못 생각함
- 錯誤(착오) : 착각으로 말미암은 잘못 　⑩ 試行錯誤(시행착오)

傲	傲								

거만할 오

- 傲慢(오만) : 거만하고 젠체함
- 驕傲(교오) : 교만하고 오만함

吾	吾								

나 오

- 吾等(오등) : 우리

嗚	嗚								

탄식할 오

- 嗚咽(오열) : 목이 메어 욺
- 嗚呼(오호) : 슬플 때 내는 탄식소리

娛	娛							
즐거워할 오	• 娛樂(오락) : 즐겁게 노는 놀이 • 娛遊(오유) : 즐겁게 놈							

悟	悟							
깨달을 오	• 悟道(오도) : 불교의 진리를 깨달음 • 悟性(오성) : 사물을 이해하고 판단하는 힘							

梧	梧							
오동나무 오	• 梧桐(오동) : 오동나무							

汚	汚							
더러울 오	• 汚損(오손) : 더럽혀지고 손상됨 • 汚辱(오욕) : 더러운 꼴을 당함. 욕을 먹음							

屋	屋							
집 옥	• 家屋(가옥) : (사람이 사는)집　예 家屋臺帳(가옥대장) • 社屋(사옥) : 회사의 건물							

獄	獄							
옥 옥	• 禁獄(금옥) : 옥에 가둠 • 煉獄(연옥) : 불교의 불지옥							

玉	玉							
구슬 옥	• 玉座(옥좌) : 옥으로 장식한 자리로 임금이 앉는 곳, 즉 임금의 지위 • 碧玉(벽옥) : 푸른 옥							

溫	溫							약 溫
따뜻할 온, 익힐 온	• 溫度(온도) : 덥고 추운 정도. 溫度計(온도계)에 나타나는 도수 • 溫情(온정) : 따뜻한 마음. 깊은 인정							

翁	翁								

늙은이 옹
- 老翁(노옹) : 남자 노인　비 甕(옹)　예 甕固執(옹고집)

瓦	瓦								

기와 와
- 瓦器(와기) : 토기
- 瓦解(와해) : 무너지다

臥	臥								

엎드릴 와
- 臥床(와상) : 자리에 누움 또는 잠자리
- 起臥(기와) : 일상생활

完	完								

완전할 완
- 完備(완비) : 빠짐없이 구비함. 부족이 없음
- 補完(보완) : 모자라는 것을 더하여 완전하게 함

緩	緩								

완만할 완
- 緩急(완급) : 완만하고 급함
- 緩慢(완만) : 너그러움. 느릿느릿함

往	往								

갈 왕
- 往來(왕래) : 가고 오고 함. 편지나 소식을 주고 받음　예 往來不絶(왕래부절)
- 往生(왕생) : (불교에서)極樂淨土(극락정토)에서 태어남　예 왕생극락(往生極樂)

畏	畏								

두려울 외
- 畏敬(외경) : 경외함
- 畏縮(외축) : 위축됨

要	要								

중요할 요, 요구할 요
- 要約(요약) : (말이나 글에서)주요 대목을 간추려냄
- 要點(요점) : 가장 중요한 점. 골자　예 要點整理(요점정리)

曜	曜						
빛(빛날) 요, 요일 요		• 曜曜(요요) : 빛나는 모양 • 曜日(요일) : '曜(요)'를 붙여 나타내는. 한 주일의 각 날을 이르는 말					

謠	謠						
노래 요		• 謠言(요언) : 유행가. 뜬소문 • 歌謠(가요) : 大衆歌謠(대중가요)의 준말					

搖	搖						
흔들 요		• 搖籃(요람) : ① 젖먹이를 놀게 하거나 재우기 위해 올려놓고 흔들도록 만든 물건 ② 어떤 사물의 발생지나 출발지를 비유하여 이르는 말					

腰	腰						
허리 요		• 腰椎(요추) : 척추 중에서 허리부분의 다섯 개의 뼈 • 腰痛(요통) : 허리부분의 통증					

遙	遙						
멀 요		• 遙望(요망) : 멀리 바라봄 • 遙遠(요원) : 멀고도 멂					

浴	浴						
목욕할 욕		• 浴室(욕실) : 목욕하는 방. '沐浴室(목욕실)'의 준말 • 沐浴(목욕) : 온몸을 씻음　예 沐浴齋戒(목욕재계)					

慾	慾						
탐낼 욕		• 慾心(욕심) : 탐내는 마음 • 貪慾(탐욕) : 지나치게 욕심을 부림					

欲	欲						
하고자할 욕		• 欲求(욕구) : 하고자 하는 마음 • 欲念(욕념) : 하고자 하는 생각					

辱	辱							
욕되게 할 욕	• 屈辱(굴욕) : 굴복하고 욕보임 • 陵辱(능욕) : 업신여김을 당함 　⑪ 侮辱(모욕), 恥辱(치욕)							

勇	勇							
날랠 용, 용감할 욕	• 勇斷(용단) : 용기 있게 결단함 또는 그 결단 • 勇猛(용맹) : 용감하고 사나움							

容	容							
얼굴 용, 받아들일 용	• 容納(용납) : 남의 언행을 너그러운 마음으로 받아들임 • 許容(허용) : 허락하고 용납함							

庸	庸							
범상할 용	• 庸愚(용우) : 용렬하고 어리석음 • 庸醫(용의) : 범상한 의사							

用	用							
쓸 용	• 用度(용도) : 필요한 비용 • 用意(용의) : 마음가짐. 조심. 준비 　⑩ 用意周到(용의주도)							

右	右							
오른쪽 우	• 右翼(우익) : ① 오른쪽 날개　② 보수적이고 점진적인 당파 　⑪ 左翼(좌익) • 左右(좌우) : ① 왼쪽과 오른쪽　② 곁 또는 옆							

雨	雨							
비 우	• 雨期(우기) : 비가 많이 오는 계절　•雨後竹筍(우후죽순) : 비 온 뒤 죽순이 여기저기 많이 남을 이르는 말로, 어떤 일이 한 때 많이 일어남							

友	友							
벗 우	• 友邦(우방) : ① 이웃나라　② 가까이 사귀는 나라 • 友情(우정) : 친구 사이의 정							

優	優								

뛰어날 우, 넉넉할 우
- 優待(우대) : 특별히 잘 대우함　예 優待券(우대권)
- 俳優(배우) : 영화나 연극 등에서 극중의 인물로 분하여 연기하는 사람

郵	郵								

역말 우, 우편 우
- 郵送(우송) : 우편으로 보냄
- 郵便(우편) : 편지나 기타의 물품을 전국 또는 전세계로 보내주는 제도

偶	偶								

짝 우, 우연할 우
- 偶發(우발) : 우연히 튀어나옴
- 偶因(우인) : 우연한 기회에서 오는 기인

宇	宇								

집 우
- 宇宙(우주) : 온갖 물질이 존재하는 공간
- 氣宇(기우) : 기개와 도량

尤	尤								

더욱 우, 탓할 우
- 尤甚(우심) : 더욱 심함
- 尤妙(우묘) : 매우 신통함

愚	愚								

어리석을 우
- 愚弄(우롱) : 남을 업신여기고 놀림
- 愚昧(우매) : 어리석고 몽매함

憂	憂								

근심 우
- 憂慮(우려) : 근심과 걱정
- 憂愁(우수) : 근심. 슬픔

羽	羽								

깃 우
- 羽扇(우선) : 새의 깃으로 만든 부채
- 羽翼(우익) : ① 새의 날개　② 도와서 받듦 또는 그런 사람

雲	雲							
구름 운		• 雲集(운집) : 구름같이 많이 모임 • 雲霧(운무) : 구름과 안개						

運	運							
돌 운, 움직일 운		• 運命(운명) : 인간을 지배하는 필연적이고 초월적인 힘. 타고난 운수나 수명 • 運轉(운전) : (기계나 자동차 등을)움직여 부리는 일						

韻	韻							
음운 운		• 韻文(운문) : ① 운자를 달아서 지은 글 ② 운율이 나타나게 쓴 글 빤 散文(산문) • 韻致(운치) : 고아한 품격을 갖춘 멋						

雄	雄							
수컷 웅, 웅장할 웅		• 雄飛(웅비) : 힘차고 씩씩하게 뻗어 나아감 • 雄壯(웅장) : 씩씩하고 기운참. 용감하고 굳셈						

園	園							
동산 원		• 動物園(동물원) : 온갖 동물을 기르면서 동물을 연구하며, 일반에게 구경시키는 곳 • 園藝(원예) : 채소나 화훼, 과수 등을 심어 가꾸는 일 또는 그 기술						

遠	遠							
멀 원		• 遠近(원근) : 멀고 가까움 또는 먼 곳과 가까운 곳 • 遠征(원정) : ① 멀리 적을 치러 감 ② 먼 곳으로 경기나 조사, 답사 등을 하러 감						

元	元							
으뜸 원		• 元金(원금) : 본전. 밑천 • 元氣(원기) : ① 마음과 몸의 정력 ② 본디 타고난 기운 ③ 만물의 기운						

願	願							
바랄 원		• 所願(소원) : 무슨 일이 이루어지기를 바람 예 所願成就(소원성취) • 願書(원서) : 지원하거나 청원하는 뜻을 적은 서류 예 入社願書(입사원서)						

院	院								
집 원		• 醫院(의원) : 병원보다 규모가 작으면서 병자나 부상자의 치료를 위해 특별한 시설을 갖추어 놓은 곳							

員	員								
인원 원		• 缺員(결원) : 定員(정원)에서 사람이 빠져 모자람 • 職員(직원) : 직장이나 일정한 직무를 맡아보는 사람 (예) 職員組合(직원조합)							

圓	圓							약 円	
둥글 원		• 圓熟(원숙) : ① 무르익음 ② (인격이나 지식 등이)깊은 경지에 이름 • 圓滑(원활) : 잘 진행되어 거침이 없음							

怨	怨								
원망할 원		• 怨望(원망) : 마음에 불평을 품고 미워함 • 怨恨(원한) : 원통하고 恨(한)스러운 생각							

援	援								
구원할 원, 도울 원		• 援助(원조) : 도와줌. 구하여 줌 (예) 食糧援助(식량원조) • 應援(응원) : 편들어 격려하거나 돕는 일							

源	源								
근원 원		• 源泉(원천) : ① 물이 솟아나는 근원 ② 사물이 나거나 생기는 근원 • 根源(근원) : 어떤 일이 생겨나는 본바탕 (예) 根源地(근원지)							

原	原								
언덕 원, 근원 원		• 原料(원료) : 물건의 제조, 가공의 재료가 되는 것 • 原理(원리) : 사물의 바탕이 되는 이치							

偉	偉								
클 위, 위대할 위		• 偉大(위대) : (국량이나 업적 등이)크게 뛰어나고 훌륭함 • 偉業(위업) : 위대한 사업이나 업적							

位	位					
위치 위, 자리 위	• 位置(위치) : 놓여 있는 자리 • 品位(품위) : 사람이나 물건이 지닌 좋은 인상					

爲	爲					
할 위, 행위 위	• 爲政(위정) : 政治(정치)를 행함　　예 爲政者(위정자) • 當爲(당위) : 마땅히 있어야 하는 것　　예 當爲性(당위성)					

危	危					
위태로울 위	• 危篤(위독) : 病勢(병세)가 매우 중함 • 安危(안위) : 편안함과 위대함　발전 危機一髮(위기일발), 累卵之危(누란지위)					

衛	衛					
막을 위, 호위할 위	• 衛星(위성) : 행성의 둘레를 운행하는 작은 천체　　예 衛星放送(위성방송) • 護衛(호위) : 따라 다니면서 신변을 경호함 또는 그 사람　예 護衛兵(호위병)					

圍	圍					약 囲
둘레 위	• 範圍(범위) : 얼마만큼 한정된 구역의 언저리. 어떤 힘이 미치는 한계 • 包圍(포위) : 둘레를 에워쌈　예 包圍網(포위망)					

威	威					
위엄 위	• 威信(위신) : 위엄과 신망 • 權威(권위) : 절대적인 것으로서 남을 복종시키는 힘					

委	委					
맡길 위	• 委員(위원) : 어떠한 일에 對(대)하여 그 처리를 위임받은 사람 • 委託(위탁) : 남에게 사물의 책임을 맡김　예 委託販賣(위탁판매)					

慰	慰					
위로할 위	• 慰勞(위로) : 괴로움을 어루만져 잊게 함 • 慰藉料(위자료) : 정신적 고통과 손해에 대하여 지급하는 배상금					

僞	僞							
거짓 위		• 僞善(위선) : 표면으로만 착한 체함 • 僞證(위증) : 거짓증언 또는 거짓증거						

緯	緯							
씨줄 위		• 緯度(위도) : 적도에서 남복으로 각각 평행하게 90도로 나누어 지구표면을 측정 하는 좌표　⑲ 經度(경도)						

胃	胃							
밥통 위		• 胃癌(위암) : 위에 생기는 암종 • 胃腸(위장) : 위와 창자						

違	違							
어길 위		• 違反(위반) : 법령이나 계약, 약속을 어김 • 違法(위법) : 법을 어김						

越	越							
넘을 월		• 越權(월권) : 자기 권한 밖의 일을 함 • 越等(월등) : 뛰어남. 훨씬						

油	油							
기름 유		• 油脂(유지) : 동·식물에서 얻는 기름 • 精油(정유) : 석유를 정제하는 일 또는 정제한 석유						

遺	遺							
끼칠 유, 남길 유		• 遺棄(유기) : 내버리고 돌아보지 않음 • 遺腹子(유복자) : 어머니의 뱃속에 있을 때 아버지를 여의고 태어난 자식						

乳	乳							
젖 유		• 乳兒(유아) : 젖먹이 • 授乳(수유) : 젖먹이에게 젖을 먹임　⑩ 授乳期(수유기)						

遊	遊									
놀 유, 여행 유		• 遊覽(유람) : 돌아다니며 구경함. 즐거이 놀며 구경함　예 遊覽船(유람선) • 遊戲(유희) : 즐겁게 놂 또는 노는 일								

儒	儒									
선비 유, 유교 유		• 儒敎(유교) : 孔子(공자)가 주창한 유학을 받드는 교. 四書五經(사서오경)을 經典(경전)으로 함　• 儒彿仙(유불선) : 유교, 불교, 선교를 일컬음								

唯	唯									
오직 유		• 唯我獨尊(유아독존) : 이 세상에서 오직 나만 홀로 높다는 뜻으로, 자기만 잘난 체 하는 태도를 비유함								

幼	幼									
어릴 유		• 幼年(유년) : 나이가 어림. 어린이 • 幼稚(유치) : ① 나이가 어림　예 幼稚園(유치원) ② 정도가 낮음. 미숙함								

幽	幽									
그윽할 유		• 幽靈(유령) : ① 죽은 사람의 혼령　② 이름뿐이고 실체가 없는 것 • 幽閉(유폐) : 깊숙이 가두어 둠								

悠	悠									
멀 유		• 悠久(유구) : 年代(연대)가 아득히 오래됨　• 悠悠(유유) : ① 썩 먼 모양 ② 여유가 있고 태연한 모양　③ 느릿느릿하고 한가한 모양　④ 걱정하는 모양　⑤ 생각하는 모양								

惟	惟									
생각할 유		• 惟獨(유독) : 오직, 홀로　• 思惟(사유) : ① 생각함　② 경험으로 얻은 사실을 통하여 아직 경험하지 못한 객관적 사실을 미루어 보는 능력								

愈	愈									
나을 유, 더욱 유		• 愈愈(유유) : 자꾸 더하여지는 모양 • 快愈(쾌유) : 병이 아주 나음　비 快差(쾌차)								

柔	柔							
부드러울 유	• 柔道(유도) : 맨손으로 상대를 넘어뜨리거나, 메어치는 무술의 한 가지 • 柔順(유순) : 성질이 온순하고 공손함							

維	維							
이을 유	• 維新(유신) : 모든 것이 개혁되어 새롭게 됨　예 維新政治(유신정치) • 維持(유지) : 지탱하여 나감							

裕	裕							
넉넉할 유	• 裕福(유복) : 살림이 넉넉함 • 富裕(부유) : 재물이 넉넉함							

誘	誘							
꾈 유	• 誘拐(유괴) : 남을 꾀어 냄　비 誘引(유인) • 誘致(유치) : 꾀어서 데려옴　예 觀光客誘致(관광객유치)							

育	育							
기를 육	• 育英(육영) : 인재를 가르쳐 기름, 곧 '교육'을 달리 이르는 말 • 教育(교육) : 지식을 가르치고 품성과 체력을 기름　예 教育課程(교육과정)							

潤	潤							
윤택할 윤	• 潤氣(윤기) : 윤택한 기운 • 潤澤(윤택) : 아름답게 윤이 나서 번지르르함							

閏	閏							
윤달 윤	• 閏年(윤년) : 윤달이 든 해 • 閏位(윤위) : 정통이 아닌 王位(왕위)							

銀	銀							
은 은, 돈 은	• 銀行(은행) : 일반인의 예금을 맡고 다른 곳에 대부하는 일을 하는 금융기관 • 銀婚式(은혼식) : 결혼 후 25년만에 올리는 부부의 서양식 축하식							

恩	恩							

은혜 은
- 恩師(은사) : 恩惠(은혜)가 깊은 스승
- 謝恩(사은) : 입은 은혜에 대하여 감사함 예 謝恩會(사은회)

隱	隱						약 隱

숨을 은
- 隱遁(은둔) : 세상을 피하여 숨음
- 隱密(은밀) : (생각이나 행동 등을)숨겨서 행적이 드러나지 아니함

飮	飮						약 飮

마실 음
- 飮料(음료) : 마시는 것의 총칭
- 飮食(음식) : 먹고 마심 또는 그 물건

陰	陰							

그늘 음
- 陰曆(음력) : 달의 차고 이지러짐을 표준으로 한 달을 이십구일 혹은 삼십일로 하여 삼백육십일을 일년으로 한 冊曆(책력). 舊曆(구력)

吟	吟							

읊을 음
- 吟味(음미) : ① 시나 노래를 읊어 그 맛을 봄 ② 사물의 의미를 새겨 궁구함
- 呻吟(신음) : ① 병으로 앓는 소리를 냄 ② 압박, 착취, 기한 등의 고통으로 허덕이며 고생함

淫	淫							

음란할 음
- 淫亂(음란) : 음탕하고 난잡함
- 淫蕩(음탕) : 주색 따위의 향락에 빠져 몸가짐이 좋지 못함

邑	邑							

고을 읍
- 邑里(읍리) : 읍과 촌락
- 邑長(읍장) : 읍의 우두머리

泣	泣							

울 읍
- 泣訴(읍소) : 울면서 간절히 하소연함
- 泣血(읍혈) : 피눈물나게 슬피 욺

應	應								⑳ 応
응할 응		• 應答(응답) : 물음에 대답함 • 應募(응모) : 모집에 응함							

意	意								
뜻 의		• 意見(의견) : 마음에 느낀 바 생각 • 意識(의식) : 깨었을 때의 사물을 지각(知覺)하는 상태							

醫	醫								⑳ 医
의원 의, 병고칠 의		• 醫療(의료) : 의술로 병을 고침 • 醫師(의사) : 의료를 업으로 하는 사람							

依	依								
의지할 의, 비슷할 의		• 依據(의거) : 證據(증거)대로 함. 根據(근거)로 삼음 • 依賴(의뢰) : 남에게 依支(의지)하거나 付託(부탁)함 ⑪ 依託(의탁), 依存(의존)							

疑	疑								
의심할 의		• 疑懼(의구) : 의심을 품고 두려워함 • 疑惑(의혹) : 의심하여 迷惑(미혹)함							

儀	儀								
거동 의		• 儀軌(의궤) : 본보기, 모범 • 儀服(의복) : 儀式(의식)에 입는 옷							

宜	宜								
마땅할 의		• 宜當(의당) : 마땅히 그러함 • 便宜(편의) : 여러가지 조건이 갖추어져 있어 생활에나 일하는 데 편하고 좋음							

義	義								
옳을 의		• 義理(의리) : 바른 길. 사람이 지켜야 할 올바른 도리 • 義齒(의치) : 만들어 박은 이							

議	議								
의논할 의		• 議案(의안) : 회의에서 심의할 원안 • 議題(의제) : 회의에서 협의할 문제							

以	以								
써 이		• 以來(이래) : 어느 일정한 때부터 그 후 • 以心傳心(이심전심) : 마음에서 마음으로 전함							

移	移								
옮길 이		• 移動(이동) : ① 사물의 위치를 바꿈 ② 옮기어 다님 ㉫ 移轉(이전), 移徙(이사) • 移作(이작) : 논밭의 作人(작인)을 갊							

異	異								
다를 이		• 異見(이견) : 딴 사람과 다른 견해 • 異常(이상) : 보통과 다름. 非常(비상)							

夷	夷								
오랑캐 이		• 夷狄(이적) : 오랑캐. 야만인 • 東夷(동이) : 동쪽 오랑캐. 상고시대 중국이 우리를 멸시하여 일컫던 말							

益	益								
더할 익, 이로울 익		• 利益(이익) : 이로움을 더하다 • 損益(손익) : 손해와 이익							

翼	翼								
날개 익		• 羽翼(우익) : 도와 받드는 사람 • 補翼(보익) : 도와서 좋은 데로 인도함							

因	因								
인할 인		• 因襲(인습) : 예전대로 행하고 고치지 아니함 • 因緣(인연) : ① 서로 알게 되는 기회 ② 緣分(연분)							

認	認						
알 인, 인정할 인		• 認可(인가) : 인정하여 허락함　• 認定(인정) : ① 옳다고 믿고 정함　② 국가의 행정기관이 어떤 일을 판단하여 마땅하다고 결정함					

印	印						
도장 인		• 印刷(인쇄) : 글, 그림을 종이에 박아내는 일 • 捺印(날인) : 도장을 찍음					

引	引						
끌 인		• 引率(인솔) : 사람을 이끌고 감 • 引退(인퇴) : ① 벼슬자리에서 물러남　② 隱居(은거)함					

仁	仁						
어질 인		• 仁義(인의) : 어진 것과 의로운 것 • 杏仁(행인) : 살구씨					

刃	刃						
칼날 인		• 白刃(백인) : 시퍼런 칼날 • 自刃(자인) : 칼로 자기의 생명을 끊음					

姻	姻						
시집갈 인		• 姻戚(인척) : 외가와 처가에 딸린 피붙이　⑪ 親戚(친척) • 婚姻(혼인) : 결혼함. 부부가 됨					

忍	忍						
참을 인		• 忍耐(인내) : 참고 견딤　• 忍辱(인욕) : 욕되는 일을 잘 견디어 참음 또는 어떠한 박해에도 마음이 움직이지 않음					

逸	逸						
편안할 일		• 逸品(일품) : 썩 뛰어나게 좋은 물건 • 安逸(안일) : 편안함					

任	任							
맡길 임		• 任期(임기) : 일정한 책임을 맡아보는 기간 • 放任(방임) : 통제하거나 돌보지 아니하고 내버려둠						

賃	賃							
품살 임		• 賃金(임금) : 노동의 대가로 받는 보수 • 賃貸(임대) : 물품을 남에게 빌려주고 그 대가를 받음 ⑪ 賃借(임차)						

字	字							
글자 자		• 字牧(자목) : 고을 員(원)이 백성을 사랑으로 다스림 • 字解(자해) : 글자의 풀이. 특히 한자의 풀이						

者	者							
놈 자, 사람 자		• 王者(왕자) : ① 임금 ② 왕도로써 천하를 다스리는 사람 ③ 으뜸 가는 것 • 筆者(필자) : 글을 쓸 사람이나 쓴 사람						

姿	姿							
맵시 자		• 姿質(자질) : 타고난 성품과 소질 • 姿態(자태) : ① 몸을 가지는 태도와 맵시 ② 모습. 모양						

姉	姉							
누이 자		• 姉妹(자매) : ① 손윗누이와 손아랫누이 ② 여자끼리의 언니와 동생 또는 그와 같이 서로 관계가 깊은 사이 예 姉妹結緣(자매결연)						

資	資							
재물 자		• 資格(자격) : ① 신분과 지위 ② 근본 또는 바탕과 표준이 되는 조건 • 資金(자금) : 밑천. 資本金(자본금)						

刺	刺							
찌를 자		• 刺戟(자극) : ① 어떤 반응이나 작용을 일으키게 하는 작용 ② 일정한 현상이 촉진되도록 충동함 또는 그 작용 • 刺殺(척살) : 칼로 찔러 죽임						

恣	恣						
방자할 자	• 恣意(자의) : 방자한 마음. 제멋대로의 생각 • 放恣(방자) : 삼가지 않고 제멋대로 놈						

慈	慈						
사랑 자	• 慈堂(자당) : 상대자를 대접하여, 그의 '어머니'를 이르는 말 • 慈悲(자비) : 크게 사랑하고 가엾게 여김						

紫	紫						
자줏빛 자	• 紫色(자색) : 자줏빛 • 紫煙(자연) : 자줏빛의 연기. 담배연기같은 것을 이름						

雌	雌						
암컷 자	• 雌伏(자복) : ① 굴복하여 좇음 ② 세상일에서 물러나서 숨어 삼 • 雌雄(자웅) : ① 암컷과 수컷 ② 우열. 승패 등을 뜻하는 말						

昨	昨						
어제 작	• 昨今(작금) : 어제 오늘. 요즈음 • 昨日(작일) : 어제 ⑪ 來日(내일)						

作	作						
지을 작	• 作家(작가) : 문학작품을 창작하는 일에 종사하는 사람. 특히 '소설가'를 일컬음 • 振作(진작) : 정신을 떨쳐 일으킴						

爵	爵						
벼슬 작	• 封爵(봉작) : ① 諸侯(제후)로 봉하고 관직을 줌 ② 儀賓(의빈) · 內命婦(내명부) · 外命婦(외명부) 들을 봉하던 일						

酌	酌						
따를 작	• 對酌(대작) : 마주 대하여 술을 마심 • 參酌(참작) : 참고하여 알맞게 헤아림						

殘	殘							
남을 잔		• 殘額(잔액) : 나머지 돈의 액수 • 殘忍(잔인) : 인정이 없고 몹시 모짐 예 殘忍無道(잔인무도)						

暫	暫							
잠시 잠		• 暫時(잠시) : 얼마 되지 않는 동안. 잠깐 • 暫定(잠정) : 잠깐 임시로 정함 예 暫定措置(잠정조치)						

潛	潛							
잠길 잠		• 潛伏(잠복) : ① 몰래 숨어 있음 ② 感染(감염)되었으나 병 증세가 겉으로 나타나지 않음 • 潛心(잠심) : 어떤 일에 마음을 모아 깊이 생각함						

蠶	蠶							
누에 잠		• 蠶食(잠식) : ① 누에가 뽕잎을 먹는 것처럼, 남의 것을 차츰차츰 먹어 들어가거나 침략하는 것 ② 정부가 조세를 과중히 거둬들이는 것을 일컬음						

雜	雜							㉑ 雜
섞일 잡		• 雜念(잡념) : ① 주견이 없는 온갖 생각 ② 修業(수업)을 방해하는 온갖 생각 • 錯雜(착잡) : 뒤섞이어 복잡함						

場	場							
마당 장		• 場所(장소) : 처소. 자리. 곳 • 登場(등장) : ① 무대나 장면에 나옴 ② 무슨 일에 어떤 인물이 나타남						

章	章							
글 장		• 印章(인장) : ① 도장 ② 찍어 놓은 인장의 형식. 인발 • 勳章(훈장) : 나라에 대한 훈공이나 공로를 표창하기 위하여 내려주는 기장						

長	長							
길 장, 어른 장		• 長久(장구) : 길고 오램 • 長幼(장유) : ① 어른과 아이 ② 손위와 손아래 예 長幼有序(장유유서)						

將	將								⑭ 将
장수 장, 장차 장	• 將來(장래) : 장차 옴. 앞날 • 將養(장양) : 양육함								

障	障								
막을 장	• 障壁(장벽) : ① 서로 격한 벽. 칸막이로 된 벽 ② 거리끼는 것. 장애물 • 保障(보장) : 거리낌이 없도록 보증함								

壯	壯								⑭ 壮
씩씩할 장, 웅장할 장	• 壯觀(장관) : 굉장하여 볼 만한 광경 • 壯丁(장정) : 기운이 좋고 젊은 남자								

腸	腸								
창자 장	• 腸壁(장벽) : 창자 내부의 벽 • 斷腸(단장) : 창자가 끊어지는 듯이 몹시 슬픔								

裝	裝								
차릴 장	• 裝備(장비) : ① 부속품, 備品(비품) 따위를 장치함 또는 그 물품 ② 군대나 艦艇 (함정) 따위의 무장								

獎	獎								⑭ 奖
도울 장	• 獎勵(장려) : 권하여 북돋우어 줌 • 獎學金(장학금) : 학문을 연구하기 위한 보조금								

帳	帳								
휘장 장, 공책 장	• 帳幕(장막) : 천막, 둘러치는 휘장 • 帳簿(장부) : 금품의 수입 또는 지출, 수지계산 등에 관한 것을 적은 기록								

張	張								
베풀 장	• 誇張(과장) : 실지보다 더하게 떠벌임 • 擴張(확장) : 늘이어 넓힘								

丈	丈					

어른 장
- 丈夫(장부) : 다 자란 남자　（예）丈夫一言重千金(장부일언중천금)
- 丈人(장인) : 아내의 아버지

墻	墻					

담장 장
- 墻內(장내) : 담장 안
- 墻垣(장원) : 담. 담장

掌	掌					

손바닥 장
- 掌握(장악) : 손에 쥠. 손에 넣음. 자기의 것으로 만듦
- 分掌(분장) : 사무를 분담하여 처리함

粧	粧					

단장할 장
- 粧鏡(장경) : 단장할 때 쓰는 거울　（예）化粧鏡(화장경)
- 美粧(미장) : 머리나 얼굴을 곱게 다듬는 일　（예）美粧院(미장원)

臟	臟					

내장 장
- 臟器(장기) : 내장의 여러 기관
- 臟腑(장부) : ① 내장의 총칭. 오장과 六腑(육부)　② 마음 속. 胸中(흉중)

藏	藏					

감출 장
- 藏書(장서) : 책을 간직하여 둠 또는 그 책
- 貯藏(저장) : 간직하여 둠

葬	葬					

장사지낼 장
- 葬禮(장례) : 장사 지내는 의식
- 合葬(합장) : 夫婦(부부)의 시체를 한 무덤 안에 장사하는 일

才	才					

재주 재
- 才德(재덕) : 재주와 덕행　（예）才德兼備(재덕겸비)
- 秀才(수재) : 재주가 빼어난 사람

在	在							
있을 재		• 在京(재경) : 서울에 머물러 있음 • 所在(소재) : 있는 곳						

財	財							
재물 재, 재산 재		• 財界(재계) : 경제계 • 財閥(재벌) : 금융 및 경제계에서 큰 세력을 가진 자본가의 무리						

材	材							
재목 재, 재주 재		• 材木(재목) : 건축이나 기구를 만드는데 재료가 되는 나무 • 人材(인재) : 학식과 능력이 뛰어난 사람, 인물						

災	災							
재앙 재		• 災難(재난) : 뜻밖에 일어나는 불행한 일 • 災殃(재앙) : 天變地異(천변지이)로 말미암은 불행한 일						

再	再							
다시 재, 거듭 재		• 再建(재건) : 무너진 것을 다시 일으켜 세움 예 再建運動(재건운동) • 再演(재연) : ① 다시 上演(상연)함 ② 한 번 일어났던 일을 다시 되풀이함						

栽	栽							
심을 재		• 栽培(재배) : 식물을 심고 북돋워 가꾸는 일						

裁	裁							
마를 재		• 決裁(결재) : 上司(상사)가, 부하가 제출한 案件(안건)을 재량하여 승인함 비 裁決(재결) 예 決裁書類(결재서류)						

載	載							
실을 재		• 揭載(게재) : 신문 따위에 글이나 그림을 실음 • 千載(천재) : 천 년. 오랜 세월 예 千載一遇(천재일우)						

| 爭 | 爭 | | | | | | | | ㈜ 争 |

다툴 쟁
- 爭臣(쟁신) : 임금의 잘못에 대하여 바른 말로 간하는 신하
- 爭取(쟁취) : 투쟁하여 얻음

| 貯 | 貯 | | | | | | | | |

쌓을 저
- 貯金(저금) : 돈을 모아둠
- 貯水(저수) : 물을 모아둠 또는 그 물 　㉠ 貯水池(저수지)

| 低 | 低 | | | | | | | | |

낮을 저
- 低廉(저렴) : 값이 쌈
- 低下(저하) : ① 내려감　② 나빠짐　③ 값이 떨어짐

| 底 | 底 | | | | | | | | |

밑 저
- 底止(저지) : 벌어져 나가던 것이 그쳐짐
- 徹底(철저) : 속속들이 꿰뚫어 미치어서 부족함이나 빈틈이 없음

| 抵 | 抵 | | | | | | | | |

막을 저
- 抵死(저사) : 죽음에 이름
- 大抵(대저) : 대체로 보아서. 무릇

| 著 | 著 | | | | | | | | |

지을 저
- 論著(논저) : 일정한 사물에 관하여 의견이나 사실을 논하여 저술함 또는 그렇게 한 저술

| 的 | 的 | | | | | | | | |

과녁 적, 목표 적
- 的實(적실) : 틀림이 없음. 꼭 그러함
- 的中(적중) : 화살이 과녁에 맞음. 잘 맞음 　㉠ 豫測的中(예측적중)

| 赤 | 赤 | | | | | | | | |

붉을 적
- 赤貧(적빈) : 아주 가난하여 아무 것도 없음 　•赤字(적자) : ① 붉은 잉크로 쓴 교정(校正)의 글씨　② 수지결산에서 지출이 수입보다 많은 일 　㉫ 黑字(흑자)

敵	敵								
원수 적		• 敵國(적국) : 상대가 되어 싸우는 나라 • 適手(적수) : ① 비슷한 실력이나 솜씨 ② 싸움이나 경쟁의 상대자							

適	適								
맞을 적		• 適當(적당) : 알맞음. 마땅함 • 適人(적인) : 여자가 出嫁(출가)를 함. 시집을 감							

籍	籍								
문서 적		• 國籍(국적) : 일정한 국가의 국민으로서의 신분 • 書籍(서적) : 책. 書冊(서책)							

賊	賊								
도둑 적		• 賊徒(적도) : 도둑의 무리. 賊黨(적당) • 賊心(적심) : 해치려는 마음. 모반하려는 마음							

績	績								
공 적		• 功績(공적) : 공. 애쓴 보람 • 紡績(방적) : 동식물 따위의 섬유를 가공하여 실로 만드는 일. 길쌈							

積	積								
쌓을 적		• 積極(적극) : 사물에 대하여 그것을 긍정하고 최대한으로 활동함 (반) 消極(소극) • 積立(적립) : 모아서 쌓아둠 (예) 積立金(적립금)							

寂	寂								
고요할 적		• 寂滅(적멸) : ① 자연히 없어져 버림 ② 불교에서, 번뇌의 경지를 벗어나 생사의 괴로움을 끊음, 곧 죽음 • 入寂(입적) : 중의 죽음을 이르는 말							

摘	摘								
딸 적		• 摘芽(적아) : 싹을 땀. 농작물의 성장을 빠르게 하기 위하여 새싹이나 연한 싹을 따 버리는 일 • 摘要(적요) : 요점을 따서 적음 또는 그 요점							

滴							
물방울 적	• 滴水(적수) : 물방울 • 餘滴(여적) : ① 글을 다 쓰거나, 그림을 다 그리고 남은 먹물. 餘墨(여묵) ② 나머지 사실의 기록. 餘錄(여록)						

笛							
피리 적	• 警笛(경적) : 非常(비상)한 일이 일어났거나 일어나지 않도록 경계하는 고동 • 汽笛(기적) : 기차, 汽船(기선) 등의 신호장치						

跡							
자취 적	• 足跡(족적) : 발자취. 발자국 • 追跡(추적) : 뒤를 밟아 좇음						

蹟							
자취 적	• 古蹟(고적) : ① 남아 있는 옛 물건이나 건물 ② 옛 물건이 있던 자리 예 古蹟地(고적지)						

電							
전기 전	• 電擊(전격) : 번개처럼 갑자기 공격함 • 電文(전문) : 전보의 문구						

全							
온전할 전, 모두 전	• 全部(전부) : 모두 다 • 完全(완전) : 모자람이 없음. 흠이 없음 예 完全無缺(완전무결)						

前							
앞설 전, 앞 전	• 前後(전후) : ① 앞 뒤 ② 먼저와 나중 ③ (일정한 수, 수량의)안팎 발전 前代未聞(전대미문) : 지금까지 들어본 적이 없는 새로운 일을 이르는 말						

戰							약 戰
싸울 전	• 戰慄(전율) : 두려워서 벌벌 떰 • 戰爭(전쟁) : 나라간의 싸움						

典 典	
의식 전, 법(책) 전	• 典當(전당) : 물품을 담보로 하고 돈을 융통하는 일 예 典當鋪(전당포) • 古典(고전) : ① 옛날의 의식이나 법식 ② 옛날의 서적으로 후세에 남을 만한 가치있는 책

傳 傳	
전할 전, 전기 전	• 傳記(전기) : 개인의 생애를 서술한 기록 예 偉人傳(위인전) • 宣傳(선전) : 사상. 이론. 지식 또는 사실 등을 대중에게 널리 인식시키는 일

展 展	
펼 전	• 展示(전시) : 여러가지를 벌여 놓고 보임 예 展示會(전시회) • 發展(발전) : 한 상태로부터 더 잘 되고 좋아지는 상태로 옮아가는 과정

專 專	
오로지 전	• 專攻(전공) : 한 가지 부분을 전문적으로 연구함 • 專斷(전단) : 혼자 생각으로 마음대로 결단함. 專決(전결)

轉 轉	약 転
구를 전	• 轉嫁(전가) : 자기의 허물을 남에게 덮어 씌움 예 責任轉嫁(책임전가) • 轉轉(전전) : 이리저리 굴러다님

錢 錢	
돈 전	• 錢主(전주) : 사업의 밑천을 대어 주는 사람 • 金錢(금전) : 돈 예 金錢出納簿(금전출납부)

節 節	
마디 절, 예절 절	• 節槪(절개) : 응당 지켜야 할 신의나 신념 등을 변하지 않고 지키는 태도 • 節約(절약) : 아끼어 씀. 아끼어 군비용이 나지 않게 씀 비 儉約(검약)

絕 絕	
끊을 절	• 絕交(절교) : 서로 사귐을 끊음 • 絕望(절망) : 모든 희망이 아주 끊어짐

切 切	
끊을 절, 온통 체	• 適切(적절) : 아주 알맞음 • 親切(친절) : 태도가 매우 정답고 고분고분함

折 折	
꺾을 절	• 折骨(절골) : 뼈가 부러짐 • 挫折(좌절) : 기세. 의지 등이 꺾임

店 店	
가게 점, 점포 점	• 店鋪(점포) : 가게, 상점 • 露店(노점) : 한데에 벌려 놓은 가게　예 露店商(노점상)

점點 點　　　　　　　　　　　　　　　　　　　　　　　　　　　　　　　　예 点

點 點	
점 점	• 點檢(점검) : 낱낱이 검사함 • 點綴(점철) : 점을 찍은 듯이 여기저기 이어져 있음

占 占	
점칠 점	• 占領(점령) : 무력으로나 기타의 방법으로 일정한 땅이나 대상을 차지함 • 獨占(독점) : 혼자서 독차지함

漸 漸	
점점 점	• 漸染(점염) : 차차 번져 물듦 • 漸進(점진) : 순서대로 차차 나아감

接 接	
사귈 접, 이을 접	• 接待(접대) : 손님을 맞아서 대접함 • 接觸(접촉) : ① 맞붙어서 닿음　② 교섭

蝶 蝶	
나비 접	• 蝶夢(접몽) : 莊子(장자)가 꿈에 나비가 되어 즐겁게 놀았다는 故事(고사)로서, 곧 '꿈'을 이르는 말　• 蝴蝶(호접) : 나비

定	定							
정할 정		• 定價(정가) : ① 값을 매김 ② 매겨 놓은 값 • 定義(정의) : 한 사물에 관하여 의미를 밝혀 개념을 명확하게 한정하는 일 또는 그 설명						

庭	庭							
뜰 정		• 庭園(정원) : 집 안의 뜰과 꽃밭 • 親庭(친정) : 시집간 여자의 본집						

情	情							
뜻 정, 사실 정		• 情死(정사) : 사랑하는 남녀가 어떤 사정으로 함께 자살하는 일 • 表情(표정) : 감정이나 심리상태 따위를 겉으로 나타냄						

停	停							
머무를 정		• 停頓(정돈) : ① 한 곳에 있어서 움직이지 않음 ② 침체하여 나아가지 않음 • 停止(정지) : 일을 중도에서 그만둠 또는 그만두게 함						

精	精							
깨끗할 정		• 精米(정미) : ① 아주 깨끗하고 흰 쌀 ② 기계 등으로 벼를 찧어 희게 입쌀을 만드는 일 예 精米所(정미소)						

程	程							
한도 정		• 程度(정도) : ① 알맞은 한도 ② 얼마의 분량 ③ 고저, 강약의 한도 ④ 다른 것과 비교해서 우열의 어떠함						

政	政							
정사 정		• 政府(정부) : ① 국가 통치권을 행사하는 기관의 총칭 ② 내각에 의하여 통할되는 국가기관. 행정부						

整	整							
가지런할 정		• 整頓(정돈) : 가지런히 바로잡음 • 整理(정리) : 어수선하거나 어지러운 것을 일정한 자리, 형식, 질서 따위에 따라 말끔하게 바로잡아 처리함						

靜	靜						
고요할 정	• 靜脈(정맥) : 피를 심장으로 보내는 혈관 • 靜謐(정밀) : 고요하고 조용함						

亭	亭						
정자 정	• 亭部(정장) : 요새같이 만들어 사람의 출입을 검열하던 곳 • 驛亭(역정) : 역참. 역참에 있는 정자						

廷	廷						
조정 정	• 廷吏(정리) : 법원을 開廷(개정)할 때 법정 내의 잡무에 종사하고, 또 집달리와 가름하여 서류의 송달을 하기도 하는 법원의 직원						

征	征						
칠 정	• 征伐(정벌) : 군사로써 적군이나 반역도를 치는 일 • 征夫(정부) : 나그네　ⓑ 征人(정인)						

淨	淨						
깨끗할 정	• 淨潔(정결) : 정하고 깨끗함 • 淨化(정화) : ① 깨끗하게 함　② 惡(악)과 罪(죄)를 제거한 깨끗한 상태로 함						

訂	訂						
바로잡을 정	• 訂正(정정) : ① 잘못을 고쳐서 바로잡음. 글씨나 말 따위의 틀린 곳을 바르게 고침　② 잘되고 잘못됨을 의논하여 정함						

貞	貞						
곧을 정	• 貞操(정조) : 여자의 깨끗한 절개 • 童貞(동정) : 한 번도 성교하지 아니한 순결성. 흔히 남자를 일컬음						

頂	頂						
정수리 정	• 頂上(정상) : ① 정수리. 頭上(두상)　② 산 꼭대기　③ 그 이상은 없는 것 • 絶頂(절정) : ① 산 꼭대기　② 어떤 사물이 치오른 극도						

弟	弟						
아우 제		• 弟嫂(제수) : 아우의 아내 • 師弟(사제) : 스승과 제자					

第	第						
차례 제		• 及第(급제) : ① 科擧(과거)에 합격됨. 登第(등제) ② 시험에 합격됨 ⑪ 落第(낙제) • 鄕第(향제) : 고향에 있는 집. 시골집					

題	題						
제목 제, 물을 제		• 題字(제자) : 책머리나 비석, 족자 같은 데 쓴 글자 ⑪ 題書(제서) •命題(명제) : ① 제목으로 정함 또는 그 제목 ② 논리적 판단을 언어나 기호로 표현한					

祭	祭						
제사 제		• 祭物(제물) : ① 제사에 쓰이는 음식. 祭需(제수) ② 어떠한 것 때문에 희생됨을 비유하여 이르는 말					

濟	濟						⑲ 済
건널 제		• 濟度(제도) : ① 물을 건넘 ② 일체 중생을 苦海(고해)에서 건져 극락으로 인도하여 줌 예 濟度衆生(제도중생)					

製	製						
지을 제, 마를 제		• 製圖(제도) : 도면, 도안을 그려 만듦 • 製作(제작) : ① 물건을 만듦 ⑪ 製造(제조) ② 글을 지음					

際	際						
사이 제		• 交際(교제) : 서로 사귐 • 實際(실제) : 실지의 경우나 형편					

制	制						
지을 제		• 制度(제도) : 국가, 사회구조의 체제. 국가의 형태 • 抑制(억제) : 내리눌러서 제어함					

提	끌 제	• 提供(제공) : 가져다주어 이바지함 • 提示(제시) : 어떠한 문제, 내용, 방향 등을 드러내어 보이거나 가리킴
除	덜 제, 버릴 제	• 除名(제명) : 명부에서 이름을 지워버림 • 除法(제법) : 나눗셈
帝	임금 제	• 帝國(제국) : 皇帝(황제)가 統治(통치)하는 나라 • 帝王(제왕) : 황제 또는 국왕의 총칭
堤	둑 제	• 堤防(제방) : 둑, 방죽 • 防波堤(방파제) : 밀려드는 파도를 막기 위하여 항만에 쌓은 둑
諸	모두 제	• 諸般(제반) : 여러가지　예 諸般事情(제반사정)　• 諸侯(제후) : 봉건시대에 천자 밑에서 일정한 영토를 가지고, 領內(영내)의 인민을 지배하던 사람
齊	가지런할 제	• 齊唱(제창) : 여러 사람이 함께 노래를 부름 • 整齊(정제) : 정돈하여 가지런히 함
祖	할아버지 조	• 祖父(조부) : 할아버지 • 開祖(개조) : 무슨 일을 처음으로 시작하여 그 일파의 원조가 된 사람
朝	아침 조	• 朝夕(조석) : 아침과 저녁 • 朝廷(조정) : 나라의 정치를 의논, 집행하던 곳

調	調							

고를 조, 조사할 조

- 調査(조사) : 실정을 살펴서 알아봄
- 調和(조화) : 이것저것이 서로 잘 어울림

操	操							

잡을 조

- 操縱(조종) : 마음대로 다루어 부림　◉ 操縱士(조종사)
- 志操(지조) : 意志(의지)와 절조

助	助							

도울 조

- 助力(조력) : 힘을 도움 또는 도와주는 힘
- 助役(조역) : 도와서 거들어줌 또는 그 사람　◉ 助役軍(조역군)

造	造							

지을 조, 나아갈 조

- 造林(조림) : 나무를 심어 숲을 만듦
- 構造(구조) : 전체를 이루는 부분들의 배치관계나 체계

早	早							

이를 조

- 早熟(조숙) : ① 일찍 익음　② 나이보다 일찍 성숙함
- 早朝(조조) : 이른 아침

條	條							

조목 조, 가지 조

- 條理(조리) : 일이나 행동 또는 말이나 글에서 앞뒤가 맞고 체계가 서는 갈피
- 枝條(지조) : 나무의 가지

組	組							

짤 조

- 組閣(조각) : 내각을 조직함
- 組綬(조수) : 갓, 도장 등에 매는 끈목

潮	潮							

조수 조

- 潮流(조류) : ① 潮水(조수)로 인한 바닷물의 흐름　② 시세의 경향
- 潮痕(조흔) : 조수가 밀려왔다 나간 흔적

兆	兆	
조짐 조	• 兆域(조역) : 墓(묘)가 있는 곳 • 兆朕(조짐) : 吉凶(길흉)이 일어날 기미가 미리 보이는 변화현상	

弔	弔	
조상할 조	• 弔橋(조교) : 두 쪽 언덕에 줄이나 쇠사슬 따위로 건너질러 매단 다리. '적교'라 고 잘못 쓰이고 있음 • 弔恤(조휼) : 불쌍히 여겨 구휼함	

照	照	
비출 조	• 照會(조회) : ① 무엇을 의논하거나 묻거나 알아보기 위하여 보내는 공문 ② 서 면으로 물어 봄 • 落照(낙조) : 저녁 햇빛. 지는 해. 夕陽(석양)	

燥	燥	
마를 조	• 燥渴(조갈) : 목이 마름 • 乾燥(건조) : ① 물기나 습기가 없어짐. 마름 ② 깔 깔하고 윤택이 없어 妙味(묘미)나 멋이 없음 예 無味乾燥(무미건조)	

租	租	
세낼 조	• 租借(조차) : ① 가옥 또는 토지 같은 것을 세를 내고 빌림 ② 특별한 합의에 의하여 한 나라가 다른 나라 영토의 일부분에 대한 통치권을 얻어 지배하는 일	

族	族	
겨레 족	• 族譜(족보) : 한 집안의 계통과 혈통의 관계를 적어놓은 책 • 民族(민족) : 인종 적·지역적 기원이 같고 문화적 전통과 역사적 운명을 같이 하는 사람의 집단	

尊	尊	
높을 존, 공경할 존	• 尊敬(존경) : 받들어 공경함 • 尊長(존장) : 웃어른	

存	存	
있을 존	• 存亡(존망) : ① 존속과 멸망 ② 삶과 죽음 • 存問(존문) : 안부를 물음	

拙	拙					
졸할 졸	• 拙劣(졸렬) : 옹졸하고 비열함 • 拙速(졸속) : 졸렬하나 일을 빨리 처리함　예 拙速主義(졸속주의)					

種	種					
씨 종, 심을 종	• 種類(종류) : 일정한 질적 특성에 따라 나뉘어지는 부류　• 雜種(잡종) : ① 이것 저것 잡다한 종류　② 다른 종류의 생물과의 교배에 의하여 생긴 생물체					

終	終					
마칠 종	• 終結(종결) : 끝을 냄. 일을 마침 또는 끝　비 종료(終了) • 終始(종시) : 나중과 처음　예 始終一貫(시종일관)					

宗	宗					
마루 종, 으뜸 종	• 宗家(종가) : 한 문중에서 족보상으로 맏이로만 내려온 큰 집 • 宗廟(종묘) : ① 임금의 조상을 모시는 사당(祠堂)　② 국가, 社稷(사직)					

從	從					약 從
따를 종	• 從業(종업) : 어떤 사업에 종사함 • 服從(복종) : 남의 명령. 의사를 좇음					

鐘	鐘					
쇠북 종, 인경 종	• 鐘閣(종각) : 커다란 종을 달아 놓은 집 • 警鐘(경종) : 비상한 일이나 위험을 경계하기 위하여 치는 종					

縱	縱					
방종할 종, 세로 종	• 縱覽(종람) : 자유롭게 봄. 마음대로 보고 구경함 • 縱橫(종횡) : ① 세로와 가로　② 자유자재로 거침이 없음　예 縱橫無盡(종횡무진)					

左	左					
왼쪽 좌	• 左言(좌언) : 사리에 어긋나는 말 • 左遷(좌천) : 관리가 높은 자리에서 낮은 자리로 떨어짐					

座	座								
자리 좌		• 座談(좌담) : 마주 자리잡고 앉아서 하는 이야기 • 座席(좌석) : 앉는 자리　예 座席券(좌석권)							

佐	佐								
도울 좌		• 補佐(보좌) : 자기보다 지위가 높은 사람의 일을 도와줌 • 保佐(보좌) : 보호하여 도움							

坐	坐								
앉을 좌		• 坐視(좌시) : 간섭하지 않고 가만히 두고 보기만 함 • 坐罪(좌죄) : 죄를 받음							

罪	罪								
허물 죄		• 罪悚(죄송) : 죄스러울 정도로 황송함　• 罪惡(죄악) : ① 죄가 될 행위　② 도덕 이나 종교적 견지에서 비난을 받을 나쁜 행위							

住	住								
살 주		• 住居(주거) : ① 일정한 곳에 자리를 잡고 삶. 거주　② 사람이 사는 집 • 住宅(주택) : 사람이 들어 사는 집							

注	注								
물댈 주		• 注視(주시) : ① 자세히 살피려고 눈을 쏘아서 봄　② (어떤 대상을)관심이나 시 선을 집중하여 봄							

晝	晝								약 昼
낮 주		• 晝食(주식) : 낮에 먹는 밥. 점심 • 晝夜(주야) : 밤과 낮. 밤낮							

周	周								
달릴 주		• 周到(주도) : 주의가 두루 미쳐 빈틈없이 찬찬함　예 周到綿密(주도면밀) • 周密(주밀) : 일을 할 때 허술한 구석이 없고 자세함							

州	州						
고을 주		• 州郡(주군) : 州(주)와 郡(군)의 뜻으로, 지방을 일컬음 • 州縣(주현) : 州(주)와 縣(현). 지방					

走	走						
달릴 주		• 走馬看山(주마간산) : 말을 타고 달리면서 산수를 본다. 바쁘게 대충대충 보고 지남 • 走馬燈(주마등) : 돌리는 대로 그림의 장면이 다르게 보이는 돌림등					

朱	朱						
붉을 주		• 朱書(주서) : 朱墨(주묵)으로 글씨를 씀 또는 그 글씨 • 朱顏(주안) : ① 술을 마셔 붉어진 얼굴 ② 紅顏(홍안)					

酒	酒						
술 주		• 酒客(주객) : 술을 좋아하는 사람. 술꾼 • 酒量(주량) : 술을 마시는 분량					

宙	宙						
집 주		• 宇宙(우주) : ① 온갖 물질이 존재하는 공간 ② 무한히 큰 공간과 거기 존재하는 천체와 모든 물질					

柱	柱						
기둥 주		• 柱聯(주련) : 기둥이나 바람벽 등에 장식으로 그림이나 글씨를 써 넣어 붙이는 물건 또는 聯句(연귀) • 電柱(전주) : 電線(전선)을 늘여 맨 기둥					

株	株						
그루 주		• 株式(주식) : ① 주식회사의 총자본을 株(주)의 수에 따라 나눈 자본의 단위 ② 株主權(주주권)을 표시하는 有價證券(유가증권). 株券(주권)					

洲	洲						
섬 주		• 洲渚(주저) : 파도가 밀려 닿는 곳. 물가 • 三角洲(삼각주) : 하천에서 흘러 내린 흙이 강어귀에 삼각형으로 쌓인 땅					

舟	舟						
배 주	• 舟車(주거) : ① 배와 수레 ② 교통기관 • 扁舟(편주) : 작은 배. 거룻배. 쪽배. 片舟(편주) ㉖ 一葉片舟(일엽편주)						

週	週						
두루 주	• 週期(주기) : ① 한 바퀴 도는 시기 ② 일정한 시간마다 같은 현상이 꼭 같이 되풀이될 때, 그 일정한 시간을 이름						

準	準						
법도 준	• 準據(준거) : 일정한 기준을 준하여 의거함 • 準備(준비) : 필요한 것을 미리 마련하여 갖춤						

俊	俊						
준걸 준	• 俊傑(준걸) : 재주와 지혜가 뛰어남 또는 그런 사람 • 英俊(영준) : 영민하고 준수함 또는 그런 사람						

遵	遵						
좇을 준	• 遵守(준수) : 그대로 좇아 지킴 • 遵行(준행) : 그대로 따라 행함						

重	重						
무거울 중	• 重量(중량) : 무게 • 重要(중요) : 매우 귀중함						

衆	衆						
무리 중, 많을 중	• 衆寡(중과) : 많음과 적음 ㉖ 衆寡不敵(중과부적) • 衆口(중구) : 많은 사람의 입에서 나온 말. 뭇사람의 평판 또는 비난						

仲	仲						
버금 중	• 仲介(중개) : ① 당사자의 중간에서 일을 주선함 ② 흥정을 붙이는 일 • 仲秋(중추) : 음력 8월						

卽	卽							

곧 즉
- 卽刻(즉각) : 당장에 곧. 卽時(즉시)
- 卽興(즉흥) : 즉석에서 일어나는 흥취　예 卽興詩(즉흥시)

增	增							

더할 증
- 增減(증감) : 많아지는 일과 적어지는 일. 늘림과 줄임
- 增大(증대) : 양적으로 늘어나거나 커지거나 많아짐

證	證							

증거 증, 증명할 증
- 證據(증거) : 사실을 증명할 만한 근거나 표적　예 證據湮滅(증거인멸)
- 證憑(증빙) : 증거로 되거나 증거로 삼음 또는 그러한 증거　예 證憑書類(증빙서류)

憎	憎							

미워할 증
- 憎惡(증오) : 미워함
- 愛憎(애증) : 사랑함과 미워함

曾	曾							

일찍 증
- 曾往(증왕) : 일찍이. 지나간 적
- 未曾有(미증유) : 일찍이 없었음. '전례가 없음'을 이르는 말

症	症							

증세 증
- 症勢(증세) : 병으로 앓는 여러가지 모양
- 痛症(통증) : 아픈 증세

蒸	蒸							

찔 증
- 蒸溜(증류) : 액체를 가열하여 생긴 증기를 식혀서 다시 液化(액화)하여 분리 또는 精製(정제)를 함　예 蒸溜水(증류수)

贈	贈							

줄 증
- 贈與(증여) : ① 선사하여 줌　② 재산을 무상으로 타인에게 물려주는 행위
- 贈賄(증회) : 뇌물을 줌. 贈賂(증뢰)　반 收賄(수회)　예 贈賄罪(증회죄)

紙	紙						
종이 지		• 紙匣(지갑) : ① 종이로 만든 갑 ② 가죽, 헝겊 등으로 만든 돈을 넣는 물건 • 紙面(지면) : ① 종이의 표면 ② 글이 실린 종이의 겉면. 紙上(지상) ③ 편지					
地	地						
땅 지		• 地位(지위) : ① 처지, 위치 ② 신분 • 地點(지점) : 일정한 지역 안에서의 구체적인 어떤 곳					
知	知						
알 지		• 知己(지기) : 자기의 마음이나 참된 가치를 알아주는 사람 • 知悉(지실) : 모든 사정을 자세히 앎					
止	止						
그칠 지		• 止血(지혈) : 피가 나오다 그침 또는 나오는 피를 그치게 함 • 擧止(거지) : 몸의 온갖 동작					
至	至						
이를 지, 지극할 지		• 至極(지극) : 더없이 극진함 • 至上(지상) : 더할 수 없이 가장 높음 예 至上命令(지상명령)					
志	志						
뜻 지		• 志望(지망) : 뜻하여 바람 • 志操(지조) : 의지와 절조					
指	指						
가리킬 지, 손가락 지		• 指紋(지문) : 손가락 끝마다 안 쪽에 있는 피부의 주름 또는 그것이 어떤 물건에 남긴 흔적 • 指示(지시) : 손가락으로 가리켜 나타냄					
誌	誌						
기록할 지		• 日誌(일지) : 날마다 생긴 일, 느낌 등을 적은 기록 비 日記(일기) • 雜誌(잡지) : 號(호)를 거듭하여 정기적으로 간행하는 출판물					

持	持						
가질 지	• 持久(지구) : 오래 버팀　예 持久力(지구력), 持久戰(지구전) • 持病(지병) : 오랫동안 낫지 않아 늘 지니고 있는 병						

智	智						
지혜 지	• 智能(지능) : ① 지혜와 능력　② 경험을 이용하여 새로운 경우에 대처할 적당 한 처리방법　• 智慧(지혜) : 슬기, 分別(분별)하는 마음의 작용						

支	支						
지탱할 지	• 支流(지류) : 원 줄기에서 갈려 흐르는 물줄기　반 源流(원류) • 支撐(지탱) : 버티어 나감. 오래 배겨 나감오는 피를 그치게 함						

池	池						
못 지	• 池塘(지당) : 못. 연못　발 전 池魚之殃(지어지앙) : 뜻하지 않은 재앙이나 화재. 중국 楚(초)나라의 성문 에 불이 나서 옆에 있는 못의 물로 껐기 때문에, 못 물이 말라서 물고기가 모두 죽었다는 고사에서 온 말						

遲	遲						
더딜 지	• 遲參(지참) : 정한 시간에 뒤늦어서 참석함 • 遲滯(지체) : 기한에 뒤짐. 어물어물하여 늦어짐						

直	直						
곧을 직	• 直言(직언) : 자기가 믿는 대로 기탄 없이 말함. 곧이 곧대로 말함 • 直接(직접) : 중간에 다른 것을 거치지 않고 바로　반 間接(간접)						

職	職						
직분 직	• 職分(직분) : 마땅히 해야 할 본분 • 職業(직업) : 생계를 꾸리기 위하여 일상 종사하는 업무						

織	織						
짤 직	• 織物(직물) : 온갖 피복의 총칭 • 織造(직조) : 피륙을 짜는 일. 길쌈						

進	進							
나아갈 진	• 進路(진로) : 앞으로 나아갈 길 • 進步(진보) : 발전하여 나아짐　㉕ 退步(퇴보)							

眞	眞							
참 진	• 眞談(진담) : 참말　　　　　　　　　　　㉕ 弄談(농담) • 眞相(진상) : ① 참된 모습　② 실제의 모습　㉑ 眞相把握(진상파악)							

盡	盡							
다할 진	• 盡力(진력) : ① 힘 닿는 데까지 다함　② 갖은 힘을 다함 • 賣盡(매진) : 모조리 팔림							

珍	珍							
보배 진	• 珍味(진미) : 아주 좋은 맛 또는 그러한 음식　㉑ 山海珍味(산해진미) • 珍羞(진수) : 진귀한 음식							

陣	陣							
진칠 진	• 陣營(진영) : ① 군대가 집결하고 있는 곳　② 정치적·사회적으로 구분되어 구성된 집단　㉑ 自由陣營(자유진영)							

振	振							
떨칠 진	• 振撫(진무) : 구원하여 편안하게 함 • 振興(진흥) : 침체된 상태에서 떨쳐 일으킴							

鎭	鎭							
누를 진	• 鎭撫(진무) : 난리나 들뜬 민심을 진정시켜 다스림 • 書鎭(서진) : 책장이나 종이쪽이 날리지 않도록 눌러 놓는 물건							

質	質							
바탕 질	• 質量(질량) : ① 물체 속에 포함되어 있는 물질의 분량　② 성질과 수량 • 質疑(질의) : 의심을 물어서 밝힘							

姪	姪							
조카 질	• 姪女(질녀) : 조카딸 • 姪婦(질부) : 조카며느리							

疾	疾							
병빠를 질	• 疾故(질고) : 병으로 인한 사고 • 痼疾(고질) : ① 고치기 어려운 오래된 병. 불치병　② 오래된 나쁜 버릇							

秩	秩							
차례 질	• 秩滿(질만) : 관직에서 일정한 임기가 참 • 秩序(질서) : 사물의 조리나 그 순서　예 秩序整然(질서정연)							

集	集							
모일 집	• 集大成(집대성) : 많은 훌륭한 것을 모아서 하나의 완전한 것으로 만들어내는 일 • 集中(집중) : 한 곳에 모임							

執	執							
잡을 집	• 執權(집권) : 정권을 잡음 • 執務(집무) : 사무를 맡아 봄							

徵	徵							
부를 징	• 徵兆(징조) : 어떤 일이 생길 기미가 보이는 현상　비 兆朕(조짐) • 徵集(징집) : 병역법에 의거하여 장정을 뽑아서 병역에 보충함							

懲	懲							
징계할 징	• 懲戒(징계) : 허물이나 잘못을 뉘우치도록 나무라고 경계함 • 懲惡(징악) : 옳지 못한 일을 징계함　예 勸善懲惡(권선징악)							

次	次							
버금 차, 차례 차	• 次例(차례) : ① 나아가는 순서　② 나아가는 번 • 行次(행차) : 웃어른이 길 가는 것을 공경하여 일컫는 말							

差	差						
어긋날 차		• 差別(차별) : 등급이 지게 나누어 가름 • 差額(차액) : 어떤 額數(액수)에서 다른 어떤 액수를 감한 나머지 액수

借	借						
빌릴 차		• 假借(가차) : ① 남의 사정을 보아줌. 용서함 ② 임시로 빌림 ③ 六書(육서)의 하나. 음이 같은 다른 글자를 빌어 쓰는 법 예 假借文字(가차문자)

此	此						
이것 차		• 此後(차후) : 이 다음. 이 뒤 • 彼此(피차) : ① 저편과 이편 ② 서로

着	着						
도착할 착, 입을 착		• 着陸(착륙) : 비행기나 비행선 따위가 공중에서 땅으로 내려앉는 일 • 着服(착복) : ① 옷을 입음 ② 남의 금품을 부당하게 자기 것으로 함

捉	捉						
잡을 착		• 捉囚(착수) : 죄 지은 사람을 잡아 가둠 • 捕捉(포착) : 꼭 붙잡음

錯	錯						
섞일 착		• 錯覺(착각) : 잘못 인식함 • 錯雜(착잡) : 뒤섞이어 복잡함

讚	讚						
기릴 찬		• 讚美(찬미) : 칭송하고 기림 • 讚頌(찬송) : 덕을 기리고 찬양함 예 讚頌歌(찬송가)

贊	贊						
도울 찬		• 贊助(찬조) : ① 도움. 補助(보조) ② 뜻을 같이하여 도와줌 • 協贊(협찬) : 힘을 합하여 도움

察	察						
살필 찰		• 觀察(관찰) : 사물을 주의하여 자세히 살펴봄 • 視察(시찰) : 어떤 일이나 상황을 자세히 알아보고 살핌					

參	參						
참가할 참, 석 삼		• 參加(참가) : 어떤 모임이나 단체에 참여하거나 가입함 • 參考(참고) : ① 살펴서 생각함 ② 참조하여 고증함					

慘	慘						
참혹할 참		• 慘憺(참담) : ① 참혹하고 암담한 모양 ② 이리저리 궁리하느라고 무척 애쓰는 모양 예 苦心慘憺(고심참담) ③ 어둠침침하고 쓸쓸한 모양					

慙	慙						
부끄러울 참		• 慙愧(참괴) : 부끄러워함 • 無慙(무참) : 말할 수 없이 부끄러움					

窓	窓						
창문 창		• 同窓(동창) : ① 같은 학교에서 공부함 또는 그 사람 비 同門(동문) ② 한 학교 에서 同期(동기)로 졸업한 사람 예 同窓生(동창생)					

唱	唱						
노래부를 창		• 唱導(창도) : 앞장을 서서 주창하여 지도함 • 提唱(제창) : 제시하고 주장함					

創	創						
비롯할 창		• 創刊(창간) : 정기간행물인 신문, 잡지 따위의 맨 첫번 것을 간행함 • 創傷(창상) : 연장에 다침 또는 그 상처					

倉	倉						
곳집 창		• 倉廩(창름) : 창고 • 倉皇(창황) : 어찌할 겨를이 없이 매우 급함					

昌	昌							

창성할 창
- 昌盛(창성) : 번성하고 잘 되어 감
- 隆昌(융창) : 매우 기운차고 성하게 일어남 ⑪ 隆盛(융성)

暢	暢							

화창할 창
- 暢達(창달) : ① 막힘 없이 통함 ② 구김살 없이 자라남
- 暢懷(창회) : 마음 속을 헤쳐서 시원하게 풀어냄

滄	滄							

큰바다 창
- 滄茫(창망) : 물이 푸르고 아득하게 넓은 모양
- 滄熱(창열) : 추움과 더움 ⑪ 寒暑(한서)

採	採							

캘 채
- 採鑛(채광) : 광산에서 광석을 캐냄
- 採擇(채택) : 가려서 취함

債	債							

빚질 채
- 債權(채권) : 빌린 쪽이 빈 쪽에 대해서 가진 권리
- 債務(채무) : 빈 것을 도로 갚아야 하는 의무

彩	彩							

채색 채
- 彩畵(채화) : 여러가지 채색으로 그린 그림
- 文彩(문채) : ① 무늬 ② 아름다운 광채

菜	菜							

나물 채
- 菜根(채근) : ① 채소의 뿌리. 무 따위 ② 변변하지 못한 음식
- 菜麻(채마) : 심어서 가꾸는 나물. 무, 배추, 미나리 따위

責	責							

꾸짖을 책
- 責望(책망) : 허물을 꾸짖음
- 責務(책무) : 직책과 임무. 책임진 임무

| 冊 | 冊 | | | | | | | | | | ⑧ 冊 |

책 책
- 冊封(책봉) : 왕세자나 세손, 后(후), 妃(비), 嬪(빈)들을 封爵(봉작)함
- 冊子(책자) : 책

| 策 | 策 | | | | | | | | | | |

꾀 책, 채찍 책
- 策勵(책려) : 채찍질하여 격려함
- 計策(계책) : 일을 처리할 계획과 꾀. 方策(방책)

| 處 | 處 | | | | | | | | | | ⑨ 処 |

곳 처, 살 처
- 處理(처리) : 일을 다스려 치러감
- 處世(처세) : 사람들과 교제하며 살아감 ⑩ 處世術(처세술)

| 妻 | 妻 | | | | | | | | | | |

아내 처
- 妻子(처자) : 아내와 자식
- 愛妻家(애처가) : 아내를 각별히 사랑하는 사람

| 悽 | 悽 | | | | | | | | | | |

슬플 처
- 悽然(처연) : 슬퍼하는 모양
- 悽慘(처참) : 끔찍스럽게 참혹함

| 戚 | 戚 | | | | | | | | | | |

겨레 척
- 姻戚(인척) : 외가와 처가의 血族(혈족). 婚戚(혼척)
- 親戚(친척) : 혈족 관계와 配偶者(배우자) 관계에 있는 사람들

| 拓 | 拓 | | | | | | | | | | |

넓힐 척, 베낄 탁
- 拓本(탁본) : 금석에 새긴 글씨나 그림을 그대로 종이에 박아냄 또는 그 박은 종이. 搨本(탑본)

| 斥 | 斥 | | | | | | | | | | |

물리칠 척
- 斥和(척화) : 和議(화의)를 물리침
- 斥候(척후) : 몰래 적의 형편을 정찰, 탐색하는 일 또는 그 군인

淺	淺								
얕을 천	• 淺綠(천록) : 엷은 녹색 • 淺薄(천박) : 생각이나 학문이 얕음								

薦	薦								
천거할 천	• 薦擧(천거) : 사람을 어떤 자리에 쓰도록 추천함 • 推薦(추천) : 인재를 천거함. 推擧(추거)								

賤	賤								
천할 천	• 賤待(천대) : ① 업신여겨 푸대접함　② 함부로 다룸 • 貴賤(귀천) : ① 부귀와 빈천　② 귀한 사람과 천한 사람								

踐	踐								
밟을 천	• 踐祚(천조) : 임금의 자리에 오름 • 實踐(실천) : 실제로 행함								

遷	遷								
옮길 천	• 遷善(천선) : 나쁜 짓을 고쳐 착하게 됨　예 改過遷善(개과천선) • 遷延(천연) : 일이나 날짜를 미루어 나감								

鐵	鐵								약 鉄
쇠 철, 철물 철	• 鐵甲(철갑) : 쇠로 만든 갑옷 • 鐵則(철칙) : 변경할 수 없는 규칙								

哲	哲								
밝을 철	• 明哲(명철) : 세태나 사리에 밝음 • 賢哲(현철) : 지혜가 깊고 사리에 밝음 또는 그러한 사람								

徹	徹								
뚫을 철	• 徹夜(철야) : 잠을 자지 않고 밤을 샘 • 貫徹(관철) : 뚫어냄. 기어이 어려움을 이겨냄								

尖	尖							
뾰족할 첨	• 尖端(첨단) : ① 물건의 뾰족하게 모난 끝 ② 시대의 思潮(사조), 유행 같은 것 의 맨 앞장 • 尖銳(첨예) : 뾰족하고 날카로움							

添	添							
첨가할 첨	• 添附(첨부) : 더하여 붙임 • 添削(첨삭) : 첨가하거나 삭제함							

妾	妾							
첩 첩	• 妾室(첩실) : 첩을 점잖게 일컫는 말. 작은집 • 愛妾(애첩) : 사랑하는 첩							

淸	淸							
맑을 청	• 淸潔(청결) : 깨끗하여 더러움이 없음 • 淸廉(청렴) : 마음이 청백하고 재물을 탐내지 않음 예 淸廉潔白(청렴결백)							

請	請							
청할 청, 물을 청	• 請願(청원) : ① 바라는 바를 들어주기를 청함 ② 국민이 정부기관이나 국회 등 에 무엇을 청하여 바람							

聽	聽							
들을 청	• 聽衆(청중) : 연설 따위를 듣는 사람들 • 聽訟(청송) : 訟事(송사)를 심의함							

廳	廳							
관청 청	• 廳舍(청사) : 관청의 건물 • 大廳(대청) : 집채의 가운데에 있는 마루							

晴	晴							
갤 청	• 晴曇(청담) : 날씨의 갬과 흐림 • 晴雨(청우) : 갬과 비내림							

青	靑						
푸를 청		• 靑雲(청운) : ① 푸른 구름 ② 높은 이상이나 벼슬 • 踏靑(답청) : 봄날 푸른 풀을 밟고 거닒. 들을 산책함					

體	體						㉑ 体
몸 체		• 體格(체격) : 몸의 생김새 • 體系(체계) : 일정한 원리에 따라서 계통을 세운 지식을 통일하는 전체					

替	替						
바꿀 체		• 交替(교체) : 交代(교대) • 隆替(융체) : 盛(성)함과 衰(쇠)함					

草	草						
풀 초		• 草芥(초개) : 풀과 먼지, 곧 아무 소용이 없거나 하찮은 것을 비유하는 말 • 草案(초안) : ① 案件(안건)을 起草(기초)함 ② 문장이나 시 따위를 초잡음					

初	初						
처음 초		• 初步(초보) : 첫걸음 • 初夜(초야) : 첫날밤					

招	招						
부를 초		• 招待(초대) : 손님을 불러서 대접함 • 招來(초래) : ① 불러옴 ② 어떤 결과를 가져오게 함					

抄	抄						
베낄 초		• 抄啓(초계) : 인재를 뽑아서 임금께 아룀 • 抄譯(초역) : 원문의 어느 부분만을 뽑아서 번역함 또는 그 번역					

礎	礎						
주춧돌 초		• 基礎(기초) : 사물의 밑바탕 • 柱礎(주초) : 주추					

肖	肖						
닮을 초		• 肖似(초사) : 닮음 • 肖像(초상) : 사람의 얼굴이나 모양을 그림으로 그리거나 조각으로 새김					

超	超						
뛰어넘을 초		• 超遙(초요) : 먼 모양. 높고 먼 모양 • 超脫(초탈) : 성품이 고상하여 세상 일에 관여하지 아니함. 脫俗(탈속)					

促	促						
재촉할 촉		• 促急(촉급) : 촉박하여 몹시 급함 • 催促(최촉) : 빨리 서둘러 하도록 재촉함. 督促(독촉)					

燭	燭						
촛불 촉		• 燭淚(촉루) : 초가 탈 때 녹아 내리는 기름 ⓑ 燭膿(촉농) • 燭察(촉찰) : 밝혀 샅샅이 살핌					

觸	觸						
닿을 촉		• 觸覺(촉각) : 피부에 있는 어떤 感受器(감수기)의 흥분에 의하여 일어나는 감각. 　痛覺(통각), 壓覺(압각) 따위					

村	村						
마을 촌		• 村落(촌락) : 시골부락 ⓑ 都市(도시) • 農村(농촌) : 농업생산을 전통적인 생업으로 삼아 온 지역이나 마을					

銃	銃						
총 총		• 銃劍(총검) : ① 총과 검 ② 총 끝에 꽂는 칼 • 銃彈(총탄) : 총알					

總	總						
거느릴 총, 모두 총		• 總計(총계) : 수량 전체를 한데 모아서 셈함 또는 그 셈 • 總括(총괄) : ① 통틀어 하나로 뭉침 ② 요점을 모아서 한 개의 개념을 만듦					

聰	聰					
밝을 총		• 聰明(총명) : ① 슬기롭고 도리에 밝음 ② 눈과 귀가 예민함 • 聰敏(총민) : 슬기롭고 민첩함

最	最					
가장 최		• 最高(최고) : 가장 높음 • 最善(최선) : ① 가장 좋음. 가장 착함 ② 온 힘

催	催					
재촉할 최		• 催淚(최루) : 눈물을 흘리게 함 예 催淚彈(최루탄) • 催眠(최면) : 잠이 오게 함 예 催眠術(최면술)

秋	秋					
가을 추		• 秋霜(추상) : ① 가을의 찬 서리 ② 서슬이 퍼런 위험이나 엄한 형벌의 비유 • 秋收(추수) : 가을에 익은 곡식을 거둬들이는 일. 가을걷이

推	推					
밀 추		• 推進(추진) : 진척되도록 밀고 나아감 • 推薦(추천) : ① 어떤 조건에 적합한 대 상을 책임지고 소개함 ② 선거에 대상으로 내세움 예 推薦書(추천서)

抽	抽					
뽑을 추		• 抽象(추상) : 구체적인 사물이나 관념에서 일반적으로 공통된 속성을 추려 내어 종합하는 일 반 具體(구체) • 抽籤(추첨) : 제비를 뽑음. 제비뽑기

追	追					
좇을 추		• 追更(추경) : 追加更正豫算(추가경정예산)의 줄임말 • 追伸(추신) : '뒤에 추가하여 말한다'는 뜻으로, 편지 등에서 글을 덧붙여 씀

醜	醜					
추할 추		• 醜虜(추로) : ① 외국인을 낮추어 이르는 말 ② 포로를 낮추어 이르는 말 • 醜雜(추잡) : 말과 행실이 지저분하고 잡스러움

祝	祝							
빌 축	• 祝文(축문) : 제사 때 신명에게 고하는 글 • 祝福(축복) : 앞길의 행복을 빎							

築	築							
쌓을 축	• 築臺(축대) : 높게 쌓아 올린 대 • 建築(건축) : 흙, 나무, 돌, 쇠 등을 써서 집이나 성, 다리같은 건조물을 세워 지음							

蓄	蓄							
쌓을 축	• 蓄積(축적) : 많이 모아서 쌓아둠 • 貯蓄(저축) : 소득을 모두 써 버리지 않고 그 일부를 모아 나감							

縮	縮							
줄 축	• 縮小(축소) : 줄여 작게 함 또는 작아짐　(반) 擴大(확대), 擴張(확장) • 伸縮(신축) : 늘어나고 줄어듦. 늘이고 줄임　(예) 伸縮性(신축성)							

畜	畜							
기를 축	• 畜舍(축사) : 가축의 우리 • 畜養(축양) : ① 가축을 기름　② 양육함　③ 俸祿(봉록)을 줌							

逐	逐							
쫓을 축	• 逐條(축조) : 한 조목 한 조목씩 차례로 좇아 함　(예) 逐條審議(축조심의) • 驅逐(구축) : 몰아 쫓아냄　(예) 驅逐艦(구축함)							

春	春							
봄 춘	• 春耕(춘경) : 봄에 하는 논밭갈기　• 春夢(춘몽) : ① 봄밤에 꾸는 꿈　② 헛된 꿈. 덧없는 꿈. 인생의 허무함을 일컫는 말　(예) 一場春夢(일장춘몽)							

充	充							
채울 충	• 充當(충당) : 모자라는 것을 채움 • 充滿(충만) : 가득참							

蟲	蟲						㉞ 虫

벌레 충
- 蟲災(충재) : 해충으로 인하여 생기는 농작물의 피해　逊 蟲害(충해)
- 蟲齒(충치) : 벌레 먹은 이. 벌레가 파먹은 것처럼 구멍이 생긴 이

忠	忠						

충성 충
- 忠誠(충성) : ① 마음에서 우러나는 정성　② 왕에게 바치는 충직한 직성
- 忠言(충언) : ① 진심에서 나오는 말　② 바르게 타이르는 말　逊 忠告(충고)

衝	衝						

찌를 충
- 衝擊(충격) : ① 서로 맞부딪쳐서 몹시 침　② 마음에 激動(격동)을 느낌
- 要衝(요충) : 군사상 또는 지리상 긴요한 곳. 要害處(요해처)

取	取						

가질 취
- 取材(취재) : 재료를 취함　예 取材記者(취재기자)
- 取捨(취사) : 가질 것은 갖고 버릴 것은 버림　예 取捨選擇(취사선택)

趣	趣						

향할 취
- 趣味(취미) : 마음에 끌려 일정한 방향으로 쏠리는 흥미
- 趣旨(취지) : 목적이 되는 속뜻

就	就						

이를 취, 나아갈 취
- 就任(취임) : 배치된 자리에 임무를 수행하기 위하여 처음으로 나아감
- 成就(성취) : 목적대로 일을 이룸　예 成就感(성취감)

吹	吹						

불 취
- 鼓吹(고취) : ① 북을 치고 피리를 붐　② 용기와 기운을 북돋우어 일으킴. 鼓舞 (고무)　③ 의견이나 사상 등을 열렬히 주장하여 널리 선전함

臭	臭						

냄새 취
- 臭氣(취기) : 비위를 상하게 하는 좋지 못한 냄새. 惡臭(악취)
- 乳臭(유취) : 젖냄새　예 口尙乳臭(구상유취)

醉 醉	
취할 취	• 陶醉(도취) : ① 즐기거나 좋아하는 것에 마음이 쏠리어 취하다시피 됨 ② 거나하게 술이 취함 • 宿醉(숙취) : 이튿날까지 안 깨는 술

測 測	
잴 측	• 測定(측정) : ① 측량하여 정함 ② 추측 • 推測(추측) : 미루어 생각하여 헤아리거나 어림을 잡음

側 側	
곁 측	• 側近(측근) : ① 곁의 가까운 곳 ② 웃사람 곁에서 썩 가까이 지냄 • 反側(반측) : 잠을 이루지 못하고 몸을 뒤척거림 **예** 輾轉反側(전전반측)

層 層	
층계 층	• 層階(층계) : 층층대 • 階層(계층) : 階級(계급) **발전** 層巖絕壁(층암절벽) : 몹시 험한 바위가 겹겹으로 쌓인 낭떠러지

致 致	
이를 치	• 致死(치사) : 죽게 함 **예** 過失致死(과실치사) • 致賀(치하) : 남의 경사에 대하여 축하의 말을 하는 인사

置 置	
둘 치	• 置重(치중) : 어떤 일에 중점을 둠. 중요하게 여김 • 放置(방치) : 그대로 버려 둠

齒 齒	**약** 歯
이 치	• 齒牙(치아) : '이'를 점잖게 이르는 말 • 齒列(치열) : 잇바디

治 治	
다스릴 치	• 治國(치국) : 나라를 다스림 • 治療(치료) : 병을 고치기 위하여 하는 의학적인 처리

値	値								

값 치

- 値遇(치우) : 서로 만남
- 價値(가치) : 값. 값어치　예　價値觀(가치관)

恥	恥								

부끄러울 치

- 恥部(치부) : 남에게 보여서는 부끄러운 곳
- 羞恥(수치) : 부끄러움

稚	稚								

어릴 치

- 稚拙(치졸) : 유치하고 졸렬함
- 幼稚(유치) : ① 나이가 어림 ② 정도가 낮음

親	親								

어버이 친, 친할 친

- 親近(친근) : 정분이 친하고 가까움
- 親知(친지) : 친하게 하는 사람　비　親友(친우)

漆	漆								

옻나무 칠

- 漆器(칠기) : 옻칠을 하여 아름답게 만든 器物(기물)
- 漆瞳(칠동) : 까만 눈

侵	侵								

침노할 침

- 侵蝕(침식) : 조금씩 개먹어 들어감
- 侵害(침해) : 불법적으로 남을 해침　예　私生活侵害(사생활침해)

寢	寢								

잠잘 침

- 寢具(침구) : 이부자리와 베개
- 寢息(침식) : ① 쉼. 잠을 잠 ② 그침. 없어짐

針	針								

바늘 침

- 針線(침선) : 바늘과 실 또는 바느질
- 時針(시침) : 시계바늘　발전　針小棒大(침소봉대) : 작은 일을 크게 허풍떨며 말함

枕	枕							
베개 침	• 枕頭(침두) : 베갯머리 • 木枕(목침) : 나무토막으로 만든 베개							

沈	沈							
잠길 침, 성 심	• 沈鬱(침울) : ① 걱정과 근심에 잠겨서 명랑한 맛이 없고 뚱하고 우울함 ② 날씨가 을씨년스럽고 음산함							

浸	浸							
잠길 침	• 浸透(침투) : ① 액체가 속으로 스며 젖어듦 ② 어떤 현상이나 사상, 정책 따위가 속속들이 스며들거나 깊이 들어감							

稱	稱							⑳ 称
일컬을 칭	• 稱頌(칭송) : 공덕을 칭찬하여 기림 • 稱讚(칭찬) : 잘한다고 추어줌. 좋은 점을 말하여 기림							

快	快							
쾌할 쾌	• 快樂(쾌락) : ① 기분이 좋고 즐거움 ② 욕망의 충족에서 오는 유쾌한 감정 • 快活(쾌활) : ① 즐거움. 기꺼움 ② 씩씩하고 활발함							

打	打							
칠 타	• 打破(타파) : 규율이나 관례를 깨뜨려버림 예 舊習打破(구습타파) • 毆打(구타) : 때림. 두들김							

他	他							
다를 타	• 他界(타계) : ① 다른 世界(세계) ② 인간계를 떠나 다른 세계로 감, 즉 逝去(서거)함 • 他殺(타살) : 남이 죽임 반 自殺(자살)							

墮	墮							
떨어질 타	• 墮落(타락) : ① 道心(도심)을 잃고 속세의 마음으로 떨어짐 ② 도덕적으로 잘못된 길로 빠지거나 떨어짐 • 墮胎(타태) : 밴 아이를 떨어지게 함							

妥	妥							

온당할 타

- 妥當(타당) : 사리에 맞아 마땅함
- 妥協(타협) : 서로 좋도록 양보하여 협의함

卓	卓							

높을 탁, 탁상 탁

- 卓論(탁론) : 뛰어난 議論(의론)　ⓑ 卓見(탁견), 卓說(탁설)
- 卓異(탁이) : 다른 사람보다 뛰어나게 다름

托	托							

맡길 탁

- 托鉢(탁발) : 중이 불도를 닦기 위하여 집집이 돌아다니며 구걸하는 일
  예 托鉢僧(탁발승)

濁	濁							

흐릴 탁

- 濁流(탁류) : ① 흘러가는 흐린 물　② 결백하지 못한 무리들
- 混濁(혼탁) : 맑지 아니함. 흐림

濯	濯							

빨 탁

- 濯足(탁족) : ① 발을 씻음　② 世俗(세속)을 떠남. 세속을 超越(초월)함
- 洗濯(세탁) : 빨래. 빨래를 함

琢	琢							

쫄 탁

- 琢磨(탁마) : ① 옥이나 돌을 쪼고 가는 일　② 학문이나 技藝(기예) 따위를 힘
  써 닦고 가는 일을 비유하여 이르는 말　예 切磋琢磨(절차탁마)

炭	炭							

숯 탄

- 炭鑛(탄광) : 석탄을 파내는 광산
- 炭素(탄소) : 비금속성 화학원소의 하나. 석탄, 목탄 등에 많이 들어 있음

彈	彈							

탄알 탄

- 彈力(탄력) : ① 퉁기는 힘　② 본상태로 되돌아가려는 힘
- 彈壓(탄압) : 권력으로 억지로 누름

歎	歎							
탄식할 탄	• 歎服(탄복) : 참으로 훌륭하다고 감탄하여 마음으로 따름 • 歎息(탄식) : 한탄하여 한숨을 쉼 또는 그 한숨							

脫	脫							
벗을 탈	• 脫穀(탈곡) : 곡식의 낟알을 이삭에서 떨어냄 • 脫落(탈락) : ① 빠져 버림 ② 같이 나가던 일에서 빠져서 떨어져 나감							

奪	奪							
뺏을 탈	• 奪取(탈취) : 빼앗아 가짐 • 奪還(탈환) : 빼앗겼던 것을 도로 빼앗아 찾음. 奪回(탈회)							

探	探							
찾을 탐	• 探究(탐구) : 파고들어 깊이 연구함　**예** 探究學習(탐구학습) • 探索(탐색) : 형편. 행동 따위를 살핌　**예** 水中探索(수중탐색)							

貪	貪							
탐할 탐	• 貪官(탐관) : 재물을 탐내는 관리　**예** 貪官汚吏(탐관오리) • 貪慾(탐욕) : 사물을 지나치게 탐내는 욕심							

塔	塔							
탑 탑	• 佛塔(불탑) : 절에 세운 탑 • 石塔(석탑) : 돌로 만든 탑							

湯	湯							
끓일 탕	• 湯藥(탕약) : 달여서 먹는 약　• 湯池(탕지) : '끓는 물의 못' 이라는 뜻에서, 견고한 성의 垓字(해자)를 이르는 말　**예** 金城湯池(금성탕지)							

太	太							
콩 태, 클 태	• 太甚(태심) : 매우 심함 • 太初(태초) : 우주의 맨 처음. 천지가 개벽한 처음　**비** 太始(태시)							

態	態						
모양 태		• 態度(태도) : 몸가짐 또는 그런 모양　⑪ 姿態(자태) • 世態(세태) : 세상의 상태나 형편　　⑩ 世態風俗(세태풍속)					

怠	怠						
게으를 태		• 怠慢(태만) : 게으름. 느림 • 倦怠(권태) : 싫증이 나서 게으름을 느낌					

殆	殆						
위태로울 태		• 殆無(태무) : 거의 없음　⑩ 殆無心(태무심)　• 危殆(위태) : ① 형세가 매우 어려 움　② 마음을 놓을 수 없음　③ 안전하지 못하고 위험함					

泰	泰						
클 태		• 泰斗(태두) : ① 태산과 묵두성　② 그 방면에서 썩 권위가 있는 사람 • 泰然(태연) : 흔들리지 않고 굳건한 모양. 침착한 모양　⑩ 泰然自若(태연자약)					

宅	宅						
집 택, 집 댁		• 住宅(주택) : 살림살이를 할 수 있도록 지은 집　⑩ 住宅街(주택가) • 宅內(댁내) : 상대자를 높이어 그의 '집안'을 이르는 말					

擇	擇						
가릴 택		• 擇日(택일) : 좋은 날일 가림 • 選擇(선택) : 골라서 뽑음					

澤	澤						
못 택, 윤 택		• 澤畔(택반) : 못가 • 潤澤(윤택) : 윤이 있는 光澤(광택)					

討	討						
궁구할 토		• 討論(토론) : ① 정당한 이치를 궁구함 ② 어떠한 논제를 둘러싸고 여러 사람이 각각 의견을 말하며 의론함					

吐	吐						

토할 토

- 吐露(토로) : 속 마음을 드러내어서 말함
- 實吐(실토) : 거짓말을 섞지 않고 사실대로 말함

兎	兎						

토끼 토

- 兎脣(토순) : 찢어진 윗입술. 언청이
- 兎影(토영) : 달 그림자. 달빛

通	通						

통할 통

- 通過(통과) : ① 통하여 지나감 ② 관청에 제출한 원서가 허가됨 ③ 의회 등에 제안한 의안이 가결됨 • 通知(통지) : 기별하여 알림

統	統						

거느릴 통, 합칠 통

- 通過(통과) : ① 통하여 지나감 ② 관청에 제출한 원서가 허가됨 ③ 의회 등에 제안한 의안이 가결됨 • 通知(통지) : 기별하여 알림

痛	痛						

아파할 통

- 痛症(통증) : 아픈 증세
- 痛快(통쾌) : 아주 마음이 시원함. 마음이 매우 상쾌함

退	退						

물러날 퇴

- 退步(퇴보) : ① 뒤로 물러섬 ② 본디보다 못하게 됨 (빈) 進步(진보)
- 退治(퇴치) : 물리쳐서 없애버림　　　　　　　(예) 文盲退治(문맹퇴치)

鬪	鬪						

싸울 투

- 鬪爭(투쟁) : 싸움　　　　　　　(예) 斷食鬪爭(단식투쟁)
- 鬪志(투지) : 싸우려고 하는 의지　(비) 戰鬪意志(전투의지)

投	投						

던질 투

- 投稿(투고) : 신문사나 잡지사 등에 원고를 보냄 또는 그 원고 (예) 投稿欄(투고란)
- 投宿(투숙) : 머묾. 여관에서 묵음

透	透								
통할 투	• 透徹(투철) : 사리가 밝고 확실함 • 浸透(침투) : 스미어 젖어서 속속들이 뱀. 젖어 들어감								

特	特								
특히 특	• 特別(특별) : ① 보통과 다름 ② 보통보다 훨씬 뛰어남 ⑪ 普通(보통) • 特有(특유) : 그것만이 홀로 가지고 있음 ⑪ 通有(통유)								

波	波								
물결 파	• 波及(파급) : (여파나 영향 등이)다른데 미침 • 波動(파동) : 물결의 움직임								

破	破								
깨뜨릴 파	• 破壞(파괴) : 쓰지 못하도록 때려 부수거나 깨드려 허묾 • 破顔(파안) : 무표정하거나 굳어 있던 얼굴빛을 부드럽게 함								

派	派								
갈래 파	• 派遣(파견) : (일정한 임무를 주어)사람을 보냄 • 派閥(파벌) : ① 개별적인 이해관계를 따라 따로 갈라진 사람들의 집단 ② 종파								

罷	罷								
파할 파	• 罷市(파시) : ① 市場(시장)이 서지 않음 ② 조직적·집단적으로 어떤 상품을 배척하고 사지 않는 일. 不買同盟(불매동맹)								

頗	頗								
자못 파, 치우칠 파	• 頗多(파다) : 자못 많음 • 偏頗(편파) : 치우침. 불공평함								

板	板								
널판 판, 판목 판	• 板刻(판각) : 그림이나 글씨를 나무조각에 새김 • 板子(판자) : 널판지								

<table>
<tr><td>判</td><td>判</td><td colspan="8"></td></tr>
<tr><td colspan="2">판단할 판, 쪼갤 판</td><td colspan="8">• 判決(판결) : 是非(시비)나 善惡(선악)을 판단하여 결정함　⑩ 判決文(판결문)
• 判異(판이) : 분명하게 아주 다름</td></tr>
<tr><td>版</td><td>版</td><td colspan="8"></td></tr>
<tr><td colspan="2">널조각 판</td><td colspan="8">• 版圖(판도) : 한 국가의 통치 아래에 있는 영토
• 出版(출판) : 책, 그림 따위를 인쇄하여 세상에 내 보냄</td></tr>
<tr><td>販</td><td>販</td><td colspan="8"></td></tr>
<tr><td colspan="2">팔 판</td><td colspan="8">• 共販(공판) : ① 판매조합을 통하여 공동으로 하는 판매　② 기업체가 각자의 손으로
판매하지 않고, 공동 판매소의 손을 거쳐서 하는 판매 '共同販賣(공동판매)'의 준말</td></tr>
<tr><td>敗</td><td>敗</td><td colspan="8"></td></tr>
<tr><td colspan="2">패할 패</td><td colspan="8">• 敗家(패가) : 가산을 다 써 없앰
• 敗北(패배) : 싸움에 지고 도망감</td></tr>
<tr><td>便</td><td>便</td><td colspan="8"></td></tr>
<tr><td colspan="2">편할 편, 오줌 변</td><td colspan="8">• 便利(편리) : 편하고 이로우며 이용하기 쉬움
• 便紙(편지) : 상대자에게 알리고자 하는 내용을 써서 보내는 글</td></tr>
<tr><td>篇</td><td>篇</td><td colspan="8"></td></tr>
<tr><td colspan="2">책 편, 편 편</td><td colspan="8">• 篇次(편차) : 책의 부류의 차례　• 玉篇(옥편) : 한문 글자를 차례로 배열하고 그
글자의 음과 새김을 적어 엮은 책　⑪ 字典(자전)</td></tr>
<tr><td>編</td><td>編</td><td colspan="8"></td></tr>
<tr><td colspan="2">엮을 편</td><td colspan="8">• 編修(편수) : 책을 엮거나 수정함
• 編輯(편집) : 여러가지 재료를 수집하여 책, 신문 등을 엮음　⑩ 編輯長(편집장)</td></tr>
<tr><td>評</td><td>評</td><td colspan="8"></td></tr>
<tr><td colspan="2">품평할 평</td><td colspan="8">• 評價(평가) : ① 물건의 가격을 정함　② 선악이나 미추를 가려 그 가치를 정함
③ 학습의 효과나 발달 등을 측정함　⑩ 評價書(평가서)</td></tr>
</table>

平	平							

평평할 평

- 平交(평교) : 나이가 비슷한 벗 예 平交間(평교간)
- 平亂(평란) : 난리를 평정함

閉	閉							

닫을 폐

- 閉門(폐문) : 문을 닫음
- 閉鎖(폐쇄) : ① 문을 굳게 닫고 자물쇠를 채움 ② 기능을 정지시킴

幣	幣							

폐백 폐, 돈 폐

- 幣帛(폐백) : ① 예물. 선물 ② 혼인 때 신랑이 신부에게 주는 靑緞(청단), 紅緞(홍단) 따위 ③ 新婦(신부)가 처음으로 시부모를 뵐 때 올리는 대추나 乾雉(건치) 따위의 예물

廢	廢							

폐할 폐

- 廢棄(폐기) : 버림. 버리고 쓰지 아니함
- 廢墟(폐허) : 건물이나 城廓(성곽) 따위가 파괴되어 황폐된 터

弊	弊							

폐단 폐

- 弊端(폐단) : 해롭고 번거로운 일
- 疲弊(피폐) : 지치고 쇠약하여짐

肺	肺							

허파 폐

- 肺病(폐병) : 결핵균의 전염으로 생기는 폐의 병 예 肺結核(폐결핵)
- 肺炎(폐렴) : 폐에 생기는 염증

蔽	蔽							

가릴 폐

- 蔽塞(폐색) : 가리어 막음
- 掩蔽(엄폐) : 보이지 않도록 가리어 숨김 예 掩蔽物(엄폐물)

砲	砲							

대포 포

- 砲擊(포격) : 大砲(대포)로 射擊(사격)
- 砲兵(포병) : 육군의 兵種(병종)의 하나. 화포를 취급하는 군사 비 砲手(포수)

布	布							

베 포, 펼 포

- 布告(포고) : 국가의 결정적인 의사를 공식으로 일반에게 알림　(예) 布告令(포고령)
- 布木(포목) : 베와 무명　(예) 布木店(포목점)

胞	胞							

태보 포

- 胞宮(포궁) : 아기집　• 胞子(포자) : 식물이 생식하기 위하여 생기는 특별한 세포로서, 모체를 떠나 새로운 개체가 되는 힘을 가진 것

包	包							

쌀 포

- 包攝(포섭) : 받아들임. 감싸줌
- 包裝(포장) : 물건을 싸서 꾸림　(예) 包裝紙(포장지)

抱	抱							

안을 포

- 抱負(포부) : ① 안고 지고 함　② 품은 미래에 대한 훌륭한 계획이나 희망
- 懷抱(회포) : 마음 속에 품은 생각

捕	捕							

잡을 포

- 捕縛(포박) : 잡아 묶음
- 捕獲(포획) : ① 사로잡음　② 짐승이나 물고기를 잡음

浦	浦							

물가 포

- 浦口(포구) : 배가 드나드는 개의 어귀
- 浦村(포촌) : 해변이나 냇가의 마을. 갯마을

飽	飽							

배부를 포

- 飽聞(포문) : 싫도록 들음
- 飽和(포화) : 채울 수 있는 최대 한도에 달함

暴	暴							

드러낼 폭, 사나울 포

- 暴惡(포악) : 성질이 사납고 모짊
- 暴騰(폭등) : 물가나 주가 따위가 갑자기 오름　(예) 物價暴騰(물가폭등)

爆	爆								
폭발할 폭		• 爆發(폭발) : ① 불이 일어나면서 갑작스럽게 터짐 ② 일이 별안간 벌어짐 • 爆死(폭사) : 폭탄이 터져서 죽음							

幅	幅								
폭 폭		• 幅廣(폭광) : 한 폭이 될 만한 너비 • 全幅(전폭) : ① 온 너비 ② 일정한 범위의 전체　예 全幅的(전폭적)							

表	表								
겉 표		• 表裏(표리) : ① 겉과 속. 표면과 내심　예 表裏不同(표리부동) ② 앞과 뒤 • 表現(표현) : ① 표면에 나타내 보임 ② 내면적·정신적·주체적인 것의 외면적·감성적 형상화							

票	票								
쪽지 표		• 票決(표결) : 투표로 可否(가부)를 결정함 • 票然(표연) : 가볍게 올라가는 모양　비 飄然(표연)							

標	標								
표할 표		• 標榜(표방) : ① 무슨 명목을 붙여서 어느 주장을 내세움 ② 남의 善行(선행)을 여러 사람에게 보임							

漂	漂								
뜰 표		• 漂流(표류) : 둥둥 물에 떠서 흘러감 • 漂着(표착) : 표류하여 어떤 곳에 닿음							

品	品								
물건 품		• 品格(품격) : 품성과 인격 • 品評(품평) : 물품의 좋고 나쁨과 가치를 평정함　예 品評會(품평회)							

豐	豐								약 豊
풍성할 풍		• 豐年(풍년) : 곡식이 잘 익고 잘 여무는 일 또는 그 해　예 凶年(흉년) • 豐盛(풍성) : 넉넉하고 많음. 풍족							

楓	楓							
단풍나무 풍		• 楓葉(풍엽) : 단풍나무의 잎 • 丹楓(단풍) : ① 단풍나무 ② 단풍잎						

風	風							
바람 풍		• 風塵(풍진) : ① 바람과 먼지. 바람에 일어나는 먼지 ② 인간세상. 속세 ③ 난리. 兵亂(병란)						

疲	假							
고달플 피		• 疲困(피곤) : 몸이 지쳐 고달픔 • 疲勞(피로) : 몸이나 정신이 지침. 느른함 또는 그러한 상태						

避	避							
피할 피		• 避難(피난) : 천재지변 따위의 재난을 피하여 있는 곳을 옮김 예 避難處(피난처) • 避暑(피서) : 여름철에 서늘한 곳으로 옮겨 더위를 피함 예 避暑地(피서지)						

彼	彼							
저 피		• 彼岸(피안) : ① 저편의 강 언덕 ② 불교에서 인간 세계의 저쪽에 있다는 淨土(정토)를 이르는 말 ③ 현실적으로는 존재하지 않는, 관념적으로 생각해낸 현실 밖의 境地(경지)						

皮	皮							
가죽 피		• 皮封(피봉) : 편지를 봉투에 넣고 다시 싸서 봉한 종이. 겉봉. 外封(외봉) • 皮膚(피부) : 동물의 몸의 겉을 싼 外皮(외피)						

被	被							
입을 피		• 被擊(피격) : 습격을 받음. 공격을 당함 • 被髮(피발) : ① 머리털을 풀어 헤침 ② 부모가 돌아갔을 때 머리를 풀어 헤치는 일						

筆	筆							
붓 필		• 筆蹟(필적) : 손수 쓴 글씨나 그린 그림의 형적 비 手蹟(수적) • 達筆(달필) : ① 잘 쓴 글씨 ② 글씨를 잘 쓰는 사람						

匹	匹						
짝 필	• 匹敵(필적) : 優劣(우열)이 없는 敵手(적수). 힘이 비슷비슷하여 맞섬 • 配匹(배필) : 부부로서의 알맞은 짝						

必	必						
반드시 필	• 必須(필수) : 꼭 있어야 함 • 必要(필요) : 꼭 所用(소용)이 됨						

畢	畢						
마칠 필	• 畢納(필납) : 납세나 납품 같은 것을 끝냄 • 畢生(필생) : 목숨이 끊어질 때까지. 일생. 平生(평생)						

夏	夏						
여름 하	• 夏穀(하곡) : 보리나 밀 따위와 같이 여름에 거두는 곡식 • 夏季(하계) : 여름						

河	河						
강 하	• 河床(하상) : 강이나 하천 등의 물이 흐르는 바닥 • 河川(하천) : 강과 내						

荷	荷						
연 하, 짐 하, 멜 하	• 荷香(하향) : 연꽃의 향기 • 荷花(하화) : 연꽃. 蓮花(연화)						

賀	賀						
하례할 하	• 賀客(하객) : 축하하러 온 손님 • 祝賀(축하) : 즐겁거나 기쁘다는 뜻으로 인사함 또는 그러한 인사						

學	學						약 学
배울 학	• 學說(학설) : 학문상 주장하는 이론 • 學者(학자) : 학문에 통달하거나 학문을 연구하는 사람						

鶴 鶴	
학 학	• 鶴髮(학발) : 학깃처럼 흰 머리털. 백발　　　　　예 鶴髮雙親(학발쌍친) • 鶴首(학수) : 학처럼 목을 길게 늘여 몹시 기다림　예 鶴首苦待(학수고대)

韓 韓	
나라이름 한, 성 한	• 韓國(한국) : 우리나라 대한민국 • 韓人(한인) : 한국사람

漢 漢	
나라 한	• 漢醫(한의) : 漢方(한방) 醫員(의원) • 漢字(한자) : 중국 고유의 문자

寒 寒	
찰 한, 추울 한	• 寒氣(한기) : 추운 기운. 추위　반 溫氣(온기) • 寒村(한촌) : 가난하고 쓸쓸한 마을

限 限	
한정 한, 막힐 한	• 限界(한계) : 한정. 사물의 정하여 놓은 범위. 境界(경계) • 限度(한도) : ① 한정된 정도　② 일정한 정도

閑 閑	
한가할 한	• 閑暇(한가) : 겨를이 있어 여유가 있음　비 閒假(한가) • 閑寂(한적) : 조용하고 쓸쓸함

恨 恨	
한탄할 한	• 恨歎(한탄) : 원통하거나 뉘우침이 있을 때에 한숨쉬며 탄식함 • 悔恨(회한) : 뉘우치고 한탄함

旱 旱	
가물 한	• 旱魃(한발) : ① 가물　② 가물을 맡고 있다는 귀신 • 旱災(한재) : 가물로 인하여 생기는 재앙

汗	汗						
땀 한	• 汗腺(한선) : 피부에 있는, 땀을 내보내는 腺(선) • 盜汗(도한) : 몸이 쇠약하여 잠자는 사이에 저절로 나는 식은 땀						

割	割						
나눌 할	• 割去(할거) : 베어버림. 찢어버림 • 割當(할당) : 몫을 나누어 분배함. 몫을 정함 또는 그 분량						

咸	咸						
다 함	• 咸池(함지) : ① 해가 동쪽 暘谷(양곡)에서 돋아 서쪽으로 진다는 큰 못 ② 중국 堯(요)임금 때의 음악 이름 ③ 五穀(오곡)을 주관하는 별 이름						

陷	陷						
뚫을 함	• 陷壘(함루) : 陣壘(진루)가 무너짐 또는 함락함 • 陷穽(함정) : ① 짐승을 잡기 위해 파놓은 구덩이 ② 남을 해치기 위한 모략						

合	合						
합할 합, 모일 합	• 合同(합동) : 여럿이 모여 하나가 되어 함께 함 • 合理(합리) : 이론이나 이치. 실제의 형편 등에 맞음						

港	港						
항구 항	• 港口(항구) : 船舶(선박)이 드나드는 곳 • 浦港(포항) : 우리나라의 지명 중 하나						

航	航						
건널 항	• 航空(항공) : 비행기나 비행선으로 공중을 비행함 • 航路(항로) : ① 배가 다니는 길. 船路(선로) ② 비행기가 날아가는 길						

抗	抗						
대항할 항	• 抗拒(항거) : 대항함. 맞서 버팀 • 抗禦(항어) : 맞대 서서 막아냄						

巷 巷	
거리 항	• 巷間(항간) : 일반 민중들 사이 • 陋巷(누항) : ① 좁고 더러운 거리 ② 자기가 사는 동네를 낮추어 이르는 말

恒 恒	
항상 항	• 恒久(항구) : 바뀌지 않고 오래 감 • 恒心(항심) : 언제나 지니고 있는 떳떳한 마음

項 項	
조목 항	• 項領(항령) : ① 큰 목 ② 목 ③ 두목 • 項鎖(항쇄) : 목에 씌우는 칼

海 海	
바다 해	• 海流(해류) : 일정한 방향으로 흐르는 바닷물 • 海洋(해양) : 넓은 바다. 大洋(대양)

害 害	
해로울 해	• 妨害(방해) : 남의 일에 놓아서 해를 끼침 • 要害(요해) : 적을 막기에는 편리하 고 적이 쳐들어 오기에는 불리하게 地勢(지세)가 험한 곳

解 解	
풀 해	• 解得(해득) : 깨달아 앎 예 文字解得(문자해득) • 解産(해산) : 아이를 낳음. 몸을 품

該 該	
그 해	• 該敏(해민) : 널리 갖추어져 영리함 • 該悉(해실) : 광범위하게 다 아는 것

核 核	
씨 핵	• 核武器(핵무기) : 핵 에네르기를 이용한 여러가지 무기 • 核心(핵심) : 사물의 중심이 되는 요긴한 부분 예 核心內用(핵심내용)

幸	幸						

다행 행

- 幸福(행복) : ① 좋은 운수 ② 만족감을 느끼는 정신상태   예 幸福感(행복감)
- 僥幸(요행) : 우연히 잘 되어 다행함

行	行						

갈 행

- 行脚(행각) : ① 중이 여기저기 돌아다니면서 불도를 닦음 ② 어떤 목적으로 돌아다님. 나쁜 일에 잘 쓰임   예 詐欺行脚(사기행각)

香	香						

향기 향

- 香料(향료) : ① 향을 만드는 재료 ② 향내를 내는 감
- 香火(향화) : ① 향불 ② 향을 피운다는 뜻으로 제사를 이르는 말

鄕	鄕						

시골 향, 고향 향

- 鄕愁(향수) : 고향을 그리워하는 마음
- 故鄕(고향) : 자기가 태어나서 자란 고장

享	享						

누릴 향

- 享祀(향사) : 제사
- 春享(춘향) : 초봄에 종묘와 사직에 지내는 제사

向	向						

향할 향

- 向前(향전) : 얼마 전
- 傾向(경향) : 사상, 행동 및 기타 현상이 일정한 방향으로 기울어지는 일

響	響						

울릴 향

- 響應(향응) : 소리에 따라 곧 울림이 울리듯이, 그 사람의 主唱(주창)을 따라 곧 행동을 일으키는 일

許	許						

허락할 허

- 許可(허가) : 법령에 의한 어떤 행위의 일반적인 제한 또는 금지를 특정한 경우에 해제하고, 適法(적법)하게 이것을 할 수 있게 하도록 하는 행정행위

虛 虛							㉧ 虛

빌 허, 헛될 허

• 虛無(허무) : ① 아무것도 없이 텅 빔 ② 덧없음 ㉫ 無常(무상)
• 虛心(허심) : 마음 속에 미리 가지고 있는 생각이나 거리낌이 없음

법 헌

• 憲章(헌장) : 법적으로 규정한 규범   ㉙ 憲法憲章(헌법헌장)
• 官憲(관헌) : ① 관청 ② 관리

드릴 헌

• 獻身(헌신) : 몸을 바쳐 있는 힘을 다함   • 文獻(문헌) : ① 책과 어진 사람. 문
물제도의 典據(전거)가 되는 것 ② 학술연구에 자료가 되는 문서

추녀 헌

• 軒頭(헌두) : 추녀 끝
• 軒昂(헌앙) : ① 높이 오름 ② 意氣(의기)가 분발함. 의기가 당당함

시험할 험

• 試驗(시험) : ① 어떤 사물의 성질이나 능력, 정도 등에 관하여 실지로 알아봄
② 학업성적의 우열을 알아봄   • 效驗(효험) : 일의 좋은 보람

험할 험

• 險難(험난) : 위태로움. 위험하고 어려움. 고생이 됨
• 險談(험담) : 남을 헐뜯어서 하는 말

가죽 혁, 고칠 혁

• 革帶(혁대) : 가죽으로 만든 띠
• 革新(혁신) : 개혁하여 새롭게 함

나타날 현, 지금 현

• 現在(현재) : ① 이제, 지금 ② 이 세상 ㉫ 過去(과거), 未來(미래)
• 實現(실현) : 실지로 나타남

賢	賢								
어질 현		• 賢明(현명) : 어질고 영리하여 사리에 밝음 • 賢愚(현우) : ① 현명함과 어리석음 ② 현명한 사람과 어리석은 사람							

顯	顯								⑭ 顕
나타날 현		• 顯考(현고) : 神主(신주)에서나 축문에서 돌아간 아버지를 이름 ⑪ 顯妣(현비) • 顯微(현미) : 아주 작은 사물을 밝게 드러냄							

弦	弦								
줄 현		• 弦矢(현시) : 활시위와 화살 • 正弦(정현) : 三角函數(삼각함수)의 한 가지. 垂 線(수선)을 斜邊(사변)으로 나눈 수. 사인(sine ; sin)							

懸	懸								
매달 현		• 懸隔(현격) : 썩 동떨어짐. 차이가 매우 큼 • 懸案(현안) : 이전부터 의논하여 오면서도 아직 결정하지 못한 안건							

玄	玄								
검을 현		• 玄木(현목) : 바래지 아니한 무명. 빛이 누르스름함 • 玄妙(현묘) : 심오하고 미묘함							

絃	絃								
줄 현		• 絶絃(절현) : ① 현악기의 줄을 끊음 ② 서로 마음이 통하는 친구끼리 죽음으로 써 하는 이별							

縣	縣								
고을 현		• 縣監(현감) : 조선시대에 작은 고을의 원. 從六品(종육품) • 縣治(현치) : ① 縣(현)의 행정 ② 縣廳(현청)의 소재지							

穴	穴								
구멍 혈		• 穴居(혈거) : 자연 또는 인공으로 된 동굴 속의 삶. 선사시대 원시인들의 생활 • 洞穴(동혈) : 깊고 넓은 굴의 구멍. 洞窟(동굴)							

血	血							
피 혈	• 血壓(혈압) : 혈관 안의 혈액이 혈관에 주는 압력 • 血鬪(혈투) : 죽기 아니면 살기로 덤벼들어 싸우는 싸움							

協	協							
도울 협, 화합 협	• 協同(협동) : 힘과 마음을 함께 합함　•協和(협화) : ① 마음을 합하여 화합함 ② 여러개의 소리가 한꺼번에 잘 어울려 나는 현상　(반) 不協(불협)							

脅	脅							
협박할 협, 옆구리 협	• 脅杖(협장) : 절뚝발이가 겨드랑이에 대고 걷는 지팡이 • 脅痛(협통) : 갈빗대 언저리가 결리고 아픈 증세							

形	形							
형상 형	• 形象(형상) : 생긴 모양 • 形體(형체) : 물건의 모양과 그 바탕인 몸							

刑	刑							
형벌 형	• 刑罰(형벌) : 유죄판결을 받은 사람에게 국가가 제재를 가하는 일 • 重刑(중형) : 무거운 형벌. 중죄　(비) 嚴刑(엄형)							

亨	亨							
형통할 형	• 亨通(형통) : ① 모든 일이 뜻과 같이 잘 됨　② 運(운)이 좋아서 출세함 발전 元亨利貞(원형이정) : ① 하늘이 갖추고 있는 4가지 덕, 곧 봄·여름·가을·겨울의 원리　② 사물의 근본되는 도리							

螢	螢							
반딧불 형	• 螢雪(형설) : 苦學(고학)으로 애써 공부함. 중국 晉(진)나라의 차윤(車胤)이 반딧불빛으로 글을 읽었고, 손강(孫康)은 눈빛으로 글을 읽었다는 옛 일에서 나온 말　(예) 螢雪之功(형설지공)							

惠	惠							
은혜 혜	• 惠聲(혜성) : 인자하다는 평판 • 惠澤(혜택) : 은혜와 덕택							

慧	慧							

지혜 혜	• 慧眼(혜안) : 사물을 밝게 보는 총명한 눈 • 知慧(지혜) : 슬기

號	號							

부를 호, 이름 호	• 號哭(호곡) : 목놓아 소리내어 욺 ⑪ 號泣(호읍) • 號令(호령) : ① 지휘하는 명령 ② 큰 소리로 꾸짖음

湖	湖							

호수 호	• 湖畔(호반) : 호숫가 • 江湖(강호) : ① 강과 호수 ② 산과 자연

呼	呼							

부를 호	• 呼名(호명) : 이름을 부름 • 呼吸(호흡) : ① 숨을 내쉼과 들이쉼 ② 생물체가 산소를 흡수하고 몸 안에서 생기는 탄산가스를 내보내는 작용

護	護							

보호할 호	• 護國(호국) : 나라를 지킴 • 護身(호신) : 몸을 보호함 예 護身術(호신술)

好	好							

좋아할 호, 좋을 호	• 好感(호감) : 좋은 감정 • 愛好(애호) : 사랑하고 좋아함

戶	戶							

집 호	• 戶主(호주) : 한 집안의 주인이 되는 사람 • 門戶(문호) : ① 집으로 출입하는 문 ② 출입구가 되는 긴요한 곳 ③ 대대로 이어오는 집안의 지체 ⑪ 門閥(문벌)

互	互							

서로 호	• 互選(호선) : 선거되거나 선발된 사람들이 서로 투표하여 몇 사람을 뽑음 • 互讓(호양) : 서로 양보하거나 사양함 예 互讓精神(호양정신)

毫	毫					
터럭 호						

- 毫端(호단) : 붓 끝. 筆端(필단)   • 秋毫(추호) : 가을철에 털을 갈아서 가늘어진 짐승의 털이란 뜻으로 '몹시 작음'을 비유하여 이르는 말

浩	浩					
클 호						

- 浩蕩(호탕) : ① 넓고 큰 모양   ② 마음이 자유스런 모양   ③ 물이 한없이 넓은 모양. 浩浩蕩蕩(호호탕탕)의 준말

虎	虎					
범 호						

- 虎視(호시) : 범과 같이 날카로운 눈초리로 사방을 둘러봄   예 虎視耽耽(호시탐탐)
- 虎穴(호혈) : 범이 사는 굴. 가장 위험한 곳

豪	豪					
호걸 호						

- 豪傑(호걸) : 재주, 슬기가 뛰어나고 도량이 넓고 氣槪(기개)가 있는 사람
- 豪奢(호사) : 지나치게 호화로이 사치함

或	或					
혹시 혹						

- 或是(혹시) : ① 만일에. 행여나   ② 어떠할 경우에
- 間或(간혹) : 간간이. 가끔

惑	惑					
미혹할 혹						

- 惑星(혹성) : 태양 주위를 도는 천체들. 수성, 금성, 지구, 화성, 목성, 토성, 천왕성, 해왕성, 명왕성의 9개

混	混					
섞일 혼						

- 混合(혼합) : ① 뒤섞어서 한데 합함   ② 두 가지 이상의 물질이 混和(혼화)함. 화학적 결합을 하지 않고 섞임   예 混合物(혼합물)

婚	婚					
혼인할 혼, 장가들 혼						

- 婚姻(혼인) : 장가들고 시집감. 남녀가 부부가 되는 일   비 結婚(결혼)
- 約婚(약혼) : 결혼하기로 약속함   예 約婚式(약혼식)

昏	昏					
어두울 혼	• 昏迷(혼미) : 사리에 어둡고 마음이 흐리멍덩함. 마음이 어지러워 희미함 • 黃昏(황혼) : 해가 지고 어둑어둑할 때					

魂	魂					
혼 혼	• 魂膽(혼담) : 혼과 간담 　**발전** 魂飛魄散(혼비백산) : 혼이 날고 백이 흩어짐. 곧, 몹시 놀라 어쩔 줄을 모름을 이르는 말					

忽	忽					
문득 홀	• 忽待(홀대) : 탐탁하지 않은 대접 또는 소홀히 대접함 • 疎忽(소홀) : 탐탁하지 않고 범연함. 대수롭지 않고 예사로움					

紅	紅					
붉을 홍	• 紅顔(홍안) : ① 소년의 혈색 좋은 불그레한 얼굴　② 미인의 얼굴, 아름다운 얼굴　**예** 紅顔薄命(홍안박명)					

弘	弘					
넓을 홍	• 弘報(홍보) : 널리 알림 또는 그 보도 • 弘益(홍익) : ① 큰 이익　② 널리 이롭게 함　**예** 弘益人間(홍익인간)					

洪	洪					
클 홍	• 洪量(홍량) : 넓은 度量(도량) • 洪纖(홍섬) : 넓고 큰 것과 가늘고 작은 것					

鴻	鴻					
큰기러기 홍	• 鴻毛(홍모) : ① 기러기의 날개털　② 아주 가벼운 사물의 비유 • 鴻恩(홍은) : 넓고 큰 은혜					

話	話					
말씀 화	• 話術(화술) : 말의 재주. 말하는 기교 • 話題(화제) : ① 이야깃거리. 이야기　② 이야기의 제목					

花	花								
꽃 화		• 花園(화원) : 꽃동산 • 花燭(화촉) : ① 아름다운 양초　② 혼인을 이르는 말　⑪ 華燭(화촉)							

和	和								
순할 화, 화목할 화		• 和睦(화목) : 서로 뜻이 맞고 정다움. 화락하고 친목함 • 和解(화해) : 다툼질을 서로 그치고 풂							

ⓓ 画
ⓐ 畵

畵	畵								
그림 화, 그을 획		• 畵家(화가) : 그림을 그리는 일을 전문으로 하는 사람　⑪ 畵工(화공), 畵伯(화백) • 畵順(획순) : 글씨를 쓸 때의 획의 순서							

貨	貨								
재물 화		• 貨物(화물) : ① 화차 따위로 옮기는 짐　② 물품　• 貨幣(화폐) : 사회에 유통하여 교환의 매개, 지불의 수단, 가격의 표준, 축적의 목적물로 쓰이는 물건							

華	華								
빛날 화		• 華麗(화려) : 변화하고 고움　⑩ 華麗江山(화려강산) • 榮華(영화) : 귀하게 되어서 몸이 세상에 드러나고 이름이 빛남							

化	化								
화할 화, 될 화		• 感化(감화) : 정신적으로 좋은 점을 받아, 감동하여 생각과 감정이 변화함 • 敎化(교화) : 가르쳐서 착한 사람이 되게 함							

禍	禍								
재앙 화		• 禍根(화근) : 화가 되는 근본. 화가 되는 원인 • 災禍(재화) : 災厄(재액)과 禍(화)							

確	確								
확실할 확		• 確固(확고) : 확실하고 단단함 • 確實(확실) : 틀림이 없음. 사실과 같음							

擴	擴								
넓힐 확	• 擴大(확대) : 크게 넓힘 ㊐ 擴張(확장) • 擴充(확충) : 넓혀서 충분하게 채움								

穫	穫								
벨 확, 얻을 확	• 收穫(수확) : 곡식을 거두어들임 또는 그 所出(소출) • 秋穫(추확) : 가을철의 수확								

患	患								
근심할 환	• 患難(환난) : 근심과 재난 • 患者(환자) : 병을 앓는 사람								

環	環								
고리 환	• 環境(환경) : 사람의 생활체를 둘러싸고 있는 사물이나 사정, 도리 예 環境整理(환경정리) • 循環(순환) : 부단히 주기적으로 반복하여 돎 또는 그 과정 예 血液循環(혈액순환)								

歡	歡								㉮ 歓
기쁨 환, 기뻐할 환	• 歡迎(환영) : 호의를 표하여 즐거이 맞이함 ㉤ 歡送(환송) • 歡呼(환호) : 기뻐하여 큰 소리로 고함을 지름 예 歡呼聲(환호성)								

丸	丸								
알 환	• 丸藥(환약) : 알약 • 彈丸(탄환) : 탄알, 총알								

換	換								
바꿀 환	• 換算(환산) : 어떤 단위를 다른 단위로 계산하여 고침 예 換算率(환산율) • 換言(환언) : 바꾸어 말함								

還	還								
돌아올 환	• 還給(환급) : 물건을 도로 돌려줌 • 還鄕(환향) : 고향에 돌아옴 예 錦衣還鄕(금의환향)								

活	活								
살 활, 살림 활	• 活氣(활기) : 활발한 기운이나 활동적인 원기 • 活動(활동) : 어떤 일을 하려고 기운 있게 몸을 움직여 동작을 함								

黃	黃								
누를 황	• 黃塵(황진) : ① 누른 흙먼지 예 黃塵萬丈(황진만장) ② 속세의 번잡한 일 • 黃昏(황혼) : ① 해가 져서 어둑어둑할 무렵 ② 종말에 이른 때								

況	況								
하물며 황	• 況且(황차) : 하물며 • 盛況(성황) : 성대한 상황								

皇	皇								
임금 황	• 皇考(황고) : 죽은 아버지(亡父)의 높임말. '皇'은 큼(大), '考'는 죽은 아버지의 뜻임 • 皇恩(황은) : 임금의 은혜								

荒	荒								
거칠 황	• 荒蕪地(황무지) : 손을 대지 않고 버려두어 거칠어진 땅 • 荒廢(황폐) : 버려두어 못쓰게 되고 거침								

會	會								약 会
모일 회	• 會計(회계) : 한데 몰아서 셈함 • 會心(회심) : 마음에 맞음. 心氣(심기)에 들어맞음 예 會心作(회심작)								

灰	灰								
재 회	• 灰壁(회벽) : 석회로 바른 벽 • 石灰(석회) : 생석회와 소석회의 총칭								

悔	悔								
후회할 회	• 悔改(회개) : 잘못을 뉘우치고 고침 • 懺悔(참회) : 깊이 잘못을 뉘우침								

懷	懷							
품을 회		• 懷柔(회유) : 어루만져 잘 달램. 교묘한 수단으로 설복함 • 述懷(술회) : 마음먹은 여러가지 생각을 말함 또는 그 말						

劃	劃							
그을 획		• 劃期的(획기적) : 새로운 시대나 기원을 이룰 만한 특출한 것 • 區劃(구획) : 경계를 갈라 정함 또는 갈라 정한 구역						

獲	獲							
얻을 획		• 拿獲(나획) : 죄인을 잡거나 그 사람의 물건을 빼앗음 • 藏獲(장획) : 사내 종과 계집 종						

橫	橫							
가로 횡		• 橫領(횡령) : 남의 물건을 제멋대로 가로채거나 불법으로 가짐 • 橫暴(횡포) : 난폭함						

孝	孝							
효도 효		• 孝道(효도) : 부모를 잘 섬기는 도리 • 孝廬(효려) : 상제가 거처하는 곳						

效	效							
효험 효		• 效果(효과) : ① 보람 ② 좋은 결과 비 效力(효력) • 效顰(효빈) : 함부로 남의 흉내를 냄						

曉	曉							
새벽 효		• 曉達(효달) : 깨달아 통달함. 훤히 암 • 曉得(효득) : 깨달아 암. 알아챔						

後	後							
뒤 후		• 後援(후원) : 뒤에서 도와줌 예 後援家(후원가) • 後進(후진) : ① 후배 ② 뒤늦게 나감 반 先進(선진)						

候 候								
제후 후	• 候鳥(후조) : 철새 • 徵候(징후) : 조짐							

厚 厚								
두터울 후	• 厚待(후대) : 후하게 대접함 또는 그러한 대접　• 濃厚(농후) : ① 빛깔이 매우 짙음　② 액체가 묽지 않고 진함　③ 가능성이 다분히 있음							

喉 喉								
목구멍 후	• 喉舌(후설) : ① 중요한 곳　② 목구멍과 혀　③ 임금의 명령이나 정부의 중대한 언론을 맡았다는 뜻으로, '승지의 직임을 맡은 신하'를 이르는 말							

訓 訓								
가르칠 훈	• 訓戒(훈계) : 타일러 경계함　• 訓示(훈시) : ① 가르쳐 보임　② 상관이 집무상 의 주의사항을 부하직원에게 일러 보임							

毀 毀								
헐 훼	• 毀慕(훼모) : 몸이 상하도록 간곡하게, 죽은 어버이를 사모함 • 毀譽(훼예) : 남을 비방함과 칭찬함							

揮 揮								
휘두를 휘	• 揮發(휘발) : 보통 온도에서 액체가 기체로 변하여 날아 흩어지는 현상 • 指揮(지휘) : 어떤 일의 해야 할 방도를 지시하여 시킴　예 指揮權(지휘권)							

輝 輝								
빛날 휘	• 輝煌(휘황) : 광채가 눈부시게 빛남　예 輝煌燦爛(휘황찬란) • 光輝(광휘) : 아름답게 빛나는 빛							

休 休								
쉴 휴	• 休德(휴덕) : 美德(미덕) • 休暇(휴가) : 일을 잠시 쉬고 휴식을 취함							

携

끌 휴
• 携帶(휴대) : 손에 들거나 몸에 지님 • 提携(제휴) : ① 행동을 함께 하기 위하여 서로 붙들어 도움 ② 서로 관계를 가지고 협함

凶

흉할 흉
• 凶年(흉년) : 농작물이 평년보다 아주 잘못된 해 🖰 豊年(풍년)
• 凶作(흉작) : 흉년이 들어 잘 안된 농사 🖰 豊作(풍작)

胸

가슴 흉
• 胸廓(흉곽) : 胸椎骨(흉추골), 肋骨(늑골), 胸骨(흉골)로 이루어지는 가슴부분의 몸통 • 胸襟(흉금) : 가슴 속에 품은 생각

黑

검을 흑
• 黑幕(흑막) : ① 검은 장막 ② 겉으로 드러나지 않은 음흉한 內幕(내막)
• 黑白(흑백) : ① 흑과 백 ② 악과 선, 부정과 정(正)

吸

마실 흡
• 吸煙(흡연) : 담배를 피움 🖰 喫煙(끽연)
• 吸入(흡입) : 빨아들임

興

흥할 흥
• 興亡(흥망) : 일어남과 망함. 興起(흥기)와 멸망 🖲 興亡盛衰(흥망성쇠)
• 興業(흥업) : 새로이 사업을 일으킴 🖰 創業(창업)

希

바랄 희
• 希望(희망) : 앞일에 대하여 기대를 가지고 바람 🖲 希望峯(희망봉)
• 希願(희원) : 바라고 원함

喜

기쁠 희
• 喜色(희색) : 기뻐하는 얼굴 빛 🖲 喜色滿面(희색만면)
• 喜悅(희열) : 매우 기쁨 **발전** 喜喜樂樂(희희낙락) : 매우 기뻐하고 즐거워함

噫	噫								
탄식할 회		• 噫嗚(희오) : 슬피 탄식하여 마음 괴로워하는 모양 • 噫噫(희희) : ① 감탄하는 소리 ② 원망하는 소리							

戲	戲								
놀 희		• 戲曲(희곡) : 연극의 脚本(각본), 臺本(대본). 드라마 • 戲弄(희롱) : 말이나 행동으로 실없이 놀리는 일							

熙	熙								
빛날 희		• 熙笑(희소) : 기뻐하여 웃음 • 熙熙(희희) : ① 화목한 모양 ② 넓은 모양 ③ 왕래가 잦은 모양							

稀	稀								
드물 희		• 稀薄(희박) : ① 기체나 액체가 짙지 못하고 묽거나 엷음 ② 정신상태가 약함 ③ 농도나 밀도가 낮음 ④ 일이 될 가망이 적음							

價 값 가	仙			假 거짓 가	仮		
覺 깨달을 각	覚			據 근거 거	拠		
擧 들 거	挙			儉 검소할 검	倹		
劍 칼 검	剣			堅 굳을 견	堅		
經 지날 경	経			輕 가벼울 경	軽		
繼 이을 계	継			關 빗장 관	関		
觀 볼 관	観			廣 넓을 광	広		
鑛 쇳돌 광	鉱			舊 옛 구	旧		
區 구분할 구	区			國 나라 국	国		
勸 권할 권	勧			權 권세 권	権		
歸 돌아갈 귀	帰			龜 거북 구	亀		

氣	気			斷	断		
기운 기				끊을 단			
單	単			團	団		
홑 단				둥글 단			
擔	担			膽	胆		
멜 담				쓸개 담			
當	当			黨	党		
마땅 당				무리 당			
對	対			圖	図		
대답할 대				그림 도			
獨	独			讀	読		
홀로 독				읽을 독			
燈	灯			樂	楽		
등 등				즐길 락			
亂	乱			來	来		
어지러울 란				올 래			
兩	両			勵	励		
두 량				힘쓸 려			
獵	猟			靈	霊		
사냥 렵				신령 령			
禮	礼			勞	労		
예도 례				일할 로			
爐	炉			龍	竜		
화로 로				용 룡			

한자	훈음	약자		한자	훈음	약자
樓	다락 루	楼	萬	일만 만	万
滿	찰 만	満	灣	물굽이 만	湾
蠻	오랑캐 만	蛮	賣	팔 매	売
麥	보리 맥	麦	發	쏠 발	発
變	변할 변	変	邊	가 변	辺
倂	아우를 병	倂	竝	나란히 병	並
寶	보배 보	宝	佛	부처 불	仏
拂	떨칠 불	払	辭	말씀 사	辞
絲	실 사	糸	寫	베낄 사	写
狀	형상 상	狀	雙	쌍 쌍	双
釋	풀 석	釈	纖	가늘 섬	繊
聲	소리 성	声	數	셈 수	数

獸				壽			
짐승 수	獸			목숨 수	寿		
肅				實			
엄숙할 숙	肅			열매 실	実		
兒				亞			
아이 아	児			버금 아	亜		
惡				壓			
악할 악	悪			누를 압	圧		
壤				樣			
흙덩이 양	壤			모양 양	様		
餘				與			
남을 여	余			줄 여	与		
驛				譯			
역 역	駅			번역할 역	訳		
鹽				榮			
소금 염	塩			영화 영	栄		
豫				譽			
미리 예	予			기릴 예	誉		
藝				鬱			
기예 예	芸			답답할 울	欝		
圍				應			
에워쌀 위	囲			응할 응	応		
醫				貳			
의원 의	医			두 이	弐		

壹	壱			蠶	蚕		
한 일				누에 잠			
雜	雑			壯	壮		
섞일 잡				장할 장			
將	将			獎	奨		
장수 장				장려할 장			
裝	装			爭	争		
꾸밀 장				다툴 쟁			
轉	転			傳	伝		
구를 전				전할 전			
戰	戦			錢	銭		
싸울 전				돈 전			
點	点			齊	斉		
점 점				가지런할 제			
濟	済			劑	剤		
건널 제				약제 제			
證	証			參	参		
증거 증				참여할 참			
慘	慘			處	処		
참혹할 참				곳 처			
淺	浅			鐵	鉄		
얕을 천				쇠 철			
廳	庁			聽	聴		
관청 청				들을 청			

體	体			總	総		
몸 체				다 총			
蟲	虫			醉	醉		
벌레 충				취할 취			
齒	歯			稱	称		
이 치				일컬을 칭			
彈	弾			擇	択		
탄알 탄				가릴 택			
澤	沢			學	学		
못 택				배울 학			
解	解			虛	虚		
풀 해				빌 허			
顯	顕			螢	蛍		
나타날 현				반딧불 형			
號	号			畵	画		
부를 호				그림 화			
擴	拡			懷	懷		
넓힐 확				품을 회			
會	会						
모일 회							

佳		住	살 주
		往	갈 왕
아름다울 가	佳人(가인)	住宅	往來

刻		核	씨 핵
		該	그 해
새길 각	彫刻(조각)	核心	該當

閣		閤	쪽문 합
		閣	
누각 각	樓閣(누각)	守閤	

殼		穀	곡식 곡
		毅	굳셀 의
껍질 각	貝殼(패각)	穀食	毅然

干		于	어조사 우
		于	
방패 간	干城(간성)	于先	

幹		斡	구를 알
		幹	
줄기 간	基幹(기간)	斡旋	

鬼		蒐	모을 수
		蒐	
귀신 귀	鬼神(귀신)	蒐集	

減		滅	멸망할 멸
		滅	
덜 감	減少(감소)	滅亡	

甲		申	펼 신
		由	말미암을 유
첫째천간 갑	甲乙(갑을)	申告	理由

鋼		綱	벼리 강
		網	그물 망
굳셀 강	鋼鐵(강철)	綱領	魚網

腔		控	당길 공
		控	
빈속 강	腹腔(복강)	控除	

坑		抗	겨룰 항
		抗	
구덩이 갱	坑道(갱도)	抵抗	

儉		險	험할 험
		檢	검사할 검
검소할 검	儉素(검소)	險難	點檢

件		伴	짝 반
		伴	
물건 건	要件(요건)	同伴	

建		健	건강할 건
		健	
세울 건	建築(건축)	健康	

犬		太	클 태
		大	큰 대
개 견	猛犬(맹견)	大將	太極

堅		竪	세울 수
		竪	
굳을 견	堅實(견실)	竪立	

決		快	쾌할 쾌
		快	
결단할 결	決定(결정)	豪快	

漢字	훈음	관련자	훈음	예 1	예 2	예 3
競	다툴 경	兢 / 兢	삼갈 긍	競爭(경쟁)	兢戒	
更	고칠 경	吏 / 曳	벼슬 리 / 끌 예	變更(변경)	吏房	曳引
計	셈할 계	訃 / 計	부음 부	計算(계산)	訃音	
季	철 계	李 / 秀	오얏 리 / 빼어날 수	季節(계절)	行李	優秀
苦	괴로울 고	若 / 若	만약 약	苦難(고난)	萬若	
困	곤할 곤	囚 / 因	가둘 수 / 인할 인	疲困(피곤)	囚人	因緣
攻	칠 공	切 / 巧	끊을 절 / 공교로울 교	攻擊(공격)	切斷	技巧
壞	무너질 괴	壤 / 壞	흙 양	破壞(파괴)	土壤	
拘	잡을 구	抱 / 抱	안을 포	拘束(구속)	抱擁	
貴	귀할 귀	責 / 責	꾸짖을 책	富貴(부귀)	責望	
境	경계 경	意 / 意	뜻 의	終境(종경)	謝意	
頃	잠깐 경	頂 / 項	꼭대기 정 / 항목 항	頃刻(경각)	頂上	項目
戒	경계할 계	戎 / 戎	병기 융	警戒(경계)	戎車	
階	섬돌 계	陸 / 陸	뭍 륙	階段(계단)	陸地	
孤	외로울 고	狐 / 狐	여우 호	孤獨(고독)	白狐	
汨	빠질 골	泊 / 泊	쉴 박	汨沒(골몰)	宿泊	
寡	적을 과	裏 / 囊	속 리 / 주머니 낭	多寡(다과)	表裏	行囊
科	과정 과	料 / 料	헤아릴 료	科目(과목)	料量	
勸	권할 권	權 / 權	권세 권	勸善(권선)	權利	
斥	근 근	斥 / 斥	물리칠 척	斤量(근량)	排斥	

汲	汲		吸	마실 흡
			吸	
물길을 급	汲水(급수)	呼吸		

瓜	瓜		爪	손톱 조
			爪	
오이 과	木瓜(목과)	爪牙		

棄	棄		葉	잎 엽
			葉	
버릴 기	棄兒(기아)	落葉		

納	納		紛	어지러울 분
			紛	
들일 납	納入(납입)	紛爭		

短	短		矩	법 구
			矩	
짧을 단	短劍(단검)	矩步		

旦	旦		且	또 차
			且	
일찍 단	元旦(원단)	且置		

待	待		侍	모실 시
			侍	
기다릴 대	期待(기대)	侍女		

戴	戴		載	실을 재
			載	
일 대	負戴(부대)	積載		

徒	徒		徙	옮길 사
			徙	
걸어다닐 도	徒步(도보)	移徙		

卵	卵		卯	토끼 묘
			卯	
알 란	鷄卵(계란)	卯時		

己	己		已	이미 이
			已	
몸 기	自己(자기)	已往		

肯	肯		背	등 배
			背	
즐길 긍	肯定(긍정)	背信		

難	難		離	떠날 리
			離	
어려울 난	困難(곤난)	離別		

奴	奴		如	같을 여
			如	
종 노	奴隸(노예)	如一		

端	端		瑞	상서로울 서
			瑞	
단정할 단	端正(단정)	瑞光		

代	代		伐	칠 벌
			伐	
대신할 대	代用(대용)	討伐		

貸	貸		賃	품삯 임
			賃	
빌릴 대	轉貸(전대)	賃金		

都	都		部	나눌 부
			部	
도읍 도	首都(수도)	部分		

蹈	蹈		踏	밟을 답
			踏	
밟을 도	舞蹈(무도)	踏襲		

剌	剌		刺	찌를 자
			刺	
고기뛰는소리 랄	潑剌(발랄)	刺戟		

憐	憐			隣	이웃 린	
				隣		
가련할 련	憐憫(연민)	隣近				

輪	輪			輸	실어낼 수	
				輸		
바퀴 륜	輪廻(윤회)	輸出				

栗	栗			粟	조 속	
				粟		
밤 률	栗木(율목)	粟豆				

幕	幕			墓	무덤 묘	
				募	모을 모	
장막 막	天幕(천막)	墓地	募集			

免	免			兎	토끼 토	
				兎		
면할 면	免除(면제)	兎皮				

鳴	鳴			嗚	탄식할 오	
				嗚		
울 명	悲鳴(비명)	嗚咽				

沐	沐			休	쉴 휴	
				休		
목욕할 목	沐浴(목욕)	休息				

戊	戊			戍	수자리 수	
				戌	개 술	
다섯째천간 무	戊時(무시)	戍樓	甲戌			

拍	拍			栢	잣나무 백	
				栢		
손뼉칠 박	拍手(박수)	冬栢				

薄	薄			簿	장부 부	
				簿		
엷을 박	薄明(박명)	帳簿				

領	領			頒	나눌 반	
				頌	칭송할 송	
거느릴 령	首領(수령)	頒布	頌歌			

理	理			埋	묻을 매	
				埋		
다스릴 리	倫理(윤리)	埋葬				

漠	漠			模	법 모	
				模		
사막 막	沙漠(사막)	模範				

末	末			未	아닐 미	
				昧	어두울 매	
끝 말	末路(말로)	未來	三昧			

眠	眠			眼	눈 안	
				眼		
쉴 면	睡眠(수면)	眼目				

侮	侮			悔	뉘우칠 회	
				悔		
업신여길 모	侮辱(모욕)	後悔				

母	母			毋	말 무	
				貫	꿸 관	
어미 모	母情(모정)	毋論	貫句			

微	微			徵	부를 징	
				徵		
작을 미	微笑(미소)	徵集				

迫	迫			追	쫓을 추	
				追		
핍박할 박	逼迫(핍박)	追憶				

飯	飯			飮	마실 음	
				飮		
밥 반	白飯(백반)	飮料				

倣			做 지을 주	番			審 살필 심
본뜰 방	模倣(모방)	看做		차례 번	番號(번호)	審査	

罰			罪 죄 죄	壁			璧 둥근옥 벽
벌줄 벌	罰金(벌금)	犯罪		벽 벽	土壁(토벽)	完璧	

變			燮 화할 섭	博			傅 스승 부 / 傳 전할 전
변할 변	變化(변화)	燮理		넓을 박	博士(박사)	師傅 / 傳受	

辨			辦 힘쓸 판	普			晉 나라 진
분별할 변	辨明(변명)	辦公費		넓을 보	普通(보통)	晋州	

貧			貪 탐할 탐	奉			奏 아뢸 주
가난할 빈	貧弱(빈약)	貪慾		받을 봉	奉養(봉양)	演奏	

奮			奪 빼앗을 탈	氷			永 길 영
떨칠 분	興奮(흥분)	奪取		얼음 빙	解氷(해빙)	永久	

士			土 흙 토	仕			任 맡길 임
선비 사	紳士(신사)	土地		벼슬 사	奉仕(봉사)	任務	

使			便 편할 편	師			帥 장수 수
부릴 사	使用(사용)	簡便		스승 사	恩師(은사)	將帥	

思			惠 은혜 혜	捨			拾 주을 습
생각할 사	思想(사상)	恩惠		버릴 사	取捨(취사)	拾得	

社			祀 제사 사	査			杳 아득할 묘
모일 사	會社(회사)	祭祀		조사할 사	調査(조사)	杳然	

雪	눈 설	殘雪(잔설)	雲 구름 운 / 雲霧
俗	속될 속	俗世(속세)	裕 넉넉할 유 / 餘裕
送	보낼 송	放送(방송)	迭 바꿀 질 / 更迭
恕	용서할 서	容恕(용서)	怒 성낼 노 / 怒氣
析	쪼갤 석	分析(분석)	折 꺾을 절 / 折枝
惜	아낄 석	惜別(석별)	借 빌 차 / 借用
書	글 서	書房(서방)	晝 낮 주 / 晝夜, 畫 그림 화 / 畫家
旋	돌 선	旋律(선율)	施 베풀 시 / 實施
塞	변방 새	要塞(요새)	寒 찰 한 / 寒食
象	코끼리 상	象牙(상아)	衆 무리 중 / 衆生
涉	건널 섭	干涉(간섭)	陟 오를 척 / 三陟
損	덜 손	缺損(결손)	捐 기부 연 / 義捐金
牲	희생 생	犧牲(희생)	姓 일가 성 / 姓氏
棲	살 서	棲息(서식)	捷 이길 첩 / 大捷
晳	밝을 석	明晳(명석)	哲 밝을 철 / 哲學
宣	베풀 선	宣傳(선전)	宜 마땅할 의 / 便宜
衰	쇠할 쇠	衰退(쇠퇴)	衷 속마음 충 / 衷心, 哀 슬플 애 / 哀惜
唆	부추길 사	示唆(시사)	悛 고칠 전 / 改悛
撒	뿌릴 살	撒布(살포)	徹 관철할 철 / 貫徹
粹	순수할 수	精粹(정수)	粉 부술 쇄 / 粉碎

한자	훈음	예 1	예 2	예 3
授 授	줄 수	授受(수수)	救援	
援 / 援	구원할 원			
須 須	반드시 수	必須(필수)	順從	
順 / 順	순할 순			
識 識	알 식	識見(식견)	織物	職位
織 짤 직 / 職 맡을 직				
失 失	잃을 실	失敗(실패)	嚆矢	夭折
矢 화살 시 / 夭 일찍죽을 요				
延 延	끌 연	延期(연기)	朝廷	
廷 조정 정 / 廷				
緣 緣	인연 연	因緣(인연)	草綠	
綠 초록빛 록 / 綠				
營 營	경영할 영	經營(경영)	螢光	
螢 반딧불 형 / 螢				
汚 汚	더러울 오	汚染(오염)	汗蒸	
汗 땀 한 / 汗				
謁 謁	아뢸 알	謁見(알현)	揭示	
揭 들 게 / 揭				
厄 厄	재앙 액	厄運(액운)	危險	
危 위태할 위 / 危				

한자	훈음	예 1	예 2	예 3
遂 遂	이룩할 수	完遂(완수)	驅逐	
逐 쫓을 축 / 逐				
膝 膝	무릎 슬	膝下(슬하)	勝利	騰落
勝 이길 승 / 騰 오를 등				
伸 仲	펼 신	伸張(신장)	仲秋節	
仲 버금 중 / 仲				
深 深	깊을 심	夜深(야심)	探究	
探 더듬을 탐 / 探				
沿 沿	가 연	沿革(연혁)	政治	
治 다스릴 치 / 治				
鹽 鹽	소금 염	鹽田(염전)	監督	
監 볼 감 / 監				
譽 譽	명예 예	名譽(명예)	擧事	
擧 들 거 / 擧				
雅 雅	우아할 아	優雅(우아)	幼稚	
稚 어릴 치 / 稚				
仰 仰	우러를 앙	信仰(신앙)	抑制	
抑 누를 억 / 抑				
冶 冶	쇠불릴 야	陶冶(도야)	政治	
治 다스릴 치 / 治				

與	與		興	일어날 흥
			興	
줄 여	授與(수여)	興亡		

浴	浴		沿	가 연
			沿	
목욕할 욕	浴室(욕실)	沿革		

熊	熊		態	태도 태
			態	
곰 웅	熊膽(웅담)	世態		

威	威		咸	다 함
			咸	
위엄 위	威力(위력)	咸集		

遺	遺		遣	보낼 견
			遣	
남길 유	遺物(유물)	派遣		

玉	玉		王	임금 왕
			壬	북방 임
구슬 옥	珠玉(주옥)	帝王	壬辰	

剩	剩		乘	탈 승
			乘	
남을 잉	剩餘(잉여)	乘車		

亭	亭		享	누릴 향
			亨	형통할 형
정자 정	亭子(정자)	享樂	亨通	

姿	姿		恣	방자할 자
			恣	
모양 자	姿態(자태)	放恣		

齋	齋		齊	같을 제
			齊	
방 재	書齋(서재)	一齊		

瓦	瓦		互	서로 호
			互	
기와 와	瓦解(와해)	相互		

宇	宇		字	글자 자
			字	
집 우	宇宙(우주)	文字		

園	園		圍	주위 위
			圍	
동산 원	庭園(정원)	周圍		

惟	惟		推	밀 추
			推	
생각할 유	思惟(사유)	推進		

幼	幼		幻	허깨비 환
			幻	
어릴 유	幼年(유년)	幻想		

凝	凝		疑	의심할 의
			疑	
엉길 응	凝結(응결)	疑心		

暫	暫		漸	점점 점
			斬	부끄러울 참
잠시 잠	暫時(잠시)	漸次	無斬	

孑	孑		孑	외로울 혈
			孑	
아들 자	子孫(자손)	孑孑		

杖	杖		枚	낱 매
			枚	
지팡이 장	短杖(단장)	枚擧		

籍	籍		藉	빙자할 자
			藉	
서적 적	戶籍(호적)	憑藉		

한자	훈음	예1	예2	비교자	훈음
晴	눈동자 정	眼睛(안정)	睛天	晴	갤 청 / 晴天
兆	조짐 조	前兆(전조)	北極	北	북녘 북 / 北
照	비출 조	照明(조명)	熙笑	熙	빛날 희 / 熙
措	둘 조	措處(조처)	借款	借	빌 차 / 借
佐	도울 좌	補佐(보좌)	天佑	佑	도울 우 / 佑
捉	잡을 착	捕捉(포착)	督促	促	재촉할 촉 / 促
忽	바쁠 총	忽忽(총총)	疏忽	忽	소홀히할 홀 / 忽
蓄	쌓을 축	貯蓄(저축)	家畜	畜	기를 축 / 畜
衝	부딪칠 충	衝突(충돌)	均衡	衡	저울 형 / 衡
側	곁 측	側近(측근)	測量 · 惻隱	測 · 惻	헤아릴 측 · 슬퍼할 측

한자	훈음	예1	예2	비교자	훈음
帝	임금 제	帝王(제왕)	常識	常	항상 상 / 常
早	일찍 조	早起(조기)	旱害	旱	가물 한 / 旱
潮	조수 조	潮流(조류)	湖畔	湖	호수 호 / 湖
尊	높을 존	尊敬(존경)	釋奠	奠	드릴 전 / 奠
汁	진액 즙	果實汁(과실즙)	什長	什	열사람 십 / 什
責	꾸짖을 책	責望(책망)	靑史	靑	푸를 청 / 靑
追	따를 추	追究(추구)	退進	退	물러갈 퇴 / 退
充	가득할 충	充滿(충만)	允許	允	허락할 윤 / 允
萃	모을 췌	拔萃(발췌)	卒兵	卒	군사 졸 / 卒
飭	삼갈 칙	勤飭(근칙)	裝飾	飾	꾸밀 식 / 飾

推 推			堆	쌓을 퇴
			椎	쇠몽둥이 추
밀 추	推薦(추천)	堆肥	椎骨	

浸 浸			沈	빠질 침
			沒	빠질 몰
적실 침	浸透(침투)	沈默	沒入	

坦 坦			但	다만 단
			但	
평평할 탄	平坦(평탄)	但只		

湯 湯			渴	목마를 갈
			渴	
끓일 탕	湯藥(탕약)	渴症		

弊 弊			幣	비단 폐
			蔽	가릴 폐
폐단 폐	弊端(폐단)	幣帛	隱蔽	

爆 爆			瀑	폭포 폭
			瀑	
터질 폭	爆發(폭발)	瀑布		

恨 恨			限	한정할 한
			限	
한탄할 한	怨恨(원한)	限界		

肛 肛			肝	간 간
			肝	
똥구멍 항	肛門(항문)	肝腸		

幸 幸			辛	매울 신
			辛	
다행할 행	幸福(행복)	辛辣		

護 護			穫	거둘 확
			獲	얻을 획
보호할 호	保護(보호)	收穫	獲得	

會 會			曾	일찍 증
			曾	
모을 회	會談(회담)	曾祖		

悔 悔			梅	매화나무 매
			梅	
뉘우칠 회	悔改(회개)	梅花		

吸 吸			吹	불 취
			次	버금 차
마실 흡	呼吸(호흡)	鼓吹	次席	

예상문제풀이

1

다음 밑줄 친 단어의 漢字를 쓰시오.

> (가) ①대개의 ②경우는 종합 學力이 ③우수하면 위와 같은 부문별로도 우수하지만, 반드시 그렇지 않은 경우도 있다. 글씨는 잘 쓰는데 말은 잘할 줄 모른다든지, 글은 잘 짓는데 말은 못하는 등의 사례는 얼마든지 볼 수 있는 일이다. 따라서 글씨를 써오라는 경우, 그것이 정확도를 위한 것이냐, 아름답게 쓰는 것이냐, ④속도 ⑤증진을 위한 것이냐에 따라 또 갈리게 된다. 글자 하나하나를 기가 막히게 정확하게 쓰는 학생에게 정확도를 위한 글씨과제는 이미 ⑥무용의 ⑦부담이 된다. 따라서 과제는 치료를 위한 것, ⑧숙달을 위한 것, 발견 ⑨발전을 위한 것 등 그때그때의 필요에 따라 과하는 방법이 달라져야 하는 것이다. 치료를 위한 것인 경우, 이미 그 대상에서 멀리 벗어난 학생까지 그것을 해오라는 것은, 시간의 ⑩허비가 된다. 차라리 다른 발전적인 과제를 주는 것이 자극이 될 것이다. 결국 과제란 학생의 학습 ⑪행위에 자극을 주어서, 學習의 도가 ⑫심화 ⑬확충되게 하는 교육적 ⑭수단이기 때문이다. 그런데 과제는 ⑮의욕을 가지고 기쁨을 맛보면서 할 수 있게 해야 한다. ⑯분량이 너무 많아서 밤을 거의 새워도 못할 ⑰정도라면, 그것은 근본적으로 잘못된 것이다. 학업이란 심신의 발달 정도에 맞추어 정도를 높여 가야 하는 것이므로 심화 확충을 어느 ⑱한계에서 더 나아가는 일이 있어서는 무리가 된다. 더구나 심화 확충에도 별 도움이 안되는 기계적인 옮겨쓰기 같은 것으로 ⑲귀중한 시간을 빼앗을 필요는 없다.
>
> (나) 내일 지구가 ⑳멸망을 하더라도 나는 한 그루의 ㉑사과나무를 심겠다는 스피노자의 말은 ㉒수정되어야 할는지도 모른다. 이제 지구 위에는 ㉓충분히 많은 사과나무들이 있으며 해마다 수없이 많은 사과들이 썩어가고 있다. ㉔물론 ㉕여전히 전 세계에는 ㉖기아에 시달리는 사람이 수없이 많다. 그러나 ㉗설령 더 많은 사과나무를 심더라도 그것이 여전히 기아로 죽어 가는 그들을 구원할 수 없을 것 같다. 그들이 존재하지 않는다면, 사과는 헐값이 될 것이고, 그러면 풍요의 신화는 ㉘위협을 받게 될 것이기 때문이다. 우리의 세계에서는 소수의 풍요를 위해 언제나 ㉙광범위한 빈곤이 존재해야 한다. 따라서 때로 어떤 사람들은 가시나무를 심어야 할는지도 모른다. 또는 인류는 무언가를 심는 존재가 아니라, 그 자체로 잠시 이 지상에 심기어진 존재라는 것, 나무를 심기보다는 사과나무 사이로 지나는 상쾌한 바람 속에서 알 수 없는 존재에 대한 깊은 ㉚감사에 이르러야 하는 것은 아닐까.

① 대개 ( )	② 경우 ( )	③ 우수 ( )
④ 속도 ( )	⑤ 증진 ( )	⑥ 무용 ( )
⑦ 부담 ( )	⑧ 숙달 ( )	⑨ 발전 ( )
⑩ 허비 ( )	⑪ 행위 ( )	⑫ 심화 ( )

⑬ 확충 (　　　)　　⑭ 수단 (　　　)　　⑮ 의욕 (　　　)

⑯ 분량 (　　　)　　⑰ 정도 (　　　)　　⑱ 한계 (　　　)

⑲ 귀중 (　　　)　　⑳ 멸망 (　　　)　　㉑ 사과 (　　　)

㉒ 수정 (　　　)　　㉓ 충분 (　　　)　　㉔ 물론 (　　　)

㉕ 여전 (　　　)　　㉖ 기아 (　　　)　　㉗ 설령 (　　　)

㉘ 위협 (　　　)　　㉙ 광범 (　　　)　　㉚ 감사 (　　　)

답

① 大槪(큰 大, 누를 槪)　② 境遇(지경 境, 만날 遇)　③ 優秀(넉넉할 優, 빼어날 秀)　④ 速度(빠를 速, 법도 度)　⑤ 增進(더할 增, 나아갈 進)　⑥ 無用(없을 無, 쓸 用)　⑦ 負擔(질 負, 멜 擔)　⑧ 熟達(익힐 熟, 통달할 達)　⑨ 發展(쏠 發, 펼 展)　⑩ 虛費(빌 虛, 쓸 費)　⑪ 行爲(갈 行, 할 爲)　⑫ 深化(깊을 深, 될 化)　⑬ 擴充(넓힐 擴, 충분할 充)　⑭ 手段(손 手, 부분 段)　⑮ 意慾(뜻 意, 욕심 慾)　⑯ 分量(나눌 分, 헤아릴 量)　⑰ 程度(단위 程, 법도 度)　⑱ 限界(한계 限, 지경 界)　⑲ 貴重(귀할 貴, 무거울 重)　⑳ 滅亡(멸망할 滅, 망할 亡)　㉑ 沙果(모래 沙, 실과 果)　㉒ 修正(닦을 修, 바를 正)　㉓ 充分(충분할 充, 나눌 分)　㉔ 勿論(말 勿, 논할 論)　㉕ 如前(같을 如, 앞 前)　㉖ 飢餓(주릴 飢, 주릴 餓)　㉗ 設令(베풀 設, 영 令)　㉘ 威脅(위엄 威, 옆구리 脅)　㉙ 廣範(넓을 廣, 법 範)　㉚ 感謝(느낄 感, 사례할 謝)

2

다음 밑줄 친 單語의 漢字를 쓰시오.

초등학교 ① 과정부터 한자를 ② 철저히 교육하는 단안을 내려야 한다. 그래야 國語敎育이 정상화될 수 있고 ③ 극도로 ④ 쇠퇴한 ⑤ 인성교육이 회복될 수 있으며, ⑥ 단절화되다시피 한 ⑦ 전통문화는 ⑧ 계승될 수 있고 잿불처럼 꺼져가는 문화 ⑨ 위기를 ⑩ 극복할 수 있는 ⑪ 동시에, 다가오는 한자문화권시대에 ⑫ 주도국이 될 수 있음을 ⑬ 확신한다. ⑭ 아태시대의 한자문화권에서 한국은 한글 ⑮ 전용으로 ⑯ 고립을 자초하여 문화 ⑰ 교류 ⑱ 경제발전은 물론 ⑲ 관광객 ⑳ 유치에도 막대한 ㉑ 지장을 초래하고 있는 ㉒ 실정이다. 그래서 한자문화권의 국제회의에서 ㉓ 유독 한국의 젊은이들이 ㉔ 필담도 할 수 없어 ㉕ 의사소통이 불가능한 현실이다. 국어 ㉖ 사전 ㉗ 수록 어휘의 70%가 漢字語이며 중요한 글의 뼈대를 이루고 있는 中心語句가 대개 한자어인 실정에서 그 語素로서의 漢字學習은 필수이다. 그 외에 한자가 지닌 ㉘ 추리력, 종합력, ㉙ 축약력과 그 뜻이 지닌 ㉚ 윤리 도덕성과 철학성 등 헤아릴 수 없는 장점을 지녀 漢字야말로 인류가 끝까지 지녀야 할 보배이다.

① 과정　(　　　)　② 철저　(　　　)　③ 극도　(　　　)

④ 쇠퇴　(　　　)　⑤ 인성　(　　　)　⑥ 단절화 (　　　)

⑦ 전통　(　　　)　⑧ 계승　(　　　)　⑨ 위기　(　　　)

⑩ 극복　(　　　)　⑪ 동시　(　　　)　⑫ 주도국 (　　　)

⑬ 확신　(　　　)　⑭ 아태　(　　　)　⑮ 전용　(　　　)

⑯ 고립　(　　　)　⑰ 교류　(　　　)　⑱ 경제　(　　　)

⑲ 관광객 (　　　)　⑳ 유치　(　　　)　㉑ 지장　(　　　)

㉒ 실정　(　　　)　㉓ 유독　(　　　)　㉔ 필담　(　　　)

㉕ 의사　(　　　)　㉖ 사전　(　　　)　㉗ 수록　(　　　)

㉘ 추리력 (   )   ㉙ 축약력 (   )   ㉚ 윤리 (   )

3

다음 지문에 표시된 單語를 漢字로 쓰시오.

> ㈎ 漢字와 한글을 ① 적당히 병용 또는 ② 혼용함으로써 ③ 문장의 맛을 더해주며 자연히 그 ④ 묘미를 ⑤ 실감게 해준다. ⑥ 예를 든다면 ⑦ 골격과 ⑧ 비육을 골고루 살려 주고 있다고 본다. ⑨ 세계 어느 나라나 ⑩ 민족이 이렇듯 ⑪ 위대한 문화를 ⑫ 향유하는 나라는 없으며, 고유의 우리 문화에 긍지를 가지고 ⑬ 자족함을 느끼게 한다.
>
> ㈏ 한글과 漢字를 적절히 섞으면 한글의 장점과 漢字의 ⑭ 시각성, ⑮ 표의성, ⑯ 축약력 등 장점들이 잘 어우러져서 보기도 ⑰ 경쾌하고 읽기도 빠르며 또 이해도 ⑱ 용이한 것이다.
>
> ㈐ 한자는 우리말의 ⑲ 인식력, 어휘력, ⑳ 조어력을 ㉑ 풍부하게 하고 ㉒ 기록내용도 ㉓ 시공을 ㉔ 초월하여 길이 보존하는 뛰어난 장점이 있음을 잊어서는 안된다.
>
> ㈑ 같은 ㉕ 유교문화권에 속하면서도 중국과 일본에서는 이제 그 ㉖ 잔영으로밖에는 찾아볼 수 없는 ㉗ 효 ㉘ 사상이 ㉙ 유독 우리 민족에게만 꺼지지 않는 ㉚ 영원한 불꽃으로 남을 수 있었던 것은 결코 우연히 아니다. 여기서 새삼 효 사상이 갖는 현대적 의미를 살펴보는 것은 언제나 뜻 있는 일이 아닐 수 없다.

① 적당 (   )   ② 혼용 (   )   ③ 문장 (   )
④ 묘미 (   )   ⑤ 실감 (   )   ⑥ 예 (   )
⑦ 골격 (   )   ⑧ 비육 (   )   ⑨ 세계 (   )
⑩ 민족 (   )   ⑪ 위대 (   )   ⑫ 향유 (   )
⑬ 자족 (   )   ⑭ 시각성 (   )   ⑮ 표의성 (   )
⑯ 축약력 (   )   ⑰ 경쾌 (   )   ⑱ 용이 (   )
⑲ 인식력 (   )   ⑳ 조어력 (   )   ㉑ 풍부 (   )
㉒ 기록 (   )   ㉓ 시공 (   )   ㉔ 초월 (   )
㉕ 유교 (   )   ㉖ 잔영 (   )   ㉗ 효 (   )
㉘ 사상 (   )   ㉙ 유독 (   )   ㉚ 영원 (   )

妙, 맛 味) ⑤ 實感(열매 實, 느낄 感) ⑥ 例(사례 例) ⑦ 骨格(뼈 骨, 바로잡을 格) ⑧ 肥肉(살찔 肥, 고기 肉) ⑨ 世界(대 世, 지경 界) ⑩ 民族(백성 民, 겨레 族) ⑪ 偉大(훌륭할 偉, 큰 大) ⑫ 享有(누릴 享, 있을 有) ⑬ 自足(스스로 自, 발 足) ⑭ 視覺性(볼 視, 깨달을 覺, 성품 性) ⑮ 表意性(겉 表, 뜻 意, 성품 性) ⑯ 縮約力(줄일 縮, 묶을 約, 성품 性) ⑰ 輕快(가벼울 輕, 유쾌할 快) ⑱ 容易(얼굴 容, 쉬울 易) ⑲ 認識力(알 認, 알 識, 힘 力) ⑳ 造語力(지을 造, 말씀 語, 힘 力) ㉑ 豊富(풍성할 豊, 넉넉할 富) ㉒ 記錄(기록할 記, 기록할 錄) ㉓ 時空(때 時, 하늘 空) ㉔ 超越(넘을 超, 넘을 越) ㉕ 儒教(선비 儒, 가르칠 教) ㉖ 殘影(해칠 殘, 그림자 影) ㉗ 孝(효도 孝) ㉘ 思想(생각 思, 생각 想) ㉙ 惟獨, 唯獨(생각할 惟, 홀로 獨, 오직 唯) ㉚ 永遠(길 永, 멀 遠)

4

다음 문장의 밑줄 친 單語를 正體 漢字로 쓰시오.

(가) ①건교부의 이번 ②조사 결과는 그린벨트를 대폭적으로 ③해제하는 것이 명분상 說得力이 약함을 ④대변해 주고 있다. 그린벨트 지정 이후 ⑤절반에 가까운 토지가 외지인 소유로 바뀌었다는 것은 이들이 언젠가는 개발제한 해제로 땅값이 치솟을 것이란 ⑥기대 하에 ⑦투기를 한 것으로 볼 수 있으며, 따라서 이들 토지에 대한 ⑧규제 완화는 곧 투기 ⑨조장으로 ⑩연결될 可能性이 높다. 역대 정권이 27년 간 온갖 고충과 問題點에도 불구하고 이들 지역을 서울 등 大都市의 허파로 보존해 온 노력과 ⑪비교해 볼 때 어떤 것이 정책적 배려의 대상이 돼야 하는지는 ⑫자명하다.

(나) 居住民들의 ⑬경우도 마찬가지다. 그린벨트 ⑭지정 이전부터 居住해 온 20.6%의 住民들에 대해 어떤 방법으로든 ⑮피해 ⑯보상을 할 필요는 없다. 그동안 재건축 ⑰완화 등으로 초기의 ⑱경직된 정책을 개선하기는 했지만 개발제한으로 인해 땅값이 ⑲인근 지역에 비해 턱없이 낮고 토지활용도 제대로 할 수 없는 등 ⑳원천적인 問題點을 해결해 주지 못한 것이 사실이다. 그렇지만 그린벨트 지정 이후에 ㉑전입한 住民들에게도 그 이전의 원주민과 똑같은 ㉒배려를 할 것인지는 ㉓신중히 검토할 필요가 있다.

(다) 당초 정부가 그린벨트를 지정하면서 圖上 ㉔작업에 의거해 ㉕획일적으로 금을 긋고 보니, 지역에 따라 ㉖녹지가 아닌 곳, 녹지라고해도 중간을 갈라 놓아 어느 쪽은 ㉗개발되고 다른 한 쪽은 개발이 不可能하게 된 곳 등 현실적으로 불합리한 ㉘사례가 적지 않았던 것도 사실이다. 그리고 그런 지역에 대해 부분적으로 그린벨트를 손질하자는 것은 일말의 說得力이 있다. 따라서 그린벨트 완화도 그렇게 불가피한 지역에 최소한도로 ㉙국한하면서 동시에 외지인이 아닌 原住民들의 피해를 ㉚경감하는 방향으로 가닥을 잡아야 說得力과 함께 해제에 따른 부작용과 반발 또한 무마할 수 있는 명분을 지닐 것이다.

① 건교부 (   )　　② 조사 (   )　　③ 해제 (   )
④ 대변 (   )　　⑤ 절반 (   )　　⑥ 기대 (   )
⑦ 투기 (   )　　⑧ 규제 (   )　　⑨ 조장 (   )
⑩ 연결 (   )　　⑪ 비교 (   )　　⑫ 자명 (   )
⑬ 경우 (   )　　⑭ 지정 (   )　　⑮ 피해 (   )
⑯ 보상 (   )　　⑰ 완화 (   )　　⑱ 경직 (   )
⑲ 인근 (   )　　⑳ 원천 (   )　　㉑ 전입 (   )
㉒ 배려 (   )　　㉓ 신중 (   )　　㉔ 작업 (   )
㉕ 획일 (   )　　㉖ 녹지 (   )　　㉗ 개발 (   )

㉘ 사례 (　　　)　　　　㉙ 국한 (　　　)　　　　㉚ 경감 (　　　)

답

① 建交部(세울 건, 사귈 교, 거느릴 부)　② 調査(고를 조, 조사할 사)　③ 解除(풀 해, 섬돌 제)　④ 代辯(대신할 대, 말잘할 변)　⑤ 折半(꺾을 절, 절반 반)　⑥ 期待(기약할 기, 기다릴 대)　⑦ 投機(던질 투, 기계 기)　⑧ 規制(법 규, 마를 제)　⑨ 助長(도울 조, 긴 장)　⑩ 連結(이을 연, 맺을 결)　⑪ 比較(견줄 비, 견줄 교)　⑫ 自明(스스로 자, 밝을 명)　⑬ 境遇(지경 경, 만날 우)　⑭ 指定(가리킬 지, 정할 정)　⑮ 被害(입을(당할) 피, 해칠 해)　⑯ 補償(더할 보, 상줄 상)　⑰ 緩和(느릴 완, 화할 화)　⑱ 硬直(굳을 경, 곧을 직)　⑲ 隣近(이웃 린, 가까울 근)　⑳ 源泉(근원 원, 샘 천)　㉑ 輸入(나를 수, 들 입)　㉒ 配慮(짝지을 배, 생각 려)　㉓ 愼重(삼갈 신, 무거울 중)　㉔ 作業(지을 작, 업 업)　㉕ 劃一(그을 획, 한 일)　㉖ 綠地(푸를 록, 땅 지)　㉗ 開發(열 개, 보낼 발)　㉘ 事例(일 사, 사례 례)　㉙ 局限(판국 국, 한계 한)　㉚ 輕減(가벼울 경, 덜 감)

5

'家'와 같은 訓의 漢字 4字를 쓰시오.

(　　　　　　　　　　　　　　　　　　　　　　　　)

답

집이라는 뜻을 가진 한자들 : 屋(옥), 室(실), 堂(당), 舍(사), 閣(각), 軒(헌), 宇(우), 宙(주), 戶(호), 館(관), 闕(궐), 廳(청) 등

6

다음 (　　) 안에 알맞는 漢字를 쓰시오.

①　(　　　)言利說　　　②　牽强(　　　)會　　　③　百年(　　　)淸
④　身言(　　　)判　　　⑤　晝(　　　)夜讀　　　⑥　指鹿爲(　　　)
⑦　靑出於(　　　)　　　⑧　進(　　　)維谷　　　⑨　昏(　　　)晨省
⑩　(　　　)官汚吏

답

① 甘(甘言利說 : 달 감, 말씀 언, 이로울 리(날카로울 리), 말씀 설)　② 附(牽强附會 : 끌 견, 굳셀 강, 붙을 부, 모일 회)　③ 河(百年河淸 : 백 백, 해 년, 강 하, 맑을 청)　④ 書(身言書判 : 몸 신, 말씀 언, 쓸 서, 판가름할 판)　⑤ 耕(晝耕夜讀 : 낮 주, 밭갈 경, 밤 야, 읽을 독)　⑥ 馬(指鹿爲馬 : 가리킬 지, 사슴 록, 할 위, 말 마)　⑦ 藍(靑出於藍 : 푸를 청, 날 출, 어조사 어, 쪽 람)　⑧ 退(進退維谷 : 나아갈 진, 물러날 퇴, 바 유, 골짜기 곡)　⑨ 定(昏定晨省 : 어두울 혼, 정할 정, 새벽 신, 살필 성)　⑩ 貪(貪官汚吏 : 탐할 탐, 관리 관, 더러울 오, 벼슬아치 리)

7

다음 밑줄 친 單語를 漢字로 쓰시오.

⑺ 물러난 김영삼 정부의 대북정책 실패는 ①<u>통합성</u>의 ②<u>결여</u>에서 비롯됐다. 對北정책을 ③<u>효과</u>적으로 ④<u>수행</u>하기 위해서는 ⑤<u>관련</u> ⑥<u>부서</u>간 유기적인 ⑦<u>연결</u>과 의견통합 ⑧<u>과정</u>

을 거쳐야 하는 데도 그렇지 못했다. 대북 관련부처인 통일원, 안기부, 국방부, 외무부가 각각 따로 따로 놀았다. 이러한 ⑨원인은 관련부서 ⑩의견을 조율하는 ⑪제도가 ⑫미비한 點도 있었지만 무엇보다 김영삼 전 대통령의 오랜 野黨생활에서 형성된 ⑬공조직 ⑭경시와 대북문제만은 자신이 해야 한다는 ⑮독선 때문이었다.

(나) 새로 출범한 김대중 정부는 손발이 없어 제 ⑯기능을 ⑰발휘하지 못하던 통일안보정책 ⑱조정회의를 없애고 대신 국가안전 ⑲보장회의를 활성화해 그 밑에 통일, 安, 외교안보 ⑳수석 등이 참석하는 상임위원회를 두어 ㉑매주 한 번씩 회의를 열어 ㉒정책을 ㉓논의하도록 했다. 또 ㉔실무 조정위와 ㉕정세 평가위를 두어 ㉖사전에 의견을 조율하고 종합적인 대북정세를 ㉖평가하도록 했다. 이와 ㉗별도로 외교안보 수석을 책임자로 하는 사무처를 두어 돌발 ㉘사태나 중장기적인 ㉙과제를 연구하고 이를 상임위원회에 ㉚반영할 수 있도록 했다. 이러한 제도는 과거보다는 진일보한 것임에 틀림없다. 그러나 이 제도도 대통령이 어떻게 운영하느냐에 따라 生産적일 수 있고 형해화할 수 있다.

① 통합 ( )	② 결여 ( )	③ 효과 ( )
④ 수행 ( )	⑤ 관련 ( )	⑥ 부서 ( )
⑦ 연결 ( )	⑧ 과정 ( )	⑨ 원인 ( )
⑩ 의견 ( )	⑪ 제도 ( )	⑫ 미비 ( )
⑬ 공조직 ( )	⑭ 경시 ( )	⑮ 독선 ( )
⑯ 기능 ( )	⑰ 발휘 ( )	⑱ 조정 ( )
⑲ 보장 ( )	⑳ 수석 ( )	㉑ 매주 ( )
㉒ 정책 ( )	㉓ 논의 ( )	㉔ 실무 ( )
㉕ 정세 ( )	㉖ 평가 ( )	㉗ 별도 ( )
㉘ 사태 ( )	㉙ 과제 ( )	㉚ 반영 ( )

답

① 統合(큰줄기 통, 합할 합) ② 缺如(이지러질 결, 같을 여) ③ 效果(효과 효, 과실 과) ④ 遂行(이를 수, 갈 행) ⑤ 關聯(맺을 관, 잇달 련) ⑥ 部署(거느릴 부, 관청 서) ⑦ 連結(이을 연, 맺을 결) ⑧ 過程(지날 과, 단위(법도) 정) ⑨ 原因(근원 원, 인할 인) ⑩ 意見(뜻 의, 볼 견) ⑪ 制度(마를 제, 법도 도) ⑫ 未備(아닐 미, 갖출 비) ⑬ 公組織(공변될 공, 짤 조, 짤 직) ⑭ 輕視(가벼울 경, 볼 시) ⑮ 獨善(홀로 독, 착할 선) ⑯ 機能(기계 기, 능할 능) ⑰ 發揮(보낼 발, 휘두를 휘) ⑱ 調整(고를 조, 가지런할 정) ⑲ 保障(보호할 보, 가로막을 장) ⑳ 首席(머리 수, 자리 석) ㉑ 每週(매양 매, 돌 주) ㉒ 政策(정사 정, 채찍 책) ㉓ 論議(말할 론, 의논할 의) ㉔ 實務(매 실, 일 무) ㉕ 情勢(뜻 정, 기세 세) ㉖ 評價(평할 평, 값 가) ㉗ 別途(나눌 별, 길 도) ㉘ 事態(일 사, 모양 태) ㉙ 課題(부과할 과, 표제 제) ㉚ 反映(되돌릴 반, 비출 영)

8

아름답다는 뜻의 漢字를 2字만 쓰시오.

( )

답

美(아름다울 미), 佳(아름다울 가)

다음 漢字語를 漢字로 쓰시오.

① 적재(쌓아 실음)　　　　　　　　　　　(　　　　　　　　)
② 탄광(석탄 광산)　　　　　　　　　　　(　　　　　　　　)
③ 여론(많은 사람의 의견)　　　　　　　　(　　　　　　　　)
④ 득표(표를 얻음)　　　　　　　　　　　(　　　　　　　　)
⑤ 희곡(연극 대본)　　　　　　　　　　　(　　　　　　　　)
⑥ 시험(평가)　　　　　　　　　　　　　(　　　　　　　　)
⑦ 확실(틀림없음)　　　　　　　　　　　(　　　　　　　　)
⑧ 저자(지은이)　　　　　　　　　　　　(　　　　　　　　)
⑨ 여수(나그네의 시름)　　　　　　　　　(　　　　　　　　)
⑩ 탈당(당을 떠남)　　　　　　　　　　　(　　　　　　　　)
⑪ 진폭(진동의 폭)　　　　　　　　　　　(　　　　　　　　)
⑫ 자원(산업의 재료)　　　　　　　　　　(　　　　　　　　)
⑬ 사기(회사의 깃발)　　　　　　　　　　(　　　　　　　　)
⑭ 모범(본보기)　　　　　　　　　　　　(　　　　　　　　)
⑮ 비교(견주어 봄)　　　　　　　　　　　(　　　　　　　　)
⑯ 백화점(여러가지 물건을 파는 곳)　　　(　　　　　　　　)
⑰ 금강(충남에 있는 강)　　　　　　　　　(　　　　　　　　)
⑱ 문화관광부(정부기관)　　　　　　　　　(　　　　　　　　)
⑲ 불국사(절 이름)　　　　　　　　　　　(　　　　　　　　)
⑳ 경기도(도 이름)　　　　　　　　　　　(　　　　　　　　)

답

① 積載(쌓을 적, 실을 재)　② 炭鑛(숯 탄, 쇳돌 광)　③ 輿論(수레 여, 논할 론)　④ 得票(얻을 득, 표 표)　⑤ 戲曲(戲曲(놀 희, 굽을 곡))　⑥ 試驗(시험할 시, 검증할 험)　⑦ 確實(굳을 확, 열매 실)　⑧ 著者(드러날 저, 사람 자)　⑨ 旅愁(여행 여, 근심 수)　⑩ 脫黨(벗을 탈, 무리 당)　⑪ 振幅(떨칠 진, 폭 폭)　⑫ 資源(재물 자, 근원 원)　⑬ 社旗(단체 사, 기 기)　⑭ 模範(법 모, 법 범)　⑮ 比較(견줄 비, 비교할 교)　⑯ 百貨店(일백 백, 재물 화, 가게 점)　⑰ 錦江(비단 금, 강 강)　⑱ 文化觀光部(글월 문, 될 화, 볼 관, 빛 광, 거느릴 부)　⑲ 佛國寺(부처 불, 나라 국, 절 사)　⑳ 京畿道(서울 경, 경기 기, 길 도)

10

다음 漢字의 訓과 音에 맞는 漢字를 쓰시오.

① 드물 희　(　　　)　② 거둘 확　(　　　)　③ 빛날 휘　(　　　)
④ 뉘우칠 회 (　　　)　⑤ 슬기로울 혜 (　　　)　⑥ 줄 현　(　　　)
⑦ 엮을 편　(　　　)　⑧ 자못 파　(　　　)　⑨ 씻을 탁　(　　　)

⑩ 냄새 취　(　　)　　⑪ 조상할 조　(　　)　　⑫ 물방울 적　(　　)
⑬ 깨끗할 정　(　　)　　⑭ 늙은이 옹　(　　)　　⑮ 더러울 오　(　　)

답

① 稀(禾, 7획)　② 穡(禾, 14획)　③ 輝(車, 8획)　④ 悔(心(忄), 7획)　⑤ 慧(心, 11획)　⑥ 絃(糸, 5획)　⑦ 編(糸, 9획)　⑧ 頗(頁, 5획)　⑨ 濯(水(氵), 14획)　⑩ 臭(自, 4획)　⑪ 弔(弓, 1획)　⑫ 滴(水(氵), 11획)　⑬ 淨(水(氵), 8획)　⑭ 翁(羽, 4획)　⑮ 汚(水(氵), 3획)

11

다음 밑줄 친 單語를 漢字로 쓰시오.

우리는 사람에게서만 배우는 것이 아니다. ① 대자연에서 배우며 또 ② 연구한다. ③ 인간 자신도 ④ 대상화될 때는 다른 자연과 다름없는 ⑤ 존재자로서 다룰 수 있다. ⑥ 실험장치를 통하여 ⑦ 측정되는 ⑧ 기이한 ⑨ 물리현상, 현미경 밑에 나타나는 ⑩ 미묘한 ⑪ 세포조직, 그 하나하나가 다할 수 없는 ⑫ 진리탐구의 기틀을 우리에게 ⑬ 제공하고 있는 것이다. 글로 쓴 책도 읽을 줄 알아야겠지만 그보다도 대자연이라는 책은 한없이 깊은 뜻을 가진 것이요, 연구하면 연구할수록 새로운 ⑭ 신비의 문을 열어 주는 진리의 ⑮ 보고인 것이다.

답

① 大自然(큰 대, 스스로 자, 그러할 연)　② 研究(갈 연, 궁구할 구)　③ 人間自身(사람 인, 사이 간, 스스로 자, 몸 신)　④ 對象化(대답할 대, 코끼리 상, 될 화)　⑤ 存在者(있을 존, 있을 재, 사람 자)　⑥ 實驗裝置(열매 실, 검증할 험, 꾸밀 장, 둘 치)　⑦ 測定(잴 측, 정할 정)　⑧ 奇異(기이할 기, 다를 이)　⑨ 物理現像(만물 물, 다스릴 리, 나타날 현, 현상 상)　⑩ 微妙(작을 미, 묘할 묘)　⑪ 細胞組織(가늘 세, 태보 포, 짤 조, 짤 직)　⑫ 眞理探究(참 진, 다스릴 리, 찾을 탐, 궁구할 구)　⑬ 提供(끌 제, 이바지할 공)　⑭ 神秘(귀신 신, 숨길 비)　⑮ 寶庫(보배 보, 곳집 고)

12

다음 訓과 音에 맞는 漢字를 쓰세요.　(略字도 可)

① 겸손할 겸　　　　　(　　)　② 썩을 부　　　　　　　(　　)
③ 얼굴 안(낯 안)　　(　　)　④ 헤엄칠 영　　　　　　(　　)
⑤ 실을 재　　　　　　(　　)　⑥ 곧을 정　　　　　　　(　　)
⑦ 미울 증　　　　　　(　　)　⑧ 온당할 타　　　　　　(　　)
⑨ 넓힐 확　　　　　　(　　)　⑩ 드물 희　　　　　　　(　　)
⑪ 넉넉할 유　　　　　(　　)　⑫ 모름지기 수　　　　　(　　)
⑬ 깎을 삭　　　　　　(　　)　⑭ 무역할 무(교역할 무)　(　　)
⑮ 밟을 답　　　　　　(　　)

답

① 謙(言, 10획)　② 腐(肉, 8획)　③ 顔(頁, 9획)　④ 泳(水(氵), 5획)　⑤ 載(車, 5획)　⑥ 貞(貝, 2획)　⑦ 憎(心(忄), 12획)　⑧ 妥(女, 4획)　⑨ 擴(手(扌), 15획)　⑩ 稀(禾, 7획)　⑪ 裕(衣, 7획)　⑫ 須(頁, 3획)　⑬ 削(刀(刂), 7획)　⑭ 貿(貝, 5획)　⑮ 踏(足, 8획)

13

다음 單語를 漢字로 쓰시오. (略字도 可)

① 근신(언행을 삼가고 조심함)   (   )
② 면려(힘씀)   (   )
③ 최루(눈물이 나오게 함)   (   )
④ 족보(친족의 계보를 적은 책)   (   )
⑤ 취사(취할 것은 취하고 버릴 것은 버림)   (   )
⑥ 첨가(이미 있는 것에 덧붙임)   (   )
⑦ 낙엽(잎이 떨어짐)   (   )
⑧ 천거(인재를 추천함)   (   )
⑨ 효성(샛별, 새벽 별)   (   )
⑩ 휴대(손에 들거나 몸에 지님)   (   )
⑪ 사기(남을 속임)   (   )
⑫ 누각(사방이 트이게 놓고 지은 다락집)   (   )
⑬ 번잡(번거롭고 혼잡함)   (   )
⑭ 태만(게으르고 느림)   (   )
⑮ 분망(매우 부산하여 바쁨)   (   )

답

① 謹愼(삼갈 근, 삼갈 신) ② 勉勵(힘쓸 면, 힘쓸 려) ③ 催淚(재촉할 최, 눈물 루) ④ 族譜(겨레 족, 계보 보) ⑤ 取捨(취할 취, 버릴 사) ⑥ 添加(더할 첨, 더할 가) ⑦ 落葉(떨어질 낙, 잎 엽) ⑧ 薦擧(천거할 천, 들 거) ⑨ 曉星(새벽 효, 별 성) ⑩ 携帶(들 휴, 띠 대) ⑪ 詐欺(속일 사, 속일 기) ⑫ 樓閣(다락 누, 문설주 각) ⑬ 煩雜(괴로워할 번, 섞일 잡) ⑭ 怠慢(게으를 태, 게으를 만) ⑮ 奔忙(달릴 분, 바쁠 망)

다음에서 밑줄 친 漢字에는 讀音을 쓰고, 音만 제시한 데는 알맞은 漢字를 쓰시오.

光復되던 해 겨울 職場에서 ①노변에 둘러앉아 閑談하던 중, 話題는 自然 日本의 ⑦殘虐性과 侵略行爲로 쏠렸는데, 史學을 專攻한 ②동료 한 분은 이렇게 말하였다.
"東南亞 여러 나라에 민족적 自覺을 일깨워준 功勞는 認定해줘야 합니다."
日本의 殘虐性은 아무리 되뇌어도 치떨리는 일이지만 果然 太平洋 ③연안의 여러 민족은 모두가 태평양전쟁과 일본의 敗亡을 ⑧契機로 先後하여 獨立했는데 解放되자 그날로 大學에서 제나라 글로 된 敎材를 들고 自己네 말로 講義를 始作한 것은 우리 韓國뿐이다. 그것은 오랫동안 構築해온 두터운 漢字文化層 위에 우리가 서 있었기 때문이다. 지금 동남아의 新興國家들은 ⑨意慾은 크건만, 高等學校 以上에서는 授業用語조차 自由롭지 못한 實情이다. 長期間 시달려온 怨讐 나라의 말인 영어나 프랑스어가 아니고는, 이 程度 水準의 意思도 傳達할 길이 없는 것이다. 그래서 저들은 제나라 國語를 確立하기에 熱을 올리고 있다. 그런데 우리의 꼴은 무엇인가?

釜山 ④<u>피난</u>시절, 李承晩大統領이, 初等學校에서도 千字 程度의 漢字는 指導해야 한다는 指示를 내렸을 때, 外國의 言論들은 이를 極讚하였지 않았는가?

"이번 李博士 英斷으로 韓國은 ⑩<u>悠久</u>한 歷史의 斷絶을 免하게 되었고, 東洋三國에 孤立되지 않아도 되게 되었다."

돌려놓고 새겨보면 소름끼치는 소리다. 本是가 外來宗敎란 남의 땅에 들어가면 그곳의 ⑤<u>기존</u>문화를 否定하고 自己네 것으로 統一하는 것을 ⑥<u>사명</u>으로 삼고 있다지만, 이제 온 세계는 亞細亞 時代가 열린다며 설레고 있다. 良識이 있다면 깊이 自省하여 分明한 態度로 自信을 갖고 臨해야 할 것이다.

① 노변　（　　　　）　　② 동료　（　　　　）　　③ 연안　（　　　　）
④ 피난　（　　　　）　　⑤ 기존　（　　　　）　　⑥ 사명　（　　　　）
⑦ 殘虐性　（　　　　）　　⑧ 契機　（　　　　）　　⑨ 意慾　（　　　　）
⑩ 悠久　（　　　　）

답

① 路邊(길 路(로), 가 邊(변))　② 同僚(같을 同(동), 동료 僚(료))　③ 沿岸(따를 沿(연), 언덕 岸(안))　④ 避難(피할 避(피), 어려울 難(난))　⑤ 旣存(이미 旣(기), 있을 存(존))　⑥ 使命(하여금 使(사), 목숨 命(명))　⑦ 잔학성(헤칠 殘(잔), 사나울 虐(학), 성품 性(성))　⑧ 계기(맺을 契(계), 기계(기회) 機(기))　⑨ 의욕(뜻 意(의), 욕심 慾(욕))　⑩ 유구(멀 悠(유), 오랠 久(구))

약자쓰기

15

다음 漢字를 略字로 쓰시오.

① 舊　（　　　　）　　　② 邊　（　　　　）　　　③ 假　（　　　　）

답

① 旧(舊 옛 구)　② 辺(邊 가 변)　③ 仮(假 거짓 가)

16

다음 漢字를 略字로 쓰시오.

① 藝　（　　　　）　　　② 蠶　（　　　　）　　　③ 佛　（　　　　）

답

① 芸(심을(기예) 藝(예))　② 蚕(누에 蠶(잠))　③ 仏(부처 佛(불))

17

다음 略字를 正字로 쓰시오.

① 与　（　　　　）　　　② 糸　（　　　　）　　　③ 仮　（　　　　）

① 與(줄 與(여))   ② 絲(실 絲(사))   ③ 假(거짓 假(가))

18

다음 漢字의 略字를 쓰시오.

① 團 (   )   ② 寶 (   )   ③ 價 (   )
④ 邊 (   )   ⑤ 假 (   )

① 団(둥글 團)   ② 宝(보배 寶)   ③ 価(값 價)   ④ 辺(가 邊)   ⑤ 仮(거짓 假)

19

다음 略字를 正字(繁體字)로 쓰시오.

① 医 (   )   ② 礼 (   )   ③ 仏 (   )

① 醫(醫(의사(치료할) 의))   ② 禮(禮(예도 례))   ③ 佛(佛(부처 불))

완성형

20

다음 漢字語의 (   ) 안에 들어갈 알맞은 漢字를 쓰시오.

① 白面書(   )   ② 德必有(   )   ③ 九(   )肝腸
④ 結草報(   )   ⑤ 過(   )不及   ⑥ 武陵桃(   )
⑦ 山(   )水明   ⑧ (   )時之歎   ⑨ 壽則多(   )
⑩ 抱腹絶(   )

① 生(白面書生(백면서생) : 흰 백, 낯 면, 글 서, 날 생)   ② 隣(德必有隣(덕필유린) : 덕 덕, 반드시 필, 있을 유, 이웃 린)   ③ 曲(九曲肝腸(구곡간장) : 아홉 구, 굽을 곡, 간 간, 창자 장)   ④ 恩(結草報恩(결초보은) : 맺을 결, 풀 초, 갚을 보, 은혜 은)   ⑤ 猶(過猶不及(과유불급) : 지날 과, 오히려 유, 아니 불, 미칠 급)   ⑥ 源(武陵桃源(무릉도원) : 굳셀 무, 언덕 릉, 복숭아 도, 근원 원)   ⑦ 紫(山紫水明(산자수명) : 뫼 산, 자줏빛 자, 물 수, 밝을 명)   ⑧ 晩(晩時之歎(만시지탄) : 저물 만, 때 시, 갈 지, 탄식할 탄)   ⑨ 辱(壽則多辱(수즉다욕) : 목숨 수, 곧 즉, 많을 다, 욕되게할 욕)   ⑩ 倒(抱腹絶倒(포복절도) : 안을 포, 배 복, 끊어질 절, 넘너질 도)

21

다음 漢字語의 (   ) 안에 들어갈 알맞은 漢字를 쓰시오.

① 角者無(　　　)　　② 天(　　　)無縫　　③ (　　　)壽無疆
④ 發(　　　)忘食　　⑤ 事必(　　　)正　　⑥ 雪上(　　　)霜
⑦ 小(　　　)大失　　⑧ (　　　)木求魚　　⑨ 轉禍爲(　　　)
⑩ 伯仲之(　　　)

답

① 齒(角者無齒(각자무치) : 뿔 각, 사람 자, 없을 무, 이 치)　② 衣(天衣無縫(천의무봉) : 하늘 천, 옷 의, 없을 무, 꿰멜 봉)　③ 萬(萬壽無疆(만수무강) : 일만 만, 목숨 수, 없을 무, 지경(한계) 강)　④ 憤(發憤忘食(발분망식) : 쏠 발, 성낼 분, 잊을 망, 밥 식)　⑤ 歸(事必歸正(사필귀정) : 일 사, 반드시 필, 돌아갈 귀, 바를 정)　⑥ 加(雪上加霜(설상가상) : 눈 설, 위 상, 더할 가, 서리 상)　⑦ 貪(小貪大失(소탐대실) : 작을 소, 탐할 탐, 큰 대, 잃을 실)　⑧ 緣(緣木求魚(연목구어) : 가 연, 나무 목, 구할 구, 물고기 어)　⑨ 福(轉禍爲福(전화위복) : 구를 전, 재화 화, 할 위, 복 복)　⑩ 勢(伯仲之勢(백중지세) : 맏 백, 버금 중, 갈 지, 기세 세)

22

다음 (　　) 안에 알맞은 漢字를 넣어 熟語를 완성하시오.

① (　　　)雷同　　② (　　　)碧海　　③ 酒(　　)肉(　　)
④ (　　)貧(　　)道　　⑤ (　　)衣(　　)行

답

① 附和(附和雷同(부화뇌동) : 붙을 부, 화할 화, 우레 뇌, 같을 동)　② 桑田(桑田碧海(상전벽해) : 뽕나무 상, 밭 전, 푸를 벽, 바다 해)　③ 池, 林(酒池肉林(주지육림) : 술 주, 못 지, 고기 육, 수풀 림)　④ 安, 樂(安貧樂道(안빈낙도) : 편안할 안, 가난할 빈, 즐거울 낙, 길 도)　⑤ 錦, 夜(錦衣夜行(금의야행) : 비단 금, 옷 의, 밤 야, 갈 행)

23

다음 熟語의 (　) 안에 알맞은 글자를 쓰시오.

① 輕擧(　　)動　　② 德必有(　　　)　　③ 自初(　　)終
④ 好事多(　　　)　　⑤ 官尊民(　　　)　　⑥ 絶長補(　　　)
⑦ 送舊迎(　　　)　　⑧ 改過(　　)善　　⑨ 晝耕夜(　　　)

답

① 妄(輕擧妄動(경거망동) : 가벼울 경, 들 거, 허망할 망, 움직일 동)　② 隣(德必有隣(덕필유린) : 덕 덕, 반드시 필, 있을 유, 이웃 린)　③ 至(自初至終(자초지종) : 스스로 자, 처음 초, 이를 지, 끝낼 종)　④ 魔(好事多魔(호사다마) : 좋을 호, 일 사, 많을 다, 마귀 마)　⑤ 卑(官尊民卑(관존민비) : 벼슬 관, 높을 존, 백성 민, 낮을 비)　⑥ 短(絶長補短(절장보단) : 끊을 절, 긴 장, 기울/더할 보, 짧을 단)　⑦ 新(送舊迎新(송구영신) : 보낼 송, 옛 구, 맞을 영, 새로울 신)　⑧ 遷(改過遷善(개과천선) : 고칠 개, 허물 과, 옮길 천, 착할 선)　⑨ 讀(晝耕夜讀(주경야독) : 낮 주, 밭갈 경, 밤 야, 읽을 독)

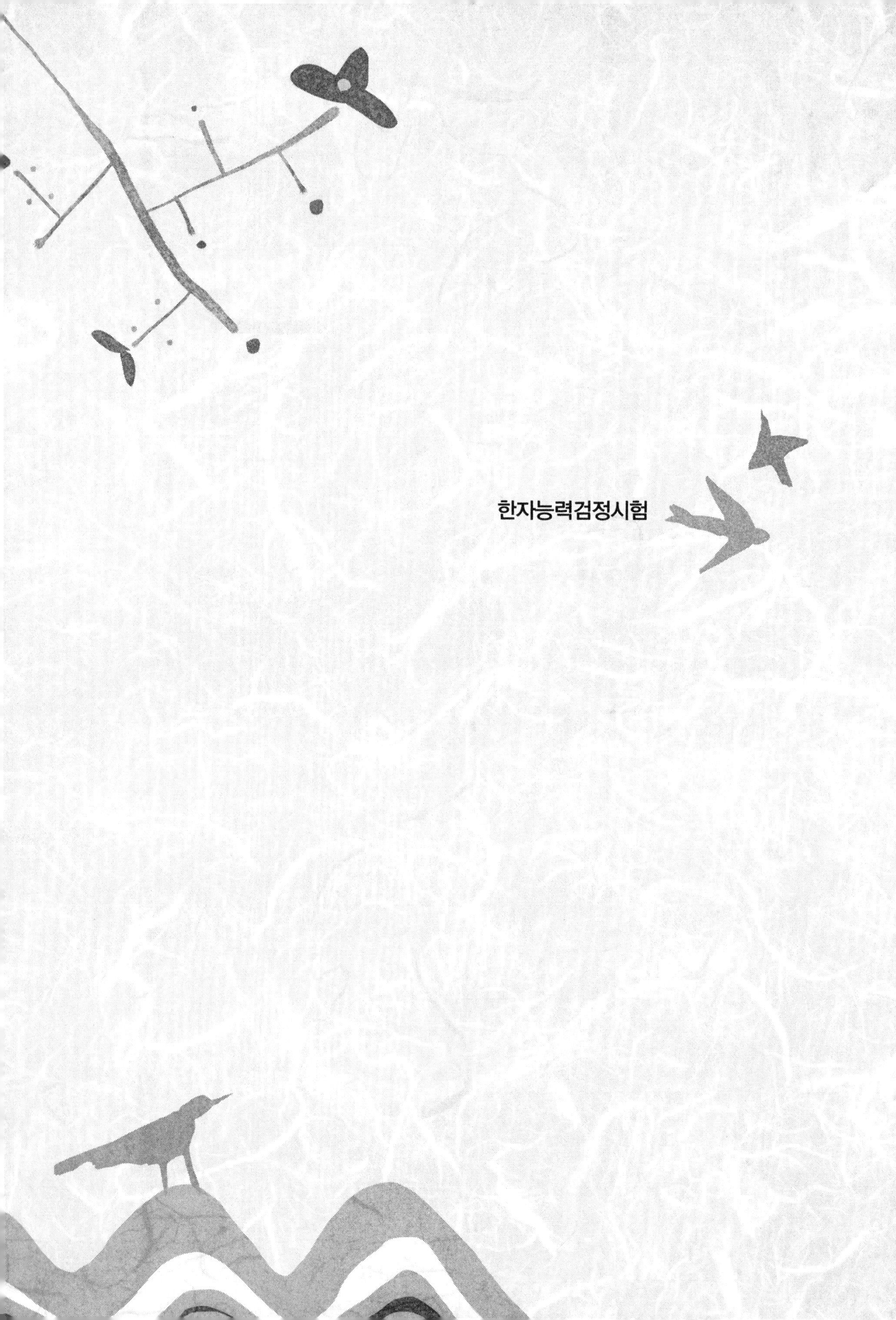
한자능력검정시험

03

한자어의 활용

이제 漢字語의 活用部分으로 들어가 이전의 읽기와 쓰기에서 학습한 한자들을 서로 뜻이 다른 결합어(反對語, 相對語), 그리고 서로 뜻이 비슷한 결합어(類義語)로 나누어 심화학습을 해 봅시다. 각 漢字의 음과 뜻을 정확히 암기해 적혀 있는 예문 외의 경우라도 응용과 적용을 적절히 할 수 있도록 합니다. 이 단원과 관련된 문제유형은 漢字의 完成形(10문)으로, 주로 漢字成語를 중심으로 출제되기도 하니 뒤에 나올, 四字成語를 소리내어 읽으며 함께 학습하는 방법도 효과적일 것입니다.

1 서로 비슷한 뜻으로 결합된 한자어(類義結合語)

가옥	家 집 가	屋 집 옥		구제	救 구원할 구	濟 건널 제
가요	歌 노래 가	謠 노래 요		규칙	規 법 규	則 법칙 칙
각오	覺 깨달을 각	悟 깨달을 오		극단	極 극진할 극	端 끝 단
간격	間 사이 간	隔 사이뜰 격		근본	根 뿌리 근	本 근본 본
감시	監 볼 감	視 볼 시		기술	技 재주 기	術 재주 술
거대	巨 클 거	大 큰 대		기아	飢 주릴 기	餓 주릴 아
거주	居 살 거	住 살 주		기예	技 재주 기	藝 재주 예
건강	健 굳셀 건	康 편안할 강		기근	饑 주릴 기	饉 주릴 근
게양	揭 올릴 게	揚 올릴 양		단계	段 층계 단	階 섬돌 계
견고	堅 굳을 견	固 굳을 고		단절	斷 끊을 단	絶 끊을 절
견인	牽 끌 견	引 끌 인		담화	談 말씀 담	話 말씀 화
경계	境 지경 경	界 지경 계		도달	到 이를 도	達 통달할 달
경쟁	競 다툴 경	爭 다툴 쟁		도당	徒 무리 도	黨 무리 당
계산	計 셈할 계	算 셈할 산		도로	道 길 도	路 길 로
계속	繼 이을 계	續 이을 속		도망	逃 달아날 도	亡 망할 망
계층	階 섬돌 계	層 층 층		도적	盜 도둑 도	賊 도둑 적
고독	孤 외로울 고	獨 홀로 독		도착	到 이를 도	着 붙을 착
고려	考 상고할 고	慮 생각할 려		도피	逃 달아날 도	避 피할 피
고용	雇 품살 고	傭 품팔 용		도화	圖 그림 도	畵 그림 화
공격	攻 칠 공	擊 칠 격		돈독	敦 도타울 돈	篤 도타울 독
공경	恭 공경할 공	敬 공경할 경		말단	末 끝 말	端 끝 단
공포	恐 두려워할 공	怖 두려워할 포		말미	末 끝 말	尾 꼬리 미
공허	空 빌 공	虛 빌 허		면려	勉 힘쓸 면	勵 힘쓸 려
공헌	貢 바칠 공	獻 드릴 헌		멸망	滅 멸망할 멸	亡 망할 망
과거	過 지날 과	去 갈 거		모발	毛 털 모	髮 터럭 발
과실	果 과실 과	實 열매 실		모범	模 본뜰 모	範 법 범
과실	過 지날 과	失 잃을 실		무성	茂 성할 무	盛 성할 성
과오	過 지날 과	誤 그르칠 오		문장	文 글월 문	章 글 장
관철	貫 꿰뚫을 관	徹 뚫을 철		반환	返 돌이킬 반	還 돌아올 환
관통	貫 꿰뚫을 관	通 통할 통		법식	法 법 법	式 법 식
교훈	敎 가르칠 교	訓 가르칠 훈		법전	法 법 법	典 법 전
구비	具 갖출 구	備 갖출 비		변화	變 변할 변	化 될 화

병졸	兵 병사 병	卒 군사 졸	융성	隆 성할 융(륭)	盛 당할 성
보고	報 알릴 보	告 고할 고	융창	隆 성할 융	昌 창성할 창
보수	保 지킬 보	守 지킬 수	은혜	恩 은혜 은	惠 은혜 혜
부속	附 붙을 부	屬 붙을 속	음성	音 소리 음	聲 소리 성
부조	扶 도울 부	助 도울 조	의논	議 의논할 의	論 의논할 론
부차	副 버금 부	次 버금 차	의복	衣 옷 의	服 옷 복
분묘	墳 무덤 분	墓 무덤 묘	의사	意 뜻 의	思 생각 사
불사	佛 부처 불	寺 절 사	의지	意 뜻 의	志 뜻 지
비평	批 비평할 비	評 평할 평	인자	仁 어질 인	慈 사랑 자
빈궁	貧 가난할 빈	窮 다할 궁	자태	姿 모습 자	態 모습 태
사상	思 생각 사	想 생각 상	자애	慈 사랑 자	愛 사랑 애
사설	辭 말씀 사	說 말씀 설	재화	財 재물 재	貨 재물 화
사옥	舍 집 사	屋 집 옥	재화	災 재앙 재	禍 재화 화
사택	舍 집 사	宅 집 택	저축	貯 쌓을 저	蓄 모을 축
상념	想 생각 상	念 생각할 념	전쟁	戰 싸움 전	爭 다툴 쟁
생산	生 낳을 생	産 낳을 산	전투	戰 싸움 전	鬪 싸울 투
석방	釋 풀 석	放 놓을 방	정결	淨 깨끗할 정	潔 깨끗할 결
선별	選 가릴 선	別 다를 별	정성	精 정성스러울 정	誠 정성 성
선택	選 가릴 선	擇 가릴 택	정지	停 머무를 정	止 그칠 지
세탁	洗 씻을 세	濯 씻을 탁	정직	正 바를 정	直 곧을 직
소박	素 소박할 소	朴 질박할 박	정치	政 정사 정	治 다스릴 치
수목	樹 나무 수	木 나무 목	제왕	帝 임금 제	王 왕 왕
순결	純 순수할 순	潔 깨끗할 결	제작	製 지을 제	作 지을 작
숭고	崇 높을 숭	高 높을 고	제조	製 지을 제	造 지을 조
승계	承 이를 승	繼 이을 계	조작	造 지을 조	作 지을 작
시설	施 베풀 시	設 베풀 설	조화	調 고를 조	和 화할 화
시초	始 처음 시	初 처음 초	존재	存 있을 존	在 있을 재
신고	申 납 신	告 고할 고	존중	尊 높을 존	重 무거울 중
신체	身 몸 신	體 몸 체	종료	終 마칠 종	了 마칠 료
심방	尋 찾을 심	訪 찾을 방	종말	終 마칠 종	末 끝 말
심정	心 마음 심	情 뜻 정	주거	住 살 주	居 살 거
안목	眼 눈 안	目 눈 목	주홍	朱 붉을 주	紅 붉을 홍
애도	哀 슬플 애	悼 슬퍼할 도	준수	俊 빼어날 준	秀 빼어날 수
언어	言 말씀 언	語 말씀 어	준걸	俊 준걸할 준	傑 준걸할 걸
연계	連 이을 연(련)	繫 맬 계	중앙	中 가운데 중	央 가운데 앙
연구	硏 갈 연	究 연구할 구	증가	增 더할 증	加 더할 가
연락	連 이을 연(련)	絡 연락할 락	지극	至 이를 지	極 지극할 극
연세	年 해 연(년)	歲 해 세	지식	知 알 지	識 알 식
연속	連 이을 연(련)	續 이을 속	진보	珍 보배 진	寶 보배 보
염려	念 생각할 염(념)	慮 생각할 려	진취	進 나아갈 진	就 나아갈 취
영원	永 길 영	遠 멀 원	질문	質 물을 질	問 물을 문
영특	英 재주뛰어날 영	特 특별할 특	참여	參 참여할 참	與 더불 여
완전	完 완전할 완	全 온전 전	창고	倉 곳집 창	庫 곳집 고
요구	要 구할 요	求 구할 구	채소	菜 나물 채	蔬 나물 소
우수	憂 근심 우	愁 근심 수	처소	處 곳 처	所 바 소
원한	怨 원망할 원	恨 한할 한	척도	尺 자 척	度 자 도
온난	溫 따뜻할 온	暖 따뜻할 난	청결	淸 깨끗할 청	潔 깨끗할 결
위대	偉 클 위	大 큰 대	청문	聽 들을 청	聞 들을 문

청정	淸 깨끗할 청	淨 깨끗할 정
축적	蓄 모을 축	積 쌓을 적
충만	充 채울 충	滿 찰 만
층계	層 층 층	階 섬돌 계
칭송	稱 일컬을 칭	頌 칭송할 송
타격	打 칠 타	擊 칠 격
토벌	討 칠 토	伐 칠 벌
퇴거	退 물러날 퇴	去 갈 거
투쟁	鬪 싸움 투	爭 다툴 쟁
포획	捕 잡을 포	獲 얻을 획
필경	畢 마칠 필	竟 마침내 경

하천	河 물 하	川 내 천
하해	河 강이름 하	海 바다 해
한랭	寒 찰 한	冷 찰 랭
항상	恒 항상 항	常 항상 상
행복	幸 다행 행	福 복 복
화목	和 화할 화	睦 화목할 목
환희	歡 기쁠 환	喜 기쁠 희
황제	皇 임금 황	帝 임금 제
희망	希 바랄 희	望 바랄 망
희원	希 바랄 희	願 원할 원

2 서로 상대되는 뜻의 한자로 결합된 한자어 (相對結合語)

가감	加 더할 가	↔	減 덜 감
가부	可 옳을 가	↔	否 아닐 부
간과	干 방패 간	↔	戈 창 과
감고	甘 달 감	↔	苦 쓸 고
강산	江 강 강	↔	山 뫼 산
강약	強 군셀 강	↔	弱 약할 약
개폐	開 열 개	↔	閉 닫을 폐
거래	去 갈 거	↔	來 올 래
건곤	乾 하늘 건	↔	坤 땅 곤
건습	乾 마를 건	↔	濕 축축할 습
경위	經 날 경	↔	緯 씨 위
경중	輕 가벼울 경	↔	重 무거울 중
경조	慶 경사 경	↔	弔 조상할 조
경향	京 서울 경	↔	鄕 시골 향
고락	苦 괴로울 고	↔	樂 즐거울 락
고부	姑 시어머니 고	↔	婦 며느리 부
고저	高 높을 고	↔	低 낮을 저
곡직	曲 굽을 곡	↔	直 곧을 직
공과	功 공 공	↔	過 허물 과
공방	攻 칠 공	↔	防 막을 방
공사	公 공평할 공	↔	私 사사 사
공수	攻 칠 공	↔	守 지킬 수
관민	官 벼슬 관	↔	民 백성 민
군신	君 임금 군	↔	臣 신하 신
귀천	貴 귀할 귀	↔	賤 천할 천
금수	禽 날짐승 금	↔	獸 길짐승 수
기복	起 일어날 기	↔	伏 엎드릴 복
길흉	吉 길할 길	↔	凶 흉할 흉
난이	難 어려운 난	↔	易 쉬울 이
남북	南 남녘 남	↔	北 북녘 북
내왕	來 올 내(래)	↔	往 갈 왕
내외	內 안 내	↔	外 바깥 외

냉온	冷 찰 냉(랭)	↔	溫 따뜻할 온
노소	老 늙을 노(로)	↔	少 젊을 소
노사	勞 일할 노(로)	↔	使 부릴 사
농담	濃 짙을 농(롱)	↔	淡 묽을 담
냉열	冷 찰 냉(랭)	↔	熱 더울 열
동서	東 동녘 동	↔	西 서녘 서
동정	動 움직일 동	↔	靜 고요할 정
득실	得 얻을 득	↔	失 잃을 실
다소	多 많을 다	↔	少 적을 소
단석	旦 아침 단	↔	夕 저녁 석
당락	當 마땅 당	↔	落 떨어질 락
대소	大 큰 대	↔	小 작을 소
대차	貸 빌릴 대	↔	借 빌 차
매매	賣 팔 매	↔	買 살 매
명암	明 밝을 명	↔	暗 어두울 암
모순	矛 창 모	↔	盾 방패 순
문답	問 물을 문	↔	答 답할 답
문무	文 글월 문	↔	武 군셀 무
물심	物 물건 물	↔	心 마음 심
미추	美 아름다울 미	↔	醜 추할 추
반상	班 나눌 반	↔	常 항상 상
발착	發 필 발	↔	着 붙을 착
복배	腹 배 복	↔	背 등 배
본말	本 근본 본	↔	末 끝 말
봉별	逢 만날 봉	↔	別 헤어질 별
부부	夫 지아비 부	↔	婦 며느리 부
부침	浮 뜰 부	↔	沈 잠길 침
부처	夫 지아비 부	↔	妻 아내 처
빈부	貧 가난할 빈	↔	富 넉넉할 부
빙탄	氷 얼음 빙	↔	炭 숯 탄
사제	師 스승 사	↔	弟 아우 제
사활	死 죽을 사	↔	活 살 활

산하	山 뫼 산	↔	河 물 하
상벌	賞 상줄 상	↔	罰 벌할 벌
생사	生 살 생	↔	死 죽을 사
선악	善 착할 선	↔	惡 악할 악
선후	先 먼저 선	↔	後 뒤 후
성쇠	盛 성할 성	↔	衰 쇠할 쇠
성패	成 이룰 성	↔	敗 패할 패
소밀	疎 드물 소	↔	密 빽빽할 밀
손익	損 잃을 손	↔	益 더할 익
송영	送 보낼 송	↔	迎 맞을 영
수급	需 쓸 수	↔	給 줄 급
수미	首 머리 수	↔	尾 꼬리 미
수수	授 줄 수	↔	受 받을 수
수족	手 손 수	↔	足 발 족
승강	昇 오를 승	↔	降 내릴 강
승부	勝 이길 승	↔	負 질 부
승패	勝 이길 승	↔	敗 패할 패
시비	是 이 시	↔	非 아닐 비
시종	始 비로소 시	↔	終 마칠 종
신구	新 새 신	↔	舊 옛 구
신축	伸 펼 신	↔	縮 오그라들 축
심신	心 마음 심	↔	身 몸 신
심천	深 깊을 심	↔	淺 얕을 천
안위	安 편안할 안	↔	危 위태할 위
애증	愛 사랑 애	↔	憎 미워할 증
애환	哀 슬플 애	↔	歡 기쁠 환
애증	愛 사랑 애	↔	憎 미워할 증
언행	言 말씀 언	↔	行 갈 행
여야	與 줄 여	↔	野 들 야
역순	逆 거스를 역	↔	順 좇을 순
영욕	榮 영화 영	↔	辱 욕될 욕
옥석	玉 구슬 옥	↔	石 돌 석
완급	緩 느릴 완	↔	急 급할 급
왕래	往 갈 왕	↔	來 올 래
왕복	往 갈 왕	↔	復 돌아올 복
요철	凹 오목할 요	↔	凸 볼록할 철
우열	優 뛰어날 우	↔	劣 못날 열
원근	遠 멀 원	↔	近 가까울 근
유무	有 있을 유	↔	無 없을 무
은현	隱 숨을 은	↔	見 나타날 현
음양	陰 그늘 음	↔	陽 볕 양
이동	異 다를 이	↔	同 한가지 동
이합	離 떠날 리	↔	合 합할 합
이해	利 이로울 이	↔	害 해칠 해
인과	因 까닭 인	↔	果 결과 과
자매	姉 누이 자	↔	妹 아랫누이 매
자웅	雌 암컷 자	↔	雄 수컷 웅
자타	自 스스로 자	↔	他 다를 타
장단	長 길 장	↔	短 짧을 단
장유	長 길 장	↔	幼 어릴 유
장병	將 장수 장	↔	兵 군사 병
전답	田 밭 전	↔	畓 논 답
전후	前 앞 전	↔	後 뒤 후
정오	正 바를 정	↔	誤 그릇될 오
조석	朝 아침 조	↔	夕 저녁 석
조만	早 이를 조	↔	晩 늦을 만
존망	存 있을 존	↔	亡 망할 망
존비	尊 높을 존	↔	卑 낮을 비
종횡	縱 세로 종	↔	橫 가로 횡
좌우	左 왼 좌	↔	右 오른쪽 우
주객	主 주인 주	↔	客 손 객
주야	晝 낮 주	↔	夜 밤 야
주종	主 주인 주	↔	從 따를 종
중과	衆 많을 중	↔	寡 적을 과
증감	增 더할 증	↔	減 덜 감
지속	遲 더딜 지	↔	速 빠를 속
진위	眞 참 진	↔	僞 거짓 위
진퇴	進 나아갈 진	↔	退 물러날 퇴
집산	集 모을 집	↔	散 흩을 산
착발	着 붙을 착	↔	發 필 발
찬반	贊 도울 찬	↔	反 반대할 반
천지	天 하늘 천	↔	地 땅 지
첨삭	添 더할 첨	↔	削 깎을 삭
청탁	淸 맑을 청	↔	濁 흐릴 탁
청담	晴 갤 청	↔	曇 흐릴 담
출납	出 날 출	↔	納 들일 납
출몰	出 날 출	↔	沒 빠질 몰
출입	出 날 출	↔	入 들 입
취사	取 취할 취	↔	捨 버릴 사
친소	親 친숙할 친	↔	疎 소원할 소
통분	統 합칠 통	↔	分 나눌 분
표리	表 겉 표	↔	裏 속 리
풍흉	豐 풍성할 풍	↔	凶 흉년들 흉
피차	彼 저 피	↔	此 이 차
한난	寒 찰 한	↔	暖 따뜻할 난
한서	寒 찰 한	↔	暑 더울 서
허실	虛 빌 허	↔	實 찰 실
현우	賢 어질 현	↔	愚 어리석을 우
협광	狹 좁을 협	↔	廣 넓을 광
화복	禍 재앙 화	↔	福 복 복
후박	厚 두터울 후	↔	薄 엷을 박
흑백	黑 검을 흑	↔	白 흰 백
호오	好 좋을 호	↔	惡 미워할 오
흥망	興 일어날 흥	↔	亡 망할 망
희비	喜 기쁠 희	↔	悲 슬플 비

서로 뜻이 반대되는 한자어(反意語)와 음은 다르나 뜻이 서로 비슷한 한자어(同義語)를 학습하는 단원입니다. 앞서 結合語에서 익혔던 一字一字의 뜻을 좀 더 응용, 발전시킵니다. 漢字는 뜻이 단순히 하나로 정해져 있는 경우가 거의 없습니다. 대표적으로 알고 있는 뜻 외에 좀 더 심화된 뜻을 유추하거나 추가적으로 알고 있어야 합니다. 이 단원과 관련된 문제유형은 反意語(10문)와 同義語(5문)로, 예문을 잘 익혀두면 충분히 문제를 풀 수 있습니다.

1 뜻이 서로 비슷한 한자어(類義語)

古刹(고찰) － 古寺(고사)	瞑想(명상) － 默想(묵상)	弱點(약점) － 才幹(재간)
貢獻(공헌) － 寄與(기여)	矛盾(모순) － 撞着(당착)	抑壓(억압) － 壓迫(압박)
共鳴(공명) － 首肯(수긍)	謀陷(모함) － 中傷(중상)	領土(영토) － 版圖(판도)
觀點(관점) － 見解(견해)	無窮(무궁) － 無限(무한)	殃禍(앙화) － 災禍(재화)
敎徒(교도) － 信徒(신도)	默讀(묵독) － 目讀(목독)	五列(오열) － 間諜(간첩)
驕慢(교만) － 倨慢(거만)	薄情(박정) － 冷情(냉정)	要請(요청) － 要求(요구)
交涉(교섭) － 折衷(절충)	放浪(방랑) － 流浪(유랑)	威脅(위협) － 脅迫(협박)
九泉(구천) － 黃泉(황천)	訪問(방문) － 尋訪(심방)	類似(유사) － 恰似(흡사)
驅迫(구박) － 虐待(학대)	背恩(배은) － 忘德(망덕)	一毫(일호) － 秋毫(추호)
根源(근원) － 源泉(원천)	煩悶(번민) － 煩惱(번뇌)	才能(재능) － 財産(재산)
矜持(긍지) － 自負(자부)	僻地(벽지) － 僻村(벽촌)	精誠(정성) － 至誠(지성)
飢餓(기아) － 餓死(아사)	保存(보존) － 保全(보전)	朝廷(조정) － 政府(정부)
忌憚(기탄) － 躊躇(주저)	符合(부합) － 一致(일치)	造花(조화) － 假花(가화)
落心(낙심) － 落膽(낙담)	噴火山(분화산) － 活火山(활화산)	周旋(주선) － 斡旋(알선)
朗讀(낭독) － 音讀(음독)	寺院(사원) － 寺刹(사찰)	嫉視(질시) － 猜忌(시기)
浪費(낭비) － 濫用(남용)	散策(산책) － 散步(산보)	參與(참여) － 參加(참가)
能熟(능숙) － 老練(노련)	象徵(상징) － 表象(표상)	蒼空(창공) － 碧空(벽공)
丹靑(단청) － 彩色(채색)	書簡(서간) － 書翰(서한)	處女林(처녀림) － 原始林(원시림)
代價(대가) － 報酬(보수)	細密(세밀) － 綿密(면밀)	天地(천지) － 乾坤(건곤)
對決(대결) － 對峙(대치)	俗世(속세) － 塵世(진세)	滯留(체류) － 滯在(체재)
大衆(대중) － 群衆(군중)	首肯(수긍) － 肯定(긍정)	招待(초대) － 招請(초청)
同意(동의) － 贊成(찬성)	淳朴(순박) － 素朴(소박)	寸土(촌토) － 尺土(척토)
同窓(동창) － 同門(동문)	順從(순종) － 服從(복종)	抽象的(추상적) － 槪念的(개념적)
妄想(망상) － 夢想(몽상)	視野(시야) － 眼界(안계)	緻密(치밀) － 細密(세밀)
冥府(명부) － 地獄(지옥)	始祖(시조) － 鼻祖(비조)	沈滯(침체) － 停滯(정체)

泰西(태서) － 西洋(서양)　　漂泊(표박) － 流離(유리)　　嚆矢(효시) － 濫觴(남상)
土臺(토대) － 基礎(기초)　　學費(학비) － 學資(학자)　　戲弄(희롱) － 弄絡(농락)
平等(평등) － 同等(동등)　　海外(해외) － 異域(이역)　　稀微(희미) － 朦朧(몽롱)
畢竟(필경) － 結局(결국)　　協力(협력) － 合力(합력)

2 뜻이 서로 반대되는 한자어(反意語)

可決(가결) ↔ 否決(부결)　　高雅(고아) ↔ 卑俗(비속)　　奇數(기수) ↔ 偶數(우수)
架空(가공) ↔ 實際(실제)　　固定(고정) ↔ 流動(유동)　　飢餓(기아) ↔ 飽食(포식)
假象(가상) ↔ 實在(실재)　　高調(고조) ↔ 低調(저조)　　緊密(긴밀) ↔ 疏遠(소원)
加熱(가열) ↔ 冷却(냉각)　　曲線(곡선) ↔ 直線(직선)　　吉兆(길조) ↔ 凶兆(흉조)
加害者(가해자) ↔ 被害者(피해자)　供給(공급) ↔ 需要(수요)　　懦弱(나약) ↔ 强勇(강용)
却下(각하) ↔ 受理(수리)　　共鳴(공명) ↔ 反駁(반박)　　落第(낙제) ↔ 及第(급제)
干涉(간섭) ↔ 放任(방임)　　公有物(공유물) ↔ 專有物(전유물)　樂觀(낙관) ↔ 悲觀(비관)
減少(감소) ↔ 增加(증가)　　公的(공적) ↔ 私的(사적)　　樂天(낙천) ↔ 厭世(염세)
感情(감정) ↔ 理性(이성)　　空想(공상) ↔ 現實(현실)　　暖流(난류) ↔ 寒流(한류)
感情的(감정적) ↔ 理性的(이성적)　過激(과격) ↔ 穩健(온건)　　濫讀(남독) ↔ 精讀(정독)
剛健(강건) ↔ 柔弱(유약)　　灌木(관목) ↔ 喬木(교목)　　濫用(남용) ↔ 節約(절약)
强硬(강경) ↔ 柔和(유화)　　官尊(관존) ↔ 民卑(민비)　　朗讀(낭독) ↔ 默讀(묵독)
開放(개방) ↔ 閉鎖(폐쇄)　　光明(광명) ↔ 暗黑(암흑)　　來生(내생) ↔ 前生(전생)
個別(개별) ↔ 全體(전체)　　巧妙(교묘) ↔ 拙劣(졸렬)　　內容(내용) ↔ 形式(형식)
開放的(개방적) ↔ 閉鎖的(폐쇄적)　拘禁(구금) ↔ 釋放(석방)　內在律(내재율) ↔ 外在律(외재율)
客觀(객관) ↔ 主觀(주관)　　拘束(구속) ↔ 放免(방면)　　老鍊(노련) ↔ 未熟(미숙)
拒絶(거절) ↔ 承諾(승낙)　　求心(구심) ↔ 遠心(원심)　　濃厚(농후) ↔ 稀薄(희박)
巨大(거대) ↔ 微小(미소)　　具體的(구체적) ↔ 抽象的(추상적)　訥辯(눌변) ↔ 能辯(능변)
巨富(거부) ↔ 極貧(극빈)　　君子(군자) ↔ 小人(소인)　　能動(능동) ↔ 被動(피동)
建設(건설) ↔ 破壞(파괴)　　屈辱(굴욕) ↔ 雪辱(설욕)　　凌蔑(능멸) ↔ 崇仰(숭앙)
乾燥(건조) ↔ 濕潤(습윤)　　屈服(굴복) ↔ 抵抗(저항)　　多元(다원) ↔ 一元(일원)
傑作(걸작) ↔ 拙作(졸작)　　權利(권리) ↔ 義務(의무)　　短命(단명) ↔ 長壽(장수)
儉約(검약) ↔ 浪費(낭비)　　歸納(귀납) ↔ 演繹(연역)　　單一(단일) ↔ 複合(복합)
謙遜(겸손) ↔ 傲慢(오만)　　勤勉(근면) ↔ 懶怠(나태)　　單純(단순) ↔ 複雜(복잡)
輕蔑(경멸) ↔ 尊敬(존경)　　僅少(근소) ↔ 過多(과다)　　單式(단식) ↔ 複式(복식)
輕薄(경박) ↔ 愼重(신중)　　急進的(급진적) ↔ 漸進的(점진적)　短縮(단축) ↔ 延長(연장)
輕視(경시) ↔ 重視(중시)　　急性(급성) ↔ 慢性(만성)　　唐慌(당황) ↔ 沈着(침착)
輕減(경감) ↔ 加重(가중)　　急行(급행) ↔ 緩行(완행)　　對內的(대내적) ↔ 對外的(대외적)
經度(경도) ↔ 緯度(위도)　　肯定(긍정) ↔ 否定(부정)　　大乘(대승) ↔ 小乘(소승)
輕率(경솔) ↔ 愼重(신중)　　旣決(기결) ↔ 未決(미결)　　對話(대화) ↔ 獨白(독백)
高潔(고결) ↔ 低俗(저속)　　奇拔(기발) ↔ 平凡(평범)　　大丈夫(대장부) ↔ 拙丈夫(졸장부)

都心(도심) ↔ 郊外(교외)	普遍性(보편성) ↔ 特殊性(특수성)	抒情(서정) ↔ 敍事(서사)
獨立(독립) ↔ 從屬(종속)	複雜(복잡) ↔ 單純(단순)	先輩(선배) ↔ 後輩(후배)
獨創(독창) ↔ 模倣(모방)	本業(본업) ↔ 副業(부업)	善意(선의) ↔ 惡意(악의)
杜絶(두절) ↔ 連絡(연락)	部分的(부분적) ↔ 全般的(전반적)	先天的(선천적) ↔ 後天的(후천적)
登場(등장) ↔ 退場(퇴장)	不實(부실) ↔ 充實(충실)	先天(선천) ↔ 後天(후천)
漠然(막연) ↔ 確然(확연)	敷衍(부연) ↔ 省略(생략)	成熟(성숙) ↔ 未熟(미숙)
忘却(망각) ↔ 記憶(기억)	否認(부인) ↔ 是認(시인)	消極的(소극적) ↔ 積極的(적극적)
埋沒(매몰) ↔ 發掘(발굴)	否定(부정) ↔ 肯定(긍정)	所得(소득) ↔ 損失(손실)
盲目的(맹목적) ↔ 理性的(이성적)	富貴(부귀) ↔ 貧賤(빈천)	騷亂(소란) ↔ 靜肅(정숙)
滅亡(멸망) ↔ 隆興(융흥)	富裕(부유) ↔ 貧窮(빈궁)	消費(소비) ↔ 生産(생산)
名譽(명예) ↔ 恥辱(치욕)	分擔(분담) ↔ 全擔(전담)	疏遠(소원) ↔ 親近(친근)
母音(모음) ↔ 子音(자음)	分離(분리) ↔ 統合(통합)	衰退(쇠퇴) ↔ 隆盛(융성)
模糊(모호) ↔ 分明(분명)	分析(분석) ↔ 綜合(종합)	收斂(수렴) ↔ 發散(발산)
無機體(무기체) ↔ 有機體(유기체)	紛爭(분쟁) ↔ 和解(화해)	守勢(수세) ↔ 攻勢(공세)
無形(무형) ↔ 有形(유형)	不運(불운) ↔ 幸運(행운)	熟達(숙달) ↔ 未熟(미숙)
無能(무능) ↔ 有能(유능)	不文律(불문율) ↔ 成文律(성문율)	淑女(숙녀) ↔ 紳士(신사)
文語(문어) ↔ 口語(구어)	不法化(불법화) ↔ 合法化(합법화)	順坦(순탄) ↔ 險難(험난)
文化(문화) ↔ 自然(자연)	悲觀(비관) ↔ 樂觀(낙관)	順行(순행) ↔ 逆行(역행)
門外漢(문외한) ↔ 專門家(전문가)	悲劇(비극) ↔ 喜劇(희극)	勝利(승리) ↔ 敗北(패배)
物質(물질) ↔ 精神(정신)	悲運(비운) ↔ 幸運(행운)	始發驛(시발역) ↔ 終着驛(종착역)
未備(미비) ↔ 完備(완비)	卑稱(비칭) ↔ 尊稱(존칭)	愼重(신중) ↔ 輕率(경솔)
微官(미관) ↔ 顯官(현관)	非番(비번) ↔ 當番(당번)	實質的(실질적) ↔ 形式的(형식적)
敏感(민감) ↔ 鈍感(둔감)	非凡(비범) ↔ 平凡(평범)	暗示(암시) ↔ 明示(명시)
敏速(민속) ↔ 遲鈍(지둔)	悲哀(비애) ↔ 歡喜(환희)	曖昧(애매) ↔ 明瞭(명료)
密接(밀접) ↔ 疏遠(소원)	貧困(빈곤) ↔ 富裕(부유)	愛護(애호) ↔ 虐待(학대)
密集(밀집) ↔ 散在(산재)	奢侈(사치) ↔ 儉素(검소)	語幹(어간) ↔ 語尾(어미)
反目(반목) ↔ 和睦(화목)	死後(사후) ↔ 生前(생전)	逆境(역경) ↔ 順境(순경)
反抗(반항) ↔ 服從(복종)	削減(삭감) ↔ 添加(첨가)	連作(연작) ↔ 輪作(윤작)
發達(발달) ↔ 退步(퇴보)	散文(산문) ↔ 韻文(운문)	連敗(연패) ↔ 連勝(연승)
放心(방심) ↔ 操心(조심)	相對的(상대적) ↔ 絶對的(절대적)	永劫(영겁) ↔ 刹那(찰나)
背恩(배은) ↔ 報恩(보은)	常例(상례) ↔ 特例(특례)	靈魂(영혼) ↔ 肉體(육체)
背日性(배일성) ↔ 向日性(향일성)	象識的(상식적) ↔ 專門的(전문적)	銳敏(예민) ↔ 愚鈍(우둔)
白髮(백발) ↔ 紅顔(홍안)	喪失(상실) ↔ 獲得(획득)	優勢(우세) ↔ 劣勢(열세)
繁榮(번영) ↔ 衰退(쇠퇴)	詳述(상술) ↔ 略述(약술)	偶然(우연) ↔ 必然(필연)
凡人(범인) ↔ 超人(초인)	相對的(상대적) ↔ 絶對的(절대적)	優越(우월) ↔ 劣等(열등)
別館(별관) ↔ 本館(본관)	生花(생화) ↔ 造花(조화)	憂鬱(우울) ↔ 明朗(명랑)
別居(별거) ↔ 同居(동거)	生家(생가) ↔ 養家(양가)	原型(원형) ↔ 變形(변형)
保守的(보수적) ↔ 進步的(진보적)	生食(생식) ↔ 火食(화식)	遊星(유성) ↔ 恒星(항성)

唯物論(유물론) ↔ 唯心論(유심론)

輪郭(윤곽) ↔ 核心(핵심)

恩惠(은혜) ↔ 怨恨(원한)

依他(의타) ↔ 自立(자립)

利己的(이기적) ↔ 犧牲的(희생적)

裏面(이면) ↔ 表面(표면)

異常(이상) ↔ 正常(정상)

理想的(이상적) ↔ 現實的(현실적)

異端(이단) ↔ 正統(정통)

人爲的(인위적) ↔ 自然的(자연적)

一般化(일반화) ↔ 特殊化(특수화)

立體的(입체적) ↔ 平面的(평면적)

入港(입항) ↔ 出港(출항)

自律(자율) ↔ 他律(타율)

子正(자정) ↔ 午正(오정)

自動(자동) ↔ 他動(타동)

自意(자의) ↔ 他意(타의)

長點(장점) ↔ 短點(단점)

長篇(장편) ↔ 短篇(단편)

低俗(저속) ↔ 高尙(고상)

詛呪(저주) ↔ 祝福(축복)

嫡子(적자) ↔ 庶子(서자)

敵對(적대) ↔ 友好(우호)

前半(전반) ↔ 後半(후반)

前進(전진) ↔ 後進(후진)

絶望(절망) ↔ 希望(희망)

絶對(절대) ↔ 相對(상대)

漸進(점진) ↔ 急進(급진)

正堂(정당) ↔ 不當(부당)

靜肅(정숙) ↔ 騷亂(소란)

正午(정오) ↔ 子正(자정)

定着(정착) ↔ 漂流(표류)

弔客(조객) ↔ 賀客(하객)

拙作(졸작) ↔ 傑作(걸작)

直系(직계) ↔ 傍系(방계)

知的(지적) ↔ 情的(정적)

眞實(진실) ↔ 虛僞(허위)

質疑(질의) ↔ 應答(응답)

斬新(참신) ↔ 陳腐(진부)

創造(창조) ↔ 模倣(모방)

債權者(채권자) ↔ 債務者(채무자)

淺學(천학) ↔ 碩學(석학)

添加(첨가) ↔ 削減(삭감)

體言(체언) ↔ 用言(용언)

初聲(초성) ↔ 終聲(종성)

縮小(축소) ↔ 擴大(확대)

稚拙(치졸) ↔ 洗練(세련)

沈鬱(침울) ↔ 明朗(명랑)

快樂(쾌락) ↔ 苦痛(고통)

快勝(쾌승) ↔ 慘敗(참패)

妥當(타당) ↔ 不當(부당)

卓越(탁월) ↔ 平凡(평범)

濁音(탁음) ↔ 淸音(청음)

退化(퇴화) ↔ 進化(진화)

敗戰(패전) ↔ 勝戰(승전)

敗北(패배) ↔ 勝利(승리)

閉鎖(폐쇄) ↔ 開放(개방)

暴露(폭로) ↔ 隱蔽(은폐)

彼岸(피안) ↔ 此岸(차안)

虐待(학대) ↔ 優待(우대)

合理(합리) ↔ 矛盾(모순)

合法(합법) ↔ 違法(위법)

幸福(행복) ↔ 不幸(불행)

革新的(혁신적) ↔ 保守的(보수적)

現役(현역) ↔ 退役(퇴역)

狹義(협의) ↔ 廣義(광의)

形式(형식) ↔ 內容(내용)

好調(호조) ↔ 亂調(난조)

好評(호평) ↔ 惡評(악평)

好況(호황) ↔ 不況(불황)

好材(호재) ↔ 惡材(악재)

好轉(호전) ↔ 逆轉(역전)

擴大(확대) ↔ 縮小(축소)

荒野(황야) ↔ 沃土(옥토)

厚待(후대) ↔ 薄待(박대)

興奮(흥분) ↔ 安靜(안정)

稀貴(희귀) ↔ 許多(허다)

漢字의 長短音은 첫소리에서 장음으로 발음되는 한자 구별을 중심으로 출제됩니다. 또한, 나타내는 뜻에 따라 장음, 단음이 다르게 소리나는 한자들도 있습니다. 우리말의 장단음과 비교적 체계가 비슷해, 한자어를 익힐 때 우리말을 떠올려 함께 익힌다면 훨씬 쉬울 것입니다. 이 단원과 관련된 문제유형은 長短音(5문)입니다.

1 첫음절에서 긴소리로 발음되는 한자(: 는 장음표시임)

장음	한자	음과 뜻	용례	장음	한자	음과 뜻	용례
가:	假	거짓 가	假稱(가칭)	개:	塏	높고 건조할 개	塏塏(개개)
	可	옳을 가	可能(가능)		蓋	덮을 개	蓋馬高原(개마고원)
	佳	아름다울 가	佳人(가인)	갱:	更	다시 갱(고칠 경)	更新(갱신)
간:	懇	간절할 간	懇切(간절)	거:	去	갈 거	去來(거래)
	簡	편지 간	簡略(간략)		巨	클 거	巨物(거물)
	肝	간 간	肝臟(간장)		拒	물리칠 거	拒絶(거절)
	間	사이 간	間接(간접)		擧	들 거	擧行(거행)
	姦	간사할 간	姦通(간통)		距	떨어질 거	距離(거리)
감:	減	덜 감	減少(감소)	건:	建	세울 건	建設(건설)
	感	느낄 감	感謝(감사)		健	건강할 건	健康(건강)
	敢	감히 감	敢行(감행)		鍵	열쇠 건	鍵盤(건반)
강:	降	내릴 강	降雪(강설)	검:	儉	검소할 검	儉約(검약)
	講	익힐 강	講演(강연)		劍	칼 검	劍道(검도)
개:	介	낄 개	介入(개입)		檢	조사할 검	檢查(검사)
	個	낱 개	個性(개성)	게:	揭	높이들 게	揭示(게시)
	改	고칠 개	改正(개정)	견:	見	볼 견(뵐 현)	見學(견학)
	槪	대개 개	槪念(개념)		遣	보낼 견	遣奠(견전)
	慨	서운해할 개	慨嘆(개탄)	경:	敬	공경할 경	敬禮(경례)
	价	착할 개	价川郡(개천군)		競	다툴 경	競爭(경쟁)

경:	警	경계할 경	警察(경찰)	과:	果	열매 과	果樹(과수)
	鏡	거울 경	鏡鑑(경감)		過	허물 과, 지날 과	過居(과거)
	慶	경사 경	慶祝(경축)		誇	자랑할 과	誇示(과시)
	儆	경계할 경	儆戒(경계)	광:	廣	넓을 광	廣告(광고)
계:	係	맬 계	係員(계원)		鑛	쇳돌 광	鑛夫(광부)
	契	맺을 계	契約(계약)	괴:	壞	무너질 괴	壞滅(괴멸)
	戒	경계할 계	戒律(계율)		怪	괴이할 괴	怪常(괴상)
	桂	계수나무 계	桂冠(계관)	교:	巧	교묘할 교	巧妙(교묘)
	計	셈할 계	計算(계산)		敎	가르칠 교	敎育(교육)
	季	끝 계, 계절 계	季節(계절)		校	학교 교	校舍(교사)
	繼	이을 계	繼承(계승)		較	비교할 교	較量(교량)
	啓	열 계	啓發(계발)		矯	바로잡을 교	矯導所(교도소)
	系	계통 계	系統(계통)	구:	久	오랠 구	久遠(구원)
	界	세계 계	界面(계면)		口	입 구	口傳(구전)
	癸	헤아릴 계	癸印(계앙)		救	구원할 구	救援(구원)
	桂	계수나무 계	桂冠(계관)		舊	옛 구	舊式(구식)
	繫	멜 계	繫留(계류)		具	성씨 구	具氏(구씨)
고:	古	옛 고	古典(고전)	군:	郡	고을 군	郡廳(군청)
	告	알릴 고	告發(고발)	권:	勸	권할 권	勸誘(권유)
	故	연고・까닭 고	故鄕(고향)		卷	두루마리 권, 책 권	卷頭(권두)
	稿	원고 고	稿葬(고장)		拳	주먹 권	拳鬪(권투)
곤:	困	곤할 곤	困難(곤난)	궤:	軌	수레바퀴 궤	軌道(궤도)
공:	供	이바지할 공	供養(공양)	귀:	貴	귀할 귀	貴族(귀족)
	共	함께 공	共同(공동)		鬼	귀신 귀	鬼神(귀신)
	孔	구멍 공	孔子(공자)	근:	近	가까울 근	近代(근대)
	攻	칠 공	攻防(공방)		謹	삼갈 근	勤愼(근신)
	恐	두려워할 공	恐怖(공포)		僅	겨우 근	僅僅(근근)
	貢	바칠 공	貢獻(공헌)		槿	무궁화나무 근	槿域(근역)
과:	寡	적을 과	寡默(과묵)		瑾	붉은옥 근	瑾瑜匿瑕(근유닉하)

금:	禁	금할 금	禁煙(금연)
	錦	비단 금	錦衣(금의)
긍:	肯	즐길 긍, 인정할 긍	肯定(긍정)
	兢	삼갈 긍	兢懼(긍구)
나:	那	어찌 나	那邊(나변)
	裸	벗을 나	裸體(나체)
난:	暖	따뜻할 난	暖房(난방)
난: (란)	亂	어지러울 란	亂動(난동)
	卵	알 란	卵巢(난소)
	爛	빛날 란	爛漫(난만)
남:	濫	넘칠 람	濫發(남발)
낭: (랑)	朗	밝을 랑	朗讀(낭독)
	浪	물결 랑	浪費(낭비)
내:	內	안 내	內陸(내륙)
	耐	견딜 내	耐久(내구)
	乃	이에 내	乃公(내공)
냉: (랭)	冷	찰 랭	冷凍(냉동)
염: (념)	念	생각 념	念願(염원)
노:	怒	성낼 노	怒髮(노발)
노: (로)	老	늙을 로	老少(노소)
	路	길 로	路線(노선)
농: (롱)	弄	희롱할 롱	弄談(농담)
	濃	짙을 농	濃度(농도)
누: (루)	淚	눈물 루	淚管(누관)
	漏	샐 루	漏泄(누설)
	累	여러 루	累計(누계)
	屢	누각 누	屢代(누대)
단:	斷	끊을 단	斷絶(단절)
	但	다만 단	但書(단서)

담:	淡	묽을 담	淡水(담수)
	膽	쓸개 담	膽力(담력)
대:	代	대신할 대	代理(대리)
	大	큰 대	大門(대문)
	對	대답할 대, 마주볼 대	對話(대화)
	帶	띠 대	帶同(대동)
	貸	빌릴 대	貸金(대금)
	戴	머리에일 대	戴冠式(대관식)
도:	倒	넘어질 도	倒産(도산)
	到	이를 도	到着(도착)
	導	이끌 도	導入(도입)
	渡	건널 도	渡來(도래)
	道	길 도, 말할 도	道路(도로)
	途	길 도	途中下車(도중하차)
동:	凍	얼 동	凍氷(동빙)
	動	움직일 동	動靜(동정)
	洞	고을 동, 통할 통	洞會(동회)
	童	아이 동	童話(동화)
	董	도타울 동	董督(동독)
둔:	鈍	둔할 둔	鈍感(둔감)
등:	等	가지런할 등, 등급 등	等級(등급)
	鄧	성 등	鄧小平(등소평)
마:	馬	말 마	馬車(마차)
만:	慢	거만할 만	慢然(만연)
	漫	부질없을 만	漫畵(만화)
	滿	가득할 만	滿發(만발)
	晩	늦을 만	晩秋(만추)
	萬	일만 만	萬歲(만세)
	娩	만삭 만	娩澤(만택)

망:	妄	허망할 망	妄想(망상)
	望	바랄 망, 원망할 망	望月(망월)
	罔	없을 망	罔極(망극)
매:	每	매양 매, 마다 매	每年(매년)
	買	살 매	買受(매수)
	賣	팔 매	賣國(매국)
맹:	孟	맏 맹, 맹랑할 맹	孟子(맹자)
	猛	사나울 맹	猛烈(맹렬)
면:	免	면할 면	免罪(면죄)
	勉	힘쓸 면	勉學(면학)
	面	얼굴 면	面目(면목)
	冕	면류관 면	冕旒冠(면류관)
	沔	물흐를 면	沔水(면수)
	俛	힘쓸 면	俛焉(면언)
명:	命	목숨 명, 시킬 명	命令(명령)
모:	侮	업신여길 모	侮辱(모욕)
	慕	사모할 모	慕情(모정)
	暮	저물 모, 늦을 모	暮色(모색)
	某	아무 모	某氏(모씨)
	母	어머니 모	母親(모친)
몽:	夢	꿈꿀 몽	夢想(몽상)
묘:	墓	무덤 묘	墓碑(묘비)
	妙	묘할 묘	妙味(묘미)
	卯	무성할 묘	卯末(묘말)
	昴	별자리 묘	昴星(묘성)
	廟	사당 묘	廟堂(묘당)
	苗	싹 묘	苗木(묘목)
무:	巫	무당 무	巫堂(무당)
	戊	다섯째천간 무	戊午(무오)

무:	武	굳셀 무	武術(무술)
	茂	무성할 무	茂盛(무성)
	舞	춤출 무	舞臺(무대)
	貿	바꿀 무	貿易(무역)
	霧	안개 무, 일 무	霧散(무산)
	務	힘쓸 무	務實(무실)
문:	問	물을 문	問答(문답)
	聞	들을 문	聞道(문도)
미:	未	아닐 미	未開(미개)
반:	伴	짝 반	伴奏(반주)
	半	반 반	半減(반감)
	反	거스를 반, 뒤집을 반	反省(반성)
	叛	배반할 반	叛逆(반역)
	返	돌아올 반	返送(반송)
방:	倣	본받을 방	倣似(방사)
	放	놓을 방, 내칠 방	放送(방송)
	訪	찾을 방	訪韓(방한)
	旁	두루 방	旁錄(방녹)
배:	倍	갑절 배	倍加(배가)
	背	등질 배	背景(배경)
	配	짝지을 배	配給(배급)
	拜	절 배	拜謁(배알)
	培	북돋울 배	培根(배근)
범:	犯	범죄 범	犯罪(범죄)
	範	법 범, 한계 범	範圍(범위)
	汎	무릇 범	汎論(범론)
	范	풀이름 범	范彊(범강)
변:	變	변할 변, 재앙 변	變更(변경)
	辯	말잘할 변	辯論(변론)

변:	卞	성씨 변	卞氏(변씨)
	弁	고깔 변	弁冕(변면)
병:	丙	셋째천간 병	丙夜(병야)
	倂	아우를 병	倂用(병용)
	病	병들 병	病院(병원)
	竝	아우를 병	竝列(병렬)
	昞	밝을 병	
	昺	昞과 同字	
	柄	자루 병	柄部(병부)
	炳	밝을 병	炳然(병연)
	秉	잡을 병	秉燭(병촉)
보:	保	보전할 보	保護(보호)
	報	갚을 보, 알릴 보	報告(보고)
	普	넓을 보	普通(보통)
	寶	보배 보	寶物(보물)
	步	걸음 보	步行(보행)
	補	도울 보	補給(보급)
	譜	계보 보	譜錄(보록)
	潽	끓을 보	
	輔	도울 보	輔國安民(보국안민)
봉:	俸	봉급 봉	俸給(봉급)
	奉	받들 봉	奉養(봉양)
	鳳	봉새 봉	鳳凰(봉황)
부:	副	버금 부	副業(부업)
	否	아닐 부	否認(부인)
	富	부자 부, 넉넉할 부	富貴(부귀)
	府	마을 부, 곳집 부	府君(부군)
	附	붙을 부	附加(부가)
	負	질 부, 짐질 부	負擔(부담)

부:	賦	구실 부	賦課(부과)
	復	다시 부, 회복할 복	復活(부활)
	付	줄 부	付壁書(부벽서)
	簿	장부 부	簿記(부기)
	阜	언덕 부	阜傍(부방)
	傅	스승 부	傅愛(부애)
분:	奮	떨칠 분	奮發(분발)
	憤	분할 분	憤怒(분노)
비:	卑	낮을 비	卑劣(비열)
	備	갖출 비	備考(비고)
	批	비평할 비	批評(비평)
	匪	대상자 비	匪賊(비적)
	比	견줄 비	比較(비교)
	秘	숨길 비	秘密(비밀)
	肥	살찔 비	肥滿(비만)
	鼻	코 비	鼻笑(비소)
	費	쓸 비	費用(비용)
	非	아닐 비, 그를 비	非常(비상)
사:	使	부릴 사	使用(사용)
	史	역사 사, 사관 사	史學(사학)
	事	일 사, 섬길 사	事件(사건)
	捨	버릴 사	捨身(사신)
	思	생각 사	思慕(사모)
	四	넉 사	四方(사방)
	士	선비 사	士氣(사기)
	社	모일 사	社會(사회)
	謝	사례할 사, 사양할 사	謝過(사과)
	賜	줄 사	賜藥(사약)
	死	죽을 사	死活(사활)

음	漢字	훈음	예	음	漢字	훈음	예
사:	巳	뱀 사	巳時(사시)	세:	洗	씻을 세	洗濯(세탁)
	似	같을 사	似而非(사이비)		歲	해 세, 나이 세	歲拜(세배)
	泗	물이름 사	泗上弟子(사상제자)		貰	외상 세	貰物(세물)
산:	散	흩어질 산	散在(산재)		稅	세금 세	稅關(세관)
	産	낳을 산	産業(산업)		細	가늘 세, 자세할 세	細密(세밀)
	算	셈할 산	算數(산수)	소:	小	작을 소	小說(소설)
상:	上	위 상, 오를 상	上告(상고)		少	적을 소, 젊을 소	少額(소액)
	尚	오히려 상, 숭상할 상	尚存(상존)		所	바 소, 곳 소	所望(소망)
	想	생각할 상	想像(상상)		笑	웃을 소	笑談(소담)
서:	序	차례 서	序論(서론)		掃	쓸 소	掃除(소제)
	庶	거의 서, 모두 서	庶民(서민)	손:	損	덜 손, 잃을 손	損益(손익)
	徐	천천히 서	徐行(서행)	송:	送	보낼 송	送金(송금)
	恕	용서할 서	恕免(서면)		訟	송사할 송	訟事(송사)
	瑞	상서 서	瑞氣(서기)		頌	기릴 송	頌德(송덕)
	暑	더울 서, 더위 서	暑氣(서기)		誦	욀 송	誦經(송경)
	敍	펼 서	敍述(서술)		宋	송나라 송	宋氏(송씨)
	緒	실마리 서	緒論(서론)	쇄:	刷	씻을 쇄	刷新(쇄신)
	署	관청 서, 쓸 서	署名(서명)		鎖	쇠사슬 쇄	鎖國(쇄국)
	誓	맹세 서	誓約(서약)	수:	數	셈 수, 자주 삭	數學(수학)
	舒	펼 서	舒卷(서권)	순:	順	순할 순, 차례 순	順序(순서)
선:	選	뽑을 선, 가릴 선	選擧(선거)	시:	侍	모실 시	侍女(시녀)
	善	착할 선, 좋을 선	善惡(선악)		始	처음 시, 비롯할 시	始祖(시조)
	繕	고을 선	繕補(선보)		屍	주검 시	屍體(시체)
성:	性	성품 성, 성별 성	性格(성격)		市	시가 시	市民(시민)
	盛	성할 성	盛衰(성쇠)		施	베풀 시	施設(시설)
	聖	성인 성, 성스러울 성	聖賢(성현)		矢	화살 시	矢石(시석)
	姓	성 성	姓名(성명)		視	볼 시	視察(시찰)
세:	世	세대 세, 세상 세	世界(세계)		試	시험할 시	試驗(시험)
	勢	세력 세, 기세 세	勢力(세력)		示	보일 시	示威(시위)

시:	是	옳을 시, 이 시	是認(시인)		어:	御	어거할 어	御使(어사)
	柴	섶 시	柴水(시수)			語	말씀 어	語句(어구)
신:	信	믿을 신	信仰(신앙)		언:	彦	선비 언	彦士(언사)
	愼	삼갈 신	愼重(신중)		여:	予	나 여	予一人(여일인)
	紳	점잖은사람 신	紳士(신사)			余	나 여	余等(여등)
	腎	신장 신	腎臟(신장)			與	줄 여, 더불어 여	與野(여야)
심:	甚	심할 심	甚難(심난)			輿	수레 여	輿論(여론)
	沈	성씨 심	沈氏(심씨)			呂	음률 여	呂宋煙(여송연)
	瀋	강이름 심	瀋陽(심양)			礪	숫돌 여	礪石(여석)
아:	雅	바른 아	雅量(아량)			汝	너 여	汝等(여등)
	亞	버금 아	亞流(아류)		여: (려)	勵	권면할 려	勵志(여지)
	我	나 아	我執(아집)		연:	宴	잔치 연	宴會(연회)
	餓	주릴 아	餓死(아사)			演	익힐 연, 행할 연	演劇(연극)
안:	岸	언덕 안	岸壁(안벽)			硏	연구할 연	硏究(연구)
	眼	눈 안	眼目(안목)			硯	벼루 연	硯滴(연적)
	雁	기러기 안	雁書(안서)			軟	부드러울 연	軟性(연성)
	顔	얼굴 안	顔面(안면)			姸	고울 연	姸人(연인)
	案	책상 안, 생각할 안	案件(안건)			衍	넘칠 연	衍文(연문)
암:	暗	어두울 암	暗黑(암흑)		연: (련)	戀	사모할 련	戀愛(연애)
앙:	仰	우러를 앙	仰望(앙망)			練	단련할 련	練習(연습)
애:	愛	사랑할 애, 아낄 애	愛着(애착)		염:	厭	싫을 염	厭症(염증)
야:	夜	밤 야	夜景(야경)			染	물들일 염	染色(염색)
	惹	이끌 야	惹起(야기)		영:	影	그림자 영	影響(영향)
	耶	어조사 야	耶蘇(야소)			映	비칠 영	映畫(영화)
	野	들 야	野球(야구)			永	길 영, 오랠 영	永遠(영원)
	也	어조사 야	也無妨(야무방)			詠	읊을 영	詠歌(영가)
양:	讓	사양할 양	讓步(양보)		영: (령)	令	명령할 령, 하여금 령	令夫人(영부인)
	養	기를 양	養成(양성)		예:	藝	재주 예	藝術(예술)
양: (량)	兩	두 량	兩極(양극)			豫	미리 예	豫防(예방)

음	한자	훈음	용례
예:	預	맡길 예	預金(예금)
	銳	날카로울 예	銳敏(예민)
	濊	깊을 예	濊貊(예맥)
	譽	기릴 예	譽望(예망)
	芮	풀날 예	芮鞫(예국)
	睿	깊고밝을 예	睿德(예덕)
예: (례)	例	법식 례, 보기 례	例示(예시)
	禮	예절 례	禮儀(예의)
오:	五	다섯 오	五輪(오륜)
	傲	거만할 오	傲慢(오만)
	娛	즐거워할 오	娛樂(오락)
	悟	깨달을 오	悟性(오성)
	汚	더러울 오	汚染(오염)
	誤	그르칠 오	誤解(오해)
	午	낮 오	午前(오전)
	墺	물가 오	
옹:	擁	안을 옹	擁立(옹립)
	甕	독 옹	甕器(옹기)
와:	瓦	기와 와	瓦解(와해)
	臥	엎드릴 와	臥病(와병)
완:	緩	느릴 완	緩曲(완곡)
왕:	往	갈 왕	往來(왕래)
	旺	성할 왕	旺盛(왕성)
외:	外	바깥 외	外遊(외유)
	畏	두려워할 외	畏敬(외경)
요: (료)	了	끝날 료	了解(요해)
요:	曜	빛날 요	曜日(요일)
용:	勇	날랠 용, 용감할 용	勇敢(용감)
	用	쓸 용, 베풀 용	用務(용무)

음	한자	훈음	용례
우:	偶	짝 우, 우연할 우	偶然(우연)
	右	오른쪽 우	右側(우측)
	宇	집 우	宇宙(우주)
	羽	깃 우	羽毛(우모)
	雨	비 우	雨天(우천)
	友	벗 우	友情(우정)
	又	또 우	又重之(우중지)
	佑	도울 우	佑啓(우계)
운:	韻	음운 운	韻致(운치)
	運	돌 운, 움직일 운	運轉(운전)
원:	援	구원할 원, 도울 원	援助(원조)
	怨	원망할 원	怨恨(원한)
	遠	멀 원	遠近(원근)
	願	바랄 원	願書(원서)
유:	有	있을 유	有名(유명)
	悠	멀 유	悠久(유구)
	裕	너그러울 유	裕福(유복)
유: (류)	柳	버드나무 류	柳腰(유요)
	類	같을 류, 무리 류	類別(유별)
윤:	潤	윤택할 윤	潤澤(윤택)
	閏	윤달 윤	閏年(윤년)
	允	진실로 윤	允文(윤문)
	尹	성 윤	尹氏(윤씨)
음:	飮	마실 음	飮酒(음주)
응:	應	응할 응	應答(응답)
	凝	엉길 응	凝結(응결)
	鷹	매 응	鷹岩洞(응암동)
의:	意	뜻 의	意志(의지)
	義	옳을 의	義務(의무)

	한자	훈음	예시		한자	훈음	예시
의:	議	의논할 의, 말할 의	議員(의원)		長	길 장, 어른 장	長考(장고)
이:	二	두 이	二分(이분)	장:	蔣	성씨 장	蔣氏(장씨)
	已	이미 이, 뿐 이	已往(이왕)		丈	어른 장	丈母(장모)
	異	다를 이	異見(이견)		藏	감출 장	藏經(장경)
	以	써 이	以前(이전)		章	문장 장	章句(장구)
	易	쉬울 이, 바꿀 역	易行(이행)		再	다시 재, 거듭 재	再建(재건)
	耳	귀 이	耳目(이목)		在	있을 재	在庫(재고)
	裏	속 이	裏面(이면)	재:	宰	재상 재	宰相(재상)
	貳	두 이	貳拾(이습)		栽	심을 재	栽植(재식)
	利	이로울 리	利權(이권)		載	머리에일 재	載送(재송)
	履	밟을 리	履歷(이력)		低	낮을 저	低調(저조)
	吏	관리 리	吏曹(이조)		抵	막을 저	抵抗(저항)
이: (리)	理	이치 리	理論(이론)	저:	著	지을 저	著作(저작)
	里	마을 리	里長(이장)		沮	막을 저	沮止(저지)
	李	성씨 리, 오얏나무 리	李祖(이조)		底	밑 저	底意(저의)
	離	떨어질 리	離婚(이혼)		貯	쌓을 저	貯蓄(저축)
	任	맡길 임	任務(임무)		典	법 전, 의식 전	典禮(전례)
	壬	아홉천지간 임	壬辰(임진)		展	펼 전	展開(전개)
임:	賃	품살 임	賃貸(임대)		戰	싸움 전	戰爭(전쟁)
	姙	아이밸 임	姙娠(임신)	전:	殿	대궐 전	殿下(전하)
	刺	찌를 자	刺戟(자극)		轉	구를 전	轉學(전학)
자:	姿	맵시 자	姿勢(자세)		電	전기 전	電話(전화)
	紫	자주빛 자	紫色(자색)		錢	돈 전	錢貨(전화)
	恣	방자할 자	恣行(자행)		占	점칠 점	占卦(점괘)
	壯	씩씩할 장	壯觀(장관)	점:	漸	점차 점	漸次(점차)
	奬	도울 장	奬勵(장려)		點	점 점	點燈(점등)
장:	將	장차 장, 장수 장	將軍(장군)		定	정할 정	定價(정가)
	掌	손바닥 장	掌握(장악)	정:	整	가지런할 정	整備(정비)
	葬	장사지낼 장	葬儀(장의)		正	바를 정	正答(정답)

정:	鄭	성씨 정	鄭夢周(정몽주)		遵	따를 준	遵法(준법)
제:	制	지을 제	制度(제도)		准	준할 준	准敎師(준교사)
	濟	건널 제	濟世(제세)		峻	험준할 준	峻嚴(준엄)
	祭	제사 제	祭禮(제례)	준:	埈	가파를 준	埈高(준고)
	弟	아우 제	弟婦(제부)		濬	물이름 준	濬水(준수)
	第	차례 제	第三者(제삼자)		晙	밝을 준	
	製	지을 제, 마를 제	製造(제조)		駿	준마 준	駿馬(준마)
	帝	임금 제	帝國(제국)	중:	衆	무리 중, 많을 중	衆生(중생)
	弔	조상할 조	弔問(조문)		重	무거울 중	重責(중책)
	照	비출 조	照明(조명)		振	떨칠 진	振興(진흥)
	造	지을 조, 나아갈 조	造作(조작)		陳	늘어놓을 진	陳列(진렬)
조:	趙	성씨 조	趙氏(조씨)		進	나아갈 진	進步(진보)
	早	이를 조	早退(조퇴)	진:	鎭	누를 진	鎭痛(진통)
	助	도울 조	助敎(조교)		震	진동할 진	震動(진동)
	釣	낚시 조	釣臺(조대)		盡	다할 진	盡力(진력)
종:	從	따를 종	從事(종사)		晋	나아갈 진	晋州(진주)
	坐	앉을 좌	坐像(좌상)	차:	借	빌릴 차	借金(차금)
좌:	左	왼쪽 좌	左右(좌우)		且	또 차	且置(차치)
	座	자리 좌	座談(좌담)		贊	도울 찬	贊成(찬성)
	佐	도울 좌	佐郞(좌랑)	찬:	讚	기릴 찬	讚頌(찬송)
죄:	罪	허물 죄	罪惡(죄악)		燦	빛날 찬	燦爛(찬란)
	住	살 주	住宅(주택)		璨	제기 찬	璨瑳(찬차)
	奏	아뢸 주	奏樂(주악)	참:	斬	벨 참	斬首(참수)
	注	물댈 주	注意(주의)		創	비롯할 창	創業(창업)
주:	駐	머무를 주	駐屯(주둔)		唱	노래부를 창	唱歌(창가)
	宙	집 주	宙合樓(주합루)	창:	暢	펼 창	暢達(창달)
	鑄	쇠부어만들 주	鑄金(주금)		昶	밝을 창	
준:	俊	준걸 준	俊秀(준수)		敞	높을 창	敞麗(창여)
	準	수준기 준, 법도 준	準備(준비)	채:	債	빚질 채	債務(채무)

음	한자	훈·음	예
채:	彩	채색 채	彩色(채색)
	採	캘 채	採用(채용)
	菜	나물 채	菜食(채식)
	采	캘 채	采色(채색)
	埰	영지 채	埰邑(채읍)
	蔡	거북 채	蔡氏(채씨)
처:	悽	슬퍼할 처	悽慘(처참)
	處	곳 처, 살 처	處罰(처벌)
천:	淺	얕을 천	淺薄(천박)
	薦	천거할 천	薦舉(천거)
	遷	옮길 천	遷都(천도)
	賤	천할 천	賤民(천민)
	踐	밟을 천	踐踏(천답)
촌:	寸	마디 촌	寸志(촌지)
	村	마을 촌	村落(촌락)
총:	總	모두 총	總務(총무)
최:	最	가장 최	最新(최신)
	催	재촉할 최	催眠(최면)
취:	取	가질 취	取捨(취사)
	吹	불 취	吹入(취입)
취:	就	이룰 취, 나아갈 취	就職(취직)
	臭	냄새 취	臭氣(취기)
	趣	향할 취	趣味(취미)
	醉	술취할 취	醉談(취담)
	聚	모일 취	聚落(취락)
	炊	불땔 취	炊事(취사)
치:	致	이를 치	致命(치명)
	置	둘 치	置重(치중)
침:	針	바늘 침	針線(침선)

음	한자	훈·음	예
침:	寢	잠잘 침	寢室(침실)
	枕	베개 침	枕席(침석)
	浸	가라앉을 침	浸蝕(침식)
타:	墮	떨어질 타	墮落(타락)
	妥	온당할 타	妥協(타협)
	打	칠 타	打開(타개)
탄:	嘆	탄식할 탄	嘆息(탄식)
	彈	탄알 탄	彈壓(탄압)
	炭	숯 탄	炭鑛(탄광)
	誕	낳을 탄	誕生(탄생)
태:	態	모양 태	態度(태도)
탕:	湯	물끓일 탕	湯藥(탕약)
토:	吐	토할 토	吐露(토로)
통:	統	거느릴 통	統制(통제)
	通	통할 통, 합칠 통	通信(통신)
퇴:	退	물러날 퇴	退學(퇴학)
파:	破	깨뜨릴 파	破損(파손)
	罷	파할 파	罷業(파업)
	把	잡을 파	把握(파악)
판:	判	판단할 판, 쪼갤 판	判決(판결)
패:	敗	패할 패	敗北(패배)
	貝	조개 패	貝類(패류)
	霸	으뜸 패	霸權(패권)
편:	片	조각 편	片紙(편지)
	遍	두루 편	遍歷(편력)
평:	評	평론할 평	評價(평가)
폐:	幣	돈 폐, 폐백 폐	幣物(폐물)
	廢	폐할 폐	廢止(폐지)
	弊	나쁠 폐, 폐단 폐	弊端(폐단)

폐:	肺	허파 폐	肺病(폐병)	항:	項	항목 항	項目(항목)
	閉	닫을 폐	閉店(폐점)	해:	海	바다 해	海洋(해양)
	蔽	덮을 폐	蔽一言(폐일언)		害	해로울 해	害毒(해독)
포:	布	베 포, 펼 포	布敎(포교)		解	풀 해	解釋(해석)
	抛	버릴 포	抛棄(포기)	행:	幸	다행 행	幸福(행복)
	捕	사로잡을 포	捕校(포교)		杏	살구나무 행	杏仁(행인)
	飽	배부를 포	飽食(포식)	향:	享	누릴 향	享樂(향락)
	抱	안을 포	抱擁(포옹)		向	향할 향	向上(향상)
	鮑	어물 포	鮑尺(포척)		響	울릴 향	響胴(향동)
품:	品	물건 품	品格(품격)	헌:	憲	법 헌	憲政(헌정)
피:	彼	저 피	彼此(피차)		獻	드릴 헌	獻納(헌납)
	避	피할 피	避難(피난)	험:	險	험할 험	險難(험난)
	被	입을 피	被訴(피소)	현:	現	드러날 현	現實(현실)
하:	下	아래 하, 내릴 하	下流(하류)		顯	나타날 현	顯示(현시)
	夏	여름 하	夏至(하지)		縣	군현 현	縣令(현령)
	荷	짐 하, 멜 하	荷役(하역)		懸	매달 현	懸賞(현상)
	賀	하례할 하	賀客(하객)		峴	고개 현	峴底洞(현저동)
한:	汗	땀 한	汗衫(한삼)	형:	瀅	맑을 형	瀅澈(형철)
	漢	물이름 한	漢江(한강)	혜:	惠	은혜 혜	惠澤(혜택)
	限	한정 한, 막힐 한	限界(한계)		慧	지혜 혜	慧敏(혜민)
	恨	한할 한	恨歎(한탄)		互	서로 호	互惠(호혜)
	旱	가물 한	旱災(한재)		好	좋을 호	好感(호감)
	翰	날개 한	翰林別曲(한림별곡)		戶	지게 호	戶籍(호적)
함:	陷	빠질 함, 뚫을 함	陷落(함락)		號	부를 호	號令(호령)
	艦	싸움배 함	艦隊(함대)	호:	虎	범 호	虎口(호구)
항:	巷	거리 항	巷間(항간)		浩	넓을 호	浩蕩(호탕)
	港	항구 항	港灣(항만)		護	보호할 호	護國(호국)
	抗	대항할 항	抗辯(항변)		昊	하늘 호	昊天罔極(호천망극)
	航	건널 항, 배 항	航空(항공)		晧	밝을 호	晧晧(호호)

	澔	넓을 호	
호:	扈	호종할 호	扈徒(호도)
	鎬	호경 호	鎬京(호경)
혼:	混	섞일 혼	混亂(혼란)
	畵	그림 화, 그을 획	畵家(화가)
	化	될 화	化學(화학)
화:	火	불 화	火災(화재)
	禍	재앙 화	禍福(화복)
	貨	재화 화, 화폐 화	貨幣(화폐)
	幻	허깨비 환	幻想(환상)
환:	換	바꿀 환	換氣(환기)
	患	근심할 환	患者(환자)
	歡	기뻐할 환	歡迎(환영)
황:	況	하물며 황	況且(황차)

	悔	뉘우칠 회	悔恨(회한)
회:	會	모을 회	會談(회담)
	檜	노송나무 회	檜木(회목)
	孝	효도 효	孝道(효도)
효:	效	본받을 효	效果(효과)
	曉	새벽 효	曉鐘(효종)
	厚	두터울 후	厚待(후대)
후:	後	뒤 후	後退(후퇴)
	候	물을 후	候補(후보)
	后	왕후 후	后士(후사)
훈:	訓	가르칠 훈	訓戒(훈계)
흠:	欠	부족할 흠	欠伸(흠신)
훼:	毁	헐 훼	毁損(훼손)

잠깐만

결혼기념한자어

기념주년	한자어	기념행사내용
1주년	紙婚式 **지혼식**	결혼 1주년을 기념하여 부부가 그림·책 등 종이로 된 선물을 주고받음
5주년	木婚式 **목혼식**	결혼 5주년을 기념하여 부부가 나무로 된 선물을 주고받음
10주년	錫婚式 **석혼식**	결혼 10주년을 기념하여 부부가 주석제품을 선물로 주고받음
15주년	銅婚式 **동혼식**	결혼 15주년을 기념하여 부부가 구리제품을 선물로 주고받음
25주년	銀婚式 **은혼식**	부부가 결혼한 후 25주년을 기념하여 행하는 식이나 잔치
30주년	眞珠婚式 **진주혼식**	부부가 결혼 30주년을 기념하여 진주제품을 주고옴
50주년	金婚式 **금혼식**	부부가 결혼한 후 50주년을 기념하여 행하는 식이나 잔치
60주년	回婚禮 **회혼식**	회혼을 축하하는 잔치
75주년	金剛石婚式 **금강석혼식**	부부가 결혼한 후 75주년 되는 해에 행하는 식이나 잔치

2 첫음절에서 길거나 짧은 소리로 발음되는 한자

한 자	발 음	용 례	한 자	발 음	용 례
街 거리 가	가:	街道(가도), 街頭(가두)	貫 꿸 관	관:	貫珠(관주), 貫革(관혁)
	가	街路燈(가로등)		관	貫徹(관철), 貫通(관통)
間 사이 간	간:	間接(간접), 間食(간식)	怪 괴이할 괴	괴:	怪物(괴물), 怪變(괴변)
	간	間數(간수)		괴	怪常(괴상), 怪異(괴이)
簡 편지 간	간:	簡易(간이), 簡紙(간지)	口 입 구	구:	口號(구호), 口頭(구두)
	간	簡單(간단), 簡潔(간결)		구	口文(구문), 口錢(구전)
肝 간 간	간:	肝膽(간담), 肝要(간요)	具 갖출 구	구:	具氏(구씨)
	간	肝氣(간기), 肝油(간유)		구	具體的(구체적)
癎 간질 간	간:	癎症(간증), 癎疾(간질)	勤 무시당할 근	근:	勤務(근무), 勤勞(근로)
	간	癎氣(간기)		근	勤告(근고)
强 굳셀 강	강:	强制(강제), 强盜(강도)	難 어려울 난	난:	難色(난색), 難處(난처)
	강	强國(강국), 强大(강대)		난	難局(난국), 難關(난관)
個 낱 개	개:	個性(개성), 個別(개별)	籠 대그릇 농	농:	籠中鳥(농중조)
	개	個人(개인)		농	籠球(농구), 籠絡(농락)
箇 낱 개	개:	箇箇(개개)	短 짧을 단	단:	短文(단문), 短髮(단발)
	개	箇所(개소), 箇數(개수)		단	短點(단점), 短縮(단축)
景 경치 경	경:	景福宮(경복궁)	大 큰 대	대:	大國(대국), 大小(대소)
	경	景致(경치), 景氣(경기)		대	大田(대전), 大豆(대두)
考 헤아릴 고	고:	考古學(고고학)	帶 대 대	대:	帶同(대동), 帶青色(대청색)
	고	考察(고찰), 考案(고안)		대	帶狀(대상), 帶分數(대분수)
故 옛 고, 까닭 고	고:	故人(고인), 故事(고사)	冬 겨울 동	동:	冬期(동기), 冬服(동복)
	고	故鄕(고향), 故老(고로)		동	冬至(동지)
菓 과자 과	과:	菓品(과품)	來 올 래	래:	來世(내세), 來客(내객)
	과	菓子(과자)		래	來年(내년), 來日(내일)

令 명령할 령	령: 령	令監(영감) 令夫人(영부인)	保 보전할 보	보: 보	保健(보건), 保護(보호) 保證(보증)
料 헤아리 료	료: 료	料金(요금), 料食(요식) 料理(요리), 料量(요량)	逢 만날 봉	봉: 봉	逢着(봉착), 逢敗(봉패) 逢變(봉변), 逢賊(봉적)
類 무리 류	류: 류	類別(유별), 類推(유추) 類類相從(유유상종)	符 부신 부	부: 부	符號(부호), 符合(부합) 符節(부절)
麻 삼 마	마: 마	麻雀(마작) 麻織物(마직물)	分 나눌 분	분: 분	分量(분량), 分數(분수) 分明(분명), 分母(분모)
滿 가득할 만	만: 만	滿面(만면), 滿場(만장) 滿期(만기), 滿足(만족)	脾 지라 비	비: 비	脾髓(비수), 脾臟(비장) 脾胃(비위)
每 매양 매	매: 매	每事(매사), 每年(매년) 每日(매일), 每樣(매양)	思 생각 사	사: 사	思想(사상) 思考(사고), 思念(사념)
賣 팔 매	매: 매	賣店(매점), 賣上(매상) 賣買(매매)	喪 잃을 상	상: 상	喪配(상배), 喪妻(상처) 喪家(상가), 喪失(상실)
聞 들을 문	문: 문	聞見(문견) 聞慶(문경)	徐 천천히 서	서: 서	徐步(서보), 徐行(서행) 徐羅伐(서라벌)
美 아름다울 미	미: 미	美術(미술), 美男(미남) 美軍(미군), 美國(미국)	掃 쓸 소	소: 소	掃除(소제), 掃地(소지) 掃海(소해), 掃射(소사)
未 아닐 미	미: 미	未開(미개), 未來(미래) 未安(미안)	素 바탕 소	소: 소	素服(소복) 素質(소질), 素材(소재)
迷 미혹할 미	미: 미	迷路(미로), 迷忘(미망) 迷兒(미아)	燒 불사를 소	소: 소	燒紙(소지) 燒却(소각), 燒失(소실)
放 놓을 방	방: 방	放送(방송), 放心(방심) 放學(방학)	試 시험할 시	시: 시	試食(시식), 試圖(시도) 試驗(시험)
凡 무릇 범	범: 범	凡例(범례), 凡夫(범부) 凡節(범절)	審 살필 심	심: 심	審議(심의), 審判(심판) 審理(심리), 審査(심사)

한자	음	용례	한자	음	용례
亞 버금 아	아:	亞流(아류), 亞將(아장)	正 바를 정	정:	正直(정직), 正義(정의)
	아	亞細亞(아세아)		정	正月(정월), 正初(정초)
若 어릴 약	약:	若干(약간), 若此(약차)	操 잡을 조	조:	操心(조심)
	약	般若(반야)		조	操作(조작), 操行(조행)
易 바꿀 역, 쉬울 이	역:	易經(역경), 易理(역리)	種 씨종 종	종:	種類(종류), 種別(종별)
	이	易慢(이만), 易干(이간)		종	種子(종자), 種族(종족)
沿 물따를 연	연:	沿革(연혁)	從 따를 종	종:	從祖(종조), 從兄(종형)
	연	沿岸(연안), 沿海(연해)		종	從事(종사), 從軍(종군)
燕 제비 연	연:	燕子(연자), 燕雀(연작)	仲 버금 중	중:	仲氏(중씨), 仲兄(중형)
	연	燕京(연경), 燕山君(연산군)		중	仲介(중개), 仲媒(중매)
腕 팔 완	완:	腕骨(완골), 腕部(완부)	陳 진칠 진	진:	陳述(진술), 陳設(진설)
	완	腕力(완력)		진	陳久(진구)
汪 넓을 왕	왕:	汪琬(왕완)	鎭 누를 진	진:	鎭壓(진압), 鎭痛(진통)
	왕	汪洋(왕양)		진	鎭靜劑(진정제)
任 맡길 임	임:	任命(임명), 任官(임관)	津 나루 진	진:	津氣(진기)
	임	任氏(임씨)		진	津渡(진도), 津夫(진부)
暫 잠깐 잠	잠:	暫定的(잠정적)	遮 가릴 차	차:	遮斷(차단)
	잠	暫間(잠간)		차	遮額(차액), 遮陽(차양)
長 길 장	장:	長男(장남), 長官(장관)	斬 벨 참	참:	斬頭(참두), 斬代(참대)
	장	長短(장단), 長點(장점)		참	斬級(참급), 斬新(참신)
將 장수 장	장:	將兵(장병), 將校(장교)	昌 창성할 창	창:	昌德宮(창덕궁)
	장	將來(장래), 將次(장차)		창	昌寧(창녕), 昌原(창원)
蔣 줄 장	장:	蔣茅(장모), 蔣席(장석)	倉 곳집 창	창:	倉卒(창졸)
	장	蔣介石(장개석)		창	倉庫(창고)
占 점칠 점	점:	占領(점령), 占據(점거)	針 바늘 침	침:	針母(침모), 針線(침선)
	점	占치다, 占術(점술)		침	針葉樹(침엽수)

沈 잠길 침, 성 심	심:	沈氏(심씨), 深淸(심청)
	침	沈沒(침몰), 沈默(침묵)
討 궁구할 토	토:	討論(토론), 討議(토의)
	토	討伐(토벌), 討破(토파)
吐 토할 토	토:	吐血(토혈)
	토	吐하다, 吐露(토로)
播 뿌릴 파	파:	播種(파종), 播遷(파천)
	파	播多(파다)
片 조각 편	편:	片紙(편지)
	편	片影(편영), 片肉(편육)
包 쌀 포	포:	包圍(포위), 包容(포용)
	포	包裝(포장), 包 장기짝
布 베 포, 펼 포	포:	布敎(포교), 布告(포고)
	포	布木(포목), 布帳(포장)

泌 샘물흐를 필	필:	泌瀄(필즐)
	필	泌尿器(비뇨기), 泌丘(비구)
荷 멜 하	하:	荷物(하물), 荷役(하역)
	하	荷香(하향), 荷花(하화)
汗 땀 한	한:	汗牛充棟, 汗蒸幕(한증막)
	한	汗國(한국), 汗黨(한당)
韓 나라이름 한, 성 한	한:	韓國(한국), 韓食(한식)
	한	韓氏(한씨)
行 다닐 행	행:	行實(행실)
	행	行動(행동), 行進(행진)
虎 범 호	호:	虎口(호구), 虎患(호환)
	호	虎班(호반)

나이를 나타내는 한자어(漢字語)

나이	한자어
10대	충년(沖年)
15세	지학(志學)
20세	약관(弱冠)
30세	이립(而立)
40세	불혹(不惑)
50세	지천명(知天命)
60세	이순(耳順)
61세	회갑(回甲), 환갑(還甲)
62세	진갑(進甲)
70세	고희(古稀), 종심(從心)
77세	희수(喜壽)
88세	미수(未壽)
90세	졸수(卒壽)
91세	망백(望百)
99세	백수(白壽)
100세	기원지수(期願之壽)

한자성어풀이

漢字의 長短音은 첫소리에서 장음으로 발음되는 한자 구별을 중심으로 출제됩니다. 또한, 나타내는 뜻에 따라 장음, 단음이 다르게 소리나는 한자들도 있습니다. 우리말의 장단음과 비교적 체계가 비슷해, 한자어를 익힐 때 우리말을 떠올려 함께 익힌다면 훨씬 쉬울 것입니다. 이 단원과 관련된 문제유형은 長短音(5문)입니다.

苛斂誅求(가렴주구) : 세금을 가혹하게 징수함(斂 : 거두다, 誅 : 꾸짖다)

佳人薄命(가인박명) : 아름다운 여자는 목숨이 짧음(佳 : 아름답다, 薄 : 엷다)

家藏什物(가장집물) : 집안의 온갖 세간(藏 : 감추다, 什 : 세간, ※ 열 사람 '십', ~長)

刻苦勉勵(각고면려) : 몹시 애쓰고 힘씀(刻 : 새기다, 勉 : 힘쓰다, 勵 : 힘쓰다)

刻骨難忘(각골난망) : 은혜의 고마움이 뼈에 사무쳐 잊혀지지 아니함(忘 : 잊는다)

各自圖生(각자도생) : 제각기 살 길을 꾀함(圖 : 그림, 꾀하다)

刻舟求劍(각주구검) : 미련하여 융통성이 없음을 비유(劍 : 칼)

艱難辛苦(간난신고) : 몹시 힘이 들고 쓰라린 고생을 함(艱 : 어렵다, 辛 : 괴롭다, 맵다)

肝膽相照(간담상조) : 서로 진심을 터놓고 사귐(膽 : 쓸개)

間於齊楚(간어제초) : 약자가 강자 틈에 끼어 괴로움을 받는 것을 비유

感慨無量(감개무량) : 마음 속의 느낌이 한량 없음(慨 : 슬퍼하다, 量 : 헤아리다)

甘言利說(감언이설) : 남의 비위에 들도록 꾸민 달콤한 말과 이로운 조건을 내세워 꾀는 말

感之德之(감지덕지) : 대단히 고맙게 여김

甘呑苦吐(감탄고토) : 비위에 맞으면 좋아하고 싫으면 내버림을 비유(呑 : 삼키다)

甲男乙女(갑남을녀) : 평범한 사람들 = 장삼이사

甲論乙駁(갑론을박) : 서로 논박함(駁 : 얼룩말, 논박하다)

康衢煙月(강구연월) : 태평스러운 풍경(太平煙月)

剛毅木訥(강의목눌) : 의지가 강하고 씩씩하며 말 재주가 없음(剛 : 굳세다, 毅 : 굳세다, 訥 : 말을 더듬다)

江湖煙波(강호연파) : 대자연의 풍경(煙 : 연기)

改善匡正(개선광정) : 좋도록 고치고 바로잡음(匡 : 바로 잡다)

去頭切尾(거두절미) : 앞뒤의 잔말을 빼고 요점만 말함(切 : 끊다, 尾 : 꼬리)

改過遷善(개과천선) : 허물을 고치고 착하게 됨(過 : 허물, 遷 : 옮기다)

車載斗量(거재두량) : 아주 흔함을 비유(載 : 싣다, 斗 : 말)

乾坤一擲(건곤일척) : 흥망을 걸고 단판걸이로 승패를 겨룸(乾 : 하늘, 坤 : 땅, 擲 : 던지다)

格物致知(격물치지) : 사물의 이치를 깨달아 앎(格 : 이르다, 致 : 이루다)

隔靴搔癢(격화소양) : 시원한 효과를 나타내지 못함 ＝ 隔靴爬癢(격화파양)(隔 : 사이, 靴 : 가죽
　　　　　　　　　신, 爬 : 긁다, 癢 : 가렵다)

牽强附會(견강부회) : 말을 억지로 끌어다 붙이어 조건이나 이치에 맞도록 함(牽 : 끌다,
　　　　　　　　　附 : 붙이다)

犬馬之誠(견마지성) : 임금이나 나라에 바치는 충성. 자기의 정성을 겸손하게 일컫는 말

見蚊拔劍(견문발검) : 하찮은 일에 너무 허둥지둥 덤빔(蚊 : 모기, 拔 : 빼다, 劍 : 칼)

見物生心(견물생심) : 실물을 보고서 욕심이 생김

見危致命(견위치명) : 나라가 위태로울 때 제 몸을 바침(致 : 바치다) ＝ 見危授命(~ 수명)

堅忍不拔(견인불발) : 굳게 참고 버티어 마음을 빼앗기지 아니함(堅 : 굳세다, 忍 : 참다)

結草報恩(결초보은) : 죽어서도 은혜를 잊지 않고 갚음(報 : 갚다)

兼人之勇(겸인지용) : 능히 몇 사람을 당해낼 만한 용기(兼 : 아우르다)

耿耿孤枕(경경고침) : 근심에 싸여 있는 외로운 잠자리(耿 : 마음 편찮다, 枕 : 베개)

輕擧妄動(경거망동) : 경솔하고 망녕되게 행동함(輕 : 가볍다, 擧 : 행하다, 妄 : 실없다)

哽哽咽咽(경경열열) : 슬픔으로 목메어 욺(哽 : 목 메다, 咽 : 목 메다)

傾國之色(경국지색) : 세상에 드문 뛰어난 미인(傾 : 기울어지다)

經世濟民(경세제민) : 세상을 다스리고 백성을 구제함　경제(經 : 다스리다, 濟 : 구제하다)

敬而遠之(경이원지) : 존경하기는 하되 가까이하지는 아니함(敬 : 존경하다, 遠 : 멀리하다)

輕佻浮薄(경조부박) : 언어, 행동이 경솔하고 진중하지 못함　㊀ 경박(佻 : 방정맞다, 浮 : 뜨다)

驚天動地(경천동지) : 세상을 몹시 놀라게 함(驚 : 놀라다)

經天緯地(경천위지) : 온천하를 잘 다스림(經 : 날줄, 緯 : 씨줄)

鷄鳴狗盜(계명구도) : 잔꾀로써 조그마한 것을 이룸을 비유(狗 : 개, 盜 : 도둑)

股肱之臣(고굉지신) : 임금이 가장 믿고 중하게 여기는 신하(股 : 다리, 肱 : 팔)

孤軍奮鬪(고군분투) : 홀로 여럿을 상대하여 싸움(奮 : 힘쓰다, 鬪 : 싸우다)

膏粱珍味(고량진미) : 맛있는 음식 ＝ 山海珍味(膏 : 기름, 粱 : 좋은 곡식, 珍 : 보배)

高樓巨閣(고루거각) : 높고 큰 집(閣 : 누각)

鼓腹擊壤(고복격양) : 태평세월(鼓 : 두드리다, 擊 : 치다, 壤 : 흙덩이)

古色蒼然(고색창연) : 오래되어 옛날의 풍치가 저절로 드러나 보이는 모양(蒼 : 푸르다)

孤城落日(고성낙일) : 여명(餘命)이 얼마 안 남아 대단히 외로운 모습을 비유

姑息之計(고식지계) : 당장에 편한 것만 취하는 계책 ＝ 미봉책, 고식책, 임기응변(姑 : 잠깐)

孤臣寃淚(고신원루) : 외로운 신하의 원통한 눈물(寃 : 원통하다, 淚 : 눈물)

故心慘憺(고심참담) : 몹시 애를 쓰며 근심 걱정을 많이 함(慘 : 참혹하다, 憺 : 움직이다)

苦肉之計(고육지계) : 제 몸을 괴롭히는 것도 돌보지 않고 적을 속이는 계책 = 고육책

孤掌難鳴(고장난명) : 일을 혼자 하여서는 잘 되지 않음을 비유(掌 : 손바닥, 鳴 : 울다)

苦盡甘來(고진감래) : 괴로움이 다하면 즐거움이 온다는 말

孤枕單衾(고침단금) : 홀로 쓸쓸히 자는 여자의 이부자리(衾 : 이부자리)

膏肓之疾(고황지질) : 고칠 수 없이 깊이 든 병 = 고질병

曲學阿世(곡학아세) : 옳지 못한 학문으로 세상 사람에게 아첨함(阿 : 아첨하다)

汨沒無暇(골몰무가) : 한 가지 일에 몰두하여 틈이 조금도 없음(汨 : 잠기다, 沒 : 빠지다)

骨肉相爭(골육상쟁) : 동족끼리 서로 싸움

空前絶後(공전절후) : 비교할 만한 것이 이전이나 이후에도 없을 것으로 생각됨 = 前無
後無

空中樓閣(공중누각) : 근거가 없는 가공(架空)의 사물(樓 : 다락, 閣 : 집)

誇大妄想(과대망상) : 자기의 것을 과장하여 사실로 믿는 생각(誇 : 자랑하다, 크다)

過猶不及(과유불급) : 지나치거나 모자란 것은 다 같이 좋지 않음 = 過不及(猶 : 오히려)

管鮑之交(관포지교) : 벗 사이의 다정한 사귐 = 문경지교, 금란지교, 水魚之交

刮目相對(괄목상대) : 상대편의 것이 부쩍 는 것을 놀라 쓰는 말(刮 : 눈을 비비다)

怪怪罔測(괴괴망측) : 말할 수 없이 이상 야릇함(怪 : 아주 이상하다, 罔 : 없다)

矯角殺牛(교각살우) : 잘못을 고치려다가 수단이 지나쳐 그르친다는 뜻(矯 : 바로 잡다)

巧言令色(교언영색) : 남의 환심을 사기 위하여 아첨하는 교묘한 말과 보기 좋게 꾸미는
얼굴 빛(巧 : 교묘하다)

膠柱鼓瑟(교주고슬) : 조금도 융통성이 없음을 비유(膠 : 아교, 柱 : 기둥, 瑟 : 비파)

口蜜腹劍(구밀복검) : 겉으로는 친절한 듯하나, 속으로는 해칠 생각을 품음을 비유(蜜 :
꿀, 腹 : 배)

九死一生(구사일생) : 꼭 죽을 지경을 당하였다가 살아남

口尙乳臭(구상유취) : 언행(言行)이 유치함을 비유(尙 : 아직, 乳 : 젖, 臭 : 냄새)

九牛一毛(구우일모) : 많은 것 가운데서 극히 적은 것 = 창해일속

九折羊腸(구절양장) : 꼬불꼬불한 길을 비유(折 : 꺾다, 腸 : 창자)

九重深處(구중심처) : 아주 깊은 곳. 대궐을 비유(深 : 깊다, 處 : 곳)

舊態依然(구태의연) : 옛 모양 그대로임(舊 : 옛)

群雄割據(군웅할거) : 저마다 세력을 떨치려고 날뜀(割 : 나누다, 據 : 차지하다)

窮寇勿迫(궁구물박) : 곤궁에 빠진 적을 모질게 핍박하지 말라는 뜻(窮 : 다하다, 寇 : 도둑, 勿 : 말다, 迫 : 다가오다)

窮餘之策(궁여지책) : 매우 어려운 가운데 짜낸 한 가지 꾀(窮 : 다하다, 餘 : 나머지)

權謀術數(권모술수) : 목적을 위해서 수단과 방법을 가리지 않고 쓰는 술책(謀 : 꾀하다)

勸善懲惡(권선징악) : 착한 일을 권장하고 악한 일을 징계함(勸 : 권하다, 懲 : 벌 주다)

捲土重來(권토중래) : 한 번 패하였다가 세력을 회복하여 다시 쳐들어옴(捲 : 거두다)

克己復禮(극기복례) : 욕망을 억제하고 예절을 따르도록 함(克 : 이기다)

近墨者黑(근묵자흑) : 나쁜 것을 가까이 하면 그것에 물들기 쉬움(墨 : 먹)

金科玉條(금과옥조) : 귀중한 법칙이나 규정

金蘭之交(금란지교) : 아름다운 사귐. 아주 가까운 사이(蘭 : 난초) = 관포지교, 수어지교

錦上添花(금상첨화) : 좋은 것 위에 더 좋은 것을 더함(錦 : 비단, 添 : 보태다)

金石盟約(금석맹약) : 굳은 약속(盟 : 맹세)

金城湯池(금성탕지) : 매우 튼튼하고 잘 된 성지(城池)(湯 : 끓이다, 池 : 연못)

錦衣夜行(금의야행) : 성공하였어도 그 보람이 없음을 비유

錦衣還鄕(금의환향) : 출세를 하여 고향으로 돌아감(還 : 돌아가다)

金枝玉葉(금지옥엽) : 귀여운 자손을 비유

寄與補裨(기여보비) : 이바지하여 돕고 모자람을 보태어 줌(寄 : 붙다, 與 : 주다, 補 : 돕다)

奇想天外(기상천외) : 아주 엉뚱한 생각이나 행동(奇 : 아주 이상하다)

氣盡脈盡(기진맥진) : 기운이 다 없어짐

騎虎之勢(기호지세) : 중도에서 그만 둘 수 없는 힘찬 형세를 비유(騎 : 말 타다, 虎 : 범)

落落長松(낙락장송) : 크고 우뚝 높이 솟아 있는 소나무(落 : 떨어지다)

落木寒天(낙목한천) : 나뭇잎이 떨어지고 날씨가 추움(寒 : 차다)

洛陽紙價(낙양지가) : 책이 호평을 얻어 잘 팔림

難攻不落(난공불락) : 공격하기 어려워 좀처럼 함락되지 아니함(攻 : 공격하다)

亂臣賊子(난신적자) : 나라를 어지럽게 하는 신하와 불충불효(不忠不孝)한 자식(賊 : 도둑)

難兄難弟(난형난제) : 두 사람의 낫고 못함을 분간하기 어려움(難 : 어렵다)

南柯一夢(남가일몽) : 한 때의 헛된 부귀 = 한단지몽

南男北女(남남북녀) : 남쪽 지방은 남자, 북쪽 지방은 여자가 잘 생겼다는 말

男負女戴(남부여대) : 가난한 사람이 떠돌아 사는 것을 말함(負 : 지다, 戴 : 머리에 이다)

南船北馬(남선북마) : 여기저기 쉴 새 없이 돌아다님(船 : 배)

囊中之錐(낭중지추) : 재능이 많은 사람은 여러 사람 가운데서 바로 드러남을 비유(囊 : 주머니, 錐 : 송곳)

內憂外患(내우외환) : 나라 안팎의 근심과 걱정

怒氣衝天(노기충천) : 노기가 하늘을 찌를 듯함(衝 : 찌르다)

勞心焦思(노심초사) : 몹시 마음을 졸임(勞 : 애쓰다, 焦 : 불타다)

綠楊芳草(녹양방초) : 푸른 버들과 꽃다운 풀

論功行賞(논공행상) : 공을 잘 따져 각각 알맞은 상을 주는 일

弄假成眞(농가성진) : 장난삼아 하다가 참말이 됨(弄 : 희롱하다, 假 : 거짓)

弄瓦之慶(농와지경) : 딸을 낳은 즐거움(옛날 중국에서 딸을 낳으면 길쌈할 때 쓰는 벽돌을
　　　　　　　　　　　장난감으로 주었음)

弄璋之慶(농장지경) : 아들을 낳은 즐거움(옛날 중국에서 아들을 낳으면 구슬을 장난감으로
　　　　　　　　　　　주었음)

累卵之勢(누란지세) : 몹시 위태로운 형세 = 누란지위, 백척간두(累 : 쌓다)

能小能大(능소능대) : 재주가 많고 주변이 좋아 모든 일에 두루 능함

陵遲處斬(능지처참) : 머리, 몸, 손, 발을 토막치는 형벌(陵 : 짓밟다, 遲 : 더디다, 斬 : 베다)

多岐亡羊(다기망양) : ① 학문의 길이 너무 많아서 도리어 진리의 길을 잃음　② 방침이
　　　　　　　　　　　많아서 도리어 갈 바를 모름(岐 : 가닥 나뉘다)

多多益善(다다익선) : 많으면 많을수록 좋음

多事多難(다사다난) : 일이 많고 어려움

斷機之戒(단기지계) : 면학(勉學)에의 훈계

單刀直入(단도직입) : 군말을 빼고 요점으로 풀이하여 들어감

簞食瓢飮(단사표음) : 간소한 음식물. 소박한 생활을 비유(簞 : 도시락, 食 : 밥, 瓢 : 표주박)

丹脣皓齒(단순호치) : 아름다운 여자의 얼굴. 미인을 말함(脣 : 입술, 皓 : 희다)

螳螂拒轍(당랑거철) : 제 분수도 모르고 강자에게 대항함을 비유(螳螂 : 사마귀, 轍 : 수레)
　　　　　　　　　　　= 螳螂之斧(당랑지부)

大器晚成(대기만성) : 오랜 공적을 쌓아 늦게 이루어짐을 비유(晚 : 늦다)

大逆無道(대역무도) : 커다란 잘못으로서 도리에 몹시 어그러짐 또는 그러한 행위

大義名分(대의명분) : 인륜(人倫)상 중대한 의리와 명분(반드시 지켜야 할 사람된 행위의 한계)

塗聽塗說(도청도설) : 길거리의 뜬 소문(塗 = 途 : 길)

塗炭之苦(도탄지고) : 몹시 쓰라린 고통(塗 : 진흙)

讀書三到(독서삼도) : 독서의 법은 口到, 眼到, 心到에 있다 함이니 즉 입으로 다른 말을
　　　　　　　　　　　아니하고 눈으로 딴 것을 보지 말며, 마음을 하나로 가다듬고 읽어
　　　　　　　　　　　야 그 참뜻을 깨닫게 된다는 말

同價紅裳(동가홍상) : 같은 값이면 다홍치마라는 말(裳 : 치마)

同苦同樂(동고동락) : 같이 고생하고 같이 즐김

棟梁之材(동량지재) : 큰 일을 맡을 만한 인재(棟 : 기둥, 樑 = 梁 : 대들보)

東問西答(동문서답) : 어떤 물음에 대하여 당치도 않은 엉뚱한 대답

洞房華燭(동방화촉) : 차례 치른 뒤에 신랑이 신부방에서 자는 일(洞房 = 잠자는 방)

同病相憐(동병상련) : 처지가 같은 사람끼리 서로 동정하고 도움(憐 : 가엾다)

東奔西走(동분서주) : 바삐 돌아다님(奔 : 바쁨)

同床異夢(동상이몽) : 같은 처지에 있는 듯하면서 서로의 생각이나 이상이 다름

杜門不出(두문불출) : 세상과 인연을 끊고 나가지 않음

得隴望蜀(득롱망촉) : 욕심의 한없음을 말함(隴 : 땅이름)

得意滿面(득의만면) : 뜻한 바를 이루어서 기쁜 표정이 얼굴에 가득 참(滿 : 가득차다)

登高自卑(등고자비) : ① 높은 곳에 올라가려면 낮은 곳에서부터 오른다는 말로 일을 하는 데는 반드시 차례를 밟아야 한다는 말 ② 지위가 높아갈수록 스스로 낮춘다는 말

燈火可親(등화가친) : 책 읽기에 좋은 계절임

馬耳東風(마이동풍) : 쇠귀에 경 읽기

麻中之蓬(마중지봉) : 좋은 가정이나 환경에서 자라거나 좋은 벗과 사귀는 사람은 자연히 주위의 감화를 받아 선량하여진다는 말(麻 : 삼, 蓬 : 쑥)

莫上莫下(막상막하) : 우열의 차이가 없음

莫逆之友(막역지우) : 극히 가까운 친구 = 관포지교

萬頃蒼波(만경창파) : 한없이 넓고 큰 바다(頃 : 밭이랑, 滄 : 푸르다)

萬端情懷(만단정회) : 온갖 정서와 회포(端 : 끝, 懷 : 품다)

晩時之歎(만시지탄) : 기회를 잃고 때가 늦음을 한탄(晩 : 늦다)

滿身瘡痍(만신창이) : 온 몸이 흠집투성이가 됨. 아주 형편없게 됨(瘡 : 헐다, 痍 : 헌데)

萬波息笛(만파식적) : 신라 신문왕이 동햇가에 나가 놀다가 바다신으로부터 이 피리를 받았다고 전하는데, 이 피리를 한 번 불면 모든 물결이 잠잠하여진다고 함

萬壑千峰(만학천봉) : 수많은 골짜기와 봉우리(壑 : 골짜기)

萬化方暢(만화방창) : 봄날 온갖 생물이 잘 자람(暢 : 자라다, 화창하다)

萬彙群象(만휘군상) : 가지가지의 사물(彙 : 모으다)

亡羊之歎(망양지탄) : 학문의 길은 여러 갈래이기에 바른 길을 잡기 어려움

茫然自失(망연자실) : 정신을 잃고 어리둥절함(茫 : 아득하다)

望雲之情(망운지정) : 어버이를 그리워하는 마음

罔知所措(망지소조) : 어찌할 줄을 모름(罔 : 없다, 措 : 두다, 베풀다)
孟母斷機(맹모단기) : 맹자의 어머니가 아들이 학업을 중지하고 돌아왔을 때, 짜던 베를
　　　　　　　　　칼로 잘라서 훈계한 고사 = 단기지계
麥秀之嘆(맥수지탄) : 기자가 은나라가 망한 뒤에도 보리만 자람을 보고 한탄했다는 고사
　　　　　　　　　에서 고국의 멸망을 한탄함을 말함(麥 : 보리, 秀 : 빼어나다)
面從腹背(면종복배) : 겉으로 복종하는 체하면서 속으로는 배반함(從 : 따르다, 背 : 등)
明鏡止水(명경지수) : 맑은 거울같이 깨끗한 마음(鏡 : 거울)
名實相符(명실상부) : 소문난 대로 실제로 같음(符 : 들어맞다)
明若觀火(명약관화) : 틀림없이 뻔한 사실을 비유(若 : 같다, 觀 : 보다)
命在頃刻(명재경각) : 목숨이 거의 넘어갈 지경에 이름(頃 : 잠깐)
明哲保身(명철보신) : 총명하고 사리에 밝아 일을 잘 처리하여 몸을 보전함(哲 : 밝다)
毛遂自薦(모수자천) : 제가 자신을 천거함을 말함(薦 : 천거하다, 드리다)
目不識丁(목불식정) : 낫 놓고 기역자도 모름 = 一字無識
目不忍見(목불인견) : 눈으로 차마 볼 수 없음
無可奈何(무가내하) : 어찌할 수 없이 됨(奈 : 어찌, 何 : 어찌)
無窮無盡(무궁무진) : 한이 없고 끝이 없음
無念無想(무념무상) : 아무런 생각이 없음
武陵桃源(무릉도원) : 이상세계를 비유
無味乾燥(무미건조) : 재미나 취미가 없고 메마름(乾 : 마르다, 燥 : 마르다)
無所不知(무소부지) : 모르는 것이 없음
無爲徒食(무위도식) : 하는 일 없이 먹고 놀기만 함(徒 : 헛되다)
無障無碍(무장무애) : 막히거나 거리낌이 없음(障 : 막히다, 碍 = 礙 : 막다)
無知蒙昧(무지몽매) : 아는 것 없이 어리석음(蒙 : 어리석다, 昧 : 어둡다)
刎頸之交(문경지교) : 친한 벗 또는 사귐(刎 : 베다, 頸 : 목구멍) = 수어지교
聞一知十(문일지십) : 한 가지를 듣고 열 가지를 미루어 앎
門前成市(문전성시) : 권세가 드날리거나 부자가 되어 집문 앞이 방문객으로 저자를 이룸
物外閒人(물외한인) : 세상의 시끄러움에서 벗어나 한가롭게 지내는 사람
美辭麗句(미사여구) : 아름다운 말과 고운 글귀
美人薄命(미인박명) : 미인은 목숨이 짧다는 말
民我無間(민아무간) : 겨레와 자기 자신을 똑같이 생각하는 일
博覽强記(박람강기) : 많은 책을 읽고 사물을 잘 기억함(博 : 넓다, 覽 : 보다)
薄氷如履(박빙여리) : 엷은 여름을 밟듯 처세에 조심함(履 : 신, 밟다)

博而不精(박이부정) : 넓게 알고 있으나 자세하지 못함

博學多識(박학다식) : 학문이 넓고 식견이 많음

反目嫉視(반목질시) : 서로 미워하고 질투함

拔本塞源(발본색원) : 폐단의 근원을 아주 뽑아 없애버림(塞 : 막다, 源 : 근원)

坊坊曲曲(방방곡곡) : 한 군데도 빠짐 없는 여러 곳(坊 : 동네)

傍若無人(방약무인) : 제 세상인 듯 함부로 날 뜀(傍 : 곁, 若 : 같다)

蚌鷸之爭(방휼지쟁) : 홀로 버티고 물러서지 않고 싸움(蚌 : 방합, 鷸 : 도요새)

背水之陣(배수지진) : 목숨을 걸고 싸우는 경우를 비유(陣 : 진을 치다)

背恩忘德(배은망덕) : 남한테 입은 은덕을 잊음

百家爭鳴(백가쟁명) : 많은 의견이 나와 서로 다툼

白骨難忘(백골난망) : 고마운 은혜를 죽어도 잊지 못함(忘 : 잊다)

百年河淸(백년하청) : 기약 없는 일을 한정없이 기다림(河 : 물, 淸 : 푸르다)

百年偕老(백년해로) : 부부가 일생을 함께 늙음(偕 : 함께)

白面書生(백면서생) : 글만 읽고 세상 일에 경험이 없는 선비

白手乾達(백수건달) : 아무 것도 없는 건달

白衣勇士(백의용사) : 전쟁 중에 다치거나 병이 든 군인

白衣從軍(백의종군) : 벼슬하지 않은 몸으로 전쟁터에 나감

百折不屈(백절불굴) : 백 번 꺾여도 굽히지 않음(折 : 꺾이다, 屈 : 굽히다)

伯仲之勢(백중지세) : 서로 비슷한 세력(伯 : 맏, 仲 : 버금, 가운데)

百尺竿頭(백척간두) : 막다른 위험(竿 : 장대) = 누란지세, 위기일발

百害無益(백해무익) : 해만 있고 이익은 전혀 없음

百花爛漫(백화난만) : 온갖 꽃이 아름답게 어울려 핌(爛 : 빛나다, 漫 : 물이 질펀하다)

繁文縟禮(번문욕례) : 규칙, 예절, 절차 따위가 지나치게 번거롭고 까다로움(繁 : 번거롭다,
　　　　　　　　　縟 : 번거롭다)

伐齊爲名(벌제위명) : ① 어떤 일을 하는 체하고 실은 딴 것을 함을 말함 ② 유명무실함
　　　　　　　　　을 말함

變化難測(변화난측) : 변화가 심하여 이루 헤아릴 수 없음 = 變化無雙(변화무쌍)

兵家常事(병가상사) : ① 흔히 있는 일을 말함 ② 실패는 흔히 있는 일이니 낙심할 것
　　　　　　　　　없다는 말

複雜多端(복잡다단) : 일이 어수선하여 갈피를 잡기 어려움(端 : 끝)

伏地流涕(복지유체) : 땅 위에 엎드리어 눈물 흘리며 울음(伏 : 엎드리다, 涕 : 눈물)

本末轉倒(본말전도) : 일의 원 줄기를 잊고 사소한 부분에만 사로잡힘(轉 : 구르다)

本第入納(본제입납) : 편지봉투에 웃어른의 이름 대신 자기이름을 쓰고 그 밑에 붙이는 말(納 : 바치다)

封庫罷職(봉고파직) : 어사나 감사가 부정한 관리를 파면하고 그 관고(官庫)를 잠그는 일 (封 : 봉하다, 罷 : 그만 두다, 파하다)

不絶如縷(부절여루) : 실처럼 끊어지지 않고 이어감(縷 : 실)

夫唱婦隨(부창부수) : 부부화합의 도(隨 : 따르다)

附和雷同(부화뇌동) : 주견이 없이 남들의 언행에 덩달아 좇음(附 : 붙다, 雷 : 우뢰)

北窓三友(북창삼우) : 거문고, 술, 시를 말함

粉骨碎身(분골쇄신) : 남을 위해 있는 힘을 다함(粉 : 가루, 碎 : 부수다)

忿氣衝天(분기충천) : 분한 마음이 대단함(衝 : 찌르다, 부딪치다)

焚書坑儒(분서갱유) : 진시황이 모든 서적을 불살라버리고 많은 유생을 구덩이에 묻어 죽인 일(焚 : 불사르다, 坑 : 구덩이)

不可抗力(불가항력) : 사람의 힘으로는 어찌할 수 없는 일(抗 : 대항하다)

不顧廉恥(불고염치) : 염치를 돌아보지 아니함(顧 : 돌아보다, 廉 : 염치, 恥 : 부끄럽다)

不立文字(불립문자) : 마음에서 마음으로 전하여짐 = 以心傳心

不問可知(불문가지) : 묻지 않아도 가히 알 수 있음

不問曲直(불문곡직) : 옳고 그르고를 묻지 않음

不穩文書(불온문서) : 온당하지 못한 문서(穩 : 사리에 어그러지지 않다)

不撓不屈(불요불굴) : 어떠한 곤란에도 꺾이거나 굽히지 않음(撓 : 휘어지다)

不撤晝夜(불철주야) : 밤낮을 가리지 않음. 쉬지 않고 힘씀(撤 : 거두다, 치우다)

不恥下問(불치하문) : 자기보다 못한 사람에게라도 모르는 것을 묻기를 부끄러워하지 아니함(恥 : 부끄러움)

不偏不黨(불편부당) : 어느 편으로나 치우치지 아니함(偏 : 치우치다, 黨 : 무리)

鵬程萬里(붕정만리) : 앞길이 매우 멀고도 큼(鵬 : 붕새, 程 : 길)

非夢似夢(비몽사몽) : 꿈인지 생시인지 어렴풋한 상태(似 : 비슷하다)

悲憤慷慨(비분강개) : 슬프고 분하여 마음이 북받침(慷 : 강개하다, 慨 : 슬퍼하다)

比屋可封(비옥가봉) : 나라에 忠臣, 烈女가 많음

髀肉之嘆(비육지탄) : 성공하지 못하고 한갓 세월만 보내는 일을 한탄함을 말함(髀 : 넙적다리)

非一非再(비일비재) : 흔히 많음

貧而無怨(빈이무원) : 가난하면서도 남을 원망하지 않음(貧(빈) : 가난하다)

憑公營私(빙공영사) : 공적인 일을 빌어서 사리(私利)를 채움(憑 : 의지하다, 營 : 다스리다)

四顧無親(사고무친) : 의지할 친척없이 아주 외로움(顧 : 돌아보다)

詞俚不載(사리부재) : 속된 거리의 노래는 책에 싣지 않음(俚 : 속되다, 載 : 싣다)

四面楚歌(사면초가) : 도움없이 고립된 경우에 쓰는 말

四面春風(사면춘풍) : 아무하고도 좋게 지냄 = 두루춘풍

沙鉢通文(사발통문) : 주모자를 숨기기 위해 관계자의 이름을 사발 모양으로 둥글게 뺑 돌려 적은 글

四分五裂(사분오열) : ① 여러 갈래로 나누어짐 ② 천하가 심히 어지러움(裂 : 찢을 렬)

砂上樓閣(사상누각) : ① 헛된 것 ② 실현불가능한 일의 비유(砂 : 모래, 閣 : 집)

四通八達(사통팔달) : ① 사방으로 막힘없이 통함 ② 교통이 편리한 곳 = 사통오달

事必歸正(사필귀정) : 무슨 일이나 결국 옳은 대로 돌아감(歸 : 돌아가다)

削奪官職(삭탈관직) : 죄지은 사람의 벼슬과 품계를 빼앗음(削 : 깎다, 奪 : 빼앗다)

山紫水明(산자수명) : 산이 아름답고 물이 맑음(紫 : 자줏빛)

山海珍味(산해진미) : 잘 차린 귀한 음식을 말함 = 진수성찬

殺身成仁(살신성인) : 참되고 옳은 일을 위하여 목숨을 바침

三顧草廬(삼고초려) : 유비가 제갈양을 세 번이나 찾아서 자기의 큰 뜻을 말하고 그를 군사(軍師)로 맞은 일(廬 : 오두막집)

森羅萬象(삼라만상) : 우주 사이에 벌여 있는 수많은 현상(森 : 빽빽하다, 羅 : 벌이다)

三旬九食(삼순구식) : 가난하여 먹을 것이 없어 고생함(旬 : 열흘)

三十六計(삼십육계) : 곤란할 때에는 도망가는 것이 가장 좋다는 말

三人成虎(삼인성호) : 여러 사람이 말하면 거짓말도 참말이 된다는 말(虎 : 호랑이)

三日遊街(삼일유가) : 과거에 급제한 사람이 사흘동안 좌주(座主), 선진자(先進者)와 친척을 방문하는 일(遊 : 놀다, 街 : 거리)

三遷之敎(삼천지교) : 맹자의 어머니가 맹자를 가르치기 위하여 집을 세 번이나 옮긴 일. 자식을 가르치는데 환경이 매우 중요함

三韓甲族(삼한갑족) : 삼한 적부터 지켜온 자랑스런 문벌

想梅消渴(상매소갈) : 매실을 생각하며 갈증을 푼다는 말로 모든 것은 마음에 달렸다는 뜻

上意下達(상의하달) : 상부의 뜻이 아래로 전달됨 ⑪ 下意上達(하의상달)

桑田碧海(상전벽해) : 세상의 일이 덧없이 바뀜을 비유(桑 : 뽕나무, 碧 : 푸르다)

塞翁之馬(새옹지마) : 세상의 모든 일이 덧없음을 비유(塞 : 변방, 翁 : 늙은이)

先見之明(선견지명) : 미리 아는 밝은 지혜

善男善女(선남선녀) : ① 착한 남자와 착한 여자 ② 佛法에 귀의(歸依)한 남녀. 信者

雪憤伸寃(설분신원) : 분함과 원통함을 씻음(伸 : 펴다. 寃 : 원통하다)

雪上加霜(설상가상) : 불행한 일이 거듭 겹침

說往說來(설왕설래) : 서로 말이 오고 감

纖纖玉手(섬섬옥수) : 가냘프고 고운 여자의 손(纖 : 가늘다)

城下之盟(성하지맹) : 적에게 항복하고 맺는 약속

歲寒三友(세한삼우) : 겨울철 관상용의 세 가지 나무. 松·竹·梅

蘇秦張儀(소진장의) : 소진과 장의처럼 말을 잘하는 사람을 이르는 말

束手無策(속수무책) : 어찌할 도리없이 꼼짝 못함(束 : 묶다)

速戰速決(속전속결) : 빨리 일을 해치움(速 : 빠르다)

小貪大失(소탐대실) : 작은 것을 탐내다가 큰 것을 잃음(貪 : 탐내다)

送舊迎新(송구영신) : 묵은 해를 보내고 새해를 맞음(送 : 보내다, 迎 : 맞이하다)

宋襄之仁(송양지인) : 쓸 데 없이 너무 착하기만 함을 비유

首邱初心(수구초심) : 고향을 그리워하는 마음

袖手傍觀(수수방관) : 그저 옆에서 보고만 있음 = 무관심(袖 : 옷소매, 傍 : 곁)

誰怨誰咎(수원수구) : 남을 원망하거나 탓할 것이 못됨(誰 : 누구, 咎 : 탓하다)

脣亡齒寒(순망치한) : 가까운 한 사람이 망하면 다른 사람도 영향을 받음(脣 : 입술)

純眞無垢(순진무구) : 마음이 꾸밈이 없고 참됨(純 : 순수하다, 垢 : 때)

時機尚早(시기상조) : 아직 때가 이름(尚 : 아직, 早 : 일찍, 이르다)

是是非非(시시비비) : ① 여러가지의 잘 잘못 ② 옳으니 그르니 하고 여러가지로 하는
　　　　　　　　　　 말다툼(是 : 옳다, 非 : 그르다)

尸位素餐(시위소찬) : 벼슬의 책임을 다하지 못하고 녹만 먹는 것(尸 : 주검, 餐 : 먹다)

始終一貫(시종일관) : 처음이나 나중이나 한결같이 함(貫 : 꿰다)

試行錯誤(시행착오) : 일을 되풀이하면서 고쳐 나감(錯 : 어긋나다, 誤 : 그르치다)

食少事煩(식소사번) : 먹을 것은 적고 할 일은 많음(煩 : 번거롭다)

識字憂患(식자우환) : 아는 것이 병(憂 : 근심)

食前方丈(식전방장) : 잘 차린 음식(丈 : 길)

信賞必罰(신상필벌) : 상과 벌을 엄격히 함

身言書判(신언서판) : 남자가 갖추어야 할 네 가지 조건, 곧 신수·말씨·문필·판단력

新陳代謝(신진대사) : 묵은 것이 없어지고 새것이 대신 생기는 일(陳 : 베풀다)

實事求是(실사구시) : 사실을 바탕으로 하여 진리를 탐구하는 일

實踐躬行(실천궁행) : 몸소 행함(躬 : 몸)

神出鬼沒(신출귀몰) : 나타났다 숨었다 함이 자유자재임(沒 : 빠지다)

心機一轉(심기일전) : 어떠한 동기에 의하여 이제까지의 먹었던 마음을 바꿈

深思熟考(심사숙고) : 깊이 잘 생각함(深 : 깊다, 熟 : 익다, 충분하다, 考 : 헤아리다)

深山窮谷(심산궁곡) : 깊은 산 속의 험한 골

十匙一飯(십시일반) : 여러 사람이 한 사람 구제하기는 쉬움(匙 : 숟가락, 飯 : 밥)

阿鼻叫喚(아비규환) : ① 아비 지옥의 고통을 못참아 울부짖는 소리 ② 심한 참상을 비유

阿諛苟容(아유구용) : 남에게 아첨하여 구차스럽게 구는 모양(諛 : 아첨하다, 苟 : 구차하다)

我田引水(아전인수) : 자기에게 유리하도록만 함

惡戰苦鬪(악전고투) : 죽을 힘을 다하여 고되게 싸움(苦 : 쓰다, 鬪 : 싸우다)

安心立命(안심입명) : ① 생사 이해에 대하여 태연함 ② 생사의 도리를 깨달아 내세의
　　　　　　　　　안심을 꾀함

眼下無人(안하무인) : 태도가 몹시 건방져서 남을 사람같이 대하지 않음(眼 : 눈, 보다)

暗中摸索(암중모색) : 어림으로 일을 짐작함(摸 : 더듬어 찾다, 索 : 찾다)

曖昧模糊(애매모호) : 희미하여 분명하지 못함(曖 : 흐리다, 昧 : 어둡다, 模 : 모호하다)

哀而不悲(애이불비) : 슬프나, 지나치게 슬퍼하지 아니함(哀 : 슬프다, 悲 : 슬프다)

弱肉强食(약육강식) : 약한 것이 강한 것에 먹힘

羊頭狗肉(양두구육) : 겉으로는 훌륭하게 내세우나, 속은 변변하지 않음을 비유(狗 : 개)

梁上君子(양상군자) : 도둑을 말함(梁 : 대들보)

養虎之患(양호지환) : 화근(禍根)을 길러 걱정거리가 됨을 비유(養 : 기르다)

魚魯不辨(어로불변) : 目不識丁과 같은 말(辨 : 가리다)

漁父之利(어부지리) : 둘이 다투는 통에 제삼자가 이익을 봄을 말함

語不成說(어불성설) : 말이 사리에 맞지 아니함

抑强扶弱(억강부약) : 강자를 누르고 약자를 도움(抑 : 누르다, 扶 : 돕다)

言語道斷(언어도단) : 너무 어이가 없어 말문이 막힘

言中有骨(언중유골) : 예사로운 말 가운데 단단한 속뜻이 들어 있다는 말

言則是也(언즉시야) : 말하는 것이 사리에 맞음

餘不備禮(여불비례) : 나머지는 예를 갖추지 못한다는 뜻으로 편지의 본문 끝에 쓰는 상
　　　　　　　　　투어(餘 : 남다, 備 : 갖추다)

餘裕綽綽(여유작작) : 빠듯하지 않고 아주 넉넉함(裕 : 넉넉하다, 綽 : 여유 있다)

女必從夫(여필종부) : 아내는 반드시 남편을 따라야 한다는 말(從 : 좇다)

易地思之(역지사지) : 처지를 바꾸어서 생각함

錬磨長養(연마장양) : 갈고 닦고 오래도록 준비하여 옴(錬 : 단련하다, 磨 : 갈다)

緣木求魚(연목구어) : 되지 못할 일을 무리하게 하려고 함을 비유(緣 : 인연)

煙霞痼疾(연하고질) : 자연을 사랑하고 즐기는 고질같은 버릇(霞 : 놀)

拈華微笑(염화미소) = 以心傳心, 拈華示衆

榮枯盛衰(영고성쇠) : 개인이나 사회의 성하고 쇠함이 서로 뒤바뀌는 현상(枯 : 마르다)

五里霧中(오리무중) : 도무지 종적을 알 수 없음(霧 : 안개)

傲慢無禮(오만무례) : 거만하게 예의를 돌보지 않음(傲 : 거만하다, 慢 : 거만하다)

寤寐不忘(오매불망) : 밤낮으로 잊지 못함(寤 : 깨다, 寐 : 잠자다)

烏飛梨落(오비이락) : 남의 혐의를 받기 쉬움을 비유. '까마귀 날자 배 떨어진다.'

傲霜孤節(오상고절) : 굽히지 않는 굳은 절개

吳越同舟(오월동주) : 적대되는 자끼리 한 자리에 모임을 이르는 말

烏合之卒(오합지졸) : 어중이떠중이(= 烏合之衆)

玉石俱焚(옥석구분) : 착한 이나 악한 이나 다 같이 재앙을 당함을 비유(俱 : 함께, 焚 : 불
사르다)

玉石混肴(옥석혼효) : 좋은 것과 나쁜 것이 한 데 섞여 있음을 비유(肴 : 뒤섞이다)

溫故知新(온고지신) : 옛 것을 익히고 나아가 새 것을 앎

蝸角之爭(와각지쟁) : 사소한 싸움을 비유(蝸 : 달팽이)

臥薪嘗膽(와신상담) : 원수를 갚고자 고생을 참고 견딘다는 말(臥 : 눕다, 薪 : 섶, 嘗 : 맛보
다, 膽 : 쓸개)

外柔內剛(외유내강) : 겉은 부드러우나, 속은 굳셈(柔 : 부드럽다, 剛 : 굳세다)

樂山樂水(요산요수) : 山水의 경치를 즐김(樂 : 풍류 악, 즐길 락, 좋아할 요)

窈窕淑女(요조숙녀) : 교양과 품위를 갖춘 훌륭한 여자(窈 : 곱다, 窕 : 얌전하다, 淑 : 맑다)

搖之不動(요지부동) : 흔들어도 움직이지 아니함(搖 : 흔들다)

龍頭蛇尾(용두사미) : 시작은 좋은데, 끝이 나쁨

龍味鳳湯(용미봉탕) : 맛있는 음식

龍蛇飛騰(용사비등) : 용이 움직이는 것같이 아주 활기있는 필력을 가리키는 말(騰 : 오르다)

勇往邁進(용왕매진) : 앞을 바라보고 힘차게 나아감(邁 : 힘쓰다)

用意周到(용의주도) : 준비성이 치밀함

龍虎相搏(용호상박) : 강자끼리 승부를 다툼(搏 : 치다)

牛溲馬勃(우수마발) : 쇠 오줌과 말 똥, 곧 가치 없는 말이나 글

優勝劣敗(우승열패) : 나은 자는 이기고 못한 자는 패함 = 적자생존(優 : 뛰어나다)

優柔不斷(우유부단) : 어물어물하며 딱 잘라서 결단하지 아니함(柔 : 부드럽다 = 優)

牛耳讀經(우이독경) : 쇠귀에 경읽기. 아무리 가르치고 일러주어도 알아듣지 못함

羽化登仙(우화등선) : 날개가 달려 신선이 되어 오름(羽 : 날개, 登 : 오르다)

雨後竹筍(우후죽순) : 어떠한 일이 한꺼번에 많이 생김(筍 : 풀 이름)

旭日昇天(욱일승천) : 거침없이 힘차게 발전하는 기세를 비유(旭 : 빛나다, 旭日 : 아침 해)

雲上氣品(운상기품) : 속됨을 벗어난 고상한 기질과 성품

元亨利貞(원형리정) : ① 사물의 근본원리, 만물이 처음 생겨나서 자라고 삶을 이루고 완
성됨 ② 仁, 義, 禮, 智를 가리킴

遠禍召福(원화소복) : 화를 멀리하고 복을 불러들임(召 : 부르다)

月下氷人(월하빙인) : 월하 노인과 빙인의 합성어, 남녀의 인연을 맺어주는 이

韋編三絶(위편삼절) : 독서에 힘씀을 일컫는 말

危機一髮(위기일발) : 위급한 경우에 다다른 순간 = 백척간두, 일촉즉발

威風堂堂(위풍당당) : 풍채가 위엄이 있어 당당함(威 : 위엄, 堂 : 정당하다)

有口無言(유구무언) : 변명할 말이 없음

類萬不同(유만부동) : ① 정도에 넘음 ② 서로 같지 아니함

流芳百世(유방백세) : 꽃다운 이름이 후세에 길이 전함(芳 : 꽃답다)

流觴曲水(유상곡수) : 삼월 삼짇날 곡수에 잔을 띄워 그 잔이 자기 앞에 오기 전에 시
(詩)같은 것을 짓는 놀이(觴 : 술잔)

有象無象(유상무상) : 삼라만상과 같음

唯我獨尊(유아독존) : 나만이 제일이라고 뽐냄

有耶無耶(유야무야) : 결과가 분명하지 못하고 흐리멍텅함(耶 : 어조사)

流言蜚語(유언비어) : 근거 없이 널리 퍼진 소문(蜚 : 바퀴벌레)

類類相從(유유상종) : 끼리끼리 사귐

悠悠自適(유유자적) : 속세를 떠나 자기하고 싶은대로 조용하고 편안히 생활하는 일(悠 :
한가하다, 適 : 즐기다)

肉頭文字(육두문자) : 야비한 말

隱忍自重(은인자중) : 참고 견디면서 신중하게 행동함(隱 : 숨다, 忍 : 참다)

吟風弄月(음풍농월) : 맑은 바람과 밝은 달에 대하여 시를 짓고 즐겁게 놂

泣斬馬謖(읍참마속) : 제갈공명이 군율을 지키기 위해 부하인 마속의 목을 베었다는 고사
(斬 : 베다)

意氣銷沈(의기소침) : 의기가 쇠하여 사그라짐(銷 : 녹이다, 沈 : 가라앉다)

意氣揚揚(의기양양) : 득의(得意)한 마음이 얼굴에 나타나는 모양(揚 : 날리다)

458

應口輒對(응구첩대) : 물음에 대하여 거침없이 대답함(輒 : 문득)

以少事大(이소사대) : 작은 나라는 큰 나라를 섬긴다는 말(事 : 섬기다)

以心傳心(이심전심) : 마음으로 마음에 전함

利用厚生(이용후생) : 세상의 편리와 살림의 이익을 꾀하는 일

二律背反(이율배반) : 서로 모순되는 사실이 한 행동이나 사건 속에 주장되는 일

因果應報(인과응보) : 지은 업에 대하여 받는 업보

人事不省(인사불성) : 의식을 잃어서 인사를 차리지 못함(省 : 살피다)

因循姑息(인순고식) = 고식지계(循 : 돌다)

一擧兩得(일거양득) : 하나의 행동으로 두 가지 성과를 거둠(擧 : 들다)

一騎當千(일기당천) : 무예가 썩 뛰어남을 비유

一刀兩斷(일도양단) : 사물을 선뜻 결정함을 이름

一到滄海(일도창해) : 한 번 푸른 바다에 다다름

一覽輒記(일람첩기) : 한 번 보고 기억함(覽 : 보다, 輒 : 문득)

一望無際(일망무제) : 바라봄에 끝이 없음(際 : 끝, 가)

一網打盡(일망타진) : 한꺼번에 모조리 다 잡음(網 : 그물, 打 : 치다)

一脈相通(일맥상통) : 성격이나 솜씨가 서로 잘 통함

一鳴驚人(일명경인) : 한 마디로 뭇 사람을 놀라게 함

一目瞭然(일목요연) : 한 번 보고 곧 환하게 알 수 있음(瞭 : 밝을 료)

一罰百戒(일벌백계) : 한 번의 벌로 많은 것을 경계함

一絲不亂(일사불란) : 질서가 정연하여 조금도 어지러움이 없음(絲 : 실, 亂 : 어지럽다)

一瀉千里(일사천리) : 조금도 거침없이 잘 진행됨(瀉 : 토하다)

一石二鳥(일석이조) : 한 가지 일이 두 가지로 이로움

一魚濁水(일어탁수) : 한 사람의 잘못이 여러 사람에게 미침을 말함(濁 : 흐리다)

一言半句(일언반구) : 극히 짧은 말

一葉片舟(일엽편주) : 한 조각 작은 배

一場春夢(일장춘몽) : 한 바탕의 허무한 꿈 = 남가일몽

一朝一夕(일조일석) : 잠깐동안

一陣狂風(일진광풍) : 한바탕 부는 사나운 바람

日進月步(일진월보) : 날로 달로 끊임없이 발전함 = 일취월장

一觸卽發(일촉즉발) : 위기일발(觸 : 닿다)

日就月將(일취월장) : 일진월보(就 : 나아가다)

一炊之夢(일취지몽) : 남가일몽(炊 : 불을 때다)

一敗塗地(일패도지) : 여지없이 패하여 다시 일어날 수 없게 됨(塗 : 칠하다)

一片丹心(일편단심) : 굳은 절개

一筆揮之(일필휘지) : 한꺼번에 죽 쓰거나 그려버림(筆 : 드날리다, 揮 : 휘두르다)

一攫千金(일확천금) : 한꺼번에 많은 돈을 얻음(攫 : 움키다)

臨渴掘井(임갈굴정) : 목 마를 때 우물 판다는 뜻으로 준비가 없이 일을 당하고야 허둥지
둥댐(渴 : 마르다, 掘 : 파다)

臨機應變(임기응변) : 일을 당하여 그때그때 형편에 맞도록 함

自家撞着(자가당착) : 서로 어그러져 모순됨(撞 : 부딪치다)

自强不息(자강불식) : 스스로 힘써 쉬지 아니함

自激之心(자격지심) : 어떠한 일을 해 놓고 제 스스로 미흡하게 여기는 마음(激 : 과격하다)

自給自足(자급자족) : 자기의 수요를 자기가 생산하여 충당함(給 : 주다)

自手成家(자수성가) : 자신의 힘으로 한 살림을 이룩함

自繩自縛(자승자박) : 자기의 언행으로 자신이 옭혀 들어감(繩 : 노, 먹줄, 縛 : 묶다)

自業自得(자업자득) : 자기가 저지른 일의 과보를 자기가 받음

自抛自棄(자포자기) : 스스로 자신을 해치며 돌보지 않음(抛 : 던지다, 棄 : 버리다)

自畵自讚(자화자찬) : 자신을 스스로 칭찬하여 자랑함(畵 : 그리다)

作心三日(작심삼일) : 결심이 굳지 못함

張三李四(장삼이사) = 甲男乙女

才子佳人(재자가인) : 재주 있는 젊은 남자와 아름다운 여자(佳 : 아름답다)

賊反荷杖(적반하장) : 잘못한 자가 도리어 잘한 사람을 나무람(荷 : 지다, 메다, 杖 : 몽둥이)

積小成大(적소성대) : 티끌 모아 태산

赤手空券(적수공권) : 아무 것도 가진 것이 없음(券 : 문서)

適者生存(적자생존) : 환경에 적합한 것만이 생존하고 그렇지 못한 것은 멸망함

積塵成山(적진성산) : 티끌 모아 태산(塵 : 티끌)

電光石火(전광석화) : 일이 매우 빠른 것의 비유

前途洋洋(전도양양) : 앞길이 환하게 트임

戰戰兢兢(전전긍긍) : 몹시 두려워 매우 조심함(兢 : 조심하다)

輾轉反側(전전반측) : 누워서 이리저리 뒤척임(輾 : 돌아눕다, 轉 : 구르다, 側 : 옆)

轉禍爲福(전화위복) : 불행한 일이 도리어 행복한 결과를 가져옴

切磋琢磨(절차탁마) : 학문, 기술을 갈고 닦고 가꿈(切 : 끊다, 磋 : 갈다, 琢 : 쪼다)

切齒腐心(절치부심) : 대단히 분하여 이를 갈고 속을 썩임(腐 : 썩다)

正經大原(정경대원) : 바른 길과 큰 원칙(經 : 경서, 길, 법도)

頂門一鍼(정문일침) : 남의 잘못의 급소를 찾아 따끔하게 충고함(頂 : 정수리, 鍼 = 針 : 침)

井底之蛙(정저지와) : 우물 안의 개구리(底 : 밑)

糟糠之妻(조강지처) : 고생을 같이 겪은 아내(糟 : 술지게미, 糠 : 쌀겨)

朝令暮改(조령모개) : 무슨 일을 자주 바꿈

朝變夕改(조변석개) = 조령모개

朝三暮四(조삼모사) : 간사한 꾀로 남을 속여 놀림

造化神功(조화신공) : 만물을 창조한 신의 공로

左顧右眄(좌고우면) : 여기저기 돌아다 봄(眄 : 곁눈질하다)

坐不安席(좌불안석) : 한 자리에 오래 앉아 있지 못함

主客顚倒(주객전도) : 서로 뒤바뀜(顚 : 넘어지다)

晝耕夜讀(주경야독) : 낮에는 농사 짓고 밤에는 글을 읽음

走馬加鞭(주마가편) : 달리는 말에 채찍질을 더함(鞭 : 채찍)

走馬看山(주마간산) : 자세히 보지 못하고 지나감(看 : 보다)

酒池肉林(주지육림) : 굉장히 잘 차린 술잔치

竹馬故友(죽마고우) : 어릴 때부터 같이 놀던 친한 친구

衆寡不敵(중과부적) : 적은 수로 많은 수를 이기지 못함(衆 : 무리, 寡 : 적다)

重言復言(중언부언) : 한 말을 또 함(復 : 다시)

衆口難防(중구난방) : 여러 사람의 말은 막기 어려움(防 : 막다)

衆人環視(중인환시) : 많은 사람이 둘러서서 봄(環 : 고리)

指鹿爲馬(지록위마) : 사슴을 말이라고 했다는 데서 뭇 사람을 속여 권세를 휘두름을 말
함(指 : 가리키다, 鹿 : 사슴)

支離滅裂(지리멸렬) : 이리저리 흩어져 갈피를 잡을 수 없음(支 : 흩어지다, 離 : 떨어지다)

指呼之間(지호지간) : 아주 가까운 거리(呼 : 부르다)

珍羞盛饌(진수성찬) = 山海珍味(羞 : 맛있는 음식, 饌 : 밥)

進退維谷(진퇴유곡) : 앞으로 나아갈 수도, 물러설 수도 없음(維 : 묶다, 오직)

此日彼日(차일피일) : 자꾸 기일을 미룸(彼 : 귀)

參差不齊(참차부제) : 들쭉날쭉하여 가지런하지 아니함(參 : 가지런하지 않다 = 差, 齊 : 가지
런하다)

滄海一粟(창해일속) : 큰 물건 속에 있는 아주 작은 물건(粟 : 조) = 구우일모

天高馬肥(천고마비) : 하늘은 높고 말이 살찐다는 가을(肥 : 살찌다)

天方地軸(천방지축) : 함부로 덤벙거림(軸 : 굴대)

泉石膏肓(천석고황) : 자연을 사랑함이 지극함 ＝ 연하지질(膏肓 : 가슴 밑의 비계와 가슴 위
　　　　　　　　　의 얇은 막. 병이 그 속에 들어가면 낫기 어렵다는 부분)

千辛萬苦(천신만고) : 온갖 어려움(辛 : 괴롭다)

天壤之差(천양지차) : 하늘과 땅 사이의 차이

天佑神助(천우신조) : 하늘과 신령의 도움

天衣無縫(천의무봉) : 천사의 옷은 꿰맨 자국이 없다는 뜻으로, 아주 자연스러움을 뜻함

千仞斷崖(천인단애) : 깎아지른 듯한 벼랑(仞 : 길, 崖 : 벼랑)

千紫萬紅(천자만홍) : 여러가지 꽃이 만발함

千載一遇(천재일우) : 다시 얻기 어려운 좋은 기회(載 : 해(年), 遇 : 만나다)

天誅猾賊(천주활적) : 하늘이 간사한 도둑을 죽임(誅 : 베다, 벌주다, 猾 : 교활하다)

天眞爛漫(천진난만) : 순진무구(漫 : 부질없다)

千差萬別(천차만별) : 여러가지 사물이 모두 차이가 있고 구별이 있음

千編一律(천편일률) : 여러 사물이 서로 비슷함(編 : 엮다, 律 : 법)

淺學菲才(천학비재) : 학문이 얕고 재주가 변변치 않음. 자기의 학식을 겸사하는 말(淺 :
　　　　　　　　　얕다, 菲 : 향기, 둔하다)

徹頭徹尾(철두철미) : 처음부터 끝까지 투철함(徹 : 뚫다)

鐵石肝腸(철석간장) : 굳고 단단한 절개를 일컫는 말(鐵 : 쇠)

鐵中錚錚(철중쟁쟁) ＝ 군계일학(錚 : 쇳소리)

徹天之恨(철천지한) : 하늘에 사무치는 한

靑山流水(청산유수) : 막힘이 없이 말을 썩 잘함

靑孀寡婦(청상과부) : 나이 젊은 과부(孀 : 과부)

靑天霹靂(청천벽력) : 맑게 갠 하늘에 벼락이라는 뜻으로 뜻밖에 일어나는 일을 말함

靑出於藍(청출어람) : 제자가 스승보다 나음을 말함　㈜ 靑藍(藍 : 쪽빛)

樵童汲婦(초동급부) : 나무하는 아이와 물긷는 아낙네 ＝ 장삼이사(樵 : 나무꾼, 汲 : 물 긷다)

焦眉之急(초미지급) : 급한 일을 당함(焦 : 불타다, 眉 : 눈썹)

寸鐵殺人(촌철살인) : 간단한 경구(警句)로 어떤 일의 급처를 찔러 사람을 감동시킴을 비유

追遠報本(추원보본) : 조상의 은혜를 생각하고 그 근본을 잊지 않고 갚음(追 : 따르다)

出沒無雙(출몰무쌍) : 들고 남이 비할 데 없이 잦음(雙 : 짝)

取捨選擇(취사선택) : 취할 것은 취하고, 버릴 것은 버려서 골라잡음(選 ＝ 擇 : 뽑다, 가리다)

醉生夢死(취생몽사) : 아무 뜻과 이룬 일도 없이 한평생을 흐리멍텅하게 살아감

層岩絶壁(층암절벽) : 높고 험한 바위가 겹겹으로 싸인 낭떠러지

置之度外(치지도외) : 내버려 두고 상대를 하지 않음(置 : 두다, 度 : 법도)

七顚八起(칠전팔기) : 여러 번 실패하여도 꾸준히 일어남(顚 : 구르다)

七顚八倒(칠전팔도) : 어려운 고비를 여러 번 겪음(倒 : 넘어지다)

針小棒大(침소봉대) : 과장해서 말함(棒 : 몽둥이)

他山之石(타산지석) : 다른 사람의 하찮은 언행일지라도 자기에게 도움이 된다는 말

卓上空論(탁상공론) : 전혀 실현성이 없는 헛된 의논(卓 : 책상, 높다)

坦坦大路(탄탄대로) : 편편하고 아주 넓은 길

貪官汚吏(탐관오리) : 재물을 탐내는 더러운 관리

泰山北斗(태산북두) : 가장 존경을 받는 사람을 비유   ㊱ 泰斗

波瀾曲折(파란곡절) : 일의 진행에 있어 일어나는 많은 곤란과 변화(波 : 물결, 瀾 : 큰 물
　　　　　　　　　결, 波 : 꺾다)

波瀾萬丈(파란만장) : 일의 진행에 변화가 심함

破邪顯正(파사현정) : 잘못된 것을 깨뜨리어 올바른 길을 나타냄(破 : 깨뜨리다, 顯 : 드러내다)

破顔大笑(파안대소) : 얼굴 빛을 부드럽게 하여 크게 웃음(顔 : 얼굴)

破竹之勢(파죽지세) : 세력이 강하여 막을 수 없는 기세

八方美人(팔방미인) : ① 어느 모로 보나 美人　② 누구에게나 두루 곱게 보이는 방법으
　　　　　　　　　로 처세하는 사람　③ 여러 방면의 일에 능통한 사람　④ 아무 일
　　　　　　　　　에나 조금씩 손대는 사람

平沙落雁(평사낙안) : 글씨가 매끈한 모양을 비유(沙 : 모래, 雁 : 기러기)

抱腹絶倒(포복절도) : 몹시 우스워서 배를 안고 몸을 가누지 못할 만큼 웃음(抱 : 안다)

表裏不同(표리부동) : 마음이 음흉해서 겉과 속이 다름

風紀紊亂(풍기문란) : 풍기가 어지러움(紊 : 어지럽다)

風樹之嘆(풍수지탄) : 부모가 돌아가신 뒤에 생전에 효도 못한 것을 후회함

風前燈火(풍전등화) : 몹시 위태로움 = 위기일발

風餐露宿(풍찬노숙) : 바람과 이슬을 무릅쓰고 한데서 먹고 잠(餐 : 먹다)

皮骨相接(피골상접) : 몸이 몹시 마름을 말함

匹夫匹婦(필부필부) = 장삼이사

必有曲折(필유곡절) : 반드시 까닭이 있음

下石上臺(하석상대) = 임기응변

下厚上薄(하후상박) : 대우를 아랫 사람에게는 후하게 하고, 윗사람에게는 박하게 함

鶴首苦待(학수고대) : 몹시 기다림을 비유

邯鄲之夢(한단지몽) = 남가일몽

汗牛充棟(한우충동) : 많은 책을 일컫는 말(汗 : 땀, 充 : 가득하다, 棟 : 마룻대)

閑雲野鶴(한운야학) : 아무 구속없이 한가한 생활로 유유자적하는 경치를 일컫는 말

緘口無言(함구무언) : 입을 다물고 말하지 않음(緘 : 묶다)

含憤蓄怨(함분축원) : 분함을 머금고 원망을 쌓음

含哺鼓腹(함포고복) : 배불리 먹고 즐겁게 지냄(哺 : 먹다, 鼓 : 두드리다, 腹 : 배)

咸興差使(함흥차사) : 심부름꾼이 가서 소식이 없거나, 회답이 더딜 때의 비유

虛心坦懷(허심탄회) : 마음에 아무런 사심(邪心)이 없이 평정(平靜)함(坦 : 평평하다)

虛張聲勢(허장성세) : 실속이 없이 허세를 부림

懸河之辯(현하지변) : 거침없이 말을 잘함을 비유(懸 : 매달다, 辯 : 말 잘하다)

孑遺生靈(혈유생령) : 고독하게 살아 남아 있는 목숨(孑 : 외롭다, 遺 : 남기다)

螢雪之功(형설지공) : 애써 공부한 보람을 비유(螢 : 반딧불)

狐假虎威(호가호위) : 약한 자가 남의 힘을 빌어서 자기 위신을 세움을 비유(狐 : 여우)

糊口之策(호구지책) : 그저 먹고 살아가는 방책(糊 : 풀(칠하다))

好事多魔(호사다마) : 좋은 일에 액이 들기 쉬움

虎視耽耽(호시탐탐) : 기회를 노리고 가만히 정세를 관망함(耽 : 노려보다)

浩然之氣(호연지기) : ① 도의에 뿌리를 박고 공명정대하여 조금도 부끄러울 바 없는 도
덕적 용기   ② 사물에서 해방되어 자유스럽고 유쾌한 마음

昊天罔極(호천망극) : 어버이의 은혜가 하늘과 같이 넓고 커서 그지 없음(昊 : 하늘, 罔 :
없다, 極 : 다하다, 끝)

惑世誣民(혹세무민) : 세상을 어지럽히고 백성을 속임(誣 : 속이다)

渾然一體(혼연일체) : 차별없이 한가지로 합침(渾 : 흐리다, 섞이다)

昏定晨省(혼정신성) : 부모를 정성껏 돌보아 살핌(昏 : 저물다, 晨 : 새벽, 省 : 살피다)

魂飛魄散(혼비백산) : 몹시 놀람을 비유(魂 : 넋, 魄 : 넋, 散 : 흩어지다)

忽顯忽沒(홀현홀몰) : 문득 나타났다가 문득 사라짐(忽 : 문득)

和氣靄靄(화기애애) : 여럿이 모인 자리에 온화한 기색이 넘쳐 흐르는 모양(靄 : 이내)

畵龍點睛(화룡점정) : 사물의 가장 요긴한 곳, 가장 중요한 부분을 끝내어 완성시킴(睛 :
눈동자)

花朝月夕(화조월석) : 경치가 썩 좋음

畵中之餠(화중지병) : 그림의 떡

和風暖陽(화풍난양) : 온화한 바람과 따뜻한 햇볕

確固不動(확고부동) : 확실하고 군세어서 움직이지 아니함
換骨奪胎(환골탈태) : 남의 글을 모방하였으면서도 그 모습을 달리함을 뜻함(換 : 바꾸다,
　　奪 : 빼앗다)
鰥寡孤獨(환과고독) : 홀아비, 홀어미, 고아, 자식이 없는 사람
歡呼雀躍(환호작약) : 기뻐 소리치며 날뜀(歡 : 기쁘다, 雀 : 참새, 躍 : 뛰다)
荒唐無稽(황당무계) : 말이나 행동이 허황되어 믿을 수 없음(荒 : 거칠다, 唐 : 황당하다, 稽
　　: 헤아리다)
會者定離(회자정리) : 한 번 만나면 반드시 헤어질 운명에 있음 = 生者必滅 去者必反
橫說竪說(횡설수설) : 조리가 없는 말을 함부로 지껄임(橫 : 가로, 竪 : 세우다)
後生可畏(후생가외) : 후배가 두렵다는 말(畏 : 두렵다)
厚顔無恥(후안무치) : 뻔뻔스럽고 부끄러워할 줄을 모름(厚 : 두텁다, 顔 : 얼굴, 恥 : 부끄럽다)
後悔莫及(후회막급) : 잘못된 뒤에 아무리 후회하여도 어찌할 수 없음
毁譽褒貶(훼예포폄) : 남을 비방함과 칭찬함(毁 : 헐뜯다, 譽 : 기리다, 褒 : 칭찬하다, 貶 : 깎아
　　내리다)
興味津津(흥미진진) : 흥미가 넘침(津 : 넘치다)
興盡悲來(흥진비래) : 즐거움이 다하면 슬픔이 옴
喜怒哀樂(희노애락) : 기쁨, 노여움, 슬픔, 즐거움
喜色滿面(희색만면) : 기쁜 빛이 얼굴에 가득함

자주쓰이는한자어

일상생활에 너무 자연스럽게 녹아 있어, 한글처럼 느끼고 있는 漢字가 많다. 그러나 정작 쓰기는 쉽지 않은 글자들이다. 이 단원에서는 일상생활에서 자주 쓰이는 한자어들과 신문이나 뉴스보도에서 자주 접하는 한자어들을 정리해 두었다.

Part I 일상생활에서 자주 쓰이는 한자

낭자하다(狼藉)

▶ "유혈이 낭자하다"는 말이 있다. 流血(유혈)이란 '흘러나오는 피'를 뜻하고, 狼藉(낭자)란 '이리저리 흩어져 어지러움'을 뜻한다. '狼(이리 랑) + 藉(깔개 자)'의 형태로 구성된 이 한자어에는 유래가 있다. 개과에 속하는 이리는 성질이 사나워 가축을 해치는 일이 많은데, 이 이리가 자고 난 잠자리는 매우 어지럽고 뒤숭숭하다. '狼藉'란 여기서 나온 말로 직역하면 '이리의 잠자리(깔개)'가 되지만, 매우 너저분하게 흩어져 널려 있음을 뜻하는 말로 쓰이고 있다.

공갈(恐喝)

▶ '거짓말'을 속어로는 '공갈'이라 한다. '공갈'의 본래 뜻은 '으름장을 놓으며 무섭게 위협한다'는 '공갈 협박'의 의미다. 여기서 '恐'은 두렵다는 의미가 아니라. '으르다'의 뜻이며, '喝'은 '큰소리치다, 꾸짖다'의 뜻이다. 사마천의 〈史記〉에도 '恐喝'이란 말이 나오는데, 이것도 역시 남의 약점을 빌미로 옥박지르고 을러대는 것을 뜻한다.

별안간(瞥眼間)

▶ 갑작스레 어떤 일이 발생했을 때 "별안간 천둥이 쳤다", "별안간 누군가가 나타났다" 등의 표현을 쓴다. 이때 '瞥(별)'은 '언뜻 보다, 잠깐 보다'의 뜻이며, '眼(안)'은 '눈'을 의미하지만 여기서는 동사로 쓰여 '보다'로 풀이한다. 즉 '瞥眼間'은 눈 깜박할 사이에, 갑자기 등의 부사로 우리말에 정착된 것이다.

조심(操心)

▶ 어떤 일을 할 때 삼가고 주의하는 것을 "조심한다"고 한다. 원래 '操'에는 '잡다·무리다·지조·곡조' 등의 뜻이 있는데, '操心'에서 '操'는 '잡다(쥐다)'의 의미로, 직역하면 '마음을 잡다'는 뜻이 된다. 즉 '조심'이란 마음을 함부로 놓아두지 않고 단속하는 것을 의미한다.

총각(總角)

▶ 국어사전에 보면 장가갈 나이가 되었는데 아직 장가가지 않은 남자를 '총각'이라 한다. 한자로는 '總(묶을 총) + 角(뿔 각)'의 형태다. 원래는 아이의 머리를 두 갈래로 갈라 머리 위 양쪽에 뿔처럼 동여맨 것을 '총각'이라고 했었다. 그런데 차츰 변하여 '아이 또는 成年이 아닌 남녀'를 뜻하게 되었고, 요즘은 결혼하지 않은 남자만을 일컫게 되었다.

솔직하다(率直)

▶ 거짓이나 꾸밈이 없는 사람을 '솔직하다'고 하는데, '솔직' 역시 한자어다. '率直(솔직)'에서 '率'은 여러가지 뜻이 있다. '거느리다·좇다·소탈하다'의 뜻일 때는 '솔'로 읽지만, '비율'의 뜻일 때는 '율'로 읽는다. 그 예로는 '확률·능률' 등이 있다. '率直하다'에서 '率'은 '꾸밈이 없다'는 뜻으로 '直'은 '바르다·정직하다'는 뜻으로 보아야 한다.

배회하다(徘徊)

▶ 이리저리 헤매고 다니는 것을 '배회한다'고 한다. '徘(노닐 배)와 徊(노닐 회)'는 모두 한가하게 이리저리 왔다갔다한다는 뜻이다. 중국의 〈漢書〉(한서)에서 나온 말인데, '徘徊往來(배회왕래)'라고 하여 여기저기 왔다갔다하는 것을 이른다. '사람 인(人)변'의 '徘徊(배회)'도 목적없이 거닌다는 뜻으로 널리 쓰인다.

하필이면(何必)

▶ 나쁜 일을 당했을 때 쓰게 되는 이 말은 '何(어찌 하) + 必(반드시 필)'의 형태로 우리말화했다. 한자어에 한글 토씨가 붙여져 우리식으로 정착된 것이다. 그 본뜻은 '어찌해서 반드시', '무엇 때문에 꼭' 등이다.

장난(作亂)

▶ "어린아이들이 장난을 친다"는 말이 있다. '장난'은 원래 '作(지을 작) + 亂(어지러울 란)'의 '작난'으로, 어지러움을 일으키는 것을 뜻했다. 그 후 세월이 흐르면서 발음하기 쉬운 '장난'으로 변했고, 그 뜻도 확대되어 쓰이게 되었다.

석연치 않다(釋然)

▶ 의심스러운 것이 시원스레 풀리지 않아 꺼림칙할 때, '석연치 않다'고 한다. 이와 반대로 마음이 환히 풀릴 때는 '석연하다'는 말을 쓴다. 주로 부정의 형태로 정착된 '석연'은 '釋(풀 석) + 然(그럴 연)'이 합쳐진 한자어다. '釋'은 의심이나 오해가 풀린다는 뜻으로, '然'은 어떤 사물을 형용하는 데 붙는 語辭(어사 : 말)로 함께 쓰인 것이다. '석연치 않다'의 본래 한자 뜻을 알고 쓴다면 석연해질 수 있을 것이다.

맹랑하다(孟浪)

▶ 어른에게 뜻밖의 당돌한 말이나 행동을 하는 아이에게 '고놈 참 맹랑하다'는 말을 쓴다. '맹랑'

이란, 원래 생각과는 달리 허망하거나 엉터리라는 뜻으로, 한자로 쓰면 '孟浪'이다. '孟'에는 '우두머리·첫째'라는 뜻과 아울러 '엉터리'의 뜻이 있으며, '浪'은 '물결' 외에 '방자하다'의 뜻으로도 쓰인다. 즉 '맹랑'은 '孟(엉터리 맹) + 浪(방자할 랑)'이 합쳐진 말이다.

심지어(甚至於)

▶ 예를 들어 말할 때, '심하게는 이런 경우까지 있다'는 의미로 '심지어'란 말을 자주 쓴다. 순우리말 같지만 漢字型이다. 즉 '甚(심할 심) + 至(이를 지) + 於(어조사 어)'의 형태다. 여기서 '於'는 ' −에'로 풀이되는 전치사이고 '심지어'에 '는'이란 한글 토씨가 붙은 것이다. '심지어'를 한자 뜻 그대로 풀이하면, '심하게는 −에 이른다'는 말이다.

물론(勿論/無論)

▶ 대화 중에 "물론입니다"라고 하면 강한 긍정의 흔쾌한 답이 된다. 이것은 글자 그대로 '말할 것도 없다'의 뜻이며, 한자로 쓰면 '勿(말 물) + 論(논할 론)'의 형태다. '勿'은 ' −하지 말라'의 금지어도 되지만, '없다'의 뜻도 지니고 있다. 그러므로 '물론(勿論)'과 '무론(無論)'은 동의어가 된다.

미음(米飮)

▶ 몸이 아플 때는 죽보다 더 묽게 쑨 미음을 먹곤 한다. 미음의 사전적 풀이는 '쌀이나 좁쌀을 푹 끓여 체에 밭친 음식'이란 뜻이다. 한자로는 '米飮'이라고 쓴다. '飮'은 동사 '마시다'가 아니라 '마실 것'이라는 의미의 명사로 보아야 한다. 직역하면 '쌀로 만든 마실 것'이라는 뜻이다.

창피하다(猖披)

▶ '창피하다'는 말은 체면이 손상되거나, 부끄러울 때 자주 쓰는 말이다. 〈莊子〉에서 유래된 한자어로 '猖'은 미쳐 날뛴다는 뜻이고, '披'는 '헤치다·열다·입다' 등의 뜻이다. 이 두 한자가 합쳐지면 옷을 입고 띠를 안 매었다는 뜻이 되는데, 이것이 우리나라에서는 부끄럽다는 의미로 발전한 것이다.

무려(無慮)

▶ 큰 수효의 앞에 서서 '넉넉히 그만큼은 됨'을 뜻할 때 "무려 얼마나 된다"는 표현을 쓴다. '無(없을 무) + 慮(생각할 려)'의 형태로 '無慮'라고 쓰는데, 직역하면 '생각없이'가 되지만 한문에서는 보통 '대략(大略)·거의·모두' 등의 뜻으로 풀이한다. "무려 10만 명이다"는 말은 '10만 명쯤 된다'는 뜻으로 오늘날에는 넉넉히 그만큼은 된다, 혹은 강조하는 부사로 쓴다.

기특하다(奇特)

▶ 행동이 특별해 귀염성이 있는 것을 일컫는 말이나, 그 본래의 뜻은 매우 특이함을 이른다. 한자로는 '奇特'이라고 쓴다. '奇'는 '괴상함·진귀함·뛰어남'의 뜻이고, '特'은 소의 수컷으로 '오직 하나, 특별히'라는 뜻이다. 그러므로 '奇特'이란 아주 드문 경우로서 행동이 별스러운 것을 뜻하지만, 지금은 칭찬받을 만한 행동을 했을 경우에만 국한해 사용하고 있다.

우악스럽다(愚惡)

▶ 무식하고 난폭한 사람에게 '우악스럽다'고 표현한다. 이는 미련하고 불량스럽다는 뜻이다. 비슷한 표현으로 '우악살스럽다'는 말이 있는데, 매우 밉살스럽게 우악함을 뜻한다. 한자로는 '愚(어리석을 우) + 惡(나쁠 악)'의 형태인데, 이때 '惡'은 도의적으로 질이 나쁜 것을 의미한다. '憎惡'등에서는 '惡'이 '오'로 읽히므로 주의해야 한다.

찰나(刹那)

▶ 흔히들 '─할 찰나에'라는 말을 쓴다. '찰나'란 '지극히 짧은 시간, 눈 깜짝할 사이'를 의미한다. 원래는 佛敎에서 나온 말로, 彈指(탄지)의 시간, 즉 손톱이나 손가락을 튕기는 정도의 짧은 순간을 뜻한다. 한자로는 '刹那'라고 쓰는데, 이는 梵語(범어 : 산스크리트어)로 'Ksana'를 音譯한 것이다. 따라서 그 본래 뜻과는 아무런 연관이 없다.

졸지에(猝地)

▶ "졸지에 망해 버렸다"고 할 때 '졸지에'란 '갑자기·뜻밖에'의 의미로 쓰인 것이다. '猝(갑자기 졸) + 地(땅 지)'의 형태인데 여기서 '地'는 어떠한 지경(판), 입장 등을 의미한다. 직역하면 '갑작스러운 판, 느닷없이 벌어진 상황'이라는 뜻이다. 여기에 부사형 어미 '─에'를 붙여 '느닷없이, 갑자기' 등의 부사로 쓰이게 된 것이다.

명절(名節)

▶ 舊正(구정)·新正(신정)·元旦(원단) ─ 茶禮(차례) ─ 歲拜(세배) ─ 德談(덕담) ─ 上元(상원) ─ 寒食(한식) ─ 端午(단오) ─ 七夕(칠석) ─ 百種日(백종일) ─ 秋夕(추석)·仲秋節(중추절)·嘉俳(가배) ─ 重九節(중구절)·重陽節(중양절) ─ 冬至(동지) ─ 除夜(제야)

절기(節氣)

▶ 立春(입춘) ─ 雨水(우수) ─ 驚蟄(경칩) ─ 春分(춘분) ─ 淸明(청명) ─ 穀雨(곡우) ─ 立夏(입하) ─ 小滿(소만) ─ 芒種(망종) ─ 夏至(하지) ─ 小暑(소서) ─ 大暑(대서) ─ 立秋(입추) ─ 處暑(처서) ─ 白露(백로) ─ 秋分(추분) ─ 寒露(한로) ─ 霜降(상강) ─ 立冬(입동) ─ 小雪(소설) ─ 大雪(대설) ─ 冬至(동지) ─ 小寒(소한) ─ 大寒(대한)

사주(四柱)

▶ 占(점) ─ 吉凶禍福(길흉화복) ─ 四柱(사주) ─ 五行(오행) ─ 八字(팔자) ─ 干支(간지) ─ 天干(천간)·地支(지지) ─ 宮合(궁합) ─ 塞翁之馬(새옹지마)

풍수(風水)

▶ 地官(지관) ─ 看龍(간룡) ─ 山脈(산맥) ─ 地氣(지기) ─ 四神(사신) ─ 左靑龍(좌청룡)·右白虎(우백호)·前朱雀(전주작) ─ 後玄武(후현무) ─ 藏風(장풍) ─ 得水(득수) ─ 定穴(정혈) ─ 明堂(명당)

호칭(呼稱)

▶ 名稱(명칭) − 本名(본명)·姓名(성명) − 諱(휘) − 字(자) − 號(호) − 雅號(아호)·別號(별호)·謚號(시호)·廟號(묘호)·年號(연호)·宅號(택호)

가족호칭(家族呼稱)

▶ 食口(식구)·食率(식솔) − 家庭(가정) − 父母(부모) − 家親(가친)·慈親(자친) − 先考(선고)·先妣(선비) − 同氣(동기) − 兄弟(형제)·姉妹(자매) − 義兄弟(의형제) − 姉妹結緣(자매결연) − 親族(친족)·戚族(척족) − 寸數(촌수) − 系寸(계촌) − 三寸(삼촌) − 伯仲叔季(백중숙계) − 族下(족하)·姪(질) − 四寸(사촌) − 從兄弟(종형제) − 內從(내종)·外從(외종)·姨從(이종) − 五寸(오촌) − 堂叔(당숙) − 從姪(종질)·堂姪(당질)

존비어(尊卑語)

▶ 尊稱語(존칭어) − 春府丈(춘부장)·尊堂(존당)·貴下(귀하)·令息(영식)·令愛(영애)·精品(정품)·卓見(탁견)

▶ 謙讓語(겸양어) − 家翁(가옹)·老母(노모)·亡夫(망부)·亡妻(망처)·賤息(천식)·拙稿(졸고)·弊社(폐사)·粗雜(조잡)·愚生(우생)·不肖(불초)

부자(父子)

▶ 三綱(삼강)·五倫(오륜) − 父爲子綱(부위자강)·父子有親(부자유친) − 愛而敎之(애이교지)·孝而養之(효이양지) − 反哺之孝(반포지효)·昏定晨省(혼정신성) − 父傳子傳(부전자전)

친구(親舊)

▶ 同窓(동창) − 朋友有信(붕우유신) − 竹馬故友(죽마고우)·肝膽相照(간담상조)·莫逆之友(막역지우)·管鮑之交(관포지교)·刎頸之交(문경지교)·芝蘭之交(지란지교)·金蘭之交(금란지교)·知音(지음) − 近墨者黑(근묵자흑)·附和雷同(부화뇌동)

선후배(先後輩)

▶ 先輩(선배)·後輩(후배) − 同門(동문) − 長幼有序(장유유서) − 水魚之交(수어지교) − 後生可畏(후생가외)

부부(夫婦)

▶ 夫婦有別(부부유별) − 夫唱婦隨(부창부수) − 百年偕老(백년해로) − 糟糠之妻(조강지처) − 琴瑟(금슬)·鴛鴦(원앙)·鴛鴦衾枕(원앙금침)·連理枝(연리지)·比翼鳥(비익조)

학교(學校)

▶ 入學(입학) － 切磋琢磨(절차탁마)·大器晩成(대기만성) － 讀書(독서) － 默讀(묵독)·熟讀(숙독)·多讀(다독)·讀書百遍義自見(독서백편의자현)·韋編三絶(위편삼절)·手不釋卷(수불석권) － 汗牛充棟(한우충동) － 晝耕夜讀(주경야독)·螢雪之功(형설지공) － 斷機之敎(단기지교) － 卒業(졸업) － 始終一貫(시종일관) － 有終之美(유종지미) － 靑出於藍(청출어람)

군대(軍隊)

▶ 戰爭(전쟁) － 勝敗(승패) － 知彼知己 百戰百勝(지피지기 백전백승) － 兵家常事(병가상사) － 背水之陣(배수지진) － 合從連衡(합종연형) － 漁父之利(어부지리) － 四面楚歌(사면초가) － 臥薪嘗膽(와신상담) － 捲土重來(권토중래) － 乾坤一擲(건곤일척)

회사(會社)

▶ 籌備(주비)·準備(준비) － 創業(창업) － 鵬程萬里(붕정만리) － 旭日昇天(욱일승천) － 深謀遠慮(심모원려) － 社長(사장) － 經營(경영) － 人和(인화) － 昇進(승진) － 月給(월급)·賞與金(상여금) － 休暇(휴가)·月次(월차)

병원(病院)

▶ 生老病死(생로병사) － 患者(환자) － 醫師(의사) － 問診(문진) － 手術(수술) － 帝王切開(제왕절개) － 救援(구원) － 看護(간호) － 同病相憐(동병상련)

죽음(死)

▶ 死亡(사망)·殞命(운명)·下直(하직)·別世(별세)·逝去(서거) － 事故(사고)·有故(유고) － 夭折(요절)·急死(급사) － 溺死(익사)·凍死(동사)·餓死(아사)·壓死(압사) － 腹上死(복상사) － 往生(왕생)·永生(영생) － 極樂(극락)·天堂(천당) － 虎死留皮 人死留名(호사유피 인사유명)

장례(葬禮)

▶ 初喪(초상) － 喪家(상가) － 護喪(호상) － 喪主(상주)·喪制(상제)·服人(복인) － 屍身(시신) － 殮襲(염습) － 入棺(입관) － 招魂(초혼) － 殯所(빈소) － 發靷(발인) － 埋葬(매장)·火葬(화장) － 三虞祭(삼우제) － 小祥(소상)·大祥(대상) － 脫喪(탈상)

문상(問喪)

▶ 訃告(부고)·訃音(부음) － 弔喪(조상)·弔問(조문) － 謹弔(근조)·賻儀(부의)·香燭代(향촉대)·奠儀(전의) － 神位(신위) － 祭床(제상) － 焚香(분향)

제사(祭祀)

▶ 社稷(사직) － 宗廟(종묘)·家廟(가묘) － 忌祭(기제)·時祭(시제) － 祭需(제수) － 陳設(진설) －

紙榜(지방) — 祝文(축문) — 獻爵(헌작) — 初獻(초헌)·亞獻(아헌)·終獻(종헌) — 飮福(음복) — 輪廻思想(윤회사상) — 勸善懲惡(권선징악)

Part II 언론에서 자주 쓰이는 한자

기제 機制	어떤 결과를 생기게 하는 또는 어떤 목적을 이루기 위한 작용, 수단
틀 기, 마를 제	

例 지금 일본문화를 수용한다면 우리나라 자본주의의 **機制** 속에서 극단적이고, 상업화된 저질문화만이 유입될 것이다.

공황 恐慌	극도의 호경기 끝에 나타나는 혼란상태
두려워할 공, 다급할 황	

例 이번 경제 **恐慌**은 20년 만에 최악이다.

금수 禁輸	수출입을 금지함
금할 금, 보낼 수	

例 미국의 쿠바에 대한 경제봉쇄 및 **禁輸**조처는 쿠바 국민들에게는 너무나 가혹한 것이다.

규탄 糾彈	여럿이 모여 어떤 잘못을 조사하여 탄핵(彈劾)함
규명할 규, 탄핵할 탄	

例 정신대 할머니들, 일제 만행 **糾彈**

경색 梗塞	막힘, 교섭이 진전되지 않는 것
막힐 경, 막힐 색	

例 여야 대치상황, 장기간 **梗塞** 국면

난항 難航	항해하기 어려움, 어려운 항해. 따라서 어떤 일이 어려움에 부딪침
어려울 난, 항해할 항	

例 **對美** 자동차수출 **難航** 예상

내수	**内需**	국내에서의 수요(需要). 민간과 정부에 의한 소비(消費)와 투자(投資)
	안 내, 구할 수	

例 ○○그룹 금년도는 **内需**에 주력

농성	**籠城**	성문을 굳게 닫고 성을 지킴. 어떠한 목적을 위하여 자리를 둘러싸고 그곳을 떠나지 않음
	쌀 농, 성 성	

例 외국인 노동자들. 명동성당 **籠城** 7일째

담합	**談合**	경제 입찰(入札) 때에 보수의 입찰 참가자가 미리 의논하여 입찰가격이나 낙찰자 등을 협정(協定)하는 것
	말씀 담, 합할 합	

例 정부는 식품업계의 청량음료 가격에 대한 **談合** 행위를 금지(禁止)시켰다.

무산	**霧散**	안개가 개듯이 흔적 없이 흩어짐
	안개 무, 흩어질 산	

例 어제 투표결과 집권여당의 과반수 의석 확보의 꿈은 **霧散**되었다.

발부	**發付**	증서, 영장 등을 발행함
	쏠 발, 줄 부	

例 검찰은 어제 5.18 광주항쟁의 가해자인 전두환. 노태우에 대해 사전구속영장을 **發付**했다.

보세	**保稅**	관세(關稅)의 부과(賦課, 附課)가 연기(延期)되는 상태
	보호할 보, 세금 세	

例 남대문 시장에는 **保稅**만을 전문(專門)으로 취급하는 상가가 있다.

부양	**浮揚**	침체(沈滯)된 경제에 활기를 줌
	뜰 부, 오를 양	

例 정부는 침체된 증권시장 **浮揚**을 위해 증시책을 발표(發表)했다.

비난	**非難**	남의 결점(缺點)이나 잘못을 책잡아 나쁘게 말하는 것
나무랄 비, 나무랄 난		

例 북한은 경수로문제에 대한 남한의 정책(政策)을 **非難**하는 성명(聲名)을 발표했다.

불하	**拂下**	관공서에서 일반인에게 공유물을 팔아 넘기는 일
떨칠 불, 아래 하		

例 국립공원의 일부분을 재벌기업에 **拂下**하여 국토를 망치는 행위는 하루빨리 시정되어야 한다.

엽기	**獵奇**	기이한 사물을 즐겨 쫓아다님
사냥할 렵, 기이할 기		

例 그의 행위는 **獵奇**적인 광기(狂氣)에 지나지 않는다.

유착	**癒着**	원래는 의학용어로 손가락의 화상을 잘못 처치하여 **癒合**하는 것 따위를 말하는 것인데, 일반적으로 사물이 깊은 관계가 있어 서로 떨어지지 않게 결합된 상태를 말함
앓을 유, 붙을 착		

例 이번 사건은 **政經癒着**의 대표적인 사례이다.

윤화	**輪禍**	자동차나 기차 따위의 육상교통수단으로 말미암아 입는 재난, 즉 교통사고
바퀴 륜, 재앙 화		

例 이번 주말 연휴에 **輪禍**로 무려 9명이나 중상을 입었다.

상장	**上場**	주식(株式)이나 어떤 물건을 매매 대상으로 하기 위하여 거래소에 일정한 자격(資格)이나 조건(條件)을 갖춘 거래 물건으로서 등록(登錄)하는 일
올릴 상, 마당 장		

例 포철과 한보가 런던 증시(證市)에 **上場**을 계획하고 있다.

시사	**示唆**	미리 암시(暗示)하여 알려 줌
보여줄 시, 부추길 사		

例 교육부장관 고교평준화 해제 **示唆**

<table>
<tr><td>숙청 肅淸
경계할 숙, 맑을 청</td><td>엄하게 다스려 잘못이나 그릇된 일을 치워 없애는 것 또는 그런 사람을 없애는 것</td></tr>
</table>

例 6.25 직후 남로당의 박헌형 등을 패전(敗戰)의 책임(責任)을 씌워 **肅淸**한 후, 절대 권력자로서 40여년을 인민 위에 군림해 온 김일성도 자연인으로서 죽음을 피할 순 없었다.

<table>
<tr><td>쇄신 刷新
씻을 쇄, 새로울 신</td><td>묵은 것의 좋지 않은 데를 버려 면모를 새롭게 함</td></tr>
</table>

例 '행정 **刷新** 위원회' 설치

<table>
<tr><td>역조 逆調
거꾸로 역, 고를 조</td><td>일의 진척(進陟)이 나쁜 방향으로 가는 상태</td></tr>
</table>

例 미국이 일본에 대해 자동차무역 **逆調**에 대하여 슈퍼 301조를 발표했다.

<table>
<tr><td>연금 軟禁
부드러울 연, 금할 금</td><td>정도가 너그러운 감금</td></tr>
</table>

例 ○○씨 가택 **軟禁**

<table>
<tr><td>영수 領袖
옷깃 령, 소매 수</td><td>옷깃과 소매. 옷깃과 소매는 눈에 가장 띄는 곳이므로 여러 사람 중에서 의표(儀表)가 되는 사람 또는 우두머리를 말함</td></tr>
</table>

例 여야 領袖 회담

<table>
<tr><td>중진 重鎭
무거울 중, 진정할 진</td><td>병권을 잡고 요지를 지키는 사람, 전(轉)하여 권리를 잡고 중요한 자리에 있는 사람</td></tr>
</table>

例 여권. 잇달은 **重鎭** 모임

<table>
<tr><td>출하 出荷
날 출, 짐 하</td><td>상품(商品)을 시장(市場)으로 내보내는 것</td></tr>
</table>

例 농협은 사과, 배 등의 과수에 대한 공동 **出荷**를 결정했다.

차관	借款	한 나라의 정부나 기업, 은행이 한국 정부나 공적 기관으로부터 자금 (資金)을 빌려오는 일
빌 차, 항목 관		

例 삼성은 자동차산업을 위해 일본으로부터의 **借款** 도입(導入)을 결정했다.

회동	會同	같은 목적으로 여럿이 모임
모일 회, 모일 동		

例 청와대 오찬 **會同**

간성	干城	방패와 성. 전(轉)하여 국가를 위하여 방패가 되고 성이 되어 외적을 막는 군인
방패 간, 성 성		

例 국군(國軍)은 국가의 **干城**이다.

잠깐만

가족(家族)의 호칭

구 분	자 기		타 인	
	생존시	사 후	생존시	사 후
父 아버지	가친(家親) 엄친(嚴親) 부주(父主)	선친(先親) 선고(先考) 선부군(先父君)	춘부장(春府丈) 춘장(椿丈) 춘(春)당(堂)	선대인(先大人) 선고장(先考丈) 선인(先人)
母 어머니	자친(慈親) 모생(母生) 가(家)자(慈)	선비(先妣) 선자(先慈)	자당(慈堂) 대부인(大夫人) 모당(母堂) 훤당(萱堂)	선대부인(先大夫人) 선부인(先夫人)
祖父 할아버지	조부(祖父) 왕부(王父)	조고(祖考) 왕고(王考)	왕존장(王尊丈) 왕대인(王大人)	선조부장(先祖父丈) 선조고장(先祖考丈)
祖母 할머니	조모(祖母) 왕모(王母)	조비(祖妣)	왕대부인(王大夫人) 존조모(尊祖母)	선왕대부인(先王大夫人) 선조비(先祖妣)
子 아들	가아(家兒) 가돈(家豚) 돈아(豚兒) 미돈(迷豚)	망아(亡兒)	영랑(令郞) 영식(令息) 영윤(令胤)	
女 딸	여식(女息) 식비(息鄙)		영애(令愛) 영교(令嬌) 영양(令孃)	
孫 손자	손자(孫子) 손아(孫兒)		영포(令抱) 영손(令孫)	

동의어

1

다음 밑줄 친 音을 가진 漢字가 들어 있는 漢字語를 하나씩만 쓰시오.

北 북 - <u>배</u> 敗北

① 樂 락 - <u>악</u> - <u>요</u> 　　　(　　　　　　　　　　)
② 索 삭 - <u>색</u> 　　　　　　(　　　　　　　　　　)
③ 說 설 - <u>열</u> - <u>세</u> 　　　(　　　　　　　　　　)
④ 洞 동 - <u>통</u> 　　　　　　(　　　　　　　　　　)
⑤ 殺 살 - <u>쇄</u> 　　　　　　(　　　　　　　　　　)

답

① 音樂(음악), 樂山樂水(요산요수 : 樂 즐거울 락, 음악 악, 좋아할 요)　② 索出(색출), 搜索(수색 : 索 노(새끼줄) 삭, 찾을 색)　③ 遊說(유세), 說樂(열락 : 說 말씀 설, 기쁠 열, 달랠 세)　④ 洞察(통찰 : 洞 골 동, 밝을 통)　⑤ 殺到(쇄도 : 殺 죽일 살, 빠를(감할) 쇄)

2

다음 漢字語의 類義語를 쓰시오.

① 九泉 (　　　)　　② 間諜 (　　　)　　③ 海外 (　　　)
④ 寺刹 (　　　)　　⑤ 漂流 (　　　)

답

① 黃泉(九泉(아홉 구, 샘 천), 黃泉(누를 황, 샘 천))　② 五列(間諜(사이 간, 염탐할 첩), 五列(다섯 오, 벌릴 열))　③ 異域(海外(바다 해, 바깥 외), 異域(다를 이, 지경 역))　④ 寺院(寺刹(절 사, 절 찰), 寺院(절 사, 집 원))　⑤ 流浪, 流離(漂流(떠돌 표, 흐를 류), 流浪(물결 랑), 流離(떨어질 리))

3

다음 漢字에서 밑줄 친 音의 용례를 하나만 쓰시오.　(앞의 原音은 해당 없음)

北 북 - 배 敗北

① 暴 - 폭, <u>포</u> (　　　)　② 省 - 성, <u>생</u> (　　　)　③ 率 - 솔, <u>율</u> (　　　)
④ 惡 - 악, <u>오</u> (　　　)　⑤ 易 - 역, <u>이</u> (　　　)

답

① 暴惡, 橫暴(暴 - 사나울 폭, 모질 포)　② 省略(省 - 살필 성, 덜 생)　③ 比率(率 - 거느릴 솔, 비율 율)　④ 惡寒, 好惡, 嫌惡, 憎惡(惡 - 악할 악, 미워할 오)　⑤ 難易度, 容易, 平易, 便易(易 - 바꿀 역, 쉬울 이)

4

다음 漢字語의 類義語를 쓰시오.

① 鼻祖 - (　　　)　② 忘德 - (　　　)　③ 弄絡 - (　　　)
④ 黃泉 - (　　　)　⑤ 招請 - (　　　)

답

① 始祖(鼻祖(코 비, 조상 조), 始祖(처음 시, 조상 조))　② 背恩(忘德(잊을 망, 덕 덕), 背恩(등 배, 은혜 은))　③ 戲弄(弄絡(희롱할 농, 명주 락), 戲弄(희롱할 희, 희롱할 롱))　④ 九泉(黃泉(누를 황, 샘 천), 九泉(아홉 구, 샘 천))　⑤ 招待(招請(부를 초, 청할 청), 招待(부를 초, 기다릴 대))

5

다음 漢字의 類義字를 쓰시오.

① 饑 - (　　　)　② 討 - (　　　)　③ 選 - (　　　)
④ 尋 - (　　　)　⑤ 慈 - (　　　)

답

① 餓(주릴 饑(기) - 주릴 餓(아))　② 伐(칠 討(토) - 칠 伐(벌))　③ 擇, 拔(가릴 選(선) - 가릴 擇(택), 뺄 拔(발))　④ 訪(찾을 尋(심) - 찾을 訪(방))　⑤ 愛(사랑할 慈(자) - 사랑 愛(애))

6

다음 글을 읽고 보기 漢字語의 同音異議語를 漢字로 쓰시오.

(가) 건교부의 이번 (1)<u>조사</u> 결과는 그린벨트를 대폭적으로 해제하는 것이 명분상 說得力이 약함을 대변해 주고 있다. 그린벨트 지정 이후 절반에 가까운 토지가 외지인 소유로 바뀌었다는 것은 이들이 언젠가는 개발제한 해제로 땅값이 치솟을 것이란 기대 하에 (2)<u>투기를</u> 한 것으로 볼 수 있으며, 따라서 이들 토지에 대한 규제 완화는 곧 투기조장으로 연결될 可能性이 높다. 역대 정권이 27년 간 온갖 고충과 問題點에도 불구하고 이들 지역을 서울 등 大都市의 허파로 보존해 온 노력과 비교해 볼 때 어떤 것이 정책적 배려의 대상이 돼야 하는 지는 자명하다.

(나) 居住民들의 경우도 마찬가지다. 그린벨트 지정 이전부터 居住해 온 20.6%의 住民들에 대해 어떤 방법으로든 피해보상을 할 필요는 없다. 그동안 재건축완화 등으로 초기의 경직된 정책을 개선하기는 했지만 개발제한으로 인해 땅값이 인근지역에 비해 턱없이 낮고 토지활용도 제대로 할 수 없는 등 원천적인 問題點을 해결해 주지 못한 것이 사실이다. 그렇지만 그린벨트 지정 이후에 전입한 住民들에게도 그 이전의 원주민과 똑같은 배려를 할 것인지는 신중히 검토할 필요가 있다.

(다) 당초 정부가 그린벨트를 지정하면서 圖上 작업에 의거해 획일적으로 금을 긋고 보니, 지역에 따라 녹지가 아닌 곳, 녹지라고 해도 중간을 갈라 놓아 어느 쪽은 개발되고 다른 한 쪽은 개발이 不可能하게 된 곳 등 현실적으로 불합리한 (3)사례가 적지 않았던 것도 사실이다. 그리고 그런 지역에 대해 부분적으로 그린벨트를 손질하자는 것은 일말의 說得力이 있다. 따라서 그린벨트 완화도 그렇게 불가피한 지역에 최소한도로 국한하면서 동시에 외지인이 아닌 原住民들의 피해를 경감하는 방향으로 가닥을 잡아야 說得力과 함께 해제에 따른 부작용과 반발 또한 무마할 수 있는 명분을 지닐 것이다.

(1) 조사　① 일찍 죽음　　　　　　　　　　　(　)

　　　　② 죽은 이를 조문하는 말이나 글　(　)

(2) 투기　③ 재주를 서로 다툼　　　　　　　(　)

　　　　④ 내버림　　　　　　　　　　　　(　)

(3) 사례　⑤ 고마운 뜻을 나타냄　　　　　　(　)

답
① 早死(일찍 조, 죽을 사)　② 弔詞(조상할 조, 말할 사)　③ 鬪技(싸울 투, 재주 기)　④ 投棄, 放棄, 遺棄(던질 投(투), 버릴 棄(기), 놓을 放(방), 끼칠(버릴) 遺(유))　⑤ 謝禮(감사할 사, 예절 례)

7

다음 漢字와 같은 뜻의 漢字를 앞이나 뒤의 ( ) 안에 넣어 漢字語를 만드시오.

①（　　　）－戶　　　②（　　　）－客　　　③（　　　）－餓

④ 墳－（　　　）　　　⑤ 倉－（　　　）

답
① 窓, 門(창 窓(창), 문 門(문), 문(창문) 戶(호))　② 賓(손님 賓(빈), 손님 客(객))　③ 飢, 饑(주릴 飢(기), 주릴 饑(기), 주릴 餓(아))　④ 墓(무덤 墳(분), 무덤 墓(묘))　⑤ 庫(곳집 倉(창), 곳집 庫(고))

8

다음 漢字와 같은 뜻의 漢字(類義語)를 써서 單語를 이루시오.

① 健（　　　）　　　② 倉（　　　）　　　③ 畢（　　　）

④ 扶（　　　）　　　⑤ 皇（　　　）

① 康(튼튼할 健(건), 편안할 康(강)) ② 庫(곳집 倉(창), 곳집 庫(고)) ③ 竟(끝낼 畢(필), 끝낼 竟(경)) ④ 助(도울 扶(부), 도울 助(조)) ⑤ 帝·后(임금 皇(황), 임금 帝(제)·임금 后(후))

9

다음 反對語와 類義語의 漢字語 연결 중 다른 방식으로 연결된 것 하나를 가려 번호를 쓰시오.

① ㉠ 漂白 – 流離 ㉡ 領土 – 版圖 ㉢ 背恩 – 忘德 ㉣ 供給 – 需要 (   )

② ㉠ 天地 – 乾坤 ㉡ 海外 – 異域 ㉢ 却下 – 受理 ㉣ 五列 – 間諜 (   )

③ ㉠ 固定 – 流動 ㉡ 高雅 – 卑俗 ㉢ 儉約 – 浪費 ㉣ 交涉 – 折衝 (   )

① ㉣ 이바지할 供, 넉넉할 給 – 구할 需, 구할 要(반대어)(㉠ 떠돌 漂, 흰 白 – 흐를 流, 떼놓을 離 ㉡ 옷깃 領, 흙 土 – 널 版, 그림 圖 ㉢ 등 背, 은혜 恩 – 잊을 忘, 덕 德)
② ㉢ 물리칠 却, 아래 下 – 줄 受, 다스릴 理(반대어)(㉠ 하늘 天, 땅 地 – 하늘 乾, 땅 坤 ㉡ 바다 海, 바깥 外 – 다를 異, 지경 域 ㉣ 다섯 五, 줄 列 – 사이 間, 염탐할 諜)
③ ㉣ 사귈 交, 거닐 涉 – 꺾을 折, 찌를 衝(반대어)(㉠ 굳을 固, 정할 定 – 흐를 流, 움직일 動 ㉡ 높을 高, 우아할 雅 – 낮을 卑, 풍속 俗 ㉢ 검소할 儉, 묶을 約 – 물결 浪, 쓸 費)

10

다음 漢字와 訓이 같은 漢字를 한 字씩만 쓰시오.

① 容 (   )   ② 見 (   )   ③ 病 (   )

④ 識 (   )   ⑤ 作 (   )

① 顔(容(얼굴 용), 顔(얼굴 안)) ② 觀(見(볼 견), 觀(볼 관)) ③ 疾(病(병 병), 疾(병 질))
④ 知(識(알 식), 知(알 지)) ⑤ 造(作(지을 작), 造(지을 조))

11

다음 單語와 音이 같은 漢字語를 하나씩만 漢字로 쓰시오.

① 政府 (   )   ② 史記 (   )   ③ 思考 (   )

④ 感謝 (   )   ⑤ 搜查 (   )

① 貞婦, 情夫, 情婦, 正否(정부 : 政府(정사 정, 곳집(관청) 부), 貞婦(곧을 정, 며느리 부), 情夫(뜻 정, 지아비 부), 情婦(뜻 정, 며느리 부), 正否(바를 정, 아니 부))
② 士氣, 私記, 使氣(사기 : 史記(역사 사, 기록할 기), 士氣(선비 사, 기운 기), 私記(개인 사, 기록할 기), 使氣(하여금 사, 기운 기))
③ 事故, 查考, 社告(사고 : 思考(생각할 사, 상고할 고), 事故(일 사, 옛 고), 查考(조사할 사,

상고할 고), 社告(단체 사, 알릴 고))
④ 監査, 監司, 監事(감사 : 感謝(느낄 감, 사례할 사), 監査(볼 감, 조사할 사), 監司(볼 감, 벼슬 사), 監事(볼 감, 일 사))
⑤ 修辭, 修史, 數詞(수사 : 搜査(찾을 수, 조사할 사), 修辭(닦을 수, 말 사), 修史(닦을 수, 역사 사), 數詞(셈 수, 말씀 사))

12

다음 (   ) 안에 뜻이 비슷한 單語나 글자를 써넣으시오.

① 美辭(   ) - 그럴 듯 하게 칭찬하는 말
② 甘言(   ) - 이익이 될 것처럼 말을 꾸며 남을 꼬이는 달콤한 말
③ 添(   ) - 덧붙여 더함
④ 庭(   ) - 꽃, 나무 등을 심은 집안 뜰
⑤ 海(   ) - 큰 바다
⑥ 溫(   ) - 기후가 따뜻함
⑦ 悲(   ) - 슬픔과 서러움
⑧ 暗(   ) - 어둡고 캄캄함
⑨ 炎(   ) - 불같이 심한 더위
⑩ 圖(   ) - 그림과 도안

답

① 麗句(美辭麗句(미사여구) : 아름다울 미, 말 사, 고울 려, 구절 구)   ② 利說(甘言利說(감언이설) : 달 감, 말씀 언, 이로울 리, 말씀 설)   ③ 加(添加(첨가) : 더할 첨, 더할 가)   ④ 園(庭園(정원) : 뜰 정, 동산 원)   ⑤ 洋(海洋(해양) : 바다 해, 바다 양)   ⑥ 暖(溫暖(온난) : 따뜻할 온, 따뜻할 난)   ⑦ 哀(悲哀(비애) : 슬플 비, 슬플 애)   ⑧ 黑(暗黑(암흑) : 어두울 암, 검을 흑)   ⑨ 暑(炎暑(염서) : 불탈 염, 더울 서)   ⑩ 畵(圖畵(도화) : 그림 도, 그림 화)

13

다음 漢字語의 反對 또는 相對되는 2音節 漢字語를 漢字로 쓰시오.

① 拒絶 (   )   ② 高尙 (   )   ③ 記憶 (   )
④ 名譽 (   )   ⑤ 正統 (   )   ⑥ 快樂 (   )
⑦ 密接 (   )   ⑧ 都心 (   )   ⑨ 自立 (   )
⑩ 獨創 (   )

답

① 承諾(拒絶(막을 거, 끊을 절)↔承諾(받들 승, 대답할 낙))   ② 低俗(高尙(높을 고, 높을 상)↔低俗(밑 저, 풍속 속))   ③ 忘却(記憶(기록할 기, 생각할 억)↔忘却(잊을 망, 물리칠 각))   ④ 恥辱(名譽(이름 명, 기릴 예)↔恥辱(부끄러울 치, 욕되게할 욕))   ⑤ 異端(正統(바를 정, 혈통 통)↔異端(다를 이, 바를 단))   ⑥ 苦痛(快樂(쾌할 쾌, 즐거울 락)↔苦痛(쓸 고, 아플 통))

⑦ 疏遠(密接(빽빽할 밀, 사귈 접)↔疏遠(트일 소, 멀 원)) ⑧ 郊外(都心(도읍 도, 마음 심)↔郊外(성밖 교, 바깥 외)) ⑨ 依他(自立(스스로 자, 설 립)↔依他(의지할 의, 다를 타)) ⑩ 模倣(獨創(홀로 독, 비롯할 창)↔模倣(법식 모, 본뜰 방))

14

다음 漢字語의 反對 또는 相對되는 漢字語를 漢字로 쓰시오.

① 柔弱 (   )　② 紳士 (   )　③ 碩學 (   )
④ 輕視 (   )　⑤ 單式 (   )　⑥ 綜合 (   )
⑦ 稀薄 (   )　⑧ 冷却 (   )　⑨ 供給 (   )
⑩ 非凡 (   )

답

① 剛健, 康健, 强健(柔弱(부드러울 유, 약할 약)↔剛健(굳셀 강, 튼튼할 건), 康健(편안할 강), 强健(굳셀 강)) ② 淑女(紳士(큰 띠(묶을) 신, 선비 사) ↔ 淑女(맑을 숙, 여자 녀)) ③ 淺學(碩學(클 석, 배울 학)↔淺學(얕을 천, 배울 학)) ④ 重視(輕視(가벼울 경, 볼 시)↔重視(무거울 중)) ⑤ 複式(單式(홑 단, 법식 식)↔複式(겹옷 복)) ⑥ 分析, 分離(綜合(모을 종, 합할 합)↔分析(나눌 분, 가를 석), 分離(떨어질 리)) ⑦ 濃厚(稀薄(드물 희, 엷을 박)↔濃厚(짙을 농, 두터울 후)) ⑧ 加熱(冷却(찰 냉, 물리칠 각)↔加熱(가할 가, 더울 열)) ⑨ 需要(供給(이바지할 공, 넉넉할 급)↔需要(구할 수, 구할 요)) ⑩ 平凡(非凡(아닐 비, 무릇 범)↔平凡(평평할 평))

15

다음 漢字, 漢字語의 뜻에 따라 反對 또는 相對되는 漢字, 漢字語를 漢字로 쓰시오.

① (   ) - 濕　② 貸 - (   )　③ (   ) - 削
④ (   ) - 橫　⑤ (   ) - 愚　⑥ 巨大(   )
⑦ 拙作(   )　⑧ 背恩(   )　⑨ 詳述(   )
⑩ 違法(   )

답

① 乾(마를 乾(건) - 축축할 濕(습)) ② 借(빌릴 貸(대) - 빌 借(차)) ③ 添(더할 添(첨) - 깎을 削(삭)) ④ 縱(늘어질(세로) 縱(종) - 가로 橫(횡)) ⑤ 賢(현명할 賢(현) - 어리석을 愚(우)) ⑥ 微小, 矮小, 短小(巨大(클 거, 큰 대)↔微小(작을 미, 작을 소), 矮小(작을 왜, 작을 소), 短小(짧을 단, 작을 소)) ⑦ 傑作(拙作(졸할 졸, 지을 작)↔傑作(뛰어날 걸, 지을 작)) ⑧ 報恩(背恩(등 배, 은혜 은) ↔ 報恩(갚을 보, 은혜 은)) ⑨ 略述(詳述(자세할 상, 지을 술) ↔ 略述(뺄 약, 지을 술)) ⑩ 合法(違法(어길 위, 법 법) ↔ 合法(합할 합, 법 법))

16

다음 漢字와 對立되는 뜻의 漢字를 앞이나 뒤의 ( ) 안에 넣어 漢字語를 만드시오.

① 于 - (　　　) 　　　② 乾 - (　　　) 　　　③ 經 - (　　　)

④ (　　　) - 夕 　　　⑤ (　　　) - 盾

답
① 滿, 戈(干(방패 간)↔滿(가득찰 만), 戈(창 과))　② 坤, 濕(乾(하늘 건, 마를 건)↔坤(땅 곤), 濕(축축할 습))　③ 緯(經(날 경)↔緯(씨 위))　④ 朝, 旦(朝(아침 조), 旦(아침 단)↔夕(저녁 석))　⑤ 矛(矛(창 모)↔盾(방패 순))

17

다음 漢字語와 반대·상대되는 漢字語를 쓰시오.

① 感情 (　　　) 　　　② 肯定 (　　　) 　　　③ 服從 (　　　)

④ 絶對 (　　　) 　　　⑤ 違法 (　　　)

답
① 理性(느낄 感, 뜻 情↔다스릴 理, 성품 性)　② 否定(긍정할 肯, 정할 定↔아닐 否, 정할 定)　③ 反抗·抵抗·抗拒(옷 服, 따를 從↔되돌릴 反, 막을 抗, 막을 抵, 막을 抗, 막을 拒)　④ 相對(끊을 絶, 대답할 對↔서로 相, 대답할 對)　⑤ 合法·適法(어길 違, 법 法↔합할 合, 법 法, 갈 適, 법 法)

18

다음 漢字의 反對 또는 相對되는 漢字를 쓰시오.

① 添 (　　　) 　　　② 厚 (　　　) 　　　③ 昇 (　　　)

④ 伸 (　　　)

답
① 削(添(더할 첨)↔削(깎을 삭))　② 薄(厚(두터울 후)↔薄(엷을 박))　③ 降(昇(오를 승)↔降(내릴 강))　④ 屈(伸(펼 신)↔屈(굽을 굴))

19

다음 漢字語와 반대되는 한자어를 하나씩 쓰시오.

① 物質 (　　　) 　　　② 登場 (　　　) 　　　③ 自意 (　　　)

④ 絶對 (　　　) 　　　⑤ 密集 (　　　) 　　　⑥ 旣決 (　　　)

답
① 精神(物質(만물 물, 바탕 질)↔精神(자세할 정, 혼 신))　② 退場(登場(오를 등, 마당 장)↔退場(물러날 퇴, 마당 장))　③ 他意(自意(스스로 자, 뜻 의)↔他意(다를 타, 뜻 의))　④ 相對(絶對(끊을 절, 대답할 대)↔相對(서로 상, 대답할 대))　⑤ 散在(密集(빽빽할 밀, 모일 집)↔

散在(흩어질 산, 있을 재)) ⑥ 未決(旣決(이미 기, 터질(정할) 결) ↔ 未決(아닐 미, 터질 결))

20

앞 글자가 長音으로 소리나는 漢字語를 가려 그 번호를 쓰시오.

① ㉠ 健康 ㉡ 乾草 ㉢ 祥瑞 ㉣ 調和 (   )
② ㉠ 眞理 ㉡ 保護 ㉢ 民情 ㉣ 政治 (   )
③ ㉠ 形勢 ㉡ 願書 ㉢ 原狀 ㉣ 衛星 (   )
④ ㉠ 道德 ㉡ 圓形 ㉢ 憂愁 ㉣ 慰勞 (   )
⑤ ㉠ 泰山 ㉡ 貪官 ㉢ 贊成 ㉣ 魂靈 (   )

답

① ㉠ 健康(健은 첫소리가 장음인 한자이다.)
② ㉡ 保護(保, 甫, 寶, 補는 모두 첫소리가 장음인 한자들이다.)
③ ㉡ 願書(願은 명사로 쓰이거나 접미사로 쓰일 때는 단음, 그 외는 장음이다.)
④ ㉠ 道德(道, 度는 첫소리가 장음인 한자이다.)
⑤ ㉢ 贊成(贊은 첫소리가 장음인 한자이다.)

21

앞 글자가 長音으로 소리나는 漢字語를 가려 그 번호를 쓰시오.

① ㉠ 電動 ㉡ 全南 ㉢ 奇童 ㉣ 起動 (   )
② ㉠ 工場 ㉡ 公認 ㉢ 共和國 ㉣ 工作 (   )
③ ㉠ 逃亡 ㉡ 桃花 ㉢ 圖案 ㉣ 道民 (   )
④ ㉠ 私心 ㉡ 死守 ㉢ 寫實 ㉣ 師弟 (   )
⑤ ㉠ 精神 ㉡ 淨水 ㉢ 定價 ㉣ 政黨 (   )

답

① ㉠ 電動(電은 첫소리가 장음으로 발음되는 한자이다.)
② ㉢ 共和國(共이 함께라는 뜻일 때는 장음, 같다라는 뜻일 때는 단음이다.)
③ ㉣ 道民(道는 첫소리가 모두 장음이다.)
④ ㉡ 死守(死, 救, 士, 詞는 모두 첫소리가 장음인 한자들이다.)
⑤ ㉢ 定價(定, 靜, 正은 첫소리가 장음인 한자들이다.)

22

다음 漢字語 중 첫소리가 長音인 單語를 골라 漢字를 쓰시오.

① ㉠ 斷念 ㉡ 短期 ㉢ 段階 ㉣ 絶色 (   )

② ㉠ 全身　㉡ 電送　㉢ 傳說　㉣ 周邊　(　　　　)
③ ㉠ 牛車　㉡ 憂患　㉢ 誤差　㉣ 幼年　(　　　　)
④ ㉠ 中央　㉡ 重役　㉢ 支拂　㉣ 亡父　(　　　　)
⑤ ㉠ 花草　㉡ 和解　㉢ 存在　㉣ 憲法　(　　　　)

답

① ㉠ 斷念(斷念(끊을 단, 생각 념), 斷은 명사로 절단을 나타낼 때는 단음으로, 그 외 끊다라는 뜻일 때는 장음이다.)
② ㉡ 電送(電送(번개 전, 보랠 송), 電은 첫소리가 장음으로 발음된다.)
③ ㉢ 誤差(誤差(그릇날 오, 어긋날 차), 誤는 첫소리가 장음으로 발음된다.)
④ ㉡ 重役(重役(무거울 중, 부릴 역), 重은 접두사나 접미어로 쓰일 때 모두 장음이다.)
⑤ ㉣ 憲法(憲法(법 헌, 법 법), 憲은 첫소리가 장음으로 발음된다.)

23

다음 문장에서 첫소리가 장음인 漢字語를 찾아 나오는 순서대로 5개만 골라 그 첫소리 漢字를 쓰시오.

건교부의 이번 조사 결과는 그린벨트를 대폭적으로 해제하는 것이 명분상 說得力이 약함을 대변해 주고 있다. 그린벨트 지정 이후 절반에 가까운 토지가 외지인 소유로 바뀌었다는 것은 이들이 언젠가는 개발제한 해제로 땅값이 치솟을 것이란 기대 하에 투기를 한 것으로 볼 수 있으며, 따라서 이들 토지에 대한 규제완화는 곧 투기조장으로 연결될 可能性이 높다. 역대 정권이 27년 간 온갖 고충과 問題點에도 불구하고 이들 지역을 서울 등 大都市의 허파로 보존해 온 노력과 비교해 볼 때 어떤 것이 정책적 배려의 대상이 돼야 하는 지는 자명하다.

답

① 建(建(세울 건)은 첫소리가 장음인 한자이다.)
② 解(解(풀 해)는 첫소리가 장음인 한자이다.)
③ 代(세대나 대신하는 것을 뜻할 때 장음으로 쓰인다.)
④ 助(助(조)는 첫소리가 장음인 한자이다.)
⑤ 比(비례, 비율을 나타낼 때 첫소리가 장음인 한자이다.)

24

다음 지문의 밑줄 친 漢字語 ① ~ ⑮ 중 첫소리가 길게 소리나는 것을 4개만 골라 그 번호를 쓰시오.

㈎ 물러난 김영삼 정부의 대북정책 실패는 통합성의 결여에서 비롯됐다. 對北정책을 효과적으로 수행하기 위해서는 관련부서간 유기적인 연결과 의견통합 과정을 거쳐야 하는 데고 그렇지 못했다. 대북관련부처인 통일원, 안기부, 국방부, 외무부가 각각 따로 따로 놀았다. 이러한 원인은 관련부서 의견을 조율하는 제도가 미비한 點도 있었지만 무엇보다 김영삼 전 대통령의 오랜 野黨생활에서 형성된 공조직 경시와 대북문제만은 자신이 해야한다는 독선 때문이었다.

(나) 새로 출범한 김대중 정부는 손발이 없어 제 ①<u>기능</u>을 ②<u>발휘</u>하지 못하던 통일안보정책
③<u>조정</u>회의를 없애고 대신 국가안전④<u>보장</u> 회의를 활성화해 그 밑에 통일, 安, 외교안보
⑤<u>수석</u> 등이 참석하는 상임위원회를 두어 ⑥<u>매주</u> 한 번씩 회의를 열어 ⑦<u>정책</u>을 ⑧<u>논의</u>
하도록 했다. 또 ⑨<u>실무</u> 조정위와 ⑩<u>정세</u> ⑪<u>평가위</u>를 두어 사전에 의견을 조율하고 종합
적인 대북정세를 평가하도록 했다. 이와 ⑫<u>별도</u>로 외교안보수석을 책임자로 하는 사무처
를 두어 돌발 ⑬<u>사태</u>나 중장기적인 ⑭<u>과제</u>를 연구하고 이를 상임위원회에 ⑮<u>반영</u>할 수
있도록 했다. 이러한 제도는 과거보다는 진일보한 것임에 틀림없다. 그러나 이 제도도 대
통령이 어떻게 운영하느냐에 따라 <u>生産</u>적일 수 있고 형해화할 수 있다.

답

① 保障(保는 첫음절에서 장음이다.)
② 每週(매번의 뜻일 때 每는 장음이다.)
③ 事態(事는 접미사로 쓰일 때 단음, 그 외 장음이다.)
④ 反映(反은 접두사나 그 외 명사로 쓰일 때 장음이다.)

25

다음 각 단어에서 앞 글자가 긴소리인 것을 골라 그 번호를 쓰시오.

① ㉠ 映畵 ㉡ 永生 ㉢ 營養 ㉣ 英雄 (   )
② ㉠ 求愛 ㉡ 舊式 ㉢ 九月 ㉣ 句節 (   )
③ ㉠ 軍用 ㉡ 群生 ㉢ 郡內 ㉣ 君子 (   )
④ ㉠ 共通 ㉡ 公職 ㉢ 空中 ㉣ 工藝 (   )
⑤ ㉠ 彼此 ㉡ 疲弊 ㉢ 披瀝 ㉣ 皮帶 (   )

답

① ㉡ 永生(永(길 영)은 장음으로 발음되는 한자이다.)
② ㉡ 舊式(口(입 구)와 舊(옛 구)는 장음으로 발음된다.)
③ ㉢ 郡內(郡(고을 군)은 장음, 그 외 군(軍, 君, 群)은 단음이다.)
④ ㉠ 共通(共(공)은 함께라는 뜻일 때는 단음, 같이라는 뜻일 때는 장음이다.)
⑤ ㉠ 彼此(彼(저 피)와 被(이불 피)는 장음으로 발음된다.)

26

다음 漢字語 중 첫音節이 長音으로 發音되는 것을 골라서 그 번호를 쓰시오.

① ㉠ 痲醉 ㉡ 菓子 ㉢ 怪狀 ㉣ 逢着 (   )
② ㉠ 凡節 ㉡ 喪家 ㉢ 符合 ㉣ 審査 (   )

답

① ㉢ 怪狀(怪(기괴할 괴)는 첫소리가 모두 장음이다.)
② ㉢ 符合(符(부신 부)는 符號(부호)일 때는 단음, 그 외는 장음이다.)

27

다음 한자어의 뜻과 어울리는 것을 골라 번호로 답하시오.

㉠ 얼음에 박 밀 듯이	㉡ 천리길도 한 걸음부터
㉢ 호화스런 옷차림은 많은 魔를 불러옴	㉣ 가뭇없음
㉤ 서당개가 풍월을 보고 짖음	㉥ 높은 곳에 오르면 낮은 곳으로 내려와야 함
㉦ 아슬아슬하고 위험함	㉧ 서당개 삼년에 풍월 짓는다.
㉨ 좋은 일에는 방해되는 일이 많음	㉩ 5리나 되는 안개 속을 헤쳐나감

① 登高自卑 (   )   ② 堂狗風月 (   )   ③ 好事多魔 (   )

④ 如履薄氷 (   )   ⑤ 五里霧中 (   )

답

① ㉡(登高自卑(등고자비) : 오를 등, 높을 고, 스스로 자, 낮출 비)
② ㉧(堂狗風月(당구풍월) : 집 당, 개 구, 바람 풍, 달 월)
③ ㉨(好事多魔(호사다마) : 좋을 호, 일 사, 많을 다, 마귀 마)
④ ㉦(如履薄氷(여리박빙) : 같을 여, 신 리, 엷을 박, 얼음 빙)
⑤ ㉩(五里霧中(오리무중) : 다섯 오, 마을 리, 안개 무, 가운데 중)

28

다음 漢字語의 뜻을 쓰시오.

① 言中有骨 (   )   ② 天佑神助 (   )   ③ 彼此一般 (   )

④ 泰然自若 (   )   ⑤ 晝耕夜讀 (   )

답

① 말 가운데 뼈가 있음(言中有骨(언중유골) : 말씀 언, 가운데 중, 있을 유, 뼈 골)
② 하늘이 돕고 신이 도움(天佑神助(천우신조) : 하늘 천, 도울 우, 귀신 신, 도울 조)
③ 양쪽이 똑같음(彼此一般(피차일반) : 그 피, 이 차, 한 일, 돌 반)
④ 꿈쩍도 하지 않음(泰然自若(태연자약) : 클 태, 그러할 연, 스스로 자, 같을 약)
⑤ 낮에는 밭갈고 밤에는 공부함(晝耕夜讀(주경야독) : 낮 주, 밭갈 경, 밤 야, 읽을 독)

29

다음 漢字語들을 순 우리말로 쓰시오.

① 於焉 (   )   ② 所以 (   )   ③ 秋夕 (   )

④ 必是 (   )   ⑤ 雌雄 (   )

답

① 어느덧(於焉(어조사 어, 어조사 언))   ② 까닭(所以(바 소, 써 이))   ③ 한가위(秋夕(가을
추, 저녁 석))   ④ 반드시(必是(반드시 필, 이것 시))   ⑤ 암수(雌雄(암컷 자, 수컷 웅))

30

다음 漢字語의 뜻을 쓰시오.

① 今始初聞 (   )   ② 不問可知 (   )
③ 所願成就 (   )   ④ 難兄難弟 (   )
⑤ 燈下不明 (   )

답

① 지금 처음 들음(今始初聞(금시초문) : 이제 금, 처음 시, 처음 초, 들을 문)
② 묻지 않아도 알 수 있음(不問可知(불문가지) : 아닐 불, 물을 문, 옳을(가히) 가, 알 지)
③ 바라는 바를 이룸(所願成就(소원성취) : 바 소, 원할 원, 이룰 성, 이룰 취)
④ 우열이나 차이를 판단하기 어려움(難兄難弟(난형난제) : 어려울 난, 맏 형, 아우 제)
⑤ 등잔 밑이 어두움(燈下不明(등하불명) : 등잔 등, 아래 하, 아닐 불, 밝을 명)

다음 漢字語를 순우리말로 바꾸시오.

① 間或 (   )   ② 午睡 (   )   ③ 貢獻 (   )
④ 針線 (   )   ⑤ 故意 (   )

답

① 어쩌다(間或(사이 간, 혹 혹))   ② 낮잠(午睡(일곱째 천간 오, 잠잘 수))   ③ 이바지(貢獻(바칠 공, 바칠 헌))   ④ 바느질(針線(바늘 침, 줄 선))   ⑤ 짐짓, 일부러(故意(옛 고, 뜻 의))

32

다음 지문의 漢字語의 뜻을 이 글의 文脈에 맞는 우리말 단어로 바꾸어 보시오.

> ㈎ 물러난 김영삼 정부의 대북정책 실패는 통합성의 결여에서 비롯됐다. 對北정책을 효과적으로 ①수행하기 위해서는 관련부서간 유기적인 ②연결과 의견통합 과정을 거쳐야 하는데고 그렇지 못했다. 대북관련부처인 통일원, 안기부, 국방부, 외무부가 각각 따로 따로 놀았다. 이러한 원인은 관련부서 의견을 조율하는 제도가 미비한 點도 있었지만 무엇보다 김영삼 전 대통령의 오랜 野黨생활에서 형성된 공조직 ③경시와 대북문제만은 자신이 해야한다는 독선 때문이었다.
>
> ㈏ 새로 출범한 김대중 정부는 손발이 없어 제 기능을 발휘하지 못하던 통일안보정책조정회의를 없애고 대신 국가안전보장회의를 활성화해 그 밑에 통일, 安, 외교안보 ④수석 등이 참석하는 상임위원회를 두어 매주 한 번씩 회의를 열어 정책을 논의하도록 했다. 또 실무조정위와 정세평가위를 두어 사전에 의견을 조율하고 종합적인 대북정세를 평가하도록 했다. 이와 별도로 외교안보수석을 책임자로 하는 사무처를 두어 돌발 ⑤사태나 중장기적인 과제를 연구하고 이를 상임위원회에 반영할 수 있도록 했다. 이러한 제도는 과거보다는 진일보한 것임에 틀림없다. 그러나 이 제도도 대통령이 어떻게 운영하느냐에 따라 生産적일 수 있고 형해화할 수 있다.

① 수행 (   )   ② 연결 (   )   ③ 경시 (   )

④ 수석 (   )   ⑤ 사태 (   )

① 이루다(이룸)(遂行(수행)하다)   ② 잇다(이음)(連結(연결)하다)   ③ 가벼히 봄(輕視(경시)하다)   ④ 우두머리(首席(수석))   ⑤ 일(事態(사태))

33

다음 單語의 뜻을 설명하시오.

① 行列 (   )

② 遊說 (   )

③ 刺客 (   )

④ 謁見 (   )

⑤ 推敲 (   )

① 血族에 대한 대수 관계를 나타내는 말(行(항열 항), 列(줄 렬))
② 각처로 돌아다니며 자기의 의견이나 소속 정당의 주장 따위를 설명하고 선전함(遊(놀(여행할) 유) 說(달랠 세))
③ 사람을 몰래 찔러 죽이는 사람(刺(찌를 자), 客(손님(나그네) 객))
④ 지체 높은 사람을 찾아 뵘(謁(아뢸 알), 見(나타날 현))
⑤ 시문을 지을 때 字句를 여러 번 생각하고 고침(推(옮길 추), 敲(두드릴 고))

공무원 기출문제집

서원각 기출문제집으로 시험 출제경향 파악하자!

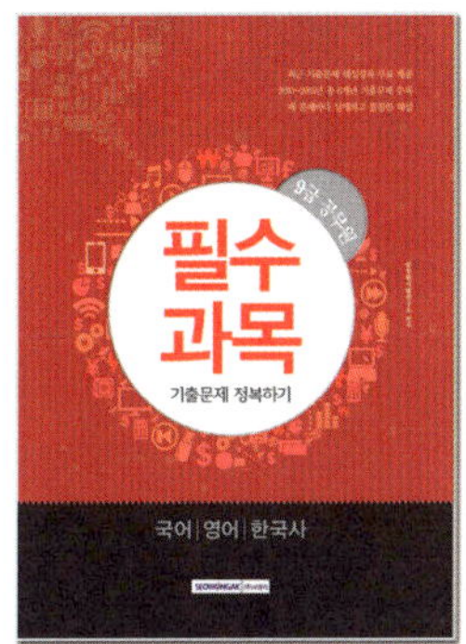

▲ 기출문제 정복하기

전 직렬 공통 필수과목
일반행정직
사회복지직
교육행정직

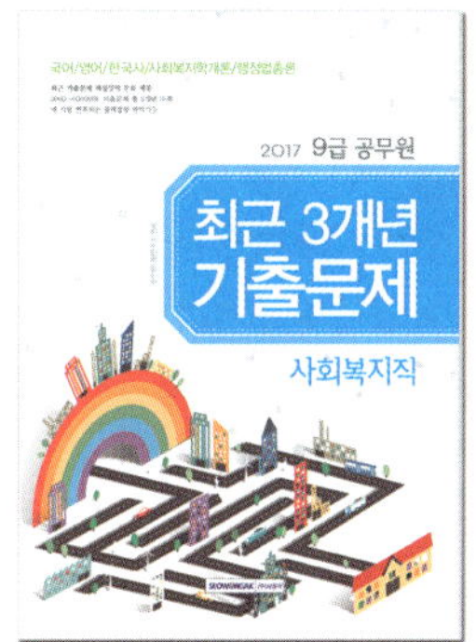

▲ 최근 3개년 기출문제

필수과목/행정직
교육행정직/사회복지직

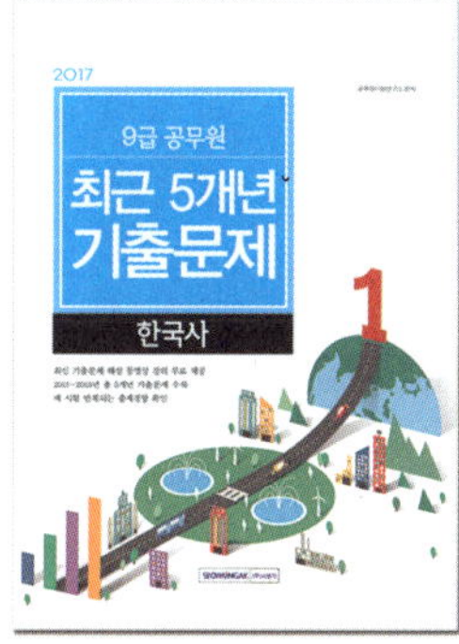

▲ 최근 5개년 기출문제

국어/영어/한국사/사회
행정법총론/행정학개론
교육학개론

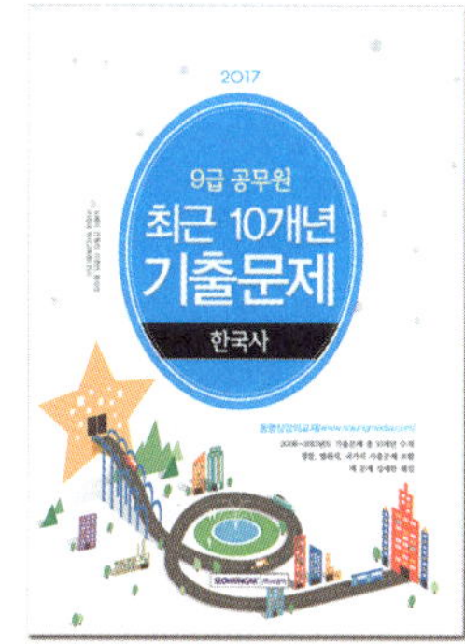

▲ 최근 10개년 기출문제

국어/영어/한국사/사회
행정법총론/행정학개론
교육학개론

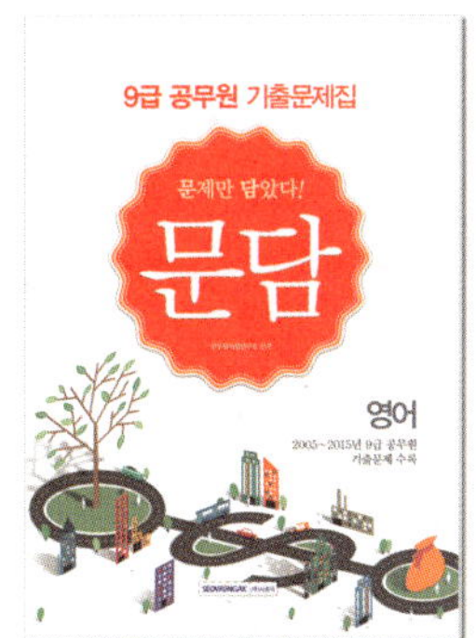

▲ 문제만 담았다!

영어/한국사/사회
행정법총론/행정학개론
교육학개론

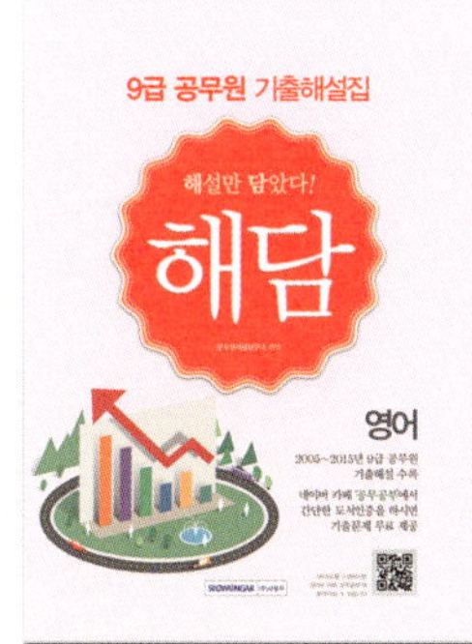

▲ 해설만 담았다!

국어/영어/한국사/사회
행정법총론/행정학개론
교육학개론

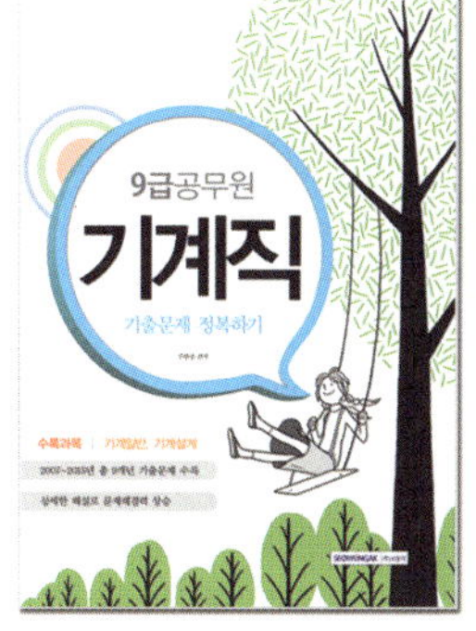

▲ 기출문제 정복하기

9급 건축직/7급 건축직/
기계직

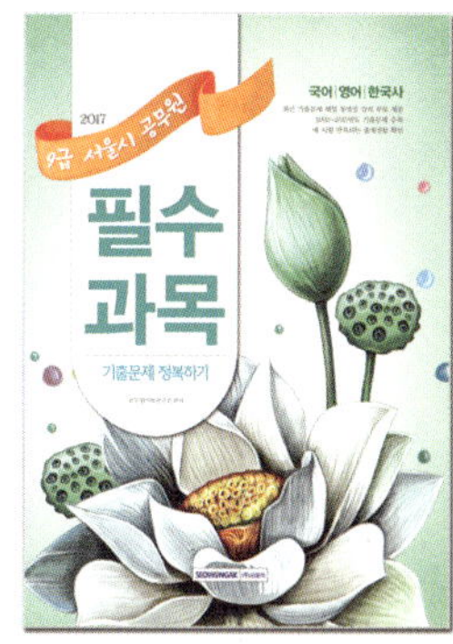

▲ 서울시 공무원

필수과목 기출문제 정복하기

네이버 카페 검색창에서 '공무공부'를 검색하셔서 네이버 카페 공무공부에 가입하시면 각종 시험 정보를 보실 수 있습니다.

상식키우기

서원각과 함께하는 상식키우기!

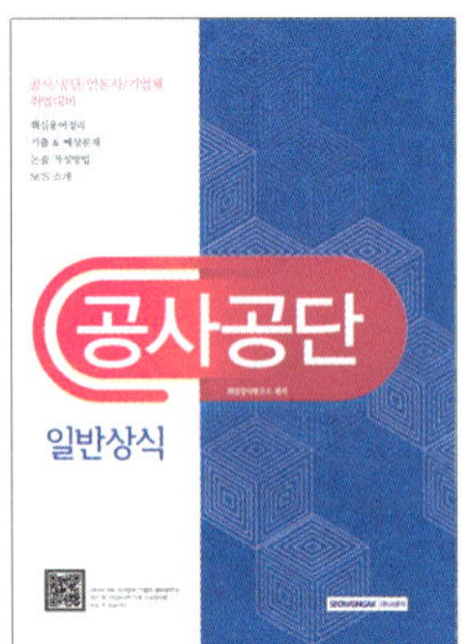

▲ 공사공단 일반상식

▲ 시사일반상식

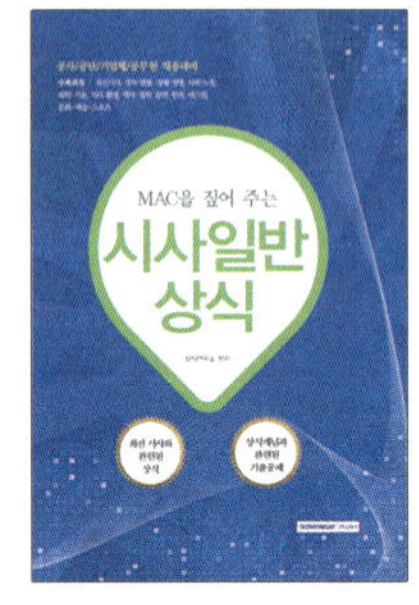

▲ MAC을 짚어 주는 시사일반상식

▼ 공사/시사 일반상식

정치·법률, 경제·경영, 사회·노동, 과학·기술, 지리·환경, 세계사·철학, 문학·한자, 매스컴, 문화·예술·스포츠 관련 상식을 중요한 것만 모아 수록하였다.

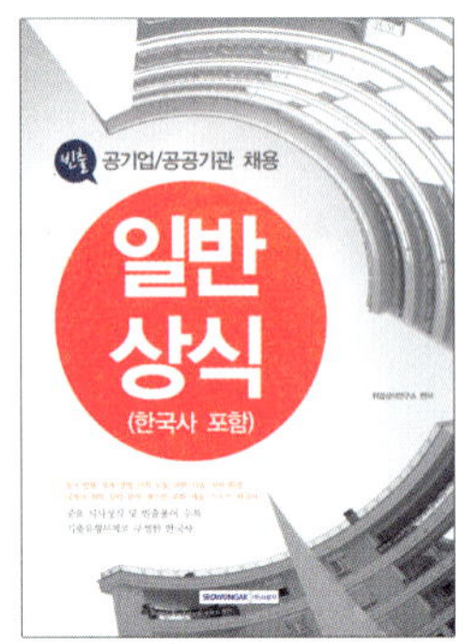

▲ 공기업/공공기관 채용 빈출 일반상식

▼ 공기업/공공기관 채용 시리즈

공기업과 공공기관 채용시험에 나올 법한 상식만을 모았다! 정치·법률, 경제·경영, 사회·노동, 과학·기술, 지리·환경, 세계사·철학, 문학·한자, 매스컴, 문화·예술·스포츠 관련 상식을 중요한 것만 모아 수록하였다. 또한 한국사의 기출유형문제를 정리하여 포함하였다.

빈출 일반상식 – 중요 시사상식 및 빈출용어 수록
간추린 일반상식 – 출제가 예상되는 문제와 해설 수록

▲ 경제용어사전

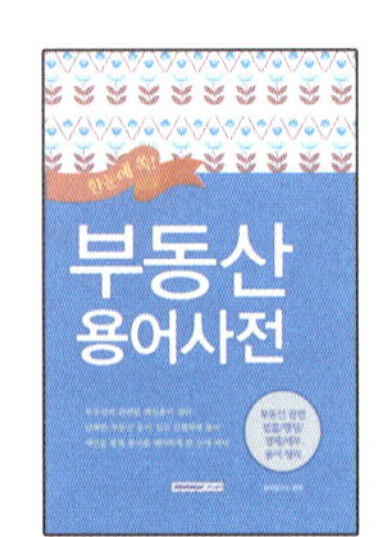

▲ 부동산용어사전

▼ 한눈에 쏙! 시리즈

경제용어사전 – 단기간에 완성하는 경제용어 및 금융상식
시사용어사전 – 시사용어 및 시사 상식을 한눈에 쏙
부동산용어사전 – 부동산과 관련된 핵심 용어를 쉽고 간결하게 정리